帝国の福音

ルーシィ・ピーボディとアメリカの海外伝道

小檜山ルイ　著

東京大学出版会

The Gospel of Empire
Lucy Peabody and the American Foreign Mission Enterprise
Rui Kohiyama
University of Tokyo Press, 2019
ISBN978-4-13-026162-3

はしがき

ずいぶん前、ケニアのサファリ・パークでのこと。たまたまイギリスから来た一組の白人カップルといっしょに見て回ることになった。白人女性は、あの帽子こそかぶっていないが、サファリ探検ルックで決めている。案内と運転を担当する二人のケニア人は、ライオンや豹やサイを客に見せようと走り回った。そして、溝に車輪を取られてしまった。

イギリス人カップルは車外に出て、トラブルに関わろうとした。男性は案内人を助けて、車を押し出そうとする。汗だくで奮闘する三人の傍らで、白人女性は盛んに応援する。それを残りの客――東洋人――は、最初は車内から、しばらくして外に出て、眺めていた。三〇分くらいで、白人男性が諦めた後、案内人は車を出すことに成功。結果から見れば、白人の助けは不要だった。

車内に戻ると、イギリス人女性は、「よくがんばったわね、疲れたでしょう。これ飲む?」と、自分が飲んでいたペットボトルの水を差しだした。「ありがとう」と、ケニア人二人は水を回し飲みし、それは白人男性に渡った後で、白人女性に戻り、彼女は後ろを振り返って「飲む?」と私たちに声をかけた。それをやんわりと拒絶しながら、二人の案内人と白人男女の間にある一種の同志的親密性に、入り込みがたい何かを私は感じていた。イギリス人とケニア人の「隣人的な関係」に対して、東洋人は完全な部外者だった。

ツアーの終わりに、二人のケニア人にいくらチップを渡すべきか白人男性に聞くと、「僕らもそれがわからないんだ。初めてだし」と言って、些少な額を示唆した。彼等もまた私たちと同じ、慎ましい観光客だった。しかし、若いイギリス人カップルは、支配者としての振る舞いを、どこかで学んだのだろう。男性は、危機にあってリーダーシップを発揮する「帝国の男らしさ」を示そうとし、女性は、「思いやりある応援役」を引き受けていた。ケニア人は真顔でその相手をして、イギリス人の自己イメージ構築を容認した。

宣教師は帝国主義の手先だったのか――。キリスト教の海外伝道を研究すれば向き合わざるを得ない問いである。長年、この問いにこだわってきて、少なくとも近代のプロテスタント・キリスト教伝道について筆者が現時点で持っている答えは、それは、帝国主義をどのようなものとして捉えるか、そして、海外伝道をその意図において評価するか、結果において評価するかによる、というものである。

帝国主義的支配、植民地支配は、結局は弱者の搾取であったことは間違いない。しかし、その支配は、単純な暴力や言説上の詭弁だけで成立しえないものだったことは、すでに多くの研究によって明らかになっていよう。そもそも支配には、被支配者に利益をもたらすという側面が必要である。俗に「帝国がもたらす平和」と呼ばれるものが実現し、被支配者との何らかの合意、あるいは、被支配者側の容認がなければ支配は成功しない。ケニアのサファリで私が見たと思ったのは、そうした支配の残像であった。

宣教師や宣教師を送った伝道局は、少なくともプロテスタント・キリスト教伝道の大半を占めたイギリスとアメリカの場合、民間のプロジェクトであり、かつ、その意図において、帝国主義の手先になろうなどという意識は、ほとんどなかったと見て良いと思う。実際、伝道地において、宣教師は現地白人の商人や軍人に対する声高な批判者であることが多かった。日本帝国においては、特に朝鮮半島で伝道した北米出身宣教師は、日本の残虐行為を国際社会に訴え出る告発者でもあった。

だが、良くできた（長続きした）帝国、帝国主義、植民地主義が、単純な抑圧と搾取のシステムではなく、支配者と被支配者の間のある種の同意、容認、あるいは、親密性を含むものだとするなら、結果において、宣教師はそうした帝国の支配に資したのではないか。彼らのもたらした福音は、聖書の言葉だけではなく、教育や医療等、様々な西洋文明に関わる情報と事業も含んでいた。それらは、多くの場合現地人がアクセスを熱望した情報、実践であり、その気前の良い供与は、被支配者の帝国への同意を少なくとも取り付けやすい環境を整備したであろう。

とは言っても、実際現地における宣教師と現地人、あるいは、本国伝道局本部と宣教師、さらには、一般のクリスチャンと海外伝道との関係は多様であった。海外伝道の事業規模は大きく、伝道地は世界中に拡散していた。しかも、伝道の展開、その影響は、伝道の主体の意図をはるかに越えた。単純に図式化できるものではない。結局、事実としてあるのは、近代のプロテスタント・キリスト教の宣教師、海外伝道推進者、支持者が、帝国主義の時代を生きたということである。その生が帝国、帝国主義、植民地主義とどうかかわったのか。一人の女性の生涯を通じて、それを見てみたい、というのがまず本書の企図するところである。

帝国の福音——ルーシィ・ピーボディとアメリカの海外伝道・目次

目　次

凡例

一、参考文献には一次、二次資料のうち、書籍と書籍に含まれる章や論文のみを収録した。ただし、事典、辞書は特別な場合以外、収録しない。その他の、資料館所蔵の資料、雑誌論文、インターネットを通じて取得した資料等については、注の初出時に、書誌情報の詳細を記す。

二、参考文献に収録した書籍、論文については、注では書誌を略記する。

三、参考文献に収録した一次、二次資料の区別は、一応の目安であり、絶対的なものではない。原則として、対象の事象に直接触れた人による記録を一次資料とした。

四、英語名のカタカナ表記は、できるだけ英語の発音に近づけようとし、多くの場合、語尾の長母音表記を略した。しかし、すでに一定の表記が日本語の中で一般的になっていたり、関連する日本語翻訳書が既刊である場合の人名等は、先例に従った場合もある。

五、団体名、人名等の固有名詞の英語表記は、索引または略語表に示した。

六、「伝道局」という言葉は board の翻訳だが、また普通名詞としても使い、団体名を「協会」等とした場合も、それを指示する語としては使用した。

七、「伝道」と「宣教」は互換可能な言葉と理解しているが、著者は伝道の方を多用した。便宜的に、多くの場合イギリス系の事業、カトリックの事業に対し「宣教」の語をあてた。

八、固有名詞の訳語として、「婦人」を排除しない。原則的に woman と単数形で一枚岩的女性全体を表現している（一九世紀的な古い用法）場合は「婦人」と訳し、women という女性の複数性を表現する語が使われているとき（より二〇世紀的）、「女性」と訳した。

九、Ginling College 等の名称を敢えて「金陵女子大学」というように、女子大学であることが端的にわかるように翻訳した。

主要略語表

AAPA　禁酒修正条項反対協会（Association Against the Prohibition Amendment）

ABCFM　アメリカン・ボード（American Board of Commissioners for Foreign Missions）

ABEO　東洋におけるバプテスト福音伝道協会，Inc.（Association of Baptists for Evangelism in the Orient, Inc.）

ABFMS　アメリカ・バプテスト海外伝道協会（American Baptist Foreign Mission Society）

ABMU　アメリカ・バプテスト伝道組合（American Baptist Missionary Union）

ABWE　アメリカ・バプテスト世界福音伝道協会（Association of Baptists for World Evangelism, Inc.）

AHA　アメリカ歴史学会（American Historical Association）

APM　伝道学教員学会（Association of Professors of Mission）

ASL　反サルーン連盟（Anti-Saloon League）

ASM　アメリカ伝道学会（American Society of Missiology）

CCCW　戦争の原因と根治についての会議（The Conference on the Cause and Cure of War）

CCUSM または CCUSFM　合同（海外）伝道研究中央委員会（Central Committee on the United Study of（Foreign）Missions）

CMS　教会伝道会（Church Missionary Society）

CWFC　世界児童友好委員会（Committee for World Friendship among Children）

DAR　アメリカ独立革命の娘たち（Daughters of American Revolution）

EMS　福音主義伝道学会（Evangelical Missiological Society）

ERA　平等権修正（Equal Rights Amendment）

FCC　教会連合協議会（The Federal Council of Churches of Christ in America）

FWBFM　婦人伝道局連合（Federation of the Woman's Boards of Foreign Missions）

ICBWA　世界的事象にキリスト教的基盤を与えるための学院（Institute for Christian Basis of World Affairs）

IFRWH　国際女性史研究連盟（International Federation of Research in Women's History）

IMC　国際宣教協議会（International Missionary Council）

IWM　教会間世界運動（Interchurch World Movement）

LMS　ロンドン宣教会（London Missionary Society）

NBC　北部バプテスト連盟（Northern Baptist Convention）

NCAJR　対日関係委員会（National Committee on American Japanese Relations）

NCCCW　戦争の原因と根治についての全米委員会（National Committee on the Cause and Cure of War）
NCIJG　全米国際正義親善委員会（National Commission on International Justice and Goodwill）
SPCK　キリスト教に関する知識推進協会（Society for Promoting Christian Knowledge）
SPG　海外福音宣教協会（Society for the Propagation of the Gospel in Foreign Parts）
SVM　学生ヴォランティア運動（Student Volunteer Movement）
TCWFMB　アメリカ・カナダ婦人伝道局会議（Triennial Conference of Woman's Foreign Mission Boards of the United States and Canada）
WABFMS　婦人アメリカ・バプテスト海外伝道協会（Woman's American Baptist Foreign Missionary Society）
WCC　世界教会協議会（World Council of Churches）
WCTU　婦人キリスト教禁酒同盟（Woman's Christian Temperance Union）
WNCLE　法執行のための婦人全米委員会（Woman's National Committee for Law Enforcement）
WONPR　禁酒法改正のための全米女性団（Women's Organization for National Prohibition Reform）
WUMS　婦人一致海外伝道協会（Woman's Union Missionary Society of America for Heathen Lands）

資料館・コレクション等

ABHS　American Baptist Historical Society
BLA　Berke Library Archives, Union Theological Seminary
ETP　Elizabeth Tilton Papers, SL
GAJP　Grace A. Johnson Papers, WRC
HHP　Herbert Hoover Papers, HHPL
HHPL　Herbert Hoover Presidential Library
LSRM　Laura Spelman Rockefeller Memorial Collection, RAC
MRLC　Missionary Research Library Collection, BLA
PHS　Presbyterian Historical Society
RAC　Rockefeller Archive Center
SL　Schlesinger Library
UBCHEA　United Board for Christian Higher Education in Asia Collection, Divinity School Library, Yale University
WCCR　Woman's Christian College Records, PHS
WRC　Woman's Rights Collection, SL

序論

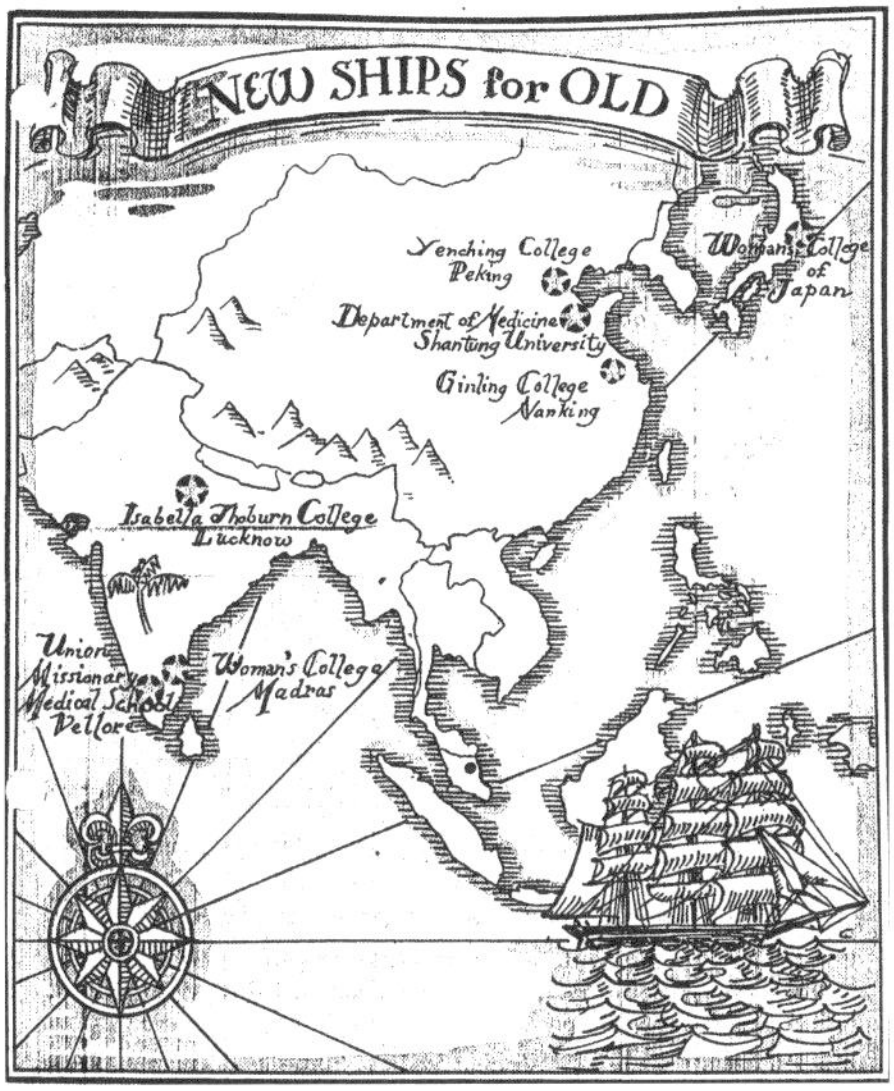

7校の女子大学配置図.「極東のために戦艦（Warships）ではなく，友情（Friendships）を築こう」と銘うたれたFWBFMのパンフレットより．イェール大学神学部図書館所蔵（HR1193 FWBFM, 1920–1921）

イエスと一緒にガリラヤから来た婦人たちは、ヨセフの後について行き、墓と、イエスの遺体が納められている有様とを見届け、家に帰って、香料と香油を準備した。……そして、週の始めの日の明け方早く、準備しておいた香料を持って墓に行った。見ると、石が墓のわきに転がしてあり、中に入っても、主イエスの遺体が見あたらなかった。そのため途方に暮れていると、輝く衣を着た二人の人がそばに現れた。婦人たちは恐れて地に顔を伏せると、二人は言った。「なぜ、生きておられる方を死者の中に探すのか。あの方は、ここにはおられない。復活なさったのだ。まだガリラヤにおられたころ、お話しになったことを思い出しなさい。人の子は必ず、罪人の手に渡され、十字架につけられ、三日目に復活することになっている、といわれたではないか。」そこで、婦人たちはイエスの言葉を思い出した。そして墓から帰って、十一人とほかの人皆に一部始終を知らせた。それは、マグダラのマリア、ヨハナ、ヤコブの母マリア、そして一緒にいた他の婦人たちであった。婦人たちはこれらのことを使徒たちに話したが、使徒たちは、この話がたわ言のように思われたので、婦人たちを信じなかった。

（ルカによる福音書　第二三章五五節から二四章一一節まで）

本書は、ルーシィ・マギル・ホワイトヘッド・ウォータベリ・ピーボディ（一八六一—一九四九、以下ルーシィ・ピーボディ等と略記する）という名のアメリカ人女性の生涯を、主に彼女の仕事を照射するという形で、たどるものである。ルーシィ・ピーボディは、一八六一年にカンザスのベルモントで生まれ、ニューヨーク州ロチェスタ近辺で育ち、インドでバプテストの宣教師の妻として五年を過ごし、夫を亡くして帰国後は、バプテストの婦人伝道局の有給職員としてボストンで働きながら二人の子供を育てた。四五歳で二三歳ほど年上の豊かな商人と再婚、二年後再び夫を亡くして、遺産を相続、エキュメニカルな（超教派の）海外伝道促進活動と資金集めに活躍し、大きな足跡を残した。海外伝道、伝道地、国際情勢に関する教科書の出版、女性による海外伝道五〇周年記念の祝賀、東洋の七校の女子大学建築基金募集運動は、なかでも特に有名なものである。六〇歳を過ぎてから、アメリカのキリスト教界におけるモダニズムとファンダメンタリズムの対立に巻き込まれ、ファンダメンタリスト側に与して、「信仰ミッション」の一つを立ち上げた。さらに、一九二〇年に施行された憲法修正第一八条（禁酒法）を守るために、政治運動を展開した。ルーシィ・ピーボディは、ヘレン・モンゴメリと並んで、最も著名なバプテストの女性の一人であり、『有名なアメリカの女性』にも経歴が収録されている。(1) 二〇世紀初頭に女性による海外伝道の頂点に立ち、この仕事に関わる男性リーダーと対等にわたりあえた数少ない女性の一人であった。しかし、当時ピーボディが博した名声は、急速に過去のものとなった。海外伝道や禁酒法といった彼女が深く関わった課題は、「長い一九世紀」の終焉とともに、古臭く、田舎っぽく、魅力のないものとなった。それらは宗教的保守派の懸案事項と考えられるようになり、一般的にリベラルで進歩的なアメリカの一線の歴史研究者が省みることは、長い間あまりなかった。

そのほとんど忘れられた女性の生涯と仕事の詳細をここで取りあげることにどのような意味があるのか。以下にアメリカ合衆国発の海外伝道とその関連分野に関する研究の史学史を少し検討した上で、本書が答えようとする問題のいくつかを提示してみたい。

一　海外伝道およびその関連分野の研究の史学史——保守とリベラルの分断

アメリカにおけるプロテスタント・キリスト教の海外伝道の研究は、一九三〇年代に、海外伝道に直接関わった人々によって本格化した。(2) イェール大学神学部のケネス・スコット・ラトゥーレット（一八八四—一九六八）やニューヨーク伝道調査図書館の館長からシカゴ大学神学部教授になったピアス・ビーヴァ（一九〇六—一九八七）がその代表である。ラトゥーレットもビーヴァも中国で宣教師として働いた経験があった。ラトゥーレットは一九四八年にアメリカ歴史学会（ＡＨＡ）会長を務め、歴史学者として、一般的尊敬を受けていた。ラトゥーレットのＡＨＡ会長講演は、「キリスト教徒の歴史理解」というタイトルで、そのような立場で歴史を理解することに特別な偏向の危険があるとは見なされていなかったと考えられる。

ピアス・ビーヴァは、研究者の組織化に功があり、一九五二年、伝道学教員学会（ＡＰＭ）設立に参加し、二代目会長となった。しかし、一九六五年に学会内部で神学上のリベラリストと保守主義者の対立が表面化し、会員数が激減、学会は存続の危機に瀕した。一九七二年、これを乗り越えるために、社会学や文化人類学などの分野の研究者も参加できるアメリカ伝道学会（ＡＳＭ）が新設された。ビーヴァは、ＡＰＭ創立当時からのメンバーとしてはただ一人ＡＳＭに参加し、「我々、伝道の分野の者は、文化人類学、社会学、言語学等の、多くの他分野の人々の英知、アドバイス、助けを必要としている。……対極的対立の時代は終わった。……新しい学会は、保守的福音主義、エキュメニスト、ローマ・カトリック教徒を包摂する、より広い発展の可能性を提供する」と述べた。

一方で、一九六五年に神学的保守主義を掲げＡＰＭを脱会した研究者は、福音主義伝道学教員学会を組織した。この学会は、その学問的レベルの向上に伴い、一九九〇年に福音主義伝道学会（ＥＭＳ）に再編され、独自の活動を続けている。ＥＭＳはＡＳＭと提携し、学術性を重視している。しかし、両者を統合するのは難しいようだ。神学や信仰の上での立場の相違は、伝道研究においては伝道の意味を解釈する枠組みに即座に反映される。保守主義者にとって、伝道は「神の大命」であり、「私心なき愛」からでた営為だという枠組みは基本的なものである。これを揺るがすような多様な解釈や枠組みは拒絶する。

このような「伝道学」「伝道史学」という限定的な世界での保守主義者とリベラリストの対立は、歴史学一般という土俵上においては、「インサイダー」対「アウトサイダー」という区分けとして構造化された。単純化して言うなら、「インサイダー」とは海外伝道に何らかの関係を持つ研究者であり、「アウトサイダー」とは、そのような関係をもたず、主に学問的関心から海外伝道に接近する研究者のことである。後者は、多かれ少なかれ宣教師を帝国主義との関係においてとらえる。その理由は以下のような史学一般の潮流が関わっている。

ニューレフト史学の隆盛

一九六五年、APMが分裂した年は、ニューレフトが台頭し、公民権運動が急進化し始めた時期と重なる。学生運動、ヴェトナム戦争反対運動をリードしたニューレフトは、マルクス主義（トロツキズム）と毛沢東主義を思想的主柱とし、アメリカを拒絶した中国に熱心なまなざしを送った。アメリカのエスタブリッシュメントを激しく批判し、権力の再配分を求めた彼等は、中国で進行していた文化大革命を視野の端にとらえ、ある意味でそれを追いかけていた。たとえば、ニューレフトの運動に続いて起こったフェミニスト運動が多用した「意識高揚運動」は、文化大革命で展開された「訴苦大会」に倣ったものであった[3]。

その中国は、一九世紀末から二〇世紀初頭のアメリカの海外伝道最盛期に、アメリカの諸教会が最大の期待を寄せ、最大の人的・経済的資源を投与した「伝道地」であった。アメリカの諸教会は、一九〇〇年の義和団事件以降の、清王朝衰退と辛亥革命、中華民国の成立という大変革を悠久の歴史を誇る超大国の民主主義的共和国への脱皮ととらえ、アメリカの歴史と重ねて、熱烈な支援を贈った。中国側も、「近代」としての西洋の知を求めて、ミッションの活動を歓迎した。結果、第二次世界大戦以前の中国で、アメリカ諸伝道局が主導して設立した一三のキリスト教系大学は、当時の中国の近代的高等教育の中核を担ったと言っても過言ではない。中国に居住経験があり、中国を良く知る英米人を「オールド・チャイナ・ハンド」と呼ぶようになったのは、一九一〇年頃だというが[4]、アメリカ人の場合、その多くが宣教師やその子どもたちであった。その状況は、『ライフ』誌の創立者ヘンリ・ルースや『大地』の著者パール・バックといった例に反映されている。

しかし、中国で一九二〇年代後半にナショナリズムが高揚すると、アメリカから莫大な資金を引き込んで宣教師たちが軌道に乗せた教育事業も批判の対象になった。女性宣教師の教育事業に根を持ち、アメリカの海外伝道にかかる女性たちが熱心に支援した金陵女子大学の一期生で、二代目学長を務めた呉貽芳は、後年、インタヴューに答えて、次のように言っている。

学校のカリキュラムがすべてアメリカの女子大学の真似で、中国史と中国文学を除くと、すべて英語の教科書を使い、中国人の教員も英語を使うとなれば、学生がアメリカだけが良いと考えるのはやむを得ないことです。……帝国主義の隠れた目的は浸透力に極めて優れています。……当時、私たちはいくつかの国に反対しましたが、アメリカは良いと確信していました。私たちは矛盾していました。なぜでしょう？　そこに、アメリカ帝国主義の巧妙さがあるのです。私たちは上海にはアメリカ租界がない、と指摘しました。……しかし、実際には、アメリカは「共同租界」に所を得ていました。「門戸開放」と同じことです。中国にとって良いことだとアメリカは言いましたが、実際には門戸に足を突っ込もうとしたのです。いわゆる文化的侵略の毒は、私たちが知らないうちにその毒を飲むところにあるのです。(5)

むろんこの発言は、文化大革命下でなされたものである。しかし、呉貽芳は、単に政権に迎合してこの発言をしただけとは言い切れない。マルクス主義的帝国主義批判と反宗教的言説は、一九二〇年代の中国にすでに見られ、(6)それは、ナショナリズムと結びつき、熱誠を伴う民族の抵抗運動の言葉となった。当時アメリカ合衆国内外で伝道事業に携わった者たちからすれば、心外としか言いようがなかったろうが、実際、金陵女子大学を含む、一九一〇年代の中国で相次いで整備されたキリスト教系の大学の多くは、ニューヨーク州評議会の認可を受けた、中国にあるアメリカの大学であった。このようなアメリカ発の伝道事業の中国の主権への無神経ぶりが、アメリカ帝国主義批判に説得力を与えていたのである(7)。

いずれにせよ、この種の批判は、中国革命に倣おうとするニューレフトの心に「被抑圧者の声」として刻みつけられた。当然、一九七〇年代、ニューレフト史学隆盛時において、海外伝道は帝国主義との関連においてとらえられたのである。

ジョン・K・フェアバンクとアウトサイダーによる研究

この時期に一般の史学（アウトサイダー）としての伝道史をリードしたのは、ハーヴァード大学で中国研究を担当したジョン・フェアバンク（一九〇七―一九九一）であった。アメリカの海外伝道において「伝道地」としての中国が占めた大きさを考えれば、一九三〇年代に約四年間中国に滞在したフェアバンクが伝道の重要性に注目したのは、当然の成り行きであったろう(8)。フェアバンク門下の海外伝道研究者たちの多くは、教育や医療、生活習慣等に介入した宣教師の営為は、いかにアメリカ外交、商売、そして軍事力と関係していたのか、それは帝国主義的かつ侵略的であったのか、宣教師は「文化帝国主義者」であったのか、といった問題群を追究した。アメリカ人の宣教師や伝道事業のリーダーが、具体的にどうアメリカ政府の外交過程に関与したのかを検討するといったものが彼らの重要な方法論の一つであり、フェアバンク編集の『中国とアメリカにおける伝道事業』（一九七四年）の複数の論文がそのような課題を扱っている(9)。

こうした主流アカデミズムの傾向は、海外伝道のインサイダー研究者にとって、受け入れ難いものであったのは言うまでもない。一九六五年のAPMの分裂後、上述のようにピアス・ビーヴァは主流アカデミズムとの関係の維持に努めたけれども、成功したとは言えない。その一方で、キリスト教界一般の中でモダニズムに寛容なリベラル派が弱体化し、保守派が力を持つなかで、海外伝道そのものが、経済基盤が強固な保守派の占有するところとなると、当然インサイダー研究者の大半を保守派が占めるようになった。彼等は、主流アカデミズムと距離を置いた。主流アカデミズムの潮流に迎合せずとも、熱心なクリスチャンの中で関心を獲得することが期待できたからである。結果、伝道研究というのは、主流アカデミズムとは敢えて関わろうとしない、保守的クリスチャンの独壇場で、彼らが自分たちの歴史を振り返るものだという感覚が生まれたようである。それが一因であったのだろうか、フェアバンク一門による伝道研究には、後継が出なかった。

筆者は一九八〇年代半ば、ある学会の懇親会で著名なアメリカ人教育史家に博士論文のテーマに女性による海外伝道を選んだことを話したところ、「なぜそのような（つまらない）課題を選ぶのか」といった反応をされたことがあった。日本では多くの大学がアメリカ系プロテスタントの伝道事業に根をもっているのだが、そうした状況にアメリカの学者が無関心なことに驚いたものである。それは、ちょうど右に述べたような感覚が一般の研究者の間に充満していた時期のことだったと考えられる。

ポストコロニアリズムの台頭

だが、その一九八〇年代半ばには、一九七〇年代末以降のポストコロニアリズムの台頭が、一般史学における海外伝道の歴史への無関心という状況を変え始めていた。ポストコロニアルな研究においては、帝国主義下における被支配者の視点が重要になる。当然、「伝道地」の被伝道者にとって、キリスト教伝道が無視できない影響力を持ったことが視野に入ってきた。

さらに、被支配者の経験が語った帝国主義的支配の問題は、暴力による強制や政治的、経済的支配など、従来語られつくしてきた問題とは異なっていた。あまりにも有名なエドワード・サイードの議論にあるように、「文化」という広汎な認識上の枠組みが支配する側によって構築され、支配される側の認識、心の内を支配することこそが、被支配者の視点に立ったときの、帝国主義的権力の大問題として浮上したのである。これは、先に引用した金陵女子大学二代目学長呉貽芳のアメリカ帝国主義批判にも認められる観点である。

キリスト教の伝道は、往々にして被支配者であったアジア等の「異教徒」の心の内に入り込み、回心を迫る。同時に、教育内容やその過程に介入し、生活様式、道徳、「感情のあり方」等の広汎な、まさに文化的枠組みの改変を目指したのであった(10)。サイードの『オリエンタリズム』等で俎上にあげられた文化による支配、権力の有り様は、もっと微細でニュアンスのあるものだったとはいえ、伝道事業は、「文化と帝国主義の結託」あるいは、「文化こそが権力の要」という観点に非常に適合的なトピックであることに間違いない。宣教師が「文化帝国主義者」だという批判は以前からあったが、ポストコロニアリズムと「文化論的転回」による「文化の政治化」は、その意味についての再検討を促したと言えよう。

結果生まれた著作には、文化人類学者ジョン・カマロフ、ジーン・カマロフによる『啓示と革命について』全二巻（一九九一年、一九九七年）やヴィクトリア時代史家キャサリン・ホールの『臣民の文明化』（二〇〇二年）といった大著、あるいは、スーザン・ソーンの『一九世紀イングランドにおける会衆派の伝道と帝国主義の文化の成り立ち』（一九九九年）などがある(11)。どの著作もコンタクト・ゾーン（接触空間）での宣教師の介入が現地家族制度の変革等の道徳的・文化的性格を持ち、それは、被支配者に影響を与えたのみならず、支配者側の階級・人種・ジェンダーをめぐるアイデンティティの構築につながったことなどを指摘している。つまり、介入の結果は双方向的だということである。特に、カマロフとホールは、宣教師が駐在した伝道地の動向と宣教師の母国における動向の両方にほぼ均等の関心を向け、両者の間の関連、影響をとらえようとしている。

女性と帝国主義論

ポストコロニアリズムが注目を集め始めた時期は、女性史の興隆期と重なっていた。女性史は、ヨーロッパでは社会史の延長線上、アメリカではフェミニスト運動の延長線上で探究されるようになったものである。そもそもアメリカのフェミニストたちは、男性一般による女性一般の抑圧を黒人奴隷や公民権を剥奪された黒人一般の状況に似たものとして把握してきた。また、歴史叙述の中に女性を取り戻すことは、フェミニズムの重要な目標の一つであった(12)。したがって、少なくともアメリカでは、女性史の視角は、当初からポストコロニアル的なもの、すなわち、被抑圧者の視点の回復要求を内包していた。

女性史が、より意識的にポストコロニアリズムや文化論的回転の潮流と合流すると、英語圏では、「帝国主義と女性」というテーマが盛んに追究されるようになった。そもそも、女性たちは軍事的、政治的、経済的活動領域から長く疎外されていたので、帝国主義理解をめぐる文化論的回転があって、初めて帝国主義における重要なエージェントと認識されるようになったと言っても過言ではない。マーガレット・シュトローベルの『ヨーロッパの女性と第二大英帝国』(一九九一年)、ナプール・チョードリとマーガレット・シュトローベルの『西洋の女性と帝国主義』(一九九二年)といった初期の著作は(13)、帝国主義植民地空間に白人女性を見いだし、その存在の意味を解釈するという基礎的作業を行った。一九世紀後半、ある程度の数の白人女性が植民地に到来するようになると、彼女たちは「白人」の文化的定義を明確にしようとし、結果支配者＝白人と被支配者＝有色の現地人との境界線がはっきり引かれるようになった。その意味で女性たちはイギリスの帝国主義・植民地主義を助けたというシュトローベルの指摘はよく知られている。ただし、「白人女性」という「女性」の中で権力者に属する側に主たる焦点があったことは、ポストコロニアル的には、未成熟ではあった(14)。

一九九〇年代後半になると、帝国主義・植民地主義の中で権力関係が構築される過程に、白人男女だけでなく、支配される側の有色の男女が関わる様子が抽出されるようになる。インドネシアを主な研究フィールドとする文化人類学者アン・ローラ・ストーラーの一連の著作は、その代表的なものである。

すなわち、ストーラーは、主として植民地の西洋人の家内空間における西洋人と「ネイティヴ」（現地人）の接触に注目し、「ヨーロッパ人」を定義したのは、理性、適切な愛情表現、道徳感覚であり、それによって、被支配者との境界線を明確にすることが帝国の支配を確実にするために重要だったことを論じた。白人＝支配者は誰と親密になり、結局、誰と性的関係を結ぶことができるかを理性的に識別することで、つまり、被支配者をそのような相手としないことで、白人＝支配者となりうる。「男は自分の人種の女の監視下にある限りにおいて男なの」だから、[15]「肉の知識（性交）」[16]こそが、帝国の権力を構築し、維持するうえで重要だったというのである。逆に言えば、誰に恋し、愛情を抱くか、誰と親密になるのか、あるいは、誰を欲望するのかといった、個々人の感情は、帝国主義的権力構造において決められる[17]。

さらにストーラーは、そのような支配の企てが、必ずしも成功しなかったことを、ポストコロニアリズムが提示した「ネイティヴ・エイジェンシー」（現地人の能力）の観点から指摘した。白人男性が、現地人、特に現地女性からの「誘惑」に脆弱であるならば、子供たちは、なおさらそうであったと。婚姻関係を「同族内」に押さえ込むことができたにせよ、植民地において、もろもろの日常的家事や大半の育児は、現地人の使用人に委託された。それは、元来よそ者である支配者がその土地で生きていくために必要不可欠のことであり、さらに、日常の労働から自由であること自体が、白人＝支配者のアイデンティティの一要因でもあった。当然、使用人たる現地人は、白人の親密圏に深く食い込んだ。とりわけ、「乳母」は、「面倒を見る」という行為において、白人の子供たちに大きな影響力を持った。白人の子供たちは、彼女たちに愛着を持ち、彼女たちの言葉を覚え、食物を食べ、支配者と被支配者の垣根をいとも簡単に越えてしまう。それは、支配されていると見える「ネイティヴ」の、自律性とエイジェンシーの証でもあった。

むろん、白人＝支配者は、子育ての方法について こと細かく監視と制限を加え、ある年齢に達すると本国に送って教育を受けさせ、子どもたちを何とか「白人」に仕立て上げようとしたが、それは決して容易なことではなかったというわけである[18]。

ストーラーの著作は、帝国主義・植民地主義的権力関係が、日常の家内空間における白人男女、現地使用人（特に女性）、子ども等の関係性の中で織りなされることを指摘した。帝国の権力は、暴力や政治・経済力だけに支えられるのではなく、支配者と被支配者との間の微細な日常的交渉によって構築され、支えられる。

ところで、一九九〇年代、アメリカの歴史にも、ジェンダーの観点を含む「帝国主義の文化」というテーマが適用されるようになった。エイミ・カプランはそうした努力の草分けで、アメリカの大陸内膨張における白人の同質性の確保に「家庭」が果たした役割を分析した論文がよく知られている[19]。

また、アメリカでは、ポストコロニアリズムの潮流を追うように、「アメリカ史の国際化」という運動が起こった[20]。この運動は、一国史として描かれる傾向の強いアメリカ史の叙述を見直し、アメリカ史を国際関係の文脈の中でとらえることを奨励する。つまり、メトロポールとペリフェリの関係性を視野に入れるということであり、それは、アメリカ帝国主義の歴史を考察することであった。イギリス植民地として出発し、イギリス帝国の支配に反逆したアメリカをイギリスがそうであったような意味で、「帝国」であったとするには、留保もあった。しかし、ポストコロニアリズムとその刺激の中で生まれたアメリカ史の国際化運動は、「帝国あるいは帝国主義者としてのアメリカ」という歴史認識を常態化させた。北米におけるイギリスの植民地は、「白人定住植民地」であり、その独立と大陸内における拡大は白人による帝国主義・植民地主義の一環であるという、内国植民地論も今では主流アカデミズムの中で一般的に受け入れられている。

女性と海外伝道

女性が主導する海外伝道に関する研究は、以上のような、ポストコロニアリズムと女性史の接合の中で、一定の関心を集めるようになった。たとえば、二〇一三年にイギリスのシェフィールドで開かれた国際女性史研究連盟（IFRWH）の大会では、帝国空間で活動した女性宣教師、女性による伝道事業に関する報告がかなりあった[21]。ここでは、アメリカの女性による海外伝道に限って、研究の展開の概略を見てみよう。

アメリカの海外伝道が女性無しでは到底成り立たなかった、あるいは、女性の運動と言ってもよいほどのものだったことは、ピアス・ビーヴァが『こよなき愛——世界伝道におけるアメリカのプロテスタント女性』（一九六八年）ではっきりと指摘したことであった[22]。ビーヴァのこの著作は一九八〇年代に女性史の興隆の中で再発見され、タイトルが『世界伝道におけるアメリカのプロテスタント女性——北米における最初のフェミニスト運動の歴史』と変えられて、再版された[23]。

一九八〇年代後半には、女性史として、アメリカ出自の女性と海外伝道をテーマとする本が出始めた。中国でのアメリカン・ボード（ABCFM）の女性宣教師の仕事を扱ったジェイン・ハンタの『ジェンティリティ［淑女］の福音』、主にアメリカ国内での女性による海外伝道のプロモーション活動を扱ったパトリシア・ヒルの『世界を私たちの家に』、オーストラリアの研究者パトリシア・グリムショの『義務の道』などが、この時期の代表的な研究であろう。筆者自身が博士論文（後に書籍化）で女性と海外伝道事業の関わりを研究しはじめたのもこの頃のことである[24]。

一九九〇年代に帝国主義と白人女性あるいは、帝国空間に存在した白人女性という命題が盛んになると、アメリカで女性による海外伝道への関心が一般の研究者の中でさらに高まったのはある意味で当然であった。アメリカ出自の女性で、アジアやアフリカといった帝国主義・植民地空間を渡り歩いたのは、まずもって宣教師だったからである。右にあげた『西洋の女性と帝国主義』でも、「レディ・トラヴェラー」（冒険的旅行家）、フェミニスト等運動家、看護師、メムサーヒブ（植民地高官の奥方）と共に女性宣教師が扱われているが、その事例二件は両方ともアメリカ出自の宣教師なのである。

右に女性史の一環として書かれたアメリカの女性による海外伝道に関する本を三冊挙げたが、その中で特にグリムショの『義務の道』は、アン・ローラ・ストーラーに先立って、ハワイという白人が現地人を圧倒しつつあった空間を研究対象に、ストーラーの論点につながる事実をすでに掘り起こしていた。すなわち、一九世紀前半の在ハワイ宣教師のコミュニティにおいて、主に宣教師の妻（通常準宣教師として任ぜられていた）が、「欲望の教育」に奮闘した様子をグリムショは描いた。子どもを現地人から隔離して、現地の「悪習」――特に性的な――に馴染まないように努め、また、アメリカに送って教育しようとしたのである。[25] それは、ストーラーが一九世紀末から二〇世紀初頭のインドネシアを主たるフィールドとして抽出した慣行が、一九世紀の早い時点で始まっていたことを明らかにしている。そうした慣行は、宣教師由来であることさえ、推測させる。

一九九〇年代以降、女性宣教師の海外コンタクト・ゾーンでの活動――現地人との交渉――についての事例研究が積み重ねられると共に、[26]「アメリカ帝国、帝国主義の文化」という枠組みの中に女性による海外伝道を明瞭に位置づけた著作が注目された。たとえば、イアン・ティレルの『女性の世界／女性の帝国――国際的視点からの婦人キリスト教禁酒同盟』（一九九一年）、同『世界を改革する――アメリカ道徳帝国の創造』（二〇一〇年）がある。婦人キリスト教禁酒同盟の海外派遣女性「宣教師」は、教会が派遣した一般の女性宣教師とは少し異なるが、多くは現地駐在の宣教師と協力関係にあった。ティレルは、「アメリカ帝国」の構築という視点を全面に出して彼女たちの活動をとらえたのである。一方、ペギー・パスコウの『救済の関係』（一九九三年）は、一八七四年から一九三九年にアメリカ西部で中国人娼婦、未婚の母、インディアン女性等のための「救済の家」を運営し、道徳的権威を確立したアメリカ国内で活動した女性宣教師を検討の対象とし、アメリカの内国帝国主義・植民地主義の中に女性たちの伝道事業を位置づけた。[27]二〇一〇年には、女性史家キャサリン・キッシュ・スクラが主導した論文集『競い合う権力――一八一二年から一九六〇年に至る女性、伝道、国家、そしてアメリカのプロテスタント帝国』が刊行された。その特徴の一つは、「伝道地」の現地語資料に目配りし、被伝道者の声を拾い上げようという努力が積極的になされている点である。この企画には筆者も関わった。[28]

このように、ここ四半世紀の間に、主流アカデミズムにおいて女性による海外伝道はかなりの関心を集め、また著作も増えたのであるが、その多くは「帝国主義の文化」の枠組みでこの運動を理解しようとしたのであった。したがって、インサイダーの伝道研究者との溝は女性を研究対象とする場合も存在する。インサイダーの研究者の中で、この分野で最も知られているのは、ボストン大学神学部のダナ・ロバートである。『伝道の中のアメリカの女性たち』（一九九六年）を始めとする彼女の著作は、アウトサイダーの研究者もよく参照するもので、評価も高い。[29]一方、ロバートは、女性史等の分野の主流アカデミズムの業績を参照している。『植民地主義を回心させる』を編集し、[30]宣教師の反植民地主義を明らかにして「アウトサイダー」の帝国主義研究の一部としての伝道研究に対し、一石を投じたこともある。しかし、「アウトサイダー」の集まりや討論の場でロバートを見かけることは希である。討論したとしても、基本的な枠組みの相違は変わらず、平行線をたどることを知ってのことだろう。

ホリンジャによる最新の試み

二〇一七年にアメリカ思想史の泰斗、カリフォルニア大学バークレー校名誉教授のデイヴィッド・ホリンジャが出した『海外のプロテスタントたち』は、「世界を変えようとした宣教師はどうやってアメリカを変えることになったのか」という副題を持つ。[31]本書によれば、二〇世紀の初頭に海外のコンタクト・ゾーンで異文化接触の経験をもった宣教師やその子どもたち等は、文化相対主義的なリベラリストとなり、その一部は、主に一九四〇年代、五〇年代にアメリカ一般社会で発言力を持つ立場に立ち、その他文化尊重の人道主義、人種差別反対、コスモポリタニズム等を発信し、一九六〇年代的リベラリズムの醸成に一役買ったという。つまり、本書は、アメリカの良心的リベラリズムの先導者として、宣教師、その子どもたち、その他の海外伝道関係者を描く。いわば海外伝道がアメリカ社会に与えたリベラリストから見て責極的な側面を抽出しているのである。つまり、アウトサイダーの研究者も、ついに「アメリカ帝国主義の随伴者としての宣教師」という枠組みに限定されない観点から、海外伝道の帰結を論じ始めた、ということである。アメリカで海外伝道を研究する筆者の友人達は、おおむね本書を評価している。

海外伝道に積極的評価を与える本書は、右に言及したダナ・ロバート編集の『植民地主義を回心させる』に通じる見解を打ち出しているように見え、一見アウトサイダーとインサイダーの間の溝を乗り越える努力のように見える。しかし、ホリンジャは注意深く、伝道に関わったリベラリストと保守主義者を区別し、前者に検討の対象を限定している。[32] すなわち、ヘンリ・ルースやパール・バック、ジョン・ハーシィ[33]といった、宣教師の子どもの中でも、とりわけリベラリズムに強く傾斜した人々――多くは伝道事業と決別し、時に教会からも離れ、「世俗的ヒューマニスト」として二〇世紀中葉に活躍した人々――がホリンジャの研究対象であり、海外伝道の残した積極的遺産も、あくまでリベラリストの観点から評価できる点を強調している。だが、保守派から見れば、彼等は論議を呼ぶ存在である。例えば、バックは、まさに本書でこれから論じるように、保守派にとって、海外伝道事業が生み出した鬼子であり、彼女が宣教師仕込みの人道主義や正義の感覚を持っていたにしても、それを上回るネガティヴな影響を伝道事業そのものやアメリカのキリスト教に与えた人物なのである。したがって、アメリカにおける海外伝道研究に存在するアウトサイダーとインサイダーの間の深い溝は、本書をもってしても埋められたとは言い難い。

二　本書の立場と主要な問題系

本書は、以上のような伝道研究の展開と付随する問題群に鑑みて、「アウトサイダー」の研究群に位置づけられるものである。

しかし、筆者は中学・高校とアメリカ系プロテスタントの女子ミッション・スクールに通い、大学もキリスト教系、修士課程で一時アメリカの州立大学に行ったが、またもとの大学に戻って博士号を取得した。勤め先も北米の六つのプロテスタント伝道局が共同して設立した女子大学である。進学先は、「英語ができるようになりたい」といったごく世俗的・功利的な理由、また建物やキャンパスの美しさ、異国性に惹かれるというナイーヴな理由で選択したものだったし、勤め先も筆者を単にアメリカ研究者として採用したのであった。したがって、あまり意識したことはなかったのだが、改めて経歴だけ並べてみれば、正真正銘「ミッション・スクール育ち」の人材である。それだけ見れば、「インサイダー」に位置づけられてもおかしくはない。

ところが、筆者は、宗教的にも政治的にも極めてリベラルなフェミニストである。このようなあり方は、「伝道地」では特に珍しくない。だから、本書で詳しく扱うように、二〇世紀初頭、ファンダメンタリストは、このような「ネイティヴ」キリスト教徒を輩出する海外伝道に怒って、主流教会から離脱したのだった。

つまり、本書は、宣教師の恩恵と影響を被った「ネイティヴ」の後の世代の「ネイティヴ」が、宣教師の事業をそもそも可能にした白人女性たちの主にホームグラウンド（アメリカ）での奮闘――学術的に採り上げられることが少ない――を、「伝道地」の言葉で語るという試みである。「インサイダー」的背景を持ちながら「アウトサイダー」の視点に立つ有色の「ネイティヴ」が「白人」を描く。「語り」を支配するという意味では、「西洋による知の領有」への挑戦と言えるのかもしれない。特に、「ネイティヴ」の後継として、「ネイティヴ」への関心とその視点に大きな関心をもちつつも、主に「白人」であるルーシィ・ピーボディを検討対象とする点は、大胆な企てなのかもしれない。しかし、同時に筆者の学術的枠組みは、右に説明したような西洋の学術の動向に大きく方向付けられたもので、その多くを英語で学んできた。このように幾重にも矛盾した筆者の立ち位置が、本書の枠組みを規定していることをまず指摘しておきたい。

本書は、アメリカの女性たちによる海外伝道事業を一九世紀後半から二〇世紀前半に至る時間軸の中で検討するものだが、その際、複数の問題系を折り重ねて叙述が構成されている。それらの問題系を以下簡単に説明しよう。

中流階級と女性の政治文化

第一の問題系は、一九世紀前半、第二次大覚醒（一七九〇年代から一八四〇年代）を通じて成立した中流階級の中核的アイデンティティを担った福音主義的な「女性の政治文化」が一九世紀後半以後、どのように機能し、どのように機能しなくなったのかという問いである。

以前に筆者は、「女性と政教分離――逆説の政治文化」という論文を書いたことがある[34]。そのポイントは次のようなものであった。第二次大覚醒は、それへの参加者の過半が女性であったことから、キリスト教会会員の大半を女性が占めるという以前からの状態をさらに強化した。同時に、合衆国憲法修正第一条で確定し、一八三三年までにすべての州で実施された政教分離の原則は、教会の維持を会員の献金に頼る構造をうんだ。結果、アン・ダグラスが論じたように[35]、牧師は男と決まっていたが、彼等は女性を意識せざるをえず、説教のトピックも家庭問題など女性の関心に副うものが多くなった。キリスト教はこのような意味で女性化したのである。そもそも女性たちは、アメリカの独立革命を経ても、慣習法に従い、投票権、財産権等を著しく制限されていた。リヴァイヴァルへの参加は、結果的に見るなら、そのような女性たちによる、男性の牛耳る権力に対する異議申し立てであり、キリスト教会への熱心な参加は、女性たちが男性とは異なる形で権力を得る方策であった。教会と結ぶことで道徳的権威を獲得し、その立場から政治的発言力、影響力を得たのである。それは、一般的政治や経済活動から疎外され、その利害関係から相対的中立を確保できた女性だからこそ得た立場であった。つまり、選挙権等の政治・経済的疎外は、逆説的に女性に独特な政治力を与えたのである。それは「女性の政治文化」として確定した。一九世紀に広く流通した、女性は「道徳の守護者」という言説は、この状況を言い表す。

イギリスでも同時期に中流の男女がリヴァイヴァルに参加し、贅沢と気前よさ、消費に基づく貴族のリーダーシップに対し、勤勉と節制によって仕事を成功させ、道徳的、宗教的家庭生活を担保すること、つまり、道徳的優越性に依拠して対抗的なリーダーシップを構築していったことが指摘されている。所有する土地から主に収入を得る貴族とは異なり、中流の財力は、主に動産に依拠していたから、節制は必要不可欠であったが、同時に、彼らは単なる金儲け主義は道徳に反するとして、儲けた金で「天国に似たホーム（家庭）」を築くことに執心した。早めに引退して公的奉仕をするだけでなく、郊外の家で庭いじりをするのが、彼らの経済活動の目標であった。子供への遺産としては、教育と宗教的な道徳を与えることを心がけたという。中流の構成員は多様であったが、こうしたリヴァイヴァルを発火点とする福音主義が喚起する価値観を基に、一九世紀半ばまでにはひとまとまりの階層として成立したという。イギリスではこのプロセスは、男性によって牽引され、女性は、なくてはならない協力者であったようである[36]。

一方、アメリカでは、同じ時期に中流のアイデンティティの中核に福音主義的宗教性・道徳性が置かれることに女性の果たした役割は、イギリスよりはるかに大きかったように見える。アメリカにおいては、貴族のリーダーシップは不在であり（あるいは、独立革命で壊滅）、その一方で実質的に一八三〇年代までに男子普通選挙権が実現していた。アメリカ下層労働者と目されるような人々が、中流の列に加わるのは、政治的にも経済的にも比較的容易であった。アメリカには、土地（不動産）が投機の対象であるような、流動的でダイナミックな経済構造があり、「金儲け」とそのための労働は、高く評価された。「男らしさ」の基盤は金儲けの才、競争を勝ち抜くことであり、キリスト教道徳との乖離は大きかった。その乖離を埋める役割が、専ら女性に付託された。(37)

「道徳の守護者」としての女性の政治文化は、アメリカ的政教分離の観点からも望ましいものだったと考えられる。一七世紀、マサチューセッツ植民地では、当初公民権は教会員でなければ得られなかったが、牧師が政治的公職につくことはなく、(38)その意味では、政教分離が成立するずっと前から、宗教的・道徳的権威と政治との関係は注意深く監視されていた。むろん、権力の絶対化を防ぐためである。その文脈からすれば、一九二〇年以前にあって、選挙権を持たず、一般的に政治から疎外されていた女性がキリスト教的権威と道徳を占有すれば、特定の政治権益と宗教が癒着する危険がより少ない形で、宗教と道徳が社会的に機能しうる。さらに、中流女性は家の外の経済活動からも基本的に排除されたが、それは、いわば貴族的有閑性を保持することでもあり、教会に行き、無給奉仕する（しばしば社会改革運動につながった）余裕を得ることでもあった。女性による宗教的・道徳的主張は、世俗の利害を超越した「天使の囁き」であり、時に非現実的でさえあったが、無視できない権威として尊重され、時に無慈悲で暴力的なアメリカ社会の安定に寄与したのである。

逆に言えば、そのような有閑女性の存在は、「中流階級」を定義した。つまり、男が金儲けに長けているだけでは、「中流」とは言えない。彼は、経済力により、有閑の専業主婦を養い、彼女たちが無給奉仕に奔走できる状態を可能にする家庭を持って初めて「中流」なのであった。「道徳の守護者」としての女性を尊重する福音主義的価値観がその中核にあった。アメリカの中流「ジェントルマン」は、女性一般（特別な地位にある女性ではなく）を「レディ・ファースト」を以て遇することでそうした女性の役割への敬意を表現した。

本書は、ルーシィ・ピーボディの人生を追うことで、南北戦争後、「金ぴか時代」と革新主義の時代を経て、第一次世界大戦を迎え、「現代」に突入する過程で、一九世紀前半に右のように構築された「女性の政治文化」が、アメリカ社会においてどのように機能し、そして機能しなくなったかを考察する。「金ぴか」と称された時代、資本主義経済は驀進し、独占資本が形成され、アメリカは帝国主義諸国の国際的市場争奪競争に参入していった。その間、アメリカ社会の富は増し、北米大陸を越えた「海外」も次第にアメリカの実質的な経済的・政治的権益が及ぶ空間として意識されるようになった。その過程で、女性たちが占有する道徳的言質の持つ政治力も否応なく拡張した。海外伝道は、そのような女性たちの権力発揚の主要な場の一つであった。彼女たちは、「帝国」が必要とする道徳的権威を準備し、提供するという意味で、アメリカ帝国主義の随伴者となり、アジア、アフリカ、中東、南洋諸島等々、世界中にその宗教的、道徳的影響力を及ぼそうとした。

本書第一章から第五章までは、一八六〇年代から一九二〇年前後に至るルーシィ・ピーボディの足跡を追うことで、アメリカ的「女性の政治文化」がどのように帝国主義的膨張と接点を持つようになり（第一、二章）、実際どのような権力を発動し、海外との交渉を通じ、権力を強化していったかを提示する。アジアやアフリカ等の「伝道地」の「異教徒＝野蛮人」という他者を設定しながら、女性たちが「道徳の守護者」としての自らのアイデンティティを固めつつ、彼女たちの権力が拡大の頂点に達するまでの軌跡を描く。

一九世紀アメリカの女性の政治文化は、最終的にその拡張の頂点において、女性の参政権を実現させ、同時にそれ自体の解体、終焉を招いた。「道徳の守護者」としての女性の権威・権力は、「女性」が非政治的、非経済的存在として構築されていたからこそ成立した。参政権を持つ女性は、政治的には男性と同じ土俵に立つことになったのであり、いまだ経済的には男性とは異なっていたとはいえ、そのような権威・権力の土台を喪失したのである。

本書第六章以下は、一九世紀福音主義的「女性の政治文化」解体の局面がどのように訪れたかを、ルーシィ・ピーボディが直面した困難を通じて描き出す。特に第八章「女の政治」では、女性参政権成立直後に女性たちが初めて男が牛耳る選挙政治に参入した事例として、禁酒法廃止に反対する運動の中心に立ったピーボディの言動を追う。それによって、道徳に立脚した政治権力が選挙政治に真正面から挑んだときの機能不全を描き出す。これまで禁酒法廃止を求める運動を行った女性たちに焦点をあてた研究はあるが[39]、それに反対した、敗北側に焦点を当てた研究は管見の限りない。だが、敗北側の物語は、一九二〇年代、三〇年代に多くの「中流女性」が陥った袋小路、権力喪失の感覚を抽出するだろう。この時代の女性の活動は、平等権修正（ERA）や平和運動によってしばしば語られる一方、禁酒法の帰趨が女性たちにとって眼前の大問題であったことは忘れられている。ピーボディの言動は、「道徳」に立脚してきた多くの女性たちの忘却された敗北の経験を拾い上げるはずである。

一九世紀的福音主義の解体と女性

ところで、以上のような道徳的権威に基づく女性の政治文化の強大化と解体の過程は、まさに、キリスト教徒の幅広い連合を可能にし、中流階級のアイデンティティの中核を担った一九世紀的福音主義の世界的拡張と解体の過程と同期していた。前節において伝道研究におけるインサイダーとアウトサイダーの分断を指摘したが、その原因になっているのは、現代アメリカのキリスト教における保守とリベラルの分断である。二〇世紀初頭における保守派の主流教会からの離脱、一九七〇年代以降の彼等の政治化が、現代アメリカのキリスト教とアメリカ社会に深刻な分断をもたらしていることが、伝道やキリスト教の研究者の立場に反映されているのだ。

本書の第二の問題系は、この分断の起源に迫るものである。すなわち、一九世紀的福音主義が、海外伝道という形での空間的拡張の局面でどのような様態をみせたか、そして、それはどのように分裂し、衰退したか、そして女性はその過程にどう関わったかを問う。

一九世紀的福音主義は、現代のいわゆる福音主義＝エヴァンジェリカルとは異なり、リベラルから保守までかなり幅の広い神学的、実践的立場を包摂していた。そして女性は、その幅の広さの要であった。つまり、神学教育を受け、各教派の聖職者として訓練される男性に比べ、そうした教育過程から排除されていた女性は、より幅広い「クリスチャン」というアイデンティティを保持し、教派や教義を超えた協力に積極的だったのである[40]。別の言い方をすると、一九世紀的福音主義は女性化していたが故に、包摂的であった。本書第一章は、そのような幅の広い、一九世紀的福音主義者の寛容性、あるいは、良識が、特に女性の成長過程でどのように育くまれたかを限られた資料から描き出そうという試みである。

バプテストを例にとると、そのような福音主義が分断に向かう契機を提供したのは海外伝道事業であった。つまり、二〇世紀初頭、北部バプテスト連盟のなかでファンダメンタリストがリベラリズム、モダニズムを批判し、台頭したとき、その批判の具体的な矛先の一つは明確に海外伝道事業であった。そもそも各個教会の独立性が強いバプテストが連盟の年次大会を開いたのは、歴史的には協力して海外伝道を支えるためであった。海外伝道には金がかかる。二〇世紀初頭までに、バプテストは多大な資源を海外に投じたが、特に女性たちは、莫大な資金を調達し、その多くを他教派との共同事業に使った。協力は妥協を意味し、高等批評はもとより、他宗教の価値さえ認めるリベラリストさえ、拒絶し難い。そのような事業のためにバプテストの資源を使うのは論外、というのがファンダメンタリストの主張であった。そこには、バプテストの素朴で合理的な金銭感覚があった[41]。

さらには二〇世紀初頭、伝道地「ネイティヴ」は、その自己主張を強め、キリスト教の絶対性に挑戦し、モダニズムを歓迎する傾向が強まった。宣教師の多くはコンタクト・ゾーンでの実際の現地人との折衝の中で、寛容を旨とするリベラリズムに傾斜しがちであった。ファンダメンタリストは、そうした宣教師の活動に多大な金を使うことに疑義を抱いたのである。

この中で、バプテストの女性をエキュメニズムに導き、多くの資金をそのために調達したルーシィ・ピーボディは難しい立場に立たされた。当時、女性たちの資金調達一般は、男が主導する伝道局本部の管理下に置かれる傾向を強めていた。ファンダメンタリストは、女性化した、幅広い、一九世紀的福音主義キリスト教のアンチ・テーゼとしての「男らしいキリスト教」(42)の極端な形態として立ち現れたのであり、ミソジニ（女嫌い）はその旗印の一つでもあった。その圧力を受け、北部バプテストの女性たちの活動は男たちからの制限を受けるようになった。

本書第四章、第五章は、一九世紀的女性の政治文化の頂点を描くが、同時にそれは、女性の間のエキュメニズムと、一九世紀的福音主義者たちの海外伝道が最盛期を印したモメントを描くことでもある。第五章で述べるように、頂点において、すでにルーシィ・ピーボディは難しい立場にあった。第六章以下は、北部バプテストの中でファンダメンタリスト的批判が大きくなるなかで、女性たちのエキュメニズムを先導してきたピーボディが窮地に立たされた様子を詳述する。そして、彼女が突如その立場を変え、ファンダメンタリストに与した顚末、さらには、ファンダメンタリストのミソジニ、神学上の立場の相違などから、彼女が結局彼らの中に居場所を失ったことを扱っている。つまり、一九世紀的福音主義が分裂したとき、ピーボディはどちらの立場にも与し得たが、結局は、どちらにも安住できなかったのである。この間、ピーボディは、北部、とりわけボストンのような大都市では急激に古くさくなった一九世紀的福音主義、女性の政治文化の言説や行動様式がまだ機能しえたフロリダ（南部）に移住を企だて、活動の可能性を見いだそうとした。つまり、現代のバイブル・ベルトに救いを見いだそうとしたのである。

ピーボディは、エキュメニズムを推進し、女子高等教育を東洋にもたらそうとした進歩的で裕福な福音主義者であった。頑固で素朴な「田舎者」的信仰を持つと同時に、知的で機敏なボストニアン（都会人）、コスモポリタンでもあった。一九世紀アメリカの福音主義は、そうした多様性を包括しうるキリスト教であった。また、ピーボディは、女性として、驚異的な組織力、企画力、集金能力を持ち、海外伝道の世界で大きな発言力と権力を保持、行使した、一九世紀的女性の政治文化の頂点を体現した人の一人であった。ロックフェラー一世の妻、タフト大統領夫妻といった著名人、要人との親交もあった。そして、一九世紀的福音主義と女性の政治文化の解体過程に当事者として巻き込まれた。一九世紀後半から二〇世紀前半における、福音主義とそれにかかわる中流女性たちの命運を彼女の人生は語ってくれる。

ところで、日本でも現代アメリカにおける福音主義＝エヴァンジェリカルについてはある程度の関心が集まっている。すなわち、宗教右派やファンダメンタリスト等の政治的動向についての報道や研究が散見される。そして、彼等の出現過程については、日本語による複数の研究がある。しかし、ほとんどが男性中心の叙述であり、また、海外伝道事業は視野に置かれていない(43)。本書は、この欠落を埋めるとともに、リサ・マギルが『郊外の戦士』で検討対象とした、一九六〇年代にカリフォルニア州オレンジ郡のファンダメンタリストの教会に集った女性たち——通常イメージされるような地位の喪失を恐れる、周縁的な人々ではなかったという(44)——の前の世代の女性たちが、どのように主流教会における保守とリベラルの分断に関わったのか、その経験を明らかにする。

帝国主義の文化と女性による海外伝道

最後に、本書の中心に位置する、帝国主義の文化と海外伝道はどのような関係性にあったのかという問題系について説明したい。この問いが、ポストコロニアリズム、文化論的転回以降、海外伝道をめぐる「アウトサイダー」による諸研究において重要なものであったことは、すでに紹介した。本書も、この研究群の関心を共有し、すでに出されている多くの論点を補強するような証拠も提示している。

その中で、本書の特徴として挙げられるのは、ルーシィ・ピーボディの生涯にわたる長い時間を視野において、アメリカの帝国主義文化構築への女性たちの関わりを検討した点である。そうすることで、以下各章の説明にあるように、若き宣教師（ルーシィ）が「白人支配者」たるべく海外で訓練され、帰国後は一般女性をその一員として訓練し、また「他者」を構築しようとした様子、さらには、それらの試みが一定の成功を収めながらも、常に不安定要素を抱え、やがて動揺し、瓦解した様子をとらえることができたと考えている。つまり、アメリカの女性たちが関わった帝国主義の文化の形成過程とその衰退を描いたのであり、これは、時間的視野の短い研究には不可能なことだと思う。

ルーシィ・ピーボディは、宣教師、婦人伝道局の有給職員にして組織化及び広報担当者、有閑夫人としての資金調達人、プロモーターという、海外伝道の要となる職種あるいは仕事を一人ながらすべて経験した女性であった。彼女の人生は、海外伝道を成り立たせた三要因のすべてを含んでいた。海外伝道そのものの成り立ちとその帝国主義的なるものとの関わりを検討するには格好の素材である。また、ピーボディは時代に先んじて生きた「偉人」ではなく、時代と共に生きた偉大なる「凡人」だったのであり、時代の変化とともに凋落し、忘却されたと筆者は考えている。だからこそ、彼女の人生は、彼女が生きた時代の特徴をよく映し出してくれるはずである。

第一章は、宣教師の妻としてインドに渡るまでのルーシィ・マギル（ピーボディ）を扱う。エリー運河沿いの大きく発展する新興都市の商人の家庭に育った娘が、公立学校で教育を受けながら富の蓄積を批判するような道徳感覚を身につけたこと、つまり豊かさの中で育まれた「道徳の守護者」としての女性の立ち位置を描こうとする。そして、そのような女性が日曜学校の教師と生徒として出会った青年との恋愛と結婚を通じ、インドでの伝道にいざなわれたことを示す。男性宣教師はしばしば海外伝道を志向する適齢の女性を教会等のルートで見つけ、渡航直前に結婚した。また、一九世紀後半には海外伝道を志す独身女性を婦人伝道局が盛んに送り出すようになった(45)。その中で、ルーシィの事例は、必ずしも典型的ではないが、新興都市の中流家庭の日常の中に、海外伝道に赴く可能性がごく身近に存在していたことを明らかにしたい。

第二章は、在印宣教師時代を扱うが、主たるテーマは、大英帝国の植民地において、ヨーロッパ人、現地人と盛んに交渉しながら、支配者側に属する「白人」としてのリスペクタビリティとアイデンティティを築こうとするルーシィと夫ノーマン・ウォータベリの努力を描くことである。夫妻の「白人宣教師」としての優位性はアプリオリに確定していたものではなく、他の西洋人との競合、一部現地人に対する劣等感などに時に苛まれながら、意志を以て築くものであり、「訓練」を経て獲得されるものだったという、ポストコロニアルな観点からの主張を展開する。しかし、同時に、平等を重んじ、最下層のテルグ人に敢えてアプローチしようとするアメリカのバプテスト宣教師としての奮闘も描く。アン・ローラ・ストーラの主張とはやや異なり、少なくともウォータベリ夫妻の家庭内においては、子どもが現地人になつき、現地語を覚えることを忌避していなかった様子なども紹介する。支配者と被支配者の境界線を乗り越え、かつ、支配者たらんとしたルーシィの夫ノーマン・ウォータベリは、無理を重ね、早世する。

第三章は、バプテスト婦人伝道局の有給職員時代のルーシィを扱っている。インドでの経験を土台に、ルーシィは「伝道地」と「野蛮な異教徒」について語り、伝道事業広報と女性たちの組織化に努めた。それは、優越感とそれゆえの義務感――帝国主義的感性――を一般教会員に植え付け、献金を引き出す、伝道事業になくてはならない仕事であった。ルーシィの任務は、バプテスト婦人伝道局のあるボストンと地方――たとえば、ペンシルヴァニアの山奥に接する町の教会の女性たち(46)――を、遠くに「異教徒」という「他者」を設定し、共有することで、結びつけ、白人女性キリスト教徒としての共通のアイデンティティを築き上げることでもあった。この世界相手の仕事を遂行する女性たちは、互いに助け合い、強固な絆を築き、ほとんど女だけで事業を展開した。本章は、一九世紀後半の女性たちの絆が、「高貴なる者の義務」の感性を「寡婦の献金」（ルカによる福音書二一章一―四節、マルコ一二章四一―四四節）の逸話を梃子に教会の女性たちの間に醸成し、大きな仕事を達成したこと、また、同時にルーシィの個人的生活を支えたことを明らかにする。いわゆる「シスターフッド」の一九世紀後半の有り様を描く。

第四章以下は、ヘンリ・ピーボディと再婚し、ヘンリの死後、遺産を得て、有閑の無給奉仕者として海外伝道に関わるようになったルーシィを扱っている。一九世紀の「女性の政治文化」は、働く女には十分な権力を与えなかった。

被雇用者は、「道徳の守護者」としての中立性を担保できないからである。財力を持つ有閑夫人・未亡人となって初めて、ルーシィは道徳的権威にもとづく権力にアクセスする十全な資格を得、その権力は、働く女性として貯えた広報、組織化、資金集めのノウハウに裏付けられることで、一層大きなものとなった。合同伝道研究中央委員会（CCUSM）の海外伝道テキスト出版事業、女性による海外伝道五〇周年記念祝賀イベント、「東洋の七校の女子大学」建築基金調達運動等、ルーシィ・ピーボディの主な業績を検討することで、女性による海外伝道がエキュメニズムの追求という形で勢いを増し、教派間協力によるアジアの女子大学の建築資金集収という頂点に上り詰めながら、同時にそれ故の困難に見舞われたことを詳らかにする。

特に第五章は、第一次世界大戦前後に、海外での事業の大規模化とともに、十分な資金調達が難しくなるなか、ロックフェラーの富が、バプテストのみならず、エキュメニカルな海外伝道事業にとって大きな意味を持つようになったことを示す。とりわけルーシィ・ピーボディの集金力＝権力は、ローラ・スペルマン・ロックフェラー財団との交渉に長けていたことに大きく依存していた。アメリカの海外伝道は、その頂点において、帝国主義の原動力たる独占資本主義の果実にかなりの部分を依拠していた。しかし、それは同時に、富の使い道をキリスト教的・道徳的価値観によりコントロールすることでもあったのだ。だが、それは、伝道地の「親米派」を増やし[47]、アメリカ帝国主義を援護したかもしれない。本章を通じ、オリヴィエ・ザンズの言う「アメリカの世紀」の出現の前段階において、海外伝道がその出現にどう絡んだかが見えてくるだろう。

第六章以下は、第一次世界大戦の衝撃を境に、海外伝道が一気に勢いを失った時代を扱う。ここでのテーマはすでにその多くを説明した通りであるが、一点だけ、従来の海外伝道研究にあまり見られない観点について今一度説明しておこう。近年の海外伝道研究は、「伝道地」の「ネイティヴ」との交渉を重視し、その際、中心になるのは多くの場合、コンタクト・ゾーンにおける宣教師対現地人という関係である。本書第二章もこの観点を中心にしている。しかし、本書第六章以下では、伝道地のネイティヴの自己主張が、コンタクト・ゾーンで折衝する宣教師に揺さぶりをかけただけではなく、ホーム・ベースに深刻な影響を与え、最終的には、主流教会による海外伝道からのファンダメンタリストの離脱を招いたことを指摘する。

つまり、ルーシィ・ピーボディは、心血を注いで日本、中国、インドの女子大学建設を助けたのだが、特に日本と中国の女子大学は、彼女の、そして、保守的なクリスチャン支援者たちの想い描いた通りのものにはならなかった。アメリカ国内の女子大学同様、これらの大学ではモダニズムが台頭し、さらに、「ネイティヴ」の自己主張が強まり、自国の主権と伝統の尊重を強調するようになった。多くの宣教師は、まさにこうした要求の最前線に立った経験からリベラリストとなり、回心より「国際親善」と「友好」を強調するようになった。第七章で語るパール・バックはまさにそのような宣教師の好例である。その状況は、アメリカ国内に跳ね返り、アメリカの教会のモダニズム、リベラリズムを助長した。国際親善や友好は好ましい価値だが、ジョージ・サンタヤナがいみじくも指摘したように、そのために妥協を重ねるリベラリストは、一方でキリスト教の核心を手放していったのである[48]。それは、ピーボディを苛立たせ、保守派を怒らせ、海外伝道に対する深刻な疑念を生じさせた。

女性たちが主導した海外伝道の世界では、伝道地のために善いことをすると、本国の女性たちの霊性（スピリチュアリティ）が向上すると言われ、これを「リフレックス・インフルエンス（影響の反射）」と呼んだ。つまり、海外伝道では、メトロポールとペリフェリ＝伝道地が互いに相手の構成要素であること（constitutive）が一九世紀後半には主張されていた[49]。しかし、二〇世紀初頭、現地からの「リフレックス・インフルエンス」は、大きな逆風としてホーム・ベースに返ってきたのである。すでに紹介したように、デイヴィッド・ホリンジャは、一九四〇年代、五〇年代を主たる研究対象としつつ、コンタクト・ゾーンでリベラリズムに傾斜した宣教師やその子どもたちが、伝道地「ネイティヴ」を変えるのではなく、アメリカを変えた、つまり、人種差別に反対し、文化的多様性を認める、一九六〇年代のアメリカのコスモポリタニズム、リベラリズムの伸長に一役買ったことを指摘した。彼はこれを海外伝道の「ブーメラン現象」——「リフレックス・インフルエンス」という女性の間で流通した言葉を使わなかった——と呼んでいる(50)。本書では、一九一〇年代、二〇年代に、その「ブーメラン現象」こそが、ファンダメンタリストの反逆とアイデンティティ固めを誘発し、主流教会の海外伝道の弱体化を招いたと主張する。

以上、本書は、ルーシィ・ピーボディという主体を措定し、その経験に出来る限り迫ることで、一九世紀後半から二〇世紀前半のアメリカと世界の関係の大きな部分を担った女性たちの活動と事業に関する理解を深めようとする。主体や経験が言葉を通じて、不完全な形でしか把握できないもので、その事実性について疑義があることは承知している。しかし、主体の原体験はあったのであり、それに不完全ながら迫ろうとする努力は、歴史を再現する上で、唯一ではないが、有効な手法だと信じる。

（1）James, *Notable American Women*, Vol. 3, pp. 36–38.
（2）以下に説明する伝道学の分野の史学史については、小檜山「アメリカにおける海外伝道研究の文脈とその現在」『日本研究』30（二〇〇五年三月）、九一—九三頁を参照。「　」内引用の典拠もこの論文を参照して欲しい。
（3）Sklar, "The Women's Studies Movement," p. 138.
（4）Beale, *A Concise Dictionary*, p. 312.
（5）"Interview with Yih-Fang Wu, 1973," p. 6 in Folder 5, Box 1, RG 279, Presbyterian Historical Society（PHS hereafter）.
（6）たとえば、一九二六年に、あるアメリカ人のリポーターが共産主義者とのつながりが深い若い中国国民軍指揮者の発言として書き留めたものがある（Isaacs, *Scratches*, p. 202）。

（7）一九二〇年代後半になると、中国政府の規定により、キリスト教系諸大学の「中国化」が強制的に進められるようになった。呉貽芳が金陵女子大学学長になったのはそのため（本書第五章を参照）。

（8）フェアバンクのハーヴァード大学での同僚は、宣教師の息子で日本育ちのエドウィン・ライシャワーであった。ライシャワーは日本における伝道を研究対象にしていない。東京女子大学創設に多大な役割を担った父オーガスト・ライシャワーの事蹟は、あまりに身近すぎたのだろうか。オーガストは筋金入りのリベラリストであった。小檜山『「帝国」のリベラリズム』、二九七―三三五頁を参照。

（9）Fairbank, *Missionary Enterprise*. なお、フェアバンク系の研究について、より詳しくは、小檜山「アメリカにおける海外伝道研究の文脈」、九三―九四頁を参照。

（10）小檜山「北米出自の女性宣教師」で、筆者は、結婚と「ホーム」の形成、それに伴う感情のあり方等について、女性宣教師が日本人に大きな影響を与えたことを論じている。

（11）Comaroff, *Of Revelation and Revolution*; Hall, *Civilising Subjects*; Thorne, *Congregational Missions*. なお本文中の日本語の題名は仮訳である。特にホールの著作は「文明化という命題」という意味も含んでいる。ここでは subjects を「命題」ではなく「臣民」と訳す選択をした。「臣民」は植民地化をする側（白人）と植民地化される側（ジャマイカの人々）の両方を指す。これらの著作は、ジェンダーの観点を取り入れているが、男性中心の語りである。九世紀中葉までのイギリスでは女性の活動は目立たず、また資料的制約があるという（Hall, *Civilizing Subjects*, p. 21）。そこで次節以下の女性を中心に扱う研究の中に便宜上含めなかった。

（12）アメリカにおける女性史の史学史については、有賀・小檜山『アメリカ・ジェンダー史研究入門』、序章を参照。

（13）Strobel, *European Women*; Chaudhuri and Strobel, *Western Women and Imperialism*.

（14）当時すでにガヤトリ・スピヴァクは、被植民者、特にその中の女性という「サバルタン」は自らの主張や知を西洋が支配する学術の中で十分表現できないことの問題を指摘していた。Spivak, "Can the Subaltern Speak?"

(15) 一九二九年に、フランスの植民地教育政策の主要立案者の一人、ジョルジュ・アルディが行なった発言。Stoler, *Carnal Knowledge*, p. 1 に引用されたものを使用。

(16) 「肉の知識」は、性交を遠回しに指す、聖書的表現。

(17) Stoler, *Carnal Knowledge*, pp. 6, 12.

(18) Stoler, *Race and the Education of Desire*; Cooper and Stoler, *Tensions of Empire* を参照。

(19) Kaplan and Pease, *Cultures of United States Imperialism*; Kaplan, *Anarchy of Empire*. 良く知られた論文は、後者に含まれる、"Manifest Domesticity"［明白なる家庭性］という題名。

(20) 代表的な論集は、Bender, *Rethinking American History*.

(21) 伝道関係の報告は少なくとも一三件あったことがプログラムからわかる。https://www.dropbox.com/s/2kp085zk2ennjkn/conference-programme%20Sheffield.pdf?dl=0 （二〇一八年五月五日アクセス）。筆者はこの大会に参加していた。

(22) Beaver, *All Loves Excelling*. All Loves Excelling ［こよなき愛］というタイトルは、メソジストの賛美歌「あめなるよろこび」から取ったもの。

(23) Beaver, *American Protestant Women*.

(24) Hunter, *Gospel of Gentility*; Hill, *World Their Household*; Grimshaw, *Paths of Duty*; 小檜山『アメリカ婦人宣教師』は博士論文が基になっている。また、小檜山「アメリカにおける海外伝道研究の文脈」、九四—九六頁を参照。

(25) Grimshaw, *Paths of Duty*, Chapter 6.

(26) その一部をあげるなら、Ishii, *American Women Missionaries at Kobe College*; Shemo, *The Chinese Medical Ministries*; Reeves-Ellington, Domestic Frontiers など。いわゆる宣教師ではないが、次に挙げるイアン・ティレル同様、婦人キリスト教禁酒同盟の海外派遣「宣教師」を扱ったものに、Yasutake, *Transnational Women's Activism* がある。

（27）Tyrrell, *Woman's World/Woman's Empire*; ＿＿＿, *Reforming the World*; Pascoe, *Relations of Rescue*.

（28）Reeves-Ellington, Sklar, and Shemo, *Competing Kingdoms*.

（29）Robert, *American Women in Mission*.

（30）Robert, *Converting Colonialism*.

（31）Hollinger, *Protestants Abroad*.

（32）*Ibid*., pp. 9–12.

（33）John Hersey（1914–1993）. *Hiroshima*（1946）の著作で知られるジャーナリスト。

（34）小檜山「女性と政教分離」。

（35）Douglas, *Feminization of American Culture*.

（36）Davidoff and Hall, *Family Fortunes*, pp. 20–23. 先に言及したホールの『臣民の文明化』では、一八三〇年から一八六七年を射程に、ジャマイカに派遣されたバプテスト宣教師が、家族を支える「男らしさ」を現地人に植えつけようとしたことが論じられている。そこでは男性宣教師の妻が家の経営において決定的に重要な役割を果たしたことも指摘されているが、（例えば、一六九―一七〇頁）、あくまで妻は「助け手」であり、家父長権に抑えこまれ、家内における自己主張の度合いは弱かったように見える。対照的に同時代にビルマで活躍したアメリカ出自のバプテスト宣教師アドニラム・ジャドソンの三人の妻は皆強烈な個性と自己主張を持ち、伝道地において家庭運営と伝道事業に多大な貢献を成した女性として描かれた（小檜山『アメリカ婦人宣教師』、一二二―一三二頁）。

（37）メアリ・ライアンの『中流階級のゆりかご』は、一七九〇年から一八六五年のニューヨーク州オナイダ郡を研究対象に、第二次大覚醒を通じて、経済活動の基盤としての農村の一致団結した家父長的家族が、市場経済に巻き込まれた町の中流の家族に変容していく様子をとらえ、その変容において、女性と子どもが多大な役割を果たしたことを指摘している。ライアンは第二次大覚醒への参加に女性が多く、彼女たちが福音主義的な改革運動に乗り出すことで、家族の関係性と価値観が形成されたことを論じている（Ryan, *Cradle of the Middle Class*）。一九世紀前半における女性の発言力の英米の差違を表す事例として、一八四〇年にロンドンで開かれた国際奴隷制反対会議を挙げることができる。アメリカは代表団の中に女性を含め、送り込んだが、イギリス側に女性の参加を拒絶された（デュボイス／デュメニル『女性の目』、一七六頁）。

（38）森本『アメリカ・キリスト教史』、三九―四〇頁。

（39）たとえば、Rose, *American Women and the Repeal of Prohibition*. 詳しくは、本書第八章を参照。

（40）小檜山『アメリカ婦人宣教師』、二四七―二四八頁。

（41）マサチューセッツにおけるバプテストの「良心（信教）の自由」を巡る闘いも同様の金銭感覚を基盤に展開されたことについては、本書第六章の「ファンダメンタリスト」の節を参照。

（42）「男らしいキリスト教」については、たとえば、Putney, *Muscular Christianity* を参照。

（43）青木『アメリカ福音派の歴史』、堀内『アメリカと宗教』、飯山『アメリカ福音派の変容と政治』、同『アメリカの宗教右派』、蓮見『宗教に揺れる国際関係』、河野『アメリカの原理主義』、栗林『キリスト教帝国アメリカ』など。

（44）McGirr, *Suburban Warriors*.

（45）小檜山『アメリカ婦人宣教師』、一一七頁。またこの本の第三章に挙げた一九世紀前半の宣教師の妻たちの例を参照。

（46）私は二〇〇三年にペンシルヴァニアの山奥に接するニューヨーク州ジョンソン・シティの第一バプテスト教会で、この教会の女性たちが開いていたつつましやかな海外伝道集会の古い資料を見せてもらったことがある。この教会に、後年ルーシィ・ピーボディは少なくとも二度訪れている（本書第七章および「あとがき」を参照）。

（47）ザンズ『アメリカの世紀』。

（48）Justin Wroe Nixson, "The Evangelicals' Dilemma," *Atlantic Monthly* 136 (July-Dec. 1925).

（49）小檜山『アメリカ婦人宣教師』、八六―八七頁。

（50）Hollinger, *Protestants Abroad*, pp. 1-23.

第一章　中流の輪郭

1880 年のロチェスタ．H. H. Rowley & Co, and Beck & Pauli. *View of Rochester, New York 1880.* [Hartford, Conn. 1880, 1880] Map. Retrieved from the Library of Congress, https://www.loc.gov/item/75694815/.

カンザスのベルモント

ルーシィ・ピーボディは、一八六一年三月二日、カンザスのベルモントで、ジョン・マギル（一八三一―一九一二）とサラ・ジェイン・ハート・マギル（一八三四―一九二四）の長女として生まれた。父は、カナダ生まれの商人で、一八八〇年の国勢調査記録によれば、父の両親はアイルランド出身である。[1]『有名なアメリカの女性』によると、マギル一族はオンタリオに定住し、マギル大学の主要な後援者――ジェイムズ・マギルのことか――が親類の一人であったというが、関係の詳細は不明である。[2]

ジョン・マギルは一八五九年にニューヨーク州ピッツフォード在住の、サラ・ジェイン・ハートと結ばれ、同州で長男アルバートが生まれた後、すぐに妻と息子を伴ってカンザスのベルモントに移住した。[3]当時のカンザスは、いわゆる「血なまぐさい」時代（一八五三―一八六一）の最中にあった。すなわち、一八五四年五月三〇日にカンザス＝ネブラスカ法案が議会を通ると、カンザス準州の開拓者がその領域内で奴隷制を認めるかどうかを自分たちで決めることになった。カンザスを自由州にすべく、北部ではすぐに「移民援助会社」が組織され、一八五五年の夏までに一二〇〇人の移民がニューイングランドからカンザスに送られた。移民は、奴隷制廃止運動の旗手、ヘンリ・ワード・ビーチャに因み、「ビーチャの聖書」と呼ばれたシャープのライフルを携えたという。一方、南部では、二万人の北部人がカンザスに押し寄せてくるという噂がながれ、一八五四年一一月に数千人の武装した南部人が、奴隷制に賛成する代議員に投票しようと、主に隣のミズーリ州から流入した。南北の対立は緊張を帯び、一八五六年はそのピークで、自由州支持者のつくった町ローレンスを奴隷州支持者が襲撃し、その仕返しで五人の奴隷州支持者が殺害された。ワシントンの議会で、「カンザスに対する犯罪」という演説で南部議員を激しく攻撃した上院議員のチャールズ・サムナが、南部の下院議員プレストン・ブルックスに杖で殴られ、気絶したのもこの年である。南北戦争が始まる前までのカンザスにおける暴力的衝突で死亡した人の数は五五人ほどであった。かのジョン・ブラウンは、一八五九年のハーパーズ・フェリの武器庫襲撃を先導し、絞首刑になる前、カンザスでの騒動の多くをリードしていた。[4]

ジョン・マギルは妻と生まれたばかりの息子を連れて、このように騒然とした準州に移住し、商売のチャンスをうかがう野心と冒険心を持っていた。だが、それはこの時代のアメリカ合衆国にあっては、奇想天外なものではない。多くの男たちが、「自由で、ただの土地（free soil）」をいち早く占拠し、一財産築くことを目論み、西部に移り住んだ。[5] 彼らの多くにとって、奴隷制は、黒人に対する道徳上の問題である以上に、自由な個人が所有すべき土地を一部のプランターが占有してしまうという意味、また、黒人奴隷が居住者の中に増えるという意味で、忌むべきものであった。[6] つまり、奴隷制反対は、経済的利権と共同体形成における同質性の確保に付随する問題であった。

西部への移住は、男が先に出かけ、後で女を呼び寄せるのが一般的であった。女性にとって、西部への旅程、そこでの生活は過酷とされ、先に移住した夫がいくら招いても、頑として東部を離れない妻もいた。しかし、大半は、自由州の大儀、夫に対する義務、夫に従う以外の選択肢のなさ、あるいは、夫への愛情など、さまざまな理由から、最終的には夫に合流したという。[7]

一八六〇年の国勢調査に、カンザスのベルモント時代のジョン・マギル一家の記録が残っている。二九歳の商人のジョンは、二五歳の妻ジェイン、一歳になる長男アルバートと暮らし、六〇〇ドルの不動産と四〇〇ドルの動産を申告している。ベルモントがその一部を成すドニファン郡ワシントン・タウンシップ在住者約九〇〇人（男性約五〇〇人）のうち、不動産を申告した人の数は、一一九人、その平均額は一八七六ドルである。また、動産の申告者数は一五一人で、その平均額は五〇六ドルである。[8] つまり、ジョン・マギルは資産を持つ者の中では慎ましい方に属したが、しかし、何の資産も申告しない成人男性もいたことを勘案すれば、二〇代としてはまずまずの経済的地位を確保していたと言える。想像を巡らすなら、ジョンは、その方法は不明だが、二〇代中盤までにある程度の資金を手にし、機会を求めてオンタリオ湖を渡り、ニューヨーク州北西部に至った。ピッツフォードでジェイン・ハートと出会い、子どもができた後、さらに移動を続け、カンザスを目指した。商人であったから、農民としての機会を求めたというより、移住者相手の商売と土地投機の機会をうかがってのことではないだろうか。

一八六一年三月二日、ジョンとサラ・ジェインの間に生まれた二人目の子が、ルーシィである。ルーシィのミドル・ネームに「ホワイトヘッド（Whitehead）」とあるのは（序論冒頭を参照）、その名の友人宅に滞在中に生まれたからだという[9]。そもそもカンザスのベルモントの元の名前はホワイトヘッドであった。この集落は、一八五二年にインディアンとの商いを生業とするジェイムス・R・ホワイトヘッドがつくった交易所として始まった。一八五四年には数件の家が建つばかりであったが、大きな町になる可能性を秘めた場所で、「非常に多くの人々がすでに移り住み、さらに多くの人が移り住みつつあった」[10]。集落の土地測量図ができたのは一八五五年、その後、名前をベルモントに変えた。ジョン・マギルが、もしインディアンとの毛皮取引で巨万の富を築き、マギル大学の創立時スポンサーとなったジェイムズ・マギル（一七四四―一八一三）の一族であったとするなら[11]、彼はこの地のインディアンとの取引にも関心があったかもしれない。

カンザスは元来一八三〇年に合衆国政府がインディアン保留地と指定した土地であった。それを欲にとりつかれた白人の移住地とするために、合衆国は、インディアン諸部族と様々な条約を取り交わし、その権利を放棄させていった。カンザス＝ネブラスカ法が成立すると、白人が押し寄せ、土地を占拠したが、その際、しばしの間、条約上、インディアンの権利が残っており、合衆国側による測量はできない状況にあった。その中で、「公有地」の不法占拠者（squatter）たちは組合を組織して、優先買収権の認定を自治として行うとともに、自警委員会を傘下に置いて、違反者や紛争の取り締まり、調停を行った。

幸いにも、一八五四年六月二四日に組織された「ドニファン郡ホワイトヘッド地区占拠者組合」の記録が、完全な形で残っている。この組合の長で、優先買収権の請求登録の管理人となったのは、上述のジェイムス・R・ホワイトヘッドであり、自警委員会の一人に任命されたのが、「キャプテン」ジョン・H・ホワイトヘッドであった(12)。一八六〇年の国勢調査記録によれば、ジョン・マギルは、ジョン・H・ホワイトヘッドの近所に住んでいたから、ルーシィが生まれたのはこの家だったのではないかと推測される。

ジョン・ホワイトヘッドはヴァージニア出身で、一八五〇年の国勢調査の時にはミズーリ州のブキャナンに住んでいた(13)。もとは南部人である。一八六〇年にはベルモントでホテルを経営しており、集落の中心人物であった。当時の年齢は五四歳、妻ルーシィは五〇歳であった。この妻が出産を助け、生まれた子がルーシィ・ホワイトヘッドと名付けられたとも考えられる。「ドニファン郡ホワイトヘッド地区占拠者組合」の規約は、その奴隷制支持の立場を明確にしているが、コミュニティには北部の自由土地主義者も住んでおり、組合は、奴隷制をめぐる南北の対立という政治問題にこだわらず、優先買収権を取り決め通りに確定するよう努めていた(14)。ローレンス、マンハッタン、トピーカ、オサワトミなど、この時代にできた周辺の町の多くが、自由土地主義者の根城だったことからすると(15)、ベルモントは特異な集落で、南北戦争で破壊され、無くなってしまったのはそのためだったのかもしれない。つまり、南部寄りだったことに加え、インディアンとの交易所というその出発点が物語るように、商人的志向が強く、土地への執着が弱かったのではないか。

ルーシィ・ホワイトヘッド・マギルは、先住民、黒人、南部人、北部人の権利が複雑に交錯するなかで、政治的、人種的対立にあまり拘泥せずに、経済機会を求める冒険的商人の娘であり、南部出身の恩人の記憶をその名に刻んでいた。

ニューヨーク州ピッツフォード

ジョン・マギルは、南北戦争でベルモントが破壊されると、妻の故郷ニューヨーク州ピッツフォードに戻った(16)。ピッツフォードは、独立革命後に「西部の肥沃な土地」の獲得を目指してニューイングランドから移住した人々がつくった集落であり、一八二五年にエリー運河が開通すると東部に向けての農産物出荷点となった。そのため、再びニューイングランドから多くの移住者が押し寄せ、一八二七年に市制が敷かれた。一八四二年にはオーバン＝ロチェスタ鉄道が完成し、集落はさらに発展した。南北戦争前には、逃亡奴隷の地下鉄道のルートでもあったとの言い伝えが町に残っている(17)。

一八六五年の住民調査の原票によると、その頃ジョン・マギルは三四歳の商人であり、妻は三〇歳、四歳のルーシィの他、六歳のアルバートと一歳半のヘレンが同居していた。ヘレンはニューヨーク州で生まれているから、ジョン・マギル一家は、遅くとも一八六三年には妻の故郷に戻っていたはずである。近所にはルーシィの母方の祖父母と叔母エリザベス（二三歳）が住んでいた。祖父の生業は石工である。祖父セオフォラス・ハート（五三歳）はピッツフォードのあるモンロー郡の南隣、リヴィングストン郡の出身、祖母シンデレラ・ハート（四八歳）は、やや東寄りの、シラキュースの南のコートランド出身であった(18)。

ルーシィのバプテストとしての熱心な信仰は、母方の系譜から受け継がれたものではなかろうか。父方はスコットランドからモントリオールに移住したジェイムズ・マギルの系譜だと仮定すると、その始祖ジェイムズ・マギルは、長老派にもイギリス国教会にも、カトリックにも寄附を行った人で、宗教には敬意を払ったが、特定の信条をもっていたわけではないことが知られている(19)。一方、母方の祖父母はいずれも第二次大覚醒時にリヴァイヴァルが多発したニューヨーク州北西部の出身で、大覚醒の熱気をまともに受けて成長した世代である。ピッツフォードにほど近い、やはりエリー運河沿いの村（パルマイラ、後、マンチェスタ）出身のモルモン教の教祖、ジョセフ・スミス（一八〇五―

一八四四）は、特異な宗教熱のなか、どの教派の教えが正しいか大いに自問したあげくに、天啓を受けたという。[20] 母方祖父の生業が石工というのも、篤い信仰を連想させる。ルーシィの家が家族ぐるみで信仰熱心であったことは、兄のアルバートが後にアメリカ・バプテスト国内伝道協会で二年間働いたこと、その後アルバートと妹のヘレンはこの協会がサウス・カロライナで経営した解放奴隷のための教育施設、ベネディクト・インスティテュート（現在のベネディクト大学）で働いたことから、知ることができる。[21]

一八五〇年の国勢調査記録からピッツフォードを概観するなら、世帯数は三四七、人口は、二〇七一人、男女比はほぼ均衡しており（男一〇六二人、女一〇〇九人）、その大半はニューヨーク州出身の白人で（黒人は、一家族三名のみ）、均質性の高い村であったことがわかる。農家が多いが、労働者（laborer）も多い。不動産を申告しているのは二〇五人で、その平均価格は約四二六一ドルである。セオフォラス・ハートはこの時点で三八歳、所有不動産の額は三〇〇〇ドルであった。所有不動産額が大きいのは軒並み農家であるから、これだけでは一家の生活状況は測れないが、まず慎ましい方に属したと言えるであろう。

ピッツフォードの一八七〇年の国勢調査記録を見ると、不動産の申告者は二九一名、平均不動産額は七二二二ドル、動産の申告者は三〇三名、その平均額は二五六六ドルである。セオフォラス（五八歳）はこのとき、不動産二〇〇〇ドルのみを申告している。一八五〇年の値と比べると、平均不動産額の上昇率はおよそ一・七倍で、ハート家の不動産額はそれ以上に増えているが、動産の申告はないことからして、それほど余裕のある暮らしはしていなかったと考えられる。家族は妻（主婦、五三歳）と服の仕立ての仕事をする娘（二八歳）であった。一方、この年の調査によれば、ジョン・マギルは三九歳の商人、ジェイン・マギルは三五歳の主婦、子供は、アルバート（一一歳）、ルーシィ（九歳）、ヘレン（七歳）、チャールズ（三歳）、マーガレット（一歳）となっている。上の三人の子は学校に通っていた。ジョンが申告した不動産額は二〇〇〇ドル、動産額は三三〇〇ドルで、大成功とは言えないものの、堅実に暮らしを立てていたと言えよう。

現在、ピッツフォードは、ほんの八マイルしか離れていないロチェスタのベッドタウンとなっている。近隣をドライヴすると、使われなくなった運河が豊かな水をたたえ、うっそうとした樹木の間に瀟洒な家が建つ、公園のように美しく整った中流上層部の白人の郊外住宅地である。[22] 産業基地としては衰えつつあるロチェスタのイメージからすると意外なほど、整然とし、豊かで、また、取り澄ました雰囲気がある。それは、この町が、「庶民がつくった農業を基盤とする共同体で、商業主義を進んでやり過ごし」、産業を特に奨励することはなかったという過去の選択の結果なのであろう。[23] ルーシィ・マギルがここで過ごしたのは一八七三年までのおよそ一〇余年であったが、その秩序正しい白人の都市郊外の豊かな環境こそ、彼女にとっての故郷であった。[24] 一九四九年にルーシィが亡くなった時、遺体は、両親、兄弟姉妹とともに、ピッツフォード墓地二八七番に葬られた。

ロチェスタ

一八七三年、マギル一家はロチェスタに引っ越し、ジョン・マギルは農産物を扱う商人になった。ロチェスタは、一九世紀初頭にエリー運河沿いの交通の要所として発展し、後背の農村地帯で産出する小麦を挽いて出荷することで知られ、「小麦粉の都（Flour City）」と渾名された。しかし、一九世紀中葉には、主要交通・運搬手段が鉄道に置き換わりはじめ、中西部穀倉地帯を抱えるさらに西方の諸都市に小麦粉生産における優位性を奪われた。かわってこの頃のロチェスタの主要産業となったのは、近郊の果樹園や園芸関連のビジネスであり、町は「花の都（Flower City）」と呼ばれるようになった。リンゴの出荷も多かったが、それ以上に、ヨーロッパからその一部を輸入した、花や植物の苗、種子、苗木などを育て、全国に出荷していた。ジョン・マギルは、その環境で、青果を扱っていった。ただし、南北戦争後に台頭し、やがてロチェスタを支えるようになったのは、衣服や靴の製造、次いで、ボシュロムやコダックに代表される、発明を基盤とする（精密）機械製造であった。[25]青果商は、この都市の経済発展の主潮流からすると、脇役だったと言えよう。

ジョン・マギル一家がロチェスタに移った一八七三年は、全米で恐慌の始まった年であり、その影響はロチェスタでも深刻であった。ジョン・マギルは、しかし、一八七四年には、ユニオン・パーク通り一五番に一軒家を構え、七五年にはフロント通り一五番に店を置き、七六年にはメイン通り東一九五番にパートナーのヘンリ・B・スレイドを得て店を移し、一八七八年までこれを続けた。[26]店はロチェスタで最もにぎやかなビジネス街の一角にあり、自宅はそこから南に数ブロック行ったところにあった。地図で確認すると、裏庭が広く、決して小さくはない家である。[27]当時のロチェスタは「家の都」としても有名だったという。一八七五年の時点で、五万人以上の人口を抱える都市の間で比較すると、ロチェスタの人々はかなり広い家に住んでおり、住まいの八〇パーセントは一軒家で、全体の四四パーセントが持ち家であった。[28]つまり、平均的に豊かな住環境が与えられており、ジョン・マギル一家は、その一般的恩恵を享受する、中流家庭であったと言えるだろう。

ルーシィ・マギルは、一二歳でロチェスタの住人になり、五年後の一八七八年にロチェスタ・アカデミを優秀な成績で卒業した。ロチェスタ・アカデミとは、一八五七年に設立された公立ハイ・スクール（高校）で、一八六二年に、「ロチェスタ・フリー・アカデミ」と命名されたものである。当初から厳格な試験を行って生徒を取った。開校当時には、「アカデミ課程」、「大学予備門」、「選択コース」の三つの選択肢が用意され、こうした高レベルの教育に税金を使うことに大きな反対があったが、人気は高く、一八七四年には四階建ての新校舎ができあがり、三〇〇人の生徒が通うようになった。[29]

一八九〇年のカタログ（閲覧できた最古のもの）を見ると、修学年数は四年間で、「大学予備門」（一二五人）、「科学（ラテン語）」（二四五人）、「科学（ドイツ語）」（七四人）、「英語」（一二〇人）、「ビジネス」（七四人）、「特別」（一三人）の六コースに計七五一人の生徒がいた。男子二八八人に対して、女子は、四六三人で、このときまでに、女性化が進んでいた。特に「科学（ラテン語）」（女生徒が一八一人）と「英語」（同一一二人）は、圧倒的に女生徒で占められていた。[30]一九〇三年に至るまで、この学校はロチェスタで唯一の公立高校であった。女子が地元で教育を仕上げる傾向があったであろうことと、その安さ（一八九〇年の年間授業料は四〇ドル）、男子は金儲けにつながらない教育課程に送られなかったこと（つまり、男子は教育程度が低くても、経済的機会があった）などが、女性化の理由と考えられる。全般的に女性の方が高学歴という傾向は現代のいわゆる先進国では一般的だが、[31]アメリカでは一九世紀末にすでにその傾向があったのかもしれない。事実、後で述べるようにルーシィの二番目の夫やヘレン・モンゴメリの夫は妻より学歴が低かった。男性は金儲け、女性は「道徳の守護者」という役割分担（序論を参照）において、後者の役割の方が学歴によって補強される傾向があったと言えるのではないか。そうした構図は、オーウェン・ウィスタの人気小説『ヴァージニアン』（一九〇二年）――ワイオミングのカウボーイが東部からきた「スクール・マム」（女教師）と恋に落ちる話――に投影されている。「カウボーイ」は荒々しい西部で生き抜く腕力と知恵を持ち、「スクール・マム」は道徳性と教養、洗練を備えている。前者の生活力により後者は支えられるが、後者の前（影響力）で前者は完璧な「紳士」となる。[32]

フリー・アカデミは、現在の市役所の近く、南フィッツヒュ通りで、ルーシィ・マギルの自宅から行くには、ジェネシ川を渡る必要があった。

十代の頃のルーシィは、黒い巻毛に黒のビロードのヘアバンドが印象的な、ユーモアのセンスのある、構文分析が得意な少女であった。親友との内緒話が大好きでもあった。高校の告別演説のタイトルは、「国の富――富が蓄積され、人が腐ると、国はうまくいかず、悪くなるばかりの難儀の餌食となる」というもので、アダム・スミスの『国富論』をふまえつつ、富の問題を指摘するものだった。[33]一八七〇年代末、産業化の兆しが顕著な都市で、その近代的利便性と豊かさを享受しながらも、ルーシィは、富ゆえに個人の道徳性が退廃することに警鐘を鳴らしたのである。若いルーシィの胸の内に宿っていたのは、石工を生業とする母の実家、幼い頃を過ごした農業を基盤とする共同体が培ったであろう、素朴な信仰と道徳だったのだろう。ルーシィは、「金ぴか時代」の活気に満ちた都会の懐にありながら、農村的感性を抱え込んでいた。そして、一七歳にしてすでに「道徳の守護者」の役割を引き受けようとしていた。

このような都会的生活と農村的感性の共存は、ルーシィに特異というより、彼女の世代のアメリカの白人中流層の多くが共有したものではなかったろうか。少なくとも、一八七〇年代のロチェスタは、そのような共存を町自体が体現していたように見える。町では衣料品製造が活況を呈し、鉄道機関車が忙しく行き来し、すでにボシュロムが顕微鏡の製造を開始しており、コダックの創業も目前に控えていた。それでいて、「花の都」と呼ばれた町は、果樹園と花や樹木の苗床に取り囲まれ、庭付き戸建ての家屋が軒をならべ、牧歌的で、清々しい雰囲気に満たされていた（本章扉の絵図）。ルーシィの父ジョン・マギルは、この環境にあって、都会の消費者と農村とをつなぐ商売をしていた。

「ロチェスタのヘレン」

ルーシィ・マギルの少女時代に関する資料は欠落している。そこで、一九世紀後半をロチェスタで過ごしたバプテストの少女の経験を、やがて海外伝道事業でルーシィと親しく協力するようになるヘレン・バレット・モンゴメリ（一八六一―一九三四）の回想によって代弁させてみたい。

「ロチェスタのヘレン」ことヘレン・バレット・モンゴメリは、ルーシィと同じ年にオハイオ州キングズヴィルで生まれ、ルーシィと同じように、一八七〇年代以降、ロチェスタの住人となった。彼女は、その後の人生の大半をこの町で過ごし、女性で最初の教育委員会委員に選ばれるなど、革新主義時代のロチェスタを代表する女性となった。父アドニラム・ジャドソン・バレットは、ロチェスタ大学の出身で、一八七六年に教師から牧師に転じ、レイク・アヴェニュ・バプテスト教会を任されていた。ヘレン・モンゴメリによる少女時代の回想は、彼女が生涯、活動の拠点としたこのバプテスト教会に残っていた、古めかしい信仰の雰囲気を記している。

私はイースターの花の準備委員会の責任者になり、父を説得して聖餐式のテーブルの上に台座を置き、木製の十字架を飾った。森に行って、苔を集め、台座と十字架を飾り付けた。羊歯を苔に差し、百合を十字架にあしらった。すると、［年を取った保守的な――筆者補足。以下同じ］執事が教会の前方に歩み出て、牧師［ヘレンの父］に命令した。「この教会からキリストの敵の印を取り除きなさい。」

父は教会員の大多数がその執事に同意することを恐れ、私の美しい十字架を聖餐式のテーブルから取り去り、地下室に隠してしまった。(34)

バプテストのような、アメリカでも「ディセンタ（異議を申し立てる者）」と位置づけられた教会では、かつてのピューリタン急進左派の、反権力、反エスタブリッシュメント、反主流志向の記憶を、19世紀後半に至るも残していた。壮麗な教会堂や華々しい教職者の衣装、荘厳な音楽といったものは、既存権力を高きもの、犯しがたいもの、憧憬に値するものとして粉飾し、権力関係を固定化する装置であって、こうしたことに、かつて、バプテストやクエーカーといったピューリタン最左翼のグループは特別に敏感であった。彼らは、そうした「粉飾」の一切を否定し、神との結びつきの直感（回心）を唯一の頼りに、既存の権力関係を打ち壊し、新しい、平等主義の関係構築を試みたのである。そのような立場からすると、苔と羊歯と百合で飾られた十字架のささやかな美しささえ、虚飾につながる、警戒すべきものであった。

ヘレンは、このような保守主義に戸惑いながらも、素朴な信仰を育んでいったようである。のちにマサチューセッツ州の名門ウェルズリ女子大学に入学したが、「堅苦しい、小さなバプテスト（stiff, little Baptist）」を自認する彼女は、水に全身を沈める洗礼方式を擁護し、他教派の学生と論争した。「狭量、頑迷等々」と周囲に見なされるのに抵抗感を覚えながらも、大学主催の聖餐式の時には、それに出ず、キャンパスから離れたバプテスト教会まで行った。ある同級生が一二五ドル使った、その同じ期間に、ヘレンは一五ドルしか使わず、しかも、その中から伝道会に献金した。二年生になって初めて近くのボストンに出かけ、教員の一人に「珍しい人」と驚かれている。服装は簡素に徹し、「ニューイングランドの女の子たちは、ある面では、西部の女の子のスタイルに及ばない」と家族への手紙に書いている。ヘレンは、「西部」の、つまり、田舎の人としてのアイデンティティを持っていたわけである。[35]

その一方で、ヘレンは大学の礼拝でリベラルなライマン・アボットやブルックス主教の説教に感激し、寮や授業ではマシュウ・アーノルドやオリヴァ・ウェンデル・ホームズと交流し、イースターの日曜日にヘンデルのオラトリオを聴きに行ったことを恐る恐る告白した（保守的クリスチャンは日曜日にこのような「娯楽」にうつつを抜かしてはいけない）。ライマン・アボットから「開かれた聖餐式（open communion）」への誘いがあったとき、他のバプテストの学生とともにそれを拒絶して部屋を出たことが、残念でならなかった。「私は、悲しいことに動揺し、混乱しています。一般的に外では、つまり、世間に出たときには、原則をしっかり守ることができます。でも、ここではすべてが違います――四年間、私たちは聖餐式の時以外はセクトについては考えず、みんなで一緒にやってきました……ここに来なければ、こんなことにはならなかったでしょう。……私はしっかり土台に係留されていると思いますが、頭は少し混乱しています」と。[37]

ウェルズリ女子大学で優秀な学生であったヘレンは、大学の提供する科学的思考法やリベラルなキリスト教に大いに親しんだ。彼女も、また、ルーシィと同じように、農村的保守性を核にもちながら、都会的／近代的なものに順応していった。

結果獲得した微妙なバランスが、おそらく、ヘレンの思慮深さ、良識的判断力の源であった。民俗学者フランク・ハミルトン・クッシング（一八五七―一九〇〇）のズニ族についての講義を聞いたヘレンは、クッシングが、公表を目的としながら、秘匿の誓いをたてて、インディアンの神聖な秘儀を教えてもらった、その裏切り行為に疑問を投げかけた。つまり、白人支配者が、被支配者の知を搾取することで、名声を得る、その胡散臭さに敏感に反応した。学生時代、女性による禁酒運動の物語や演説に親しみ、禁酒主義者になったが、それを法令上の禁止事項以上のものとすること、つまり、憲法に刻む原則とする運動については、疑念を覚えていた(38)。一九二〇年代には、すでに憲法に書き込まれた禁酒法を守る側に与するのだが、それはずっと後のことである。

一八八四年に大学を卒業後、「学識とキリスト教徒の女性性」を学長が保証する推薦状を得て、一年ロチェスタで教えたのち、ヘレンは、フィラデルフィアのウェルズリ女子大学予備門の校長になった。フィラデルフィアのフェアモント・パーク（町に隣接する緑園地帯）を行き交う馬車について、ヘレンは、贅を尽くした御者付きの馬車と父親が手綱をとる「しっかりした古い家族の馬車」を見比べ、前者を「見せびらかし」、後者を「快適さ」と評し、「私は常に快適さの方が欲しい」と書いた(39)。つまり、適度な消費や娯楽を受け入れつつ、トマス・ヴェブレンが指摘したような「見せびらかしの消費」には懐疑の目を向けたのである。

ヘレン・バレットは、一八八七年にロチェスタの実業家ウィリアム・A・モンゴメリの妻となり、多様な社会運動にヴォランティアとして関わった。一八九〇年代初頭に設立された婦人教育産業組合の会長として、女性参政権運動で知られるスーザン・B・アンソニィと協力関係を持ち、ロチェスタ大学に女性の入学を認めるための運動などを展開した。彼女は、ロチェスタの選ばれた女性たちが集う「水曜日の朝のクラブ」のメンバーでもあり、ユニテリアンの著名牧師ウィリアム・C・ガネットやロチェスタ大学理事チャールズ・E・フィッチ、製紙会社経営のジョセフ・T・アーリング、著名ジャーナリストのジョセフ・オコナの妻たちとともに同時代の詩や文学を読んでいた(40)（次頁写

「水曜日の朝のクラブ」でのモンゴメリ（最前列右，1898年4月）．The Local History & Genealogy Division, Rochester（NY）Public Library 所蔵

真参照）。

歴史家ナンシィ・ヒューイットは、一八二二年から一八七二年までのロチェスタで社会事業を展開した女性たちの間に三つのグループを識別している。「博愛主義の女性たち」は、ロチェスタのエスタブリッシュメントに属し、町の古参で、監督派と長老派の教会に属することが多く、静かに現行社会体制の改善・修正を目指し、男性が運動資金を出すことを期待し、女権運動には反対であった。「パーフェクショニスト」は、新興の中流階級に属し、農村から町に出てきた新参者で、福音主義的で、現行体制の改革に熱心だが、女権運動には反対であった。夫の稼ぎを妻がある程度主体的に使って運動を行った。「ウルトラリスト」は、農村出身のクエーカーが多く、少数だが、広範囲にネットワークを持ち、扇動的で、女権運動に熱心であった[41]。ヘレン・バレット（モンゴメリ）やルーシィ・マギル（ウォータベリ・ピーボディ）は明らかに「パーフェクショニスト」の後継にあたる。しかし、ヘレンは、ロチェスタのウルトラリスト第一人者スーザン・アンソニィとも親しく、共に働いた[42]。彼女の広範な人脈から推察すると、一八九〇年代の

ロチェスタでは、かつての三グループは混じりあって再編され、「パーフェクショニスト」の後継を中心に、新しい女性のリーダーシップが形成されていたようだ。ヘレンは間違いなく、その中心にいた。それは、ヘレン——大卒の福音主義者——が保っていた、保守／農村性と革新／都会性の間に立つ、微妙なバランス感覚故であったろう。

聾唖教育にたずさわる

ルーシィ・マギルに話を戻そう。一八七八年、ロチェスタ・フリー・アカデミを卒業後、ルーシィは、一八八一年まで、時折ロチェスタ大学の講義を受けつつ、地元の州立聾唖学校——西部ニューヨーク聾唖学院——で教えた。この学校は、州教育省が管轄し、州の慈善委員会が監督したもので、経費は税金でまかなわれたが、地元の博愛主義的な有力者が校舎等に必要な資金を提供した。開校は一八七六年、学校は、ジェネシ川沿いのセント・ポール通りにあった。一九二〇年代の学校のパンフレットによると、この頃には、聾唖者のための幼稚園から中等教育までのカリキュラムを有し、年齢にかなりの幅のある男女生徒がおり、郡または州の証明書があれば、無料で教育を受けられた。特徴的だったのは、手話等のサイン言語より、読唇術と発話練習を強調し、健常者間のコミュニケーションへの参加能力獲得を促したところで、「州の公立学校にできるだけ近い形でコースが組み立てられ」ていた。中には大学入学に備える者もいた。普通教育の他に、少女には、家政学、裁縫、服の仕立て、機織り等を教え、少年には、印刷、大工、木彫、塗装等も教えた(43)。

R・A・R・エドワーズの研究によれば、アメリカにおける聾唖教育は、一八一〇年代にフランスの手話教育を導入して発達し、手話と英語の読み書きというバイリンガルのアプローチが先行した。このやり方が、聾唖者独自の文化を発達させ、主流アメリカ社会への同化を困難にするとして批判されはじめたのは、一八四〇年代のことで、その急先鋒の一人は、教育改革者であり、公立学校設立運動で著名なホレス・マン（一七九六—一八五九）であった。読唇術と発話訓練を教える「発話主義（oralism）」は、主流文化の優位性を前提し、聾唖者を「他者」として構築する。そのうえで、主流文化への包摂こそが、聾唖者の生活をより良いものにするという信念から、博愛主義的な実践として主張されたものであった。ホレス・マンは、標準的な教育＝正常な教育を受けることで、初めて「公徳心のある善良な市民」となるとの観点から、聾唖者に特殊で閉鎖的な教育を与えることに反対した[44]。ルーシィ・マギルは、そのキャリアの出発点からすでに、自らが属する「主流文化」の優位性の確信に基づいた上で、博愛の行為として意味づけられ、かつ、弱者を主流社会に包摂し、有用な公徳心のある市民に育てることを目標とした[45]事業に参画していた。

ルーシィ・マギルの家族は、一八七八年、または、七九年にニューヨーク市に移り住んでおり、ルーシィは、聾唖学校に住み込んで教えていた（正確には補助教員）。一八八〇年の国勢調査によると、聾唖学校には、三五人のスタッフと一〇五人の生徒が住んでいた。寄宿生の最年少者は六歳、最年長者は二六歳である。スタッフは、ゼナス・ウェスタヴェルト校長夫妻とその家族、さらに、補助要員として、七人の教員、家政婦、会計事務担当、看護師、大工、給仕、料理人、パン職人、洗濯係などがいた。スタッフのうち、男性は、校長も含め八人だけであった。一九歳のルーシィは、教員の中で最年少である。他方、生徒は、女四一人、男六四人であった。こうした、州の「慈善委員会」が監督するような教育機関が女性の就労機会となっており、また、実質的な運営が女性化していたことを窺わせる数字である。南北戦争以降、発話主義の聾唖教育機関が実際に設立されていく際、発話主義者は、教育者側に特異な技能は不要と主張した。必要なのは忍耐であり、その意味で、さらに、雇用コストが安いという意味でも、女性がこの教育にたずさわるのが良いとした[46]。つまり、忍耐と無償の愛（安い給与につながる）、そして、非専門性というヴィクトリア時代的な女性性こそが、発話主義の教育者に求められたものであった。ルーシィ・マギルは、女性教員の一員として、女性的特性の発揮を最大限に求められる環境で、高校卒業後の数年間を過ごしたのである。

結婚

ルーシィ・マギルは、この聾啞学校教員時代、ロチェスタの神学校の学生だったノーマン・ウォータベリとの交際を深めていった。もともとは日曜学校の先生と生徒として出会った二人は、一八七八年五月四日に開かれたロチェスタ大学のフィールド・デイ（運動会）をきっかけにつきあい始めたようである。その日、かねてからルーシィに好意を寄せていたノーマンがルーシィを運動会観戦に誘ったのだ。その年の八月、ルーシィがロチェスタに近いペンフィールドでの短期教員生活を終えたとき、ノーマンはキダチルリソウ（花言葉は熱愛）の花束を持って彼女を訪ねた。[47]

ノーマン・ウォータベリは、一八五五年にマサチューセッツ州のノース・アダムスに生まれ、ニューヨーク州のサラトガ・スプリングスで育ち、一八六九年にその町の第一バプテスト教会で洗礼を受け、一八七四年にロチェスタ大学に入学、一八七八年に同大学を卒業後、すぐにロチェスタ神学校（現在のコルゲイト・ロチェスタ・クロウザ神学校）に入学した。マサチューセッツ湾岸植民地の著名牧師インクリース・マザーの血を引く家系だという。[48]

「長い婚約期間」を経て、二人がルーシィの両親の住むニューヨーク市で結婚したのは、ウォータベリが神学校を卒業直後の一八八一年八月一八日である。結婚から一月後の九月一七日、二人はアメリカ・バプテストの海外伝道局（ABMU）所属の宣教師夫妻としてインドのマドラス（現チェンナイ）に向けて出発した。それは、かねてからのノーマンの希望で、ルーシィは、彼女自身の回想に従えば、「男が招命を感じた所なら、どこへでもついて行く。もしその気がないなら、婚約を破棄した方が良い」と考えて、「あまり気が進まない」ながらも、インド行きを決断した。[49]

一九世紀前半にアメリカ合衆国の諸教会が海外伝道に参入し始めて以来、宣教師は原則として夫婦で送られた。それは、アメリカにおいて、一夫一婦制の、男女の愛に基づくはずの結婚と、その結果としてのホーム（家庭）が、教会と並んで、キリスト教の基盤となっており、「クリスチャン・ホーム」を移植することは、伝道に大きな位置を占めていたからである（序論を参照）。また、実際に現地女性にアクセスするには、多くの場合女性の宣教師が必要だった。さらには、独身主義を取らないプロテスタントの信仰の枠組みの中で、男だけを送れば、男性宣教師が現地女性と関係することを防げないかもしれない。妻帯して現地に送ることは、それを防止する最も有効な手段であった。したがって、多くの場合、男性宣教師候補生は、渡航直前に、海外伝道の志を持つ女性を捜し出して、慌ただしく結婚して旅だった。ノーマン・ウォータベリのように、交際していた女性の説得に成功して、夫婦で旅立つのは、僥倖の部類に属する。

結婚直後のルーシィ・ウォータベリにとって、結婚のロマンスは、海外伝道の使命感と混在しており、両方とも、神の恵み、招命と意識されていたようである。

私たちの間の愛は、私たちに対する神からの最も尊い贈り物です。この愛を楽しみ、向上させること以上に神を喜ばせるものはあるでしょうか。……私たちに互いを愛せよと命じることで、私たちの最高の幸せを神は求めているのです。私たちの前にある仕事は、私にはたいへん魅力的に見えます。王［神のこと］からの特別なメッセージを携えて、王が愛し、救おうとする人々のところに送られるのは、私にとっては、どんなこの世の名誉も、この世の信託も及ばない光栄です。神の力、知恵、そしてその存在そのものが私たち二人にもたらされますように。神なしには、私たちは無力です。(50)

後年の回想——気がすすまなかった——とはやや異なる、高揚した気持ちがこの『日記』の記述からは伝わってくる。結婚式の後、二人はキャットスキル(51)に新婚旅行に行った。ノーマンが宣教師としてサラトガ・スプリングスで按手礼を受けたのは九月一日である。九月二日の夕刻には、「古い服」を着て（宣教師にふさわしい装いを意識したのだろう）、雨の中、道はぬかるんでいたが、パレードを行った。九月四日、ノーマンはタウンホールで二〇〇—三〇〇人の黒人を前に「命の知らせ」という話をし、「その時、アメリカ、アジア、アフリカが渾然として脳裏と心の内に迫ってきた」という。荷造り、それぞれの家族との別れ、送別の贈り物の受け取りと慌ただしく時が過ぎ、九月一六日夜にニューヨーク市の教会で五人の新任宣教師が参加して送別礼拝があった。一七日朝、実家から港まで馬車に乗った時、ルーシィは、ノーマンの向かい側に座って泣いていた。家族と友人と教会関係者に見送られて乗船。船が動き出し、どんどん小さくなっていく見送りの人々が見えなくなるまで手をふった。それから二人は下に降り、部屋で荷物を解いて神に祈った(52)。

世界航路

乗船して最初の昼餐で、ノーマンは給仕にワイン・リストを要求し、「たちまち名を挙げた」(53)。信仰深いバプテスト、それも宣教師がワインとは。当時のアメリカの一般的理解と後のルーシィの禁酒法への熱心からすれば、考えられないことだ。しかし、ノーマンは禁酒のアメリカ的田舎くささを嫌い、ヨーロッパに向かう船の乗客に相応しい洗練を演出しようとしたのだろう。大西洋航路のヨーロッパ社会に精一杯同化しようと気負う若いノーマンであった。

九月二七日、ウォータベリ夫妻はスコットランドに上陸した。二人には「すべてが違って見えた。」「女たちの装いは粗野で、多くが畑で働いている」と。鉄道は、一等車に乗ったが、乗客と荷物の扱いは古めかしかった。初めてキャブ（一頭立ての公共馬車）に乗ると、料金について御者と口論になった。そこは、「何でも料金を取る賤しい」ところであった。ホテルで食事を頼むと、調理の間長く待たされ、「特別に注文しないとジャガイモも出ないし、バターには塩がはいっていな」かった(54)。こうした、異質な環境にとまどう旅行者の不満は、ウォータベリ夫妻が慣れ親しんだアメリカ的環境の豊かさ――女は優雅に装い、畑仕事をする必要がなく、無料の親切が得られ、食事は待たずともすぐ出てきて、しかも、ジャガイモくらいは注文しなくても無料でついてくる――を逆照射している。

イングランドに移動すると、二人は、ウィンザー城、ロンドン塔、議事堂、ウェストミンスタ礼拝堂、クリスタル・パレス、大英博物館等の観光スポットを一通り周り、ノーマンは、チャールズ・H・スパージョン[55]の説教も聞きに行った。クエッタ号に乗船してロンドンを発ったのは一〇月五日の午後である。テムズ川から大西洋に出て、ジブラルタル海峡から地中海に入り、マルタを経由し、サイードからスエズ運河を抜けた。マドラスに到着したのは一一月七日の早朝であった[56]。

航海中、ルーシィは船酔いに苦しんだものの、スペインの青い海、輝く夕焼け、美しい燐光――緑の光のボールがぐるぐる回る――、白い蝶のように海上に踊るトビウオなどを楽しんだ。今では世界遺産になっているマルタの町は「アメリカ人にはとても風変わりに見えた。」サイードでは六ペンスくらいの価値の腕輪に一シリングも払い、「原住民はとても不正直」と日記に記した。ルーシィは、「金切り声を出す、汚らしい原住民」と書いているが[57]、それは、彼女が、理解できない言葉を話す、見慣れぬ「他者」に対して、その後も使い続けた表現である。

インドへの道中、ルーシィは、このように初めて異質な世界を経験するとともに、白人社会における自らの位置も確認していった。船上の余興は、その恰好の機会であった。たとえば、アイルランド人は、歌と踊りで旅客を興奮させたが、ルーシィはそれを「これまで見た中で最もばかばかしいもの[58]」と思い、「楽しさと哀れみの混じった気持ちで聞いた」。そのルーシィがピアノでサンキィとムーディのメロディを奏でると、さびしい旅客たちは周囲に集まってきて、「家内コンサートのように歌い、互いをより近く感じた。」一九世紀後半、福音主義伝道で使われた音楽は、アジアに向かう中流以上の白人が共有する品の良い娯楽の地位を占めていたわけだ。インド洋上での夕べの余興で、彼女は「スター」にもなった。何をしたのか明記されていないが、ルーシィのパフォーマンスは「多くのお褒めにあずかり」、翌日にはある医者が、自分の書いた劇に彼女を出演させようと説得に来て、「とても無礼でばかばかしい」話だとノーマンを不快にさせた[59]。ルーシィは白人社会で団らんの中心になりうる素養を備えていた。

他方で、ウォータベリ夫妻の所持金はロンドンを出るときすでにすべての経費を弁済できない状況にあった。コロンボでは、「暑いのと、お金がない」ために上陸せず、マドラスで船を下りるときにはボーイたちに十分心付けができないとノーマンは悲しんだ(60)。要するに、ウォータベリ夫妻はつましい旅客であったが、若さと教養を備えるリスペクタブルな白人社会の一員であり、そのアイデンティティは、アイルランド人や異民族／異人種に対する、陳腐な優越感によって支えられてもいた。

（1） *1880 United States Federal Census Records*, http://search..com/cgi-bin/sse.dll?h=1880usfedcen&indiv.=1 accessed Dec. 4, 2009. この資料の原簿は、Bureau of the Census, *Tenth Census of the United States, 1880* (Washington, D.C.: National Archives and Records administration, 1880) である。ここでは、Ancestry. com, https://www.ancestry.com/?slid=&pgrid=26935127&ptaid=kwd-6508280110%3aloc-96&s_kwcid=ancestry.com&msclkid=54b509e6e9c41820debc5260906028d&o_xid=57492&o_lid=57492&o_sch=Paid+Search+Brand を通じての検索によりＰＤＦになった原簿にアクセス。以下、Ancestry.com を通じて得た国勢調査のデータは、典拠の詳述を省略する。その国勢調査が何年のものであったかだけを本文に記すか、または、注においてその資料を Ancestry.com を通じて参照したことを明記する。

（2） James, *Notable American Women*, Vol. 3, p. 36. 以下、ルーシィの経歴についての情報は、特に注記が無い場合はこの情報源による。

（3） *1860 United States Federal Census Records* through Ancestry.com.

（4） "Bleeding Kansas, 1853–1861," http://www.pbs.org/wgbh/aia/part4/4p2952.html accessed on Dec. 6, 2009; Dale E. Watts, "How Bloody Was Bleeding Kansas?: Political Killings in Kansas Territory, 1854–1861," *Kansas History*, Vol. 18, No. 2 (Summer 1995): 116–129.

（5） 一八四一年の優先買収権法は、調査済みの土地に居住することを合法とし、居住者に公売前に優先買収権を主張する権利を与えた。一八六二年のホームステッド法で、居住者は、公売ではなく、無料で土地を獲得するようになるが、それ以前から、優先買収権を行使すれば、最低価格で土地を獲得できた。

（6）"Bleeding Kansas, 1853–1861"; Gunja SenGupta, "Bleeding Kanas," *Kansas History*, Vol. 24, No. 4 (Winter, 2001–2002): 330.

（7）Nicole Etcheson, "Labouring for the Freedom of This Territory': Free-State Kansas Women in the 1850s," *Kansas History*, Vol. 21, No. 2 (Summer, 1998): 68–87.

（8）一八六〇年の国勢調査記録の原簿より計算。

（9）Cattan, *Lamps Are for Lighting*, p. 17.

（10）Martha Caldwell, ed., "Records of the Squatter Association of Whitehead District, Doniphan County," *Kansas Historical Quarterly*, Vol. 13, No. 1 (February, 1944): 19n26.

（11）ジェイムス・マギルについては、http://www.mcgill.ca/about/history/meet-james-mcgill accessed on Feb. 1, 2017 参照。ただし、ジェイムス・マギルはスコットランド出身である。

（12）ジョン・H・ホワイトヘッドはベルモントで最初に国勢調査を受け、その訪問番号（何番目に調査員が訪問したかを示す番号）は４３１である、ジョン・マギルのそれは、４７８である。

（13）ホテルは、製材所と並んで、この時代のカンザスの必需施設の一つであった。Samuel A. Johnson, "The Emigrant Aid Company in Kansas," *Kansas Historical Quarterly*, Vol. 1, No. 5 (November 1932): 434–436.

（14）以上、占拠者組合については、Caldwell, "Records" を参照。

（15）Johnson, "Emigrant Aid Company," 433–434.

（16）James, *Notable American Women*, Vol. 3, p. 36.

（17）"A Short History of Pittsford," http://townofpittsford.org/home-historybrief accessed on Nov. 7, 2009.

（18）二〇〇三年にピッツフォードのタウン・ホールを訪れた際、原票で確認。

（19）　Frost, *James McGill of Montreal*, pp. 112–113.

（20）　“The Testimony of Prophet Joseph Smith,” https://www.lds.org/bc/content/shared/content/english/pdf/language-materials/32667_eng.pdf?lang=eng accessed on Feb. 1, 2017.

（21）　ルーシィの兄と妹の経歴については、Norman M. Waterbury and Lucy M. Waterbury, *Journal* in the Collection of Barbara Rusch の一八八一年九月一五日と一八八三年一月二八日の記述を参照。なお、今後、本資料を『日記』と表記する。バーバラ・ラッシュ氏は、私の求めに応じ、ルーシィが夫のノーマンと共にインド時代につけていた日記のすべてをコピーして送ってくださった。謝して記す。私信によれば、エフェメラ（すぐに捨てられてしまうような印刷物）のコレクターである彼女は、この貴重な日記を骨董商から購入したという。なお、『日記』の日付は資料に記されているものをそのまま使用したが、実際には数日にわたって書き足している場合が多々ある。従って日付より後に起こったことがその日付の記述に含まれていることがある。

（22）　合衆国統計局の発表によれば、二〇〇六―二〇〇八年の数字で、ピッツフォードの住人の九〇パーセントは白人で、一世帯の平均収入は一〇万一六三八ドル（合衆国平均は五万二一七五ドル）、学士号以上をもつ割合は六八・九パーセント（合衆国全体では、二七・四パーセント）、持ち家率は八六・三パーセント、持ち家の平均価格は、二四万三三〇〇ドル（合衆国平均は、一九万二四〇〇ドル）である（“Pittsford town, Monroe County, New York,” U.S. Census Bureau, American FactFinder, http://factfinder.census.gov/servlet/ACSSAFFFacts?_event=Search&geo_id=06000US3608755211&_geoContext=01000US%7C04000US36%7C05000US36087%7C06000US3608755211&_street=&_county=pittsford&_cityTown=pittsford&_state=04000US36&_zip=&_lang=en&_sse=on&ActiveGeoDiv=geoSelect&_useEV=&pctxt=fph&pgsl=060&_submenuId=factsheet_1&ds_name=ACS_2007_3YR_SAFF&_ci_nbr=null&qr_name=null&reg=null%3Anull&_keyword=&_industry accessed on Nov. 9, 2009）。

（23）　“A Short History of Pittsford.”

（24）二〇〇三年、現地にて確認。

（25）以上、ロチェスタについては、McKelvey, Rochester: *The Flower City*.

（26）City Directory Collection, Central Library of Rochester and Monroe County, http://www2.libraryweb.org/orgMain.asp?orgid=468 accessed on Jan. 20, 2010. このコレクションの中の、一八七三年から一八九〇年までのディレクトリを確認。

（27）Elisha Robinson, “Part of Wards 7 and 10, Rochester, N.Y.（1888),” Local History Map Collection, Rochester Public Library, http://www.rochester.lib.ny.us:2001/bin/show.pl?client=rpl&image=rpm00246.sid accessed on Jan. 20, 2010.

（28）McKelvey, *Rochester: The Flower City*, pp. 357–358.

（29）ロチェスタ・フリー・アカデミについては、Blake McKelvey, “Rochester’s Public Schools,” *Rochester History*, Vol. 31, No. 2（April 1969): 4–5.

（30）*Annual Catalogue of the Rochester Free Academy*（Rochester, N.Y.: R.M. Swinburne & Co., 1890): 39–40, http://libraryweb.org/~digitized/books/Rochester_Free_Academy_4th_Annual_Catalogue.pdf accessed on Jan. 21, 2010.

（31）現在では、先進国のほとんどで、大学進学率は女性の方が上回っている。内閣府男女共同参画局の次のサイトに引用されているユネスコの統計を参照。http://www.gender.go.jp/about_danjo/whitepaper/h25/gaiyou/html/honpen/b1_s07.html（二〇一七年七月三〇日アクセス)。

（32）Wister, *The Virginian*.

（33）告別演説のタイトルは、Susan T. Laws, “Lucy W. Peabody,” *The Watchman Examiner*（Mar. 17, 1949): 251. またＡＢＷＥ（第七章注１を参照）が所蔵する、ルーシィの親友による少女時代の手書きの回想録（“Enter Lucy McGill, Sep., 1875”）を参照。ただし、本資料には年号に記憶違いがあると考えられる。

（34）Montgomery, *Helen Barrett Montgomery*, pp. 28–29.

（35）*Ibid.*, pp. 34, 38, 47–48, 56–57.

（36）一八九三年に監督派教会のマサチューセッツ主教となったフィリップス・ブルックス（一八三五―一八九三）のことか。この部分はヘレン・モンゴメリの回想で構成されており、ヘレンがウェルズリに在学中は、まだフィリップス・ブルックスは主教になっていなかったけれども、回想の中で「主教」となっていると考えられる。ブルックスは、一八六九年以降、ボストンのトリニティ教会の教区牧師であった。

（37）Montgomery, *Helen Barrett Montgomery*, pp. 33–35, 59, 61–62.

（38）*Ibid.*, pp. 42, 57, 58.

（39）*Ibid.*, p. 71.

（40）McKelvey, *Rochester: The Quest for Quality*, pp. 11–12, 16, the ensuing photo section.

（41）Hewitt, *Women's Activism.*

（42）Mobley, *Helen Barrett Montgomery*, Chapter 6.

（43）*Rochester School for the Deaf, Rochester New York*, c.1924, Historic Monographs Collection, Central Library of Rochester and Monroe County, http://libraryweb.org/~digitized/books/Rochester_School_for_the_Deaf.pdf accessed on Jan. 29, 2010; "News and Updates," https://www.rsdeaf.org/pages/news-items/news-article--schools-founding-in-february-1876-laid-the-foundation-of-rochesters-landmark-deaf-community-02/05/16 accessed on July 31, 2017.

（44）Edwards, *Words Made Flesh*, pp. 146–150, 187–188.

（45）一八七九年の *Rochester City Directory*, http://www.libraryweb.org/rochcitydir/citydirectoriestable.html accessed on Jan. 29, 2010 には、ジョン・マギルはニュージャージーのジャージ・シティに移った、と記述されている。一八八〇年の国勢調査記録では、ニューヨーク市在住である。

（46）Edwards, *Words Made Flesh*, p. 195.

（47）日曜学校で知り合ったという情報は、『日記』、一八八二年五月四日。ルーシィはアカデミを終えた後、ロチェスタに近いペンフィールドでごく短い間教員をしていた。ノーマンがルーシィを誘ったのは、その間のことである。『日記』、一八八一年八月三〇日、九月六日、一八八二年五月四日を参照。

(48) Cattan, *Lamps are for Lighting*, p. 18. また、一八六〇年と一八七〇年の国勢調査記録。

(49) *Ibid*., p. 18. また、宣教師になることについてのピーボディの回想は、Mrs. Henry W. Peabody, "My Message to the W.A.B.F.M.S. on Its 70th Birthday," Typescript in Lucy Peabody File, American Baptist Historical Society (ABHS hereafter), Atlanta, Georgia. なお筆者が調査した際は、この資料館はペンシルヴァニアのヴァリィ・フォージとロチェスタのコルゲイト・ロチェスタ・クロウザ神学校にあり、ルーシィ・ピーボディのファイルがあったのは、ヴァリィ・フォージの資料館であった。二〇〇八年に両者は統合され、アトランタに移った。

(50)『日記』、一八八一年八月二六日。

(51) 一九世紀には、マンハッタンの住人が休暇をすごしたリゾート地。その一帯の自然を、トマス・コールなどのハドソンリヴァ派の画家が描き、有名になった。

(52)『日記』、一八八一年九月一、二、四、五、六、七、一〇、一五、一六日。

(53)『日記』、一八八一年九月一六日。

(54)『日記』、一八八一年九月二七日。

(55) バプテストの著名な福音主義説教師、牧師。

(56)『日記』、一八八一年九月二七、二九、三〇日、一〇月一、二、四、五、六日。

(57)『日記』、一八八一年一〇月一三、一七日。

(58) 歌手、賛美歌作曲家のサンキィとムーディは組んで、一八七〇年代から九〇年代まで、アメリカのみならずヨーロッパで伝道師として活躍した("Ira D. Sankey Collection," Lawrence County Historical Society, https://www.lawrencechs.com/museum/collections/ira-d-sankey-collection/ accessed on April 16, 2018)。

（59）『日記』、一八八一年九月二五日、一〇月二七―二八日。ノーマンが不快になったのは、嫉妬のような感情からだろうが、また、劇場は保守的なクリスチャンにとっては、長く禁忌の対象であったことも考慮に入れる必要がある。

（60）Norman Waterbury to J. M. Murdock（Nov. 7, 1881）in American Baptist Foreign Mission Societies, Records, 1817–1959, ABHS;『日記』、一八八一年一一月三、七日。

第二章　植民地経験

インドの居間でのウォータバリ夫妻と子どもたち.
『日記』(Barbara Rusch 氏所蔵) より

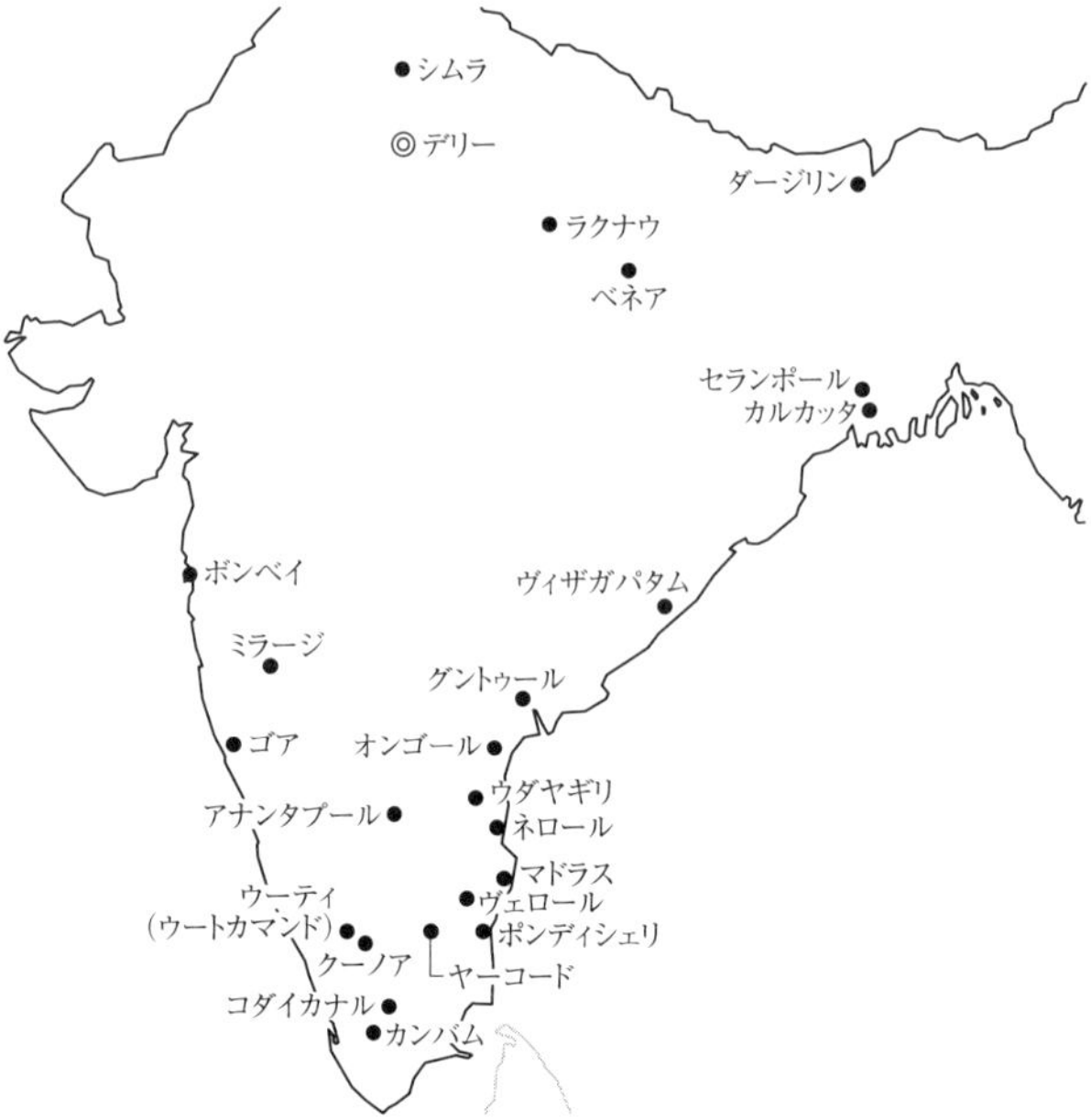

インド地図と主要な地名（基本的に19世紀の呼称による）著者作成

一八八一年一一月七日早朝、ルーシィ・マギル・ウォータベリとノーマン・ウォータベリ夫妻は、マドラスに到着した。上陸前、インド亜大陸の海岸線を眺めながら、ノーマンとルーシィはヨハネによる福音書の受難の場面をいっしょに読んだ。そして、キリストが十字架にかかって救った、まさにその人々にキリストの愛を伝えるのが自分たちの仕事だと確認し、神の加護を祈った。ノーマンは「ソロモンの歌」も読み、「雅歌を適切に理解するには、純粋な心と純粋な結婚における愛を経験する必要がある。疑いなく、愛は創造主ご自身からの賜であり、たぶんより高次の愛のアナロジーなのであろう」と日記に書いた[1]。そこには、結婚における（性）愛を神の愛との類似性においてとらえ、結婚と家庭生活全般を神聖化するピューリタン的契機[2]が見てとれる。

下船のとき十分なチップをボーイに渡せず、ノーマンが悲しんだことは前章に書いたが、人夫の背中に乗って上陸を果たし、税関で荷物を通して、迎えの人と落ち合うと、ノーマンはもうこれ以上ルピーを払う必要はなくなったと安堵した。先任宣教師ライマン・ジュエット(一八一三―一八九七)の家に旅装を解き、七時三〇分に夕食、お茶の接待の後、硬いベッドに横たわった。屋外から現地人の単調な歌声がいつまでも聞こえ、犬が吠え、ベッド脇のランプに壁土が落ちてきた。二人はまんじりともせず、最初の夜を過ごした。(3)

マドラス

マドラス(現・チェンナイ)は、英領インドの中心都市の一つ、南部の最重要拠点であった。一六三九年、イギリスの東インド会社はヴィジャヤナガル国王からこの地を譲り受け、翌年セント・ジョージ要塞を建設、交易の拠点とした。要塞の中には商館、白人の住居、教会、商取引のための広場等を置き(ホワイト・タウン)、要塞の北側には現地人の居住区をつくり、移住を促した(ブラック・タウン)。さらに、その外側に「旧市街・村落地区」が広がっていた。ホワイト・タウンには、イギリスから来た商館員や牧師、ポルトガル人やアルメニア人の商人、彼らの家族、少数の兵隊等が居住した。ブラック・タウンの住人は、主要商品の綿布制作にかかわる職人、綿布取引の仲買等を行う商人、漁師等で、職能や職種によってサブ・カースト別に市街を形成した。一六八八年にはアジア初の市参議会が組織された。イギリスは、すぐ南のサントメを根城とするポルトガル、やや北のプリカットを拠点とするオランダ、南方のポンディシェリ等を拠点とするフランス、そして西方のイスラムのスルターンが事実上支配するマイソール王国等と争いながら支配力を増し、一七四九年には、サントメを包摂、一八世紀末までには、さらに現在のタミル・ナードゥ州、ケーララ州北部、アーンドラ・プラデーシュ州とカルナータカ州の一部にまで勢力圏を広げ、この地域をマドラス管区として、マドラスはその首府となった。マドラスの人口は、一六三九年には七〇〇〇人ほどであったものが、一七九一年にはおよそ三〇万人となった。(4)一八五七年のインド大反乱を契機にムガル帝国は滅亡、東インド会社も解散し、一八五八年にはイギリスによるインド直接統治が始まり、一八七七年にはヴィクトリア女王がインド皇帝となった。この間、大反乱の影響が少なかったマドラスでは、従来からの自治が淡々と継続された。一八五七年九月には、ロンドン大学をモデルとして、マドラス大学が組織され、諸学芸、法学、医学、工学分野についての入学試験と学士号試験が行われるようになった(5)。

ウォータベリ夫妻が暮らした一八八一年から一八八七年、マドラスの人口は、四〇万人を超えていたはずである(6)。すでに郵便制度が整い、鉄道が乗り入れ、病院、裁判所、造幣所、上下水道、各種高等教育機関、植物園、動物園、公園、海沿いのプロムナード等を有する植民地＝近代的国際都市であった。イギリスをはじめとするヨーロッパ諸国からの居留民、アルメニア人、イスラム教徒、ユダヤ人といった古くからの住人、ユーラシアン（混血）そして、ヒンドゥ教徒――タミール語とテルグ語の話者が大半を占めた――が行き交った。

一九世紀後半、マドラスを中心とする商取引、行政、軍務には高位カーストのヒンドゥ教徒が大きな役割を担っていた。彼らは、古くはイギリス東インド会社、後にはマドラス政庁での雇用や現地人との仲介者としての利益を獲得すべく、英語による教育を受けた人々であった。マドラスで英語による教育が始まったのは一七世紀末から一八世紀初頭で、一八世紀半ば以降、ポルトガル語に代わるリンガフランカとしての地位を急速に築いていった。元来、学校は、教会や宣教師による「慈善」として始まり、すべての学校が英語を教えたわけでもない(7)。しかし、もともと文化資本を持つ高位カーストの現地人は、英語学習の機会を機敏にとらえ、イギリスの支配に適応したのであり、マドラスにはそのような人々が集まっていた。

ヨーロッパからの居留民は社交界を形成し、一八三二年にはマドラス・クラブが設立された。宿舎を備えるこのクラブは、インドで今日まで存続するものとしては二番目に古い。会員数は一八六二年には三〇〇〇人に達し、一八七〇年にはエディンバラ公、一八七五年にウェールズ公（後のイギリス国王エドワード六世）のための歓迎大舞踏会を主催するなど、一九世紀後半には「本部中の本部」と言われる超一流クラブとなっていた(8)。

キリスト教の伝統

この華やかな国際都市は、宗教的にも多様であった。ヒンドゥ教とイスラム教が盛んであったのは言うまでもないが、長いキリスト教の伝統もあった。マドラスに包摂された、かつてのポルトガルの拠点サントメは、聖トマス伝承の地である。イエスの一二使徒の一人トマスがインド大半島西岸沿いに伝道し、マイラポール（後のサントメ）の丘で殉教して、付近に埋葬され、教会が建てられたというのである。実際、マドラス管区にその一部が含まれる南西部海岸沿いの地域（マラバール海岸の辺り）では、古くから「聖トマス派クリスチャン」と呼ばれるキリスト教徒が権勢をふるっていた。彼らは高位カーストを形成し、胡椒貿易をほとんど独占していた時期もあった。マイラポールでは、九―一〇世紀頃には、ペルシャの商人でネストリア派のキリスト教徒が聖トマス殉教伝承の丘の上に教会と、修道院を築き、一三世紀にはマルコ・ポーロがその繁栄を報告した。一六世紀初頭には、ポルトガル人が居住を始め、この地をサントメ（聖トマス）と名付けて、聖地化を推進した(9)。

よく知られるように、ポルトガルは一五〇三年にコチン、一五一二年にゴアを占領してアジア進出のための要塞を設け、さらに壮麗な教会、修道院を建築して、アジアにおけるカトリック宣教の拠点とした。フランシスコ・ザビエルの墓があるのもゴアである。そして、土着化してヒンドゥ教と社会習慣を共有してきた聖トマス派クリスチャンにカトリック教理の受容を迫った。結果、カトリックへの対応の相違で、聖トマス派クリスチャンはいくつかのグループに分裂したが、今日に至るもケーララ地方を中心にその信仰と伝統を継承する人が多くいる(10)。

一方、一六四〇年にセント・ジョージ要塞を設けたイギリス東インド会社は、近くのサントメからポルトガル人やその混血の子孫を呼び寄せて、要塞内に住まわせ、当時のこの地域のリンガフランカ＝ポルトガル語とタミール語などの現地語に通じていた彼らを、通訳や事務員、商店主、兵として使った。彼らに満足のいく居住環境を提供するためには、カトリック教会がどうしても必要であった。東インド会社は、ポルトガル系のカトリック宣教師は排除し[11]、カプチン会のフランス人修道士が一六四二年にセント・ジョージ要塞の中に聖アンドリュースに捧げる教会を建て、学校を経営するのを歓迎した。一六七五年には壮麗な教会堂が建てられた。セント・ジョージ要塞内に住むイギリス人のためには、商館の中の一室を聖堂とし、イギリス国教会により按手された商館付き牧師を雇用して、礼拝を守った。要塞内にようやく国教会のセント・メアリ教会が建ったのは一六八〇年であった[12]。

インドにおける現地人対象のプロテスタント・キリスト教伝道は、一七世紀後半から一八世紀初頭に起こったドイツ敬虔主義の西洋世界への広がりの中で、啓蒙主義と結びつきながら、本格的に着手された。イギリス国教会有志は一六九八年にキリスト教に関する知識推進協会（ＳＰＣＫ）、一七〇一年に海外福音宣教協会（ＳＰＧ）を設立した。しかし、インドに派遣するイギリス人を見つけることができなかった。両協会は、インドについては、ドイツのハレ（敬虔主義の中心地で、ハレ大学は多くの宣教師を輩出した）の有志とデンマーク王室の協力でできた伝道協会と連携し、デンマークがインドに持つ植民地、トランケバル（現サラガンバディ。マドラスよりさらに南の東海岸沿いにある）を拠点に活動するドイツ人やデンマーク人の、主にルター派の宣教師を支援した。このロンドン＝ハレ＝コペンハーゲンのネットワークを通じ、一七二〇年から一八四〇年の間に、少なくとも七九人の宣教師がヨーロッパからトランケバルに入ったという。彼らは、主に高位カーストに接近したカトリック宣教師と異なり、一般民衆への福音伝道を手がけ、聖書を読むための識字の技能をもたらすことに熱心であった[13]。このネットワークに属し、マドラスに足跡を残した宣教師の中では、ドイツ人のベンジャミン・シュルツ（一六八九―一七六〇）やクリスチャン・F・シュワルツ（一七二六―一七九八）が有名である。前者は、聖書のテルグ語への翻訳、後者は、主にタミール人（タミール語話者）を対象とする教育システムの構築に先鞭をつけた[14]。

イギリス人の在印宣教師として最も有名なのは、バプテストのウィリアム・ケアリ（一七六一―一八三四）であろうが、彼が一七九三年にインドに至ったとき、すでにインド南部ではロンドン＝ハレ＝コペンハーゲン・ネットワーク系の宣教師たちの努力の結果としてのキリスト教徒のコミュニティがあり、シュワルツのタミール人の弟子たちがマドラス政庁で活躍し、また、その一部はキリスト教徒となってリーダーシップを発揮していた。ケアリがベンガル地方のデンマーク植民地セランポールに拠点を築いた背景には、同所のデンマーク人総督がシュワルツの信奉者であったということがある(15)。

一六六〇年の王政復古以降、東インド会社は、宗教的寛容を基本方針とし、商売の便益を優先し、その限りで、牧師、修道士、宣教師の活動を受け入れ、支援も行った。一七九二年から一八一三年の間、一時宣教師のイギリス支配圏域内への上陸を制限したのは、一七九三年の特許状更新をめぐり、特許状に現地人のキリスト教化を義務とするという文言を入れることがイギリス議会で議論されたことから、宣教師に対する警戒を強めたことが理由だという(16)。

バプテストのウィリアム・ケアリの例に明示されているように、一七九〇年代、イギリスでは信仰復興が起こり(17)、ノン・コンフォーミスト（非国教会キリスト教徒）の間で伝道の気運が高まった。一七九五年には会衆派中心のロンドン宣教会（ＬＭＳ）が設立され、一七九九年にはイギリス国教会の有志が福音主義（低教会派）の教会伝道会（ＣＭＳ）を設立した。海外伝道の気運は北アメリカにも飛び火し、一八一〇年には会衆派を中心とするアメリカン・ボード（ＡＢＣＦＭ）が設立され、一八一二年に最初のアメリカ人宣教師たちがインドに向けて出航した。このようなイギリスとアメリカの動きは、従来、英国国教会の高教会派と結びつき、ＳＰＣＫやＳＰＧの活動を支援／容認してきた東インド会社にとっては、大きな戸惑いであったことだろう。「異教徒」の改宗を積極的に目指す熱烈な福音主義者が続々とインドに新規参入すれば、宗教的、道徳的、文化的軋轢を現地人との間に起こすことが予見できた。宗教的寛容＝現地の宗教には不介入の方針でヒンドゥ教徒等と共存し、商売をしてきた会社に不利益をもたらすことが懸念されたわけである。しかし、宣教師の来印禁止は、東インド会社の権限を大幅に縮小した一八一三年の新しい特許状により解除され、そのため、福音主義の宣教師が次々と来印することになった。アメリカ出自の宣教師もその列に加わった[18]。

福音主義の宣教師は、案の定、問題の種を蒔いた。しかし、その主なものは、ヒンドゥ教徒に回心を迫ったことに起因したのではない。ヒンドゥ教徒は宣教師も福音も無視することができたが、無視できなかったのは、白人支配者たちである。宣教師はイギリス議会に影響力を持つ本国のノン・コンフォーミストとつながっていた。そして、在印白人男性の多くが馴染んでいた現地妻の慣行を、神の教えに背く不道徳として忌憚なく批判したのである。紙幅の関係で詳しい経緯は省くが、そのような内縁関係は広範に見られ、結果生まれた多数のユーラシアンは、一七、一八世紀においては、植民地行政や軍隊にとって有用な人材であった。しかし、一八六〇年代までに、正式な結婚であろうが、内縁関係であろうが、インド人の妻を持つことは認められなくなり、ユーラシアンに対する職業上の優遇も後退した。結局、宣教師的批判が受け入れられたのは、植民地支配が進む過程で、支配者と被支配者の境界を明確にするとともに、支配者の威信を高める必要があったからである。支配者は、道徳的で、人格者であり、正しいマナーを身につけ、若々しく、かつ、男らしくあることで、支配者としての威光を見せなければならなかった。老いて衰える様を現地人に見せないように、イギリス植民地の行政官は五五歳までに退職した[19]。なかんずく、現地妻を持ってユーラシアンの父となり、支配者と被支配者の境界を曖昧にしてはならなかった。宣教師は期せずして、この支配者の威光を高め、境界を画すプロセスを推し進めた主要勢力の一つであった[20]。

宣教師のほとんどは西洋人コミュニティに属そうとし、西洋人としてのライフスタイルを維持した。一九世紀半ば以降のインドの西洋人社会においては、インド高等文官→軍の将校→文官役人→企業家→宣教師→警察長官→鉄道技師→紅茶やインディゴ、ジュート（麻）農園の経営者→事務員→店主というヒエラルキーがあった。宣教師は、白人階層秩序の少なくとも中位に所を占めていた。それでも、大都会の上流階級と行動を共にするのは、ごく少数のリベラルな宣教師だけであった。多くは――特に熱心な福音主義者――、職業上の必然として、聖書の教えに従い、魂を救うべく下層民と交わろうと努力し、西洋人をほとんど見かけないような田舎にも果敢に赴いた。その意味では、ユーラシアンと同じように、支配者と被支配者の境界線上に位置しており、しかも、現地人のみならず西洋人の道徳にやかましく介入する、やっかいな存在であった(21)。なお、後に述べるように、イギリス植民地政府は、直接統治後も特に教育行政において、宗教的中立を維持しようとした。宣教師が現地人と軋轢を起こし、支配を不安定化させるのを嫌ってのことであろう。

インドにおけるアメリカ系バプテストとマドラスの位置

ウォータベリ夫妻が所属したアメリカ出自のバプテストは、どのようにインドに進出していったのだろうか。

アメリカ・バプテストによる海外伝道が、一八一二年、上述のアメリカン・ボードが宣教師をインドに向けて送り出した直後に始まったことは、よく知られている。八人の若い宣教師たちのリーダー格であったアドニラム・ジャドソン夫妻とルーサ・ライスが、インドへの船中幼児洗礼に疑義を抱き、カルカッタ（現コルカタ）でウィリアム・ケアリの同僚から洗礼を受け直し、バプテストに転じ、会衆派中心のアメリカン・ボードと縁を切った。翌年、ジャドソン夫妻はビルマ（現ミャンマー）に移り、ルーサ・ライスは帰国してアメリカのバプテスト諸教会にジャドソン夫妻の支援を訴えた。これに応えて一八一四年に設立されたのがアメリカ・バプテスト海外伝道総会（一八四〇年代以降、ABMU）であった(23)。

一八三六年、総会は、インドのアッサム地方とマドラス管区のテルグ人（テルグ語話者）への伝道に着手した。これらの伝道地は、セランポールに拠点を置くイギリス系バプテストやLMSが開拓したものの、進展が果たせなかった所であった[24]。テルグ伝道は、一九世紀初頭LMSが、ヴィザガパタムを拠点としてテルグ語新約聖書の出版や旧約聖書の下訳を行うとともに、周辺地域も含め、一三の学校と女子寄宿学校一校を運営した。一八三六年にはテルグ人のための最初のプロテスタント教会ができ、印刷所も建てられた[25]。あるイギリス系バプテスト宣教師がアメリカのテルグ伝道参入を呼びかけたため[26]、伝道総会は一八三六年にインドに二名の宣教師を派遣した。そのうちカナダ人バプテストのサミュエル・S・デイ（一八〇八―一八七一）がヴィザガパタムに着任した[27]。デイは、その後、マドラスに三年住んで英語によるバプテスト教会をつくったが、一八四〇年にテルグ人が多数を占めるネロールに拠点を定めた[28]。

テルグ人は、カルカッタからマドラスに至るベンガル湾岸地域とその西部に主に居住し、その数は、一八九一年の統計によれば、マドラス管区、ニーザム王国、マイソール、その他の地域を合わせて、およそ一七〇〇万人であった。一九世紀アメリカ系バプテストの理解に従えば、テルグ人は、アーリア人の侵攻以前にインドに侵攻・定住したスキタイ人であり、アーリア人との混交を通じ、「ヒンドゥ教徒」に組み込まれた。カースト上位者（バラモンとクシャトリア）はアーリア人が占め、スキタイ人は、その上層部が第三位のカースト＝ヴァイシャ（農商などの庶民）に編入され、大半が第四位のシュードラ（賤民）となった。パリア（アウトカースト）がスキタイ侵攻以前からの土着民かどうかは不明だが、身体的特徴はテルグ人と差がなく、肌の色がやや黒い程度であった。

ヒンドゥ教のカーストは一般的な階級や身分と異なり、宗教そのものであり、生まれついたカーストを変更することは不可能である。ただ、一九世紀までには、実際には、右記五つのカーストの内部に、職業等の種別によるサブ・カーストが多数存在し、商売や産業の排他的独占システムを形成しており、シュードラに属する職業カーストで、コミュニティの要として尊敬されている場合もあった[29]。また、一九世紀末までには、公共の場において、地位の高いカーストに属する人が、パリアとごく普通に接することも珍しくなくなっていた。この変化には一部西洋が関与していた。たとえば、プロテスタントのミッション・スクールは、カーストの区別を原則的に認めずに運営されたが、その教育成果が認められると、バラモン等も入学し始めるといったことがあった[30]。

アメリカ系バプテストのテルグ伝道は、着手から長い間成果があがらず、ABMUでは何度も撤退が議論された。特に、一八五三年のABMU年次大会で、あまりの成績の悪さ――各伝道地の成果は星の数で表現され、テルグ・ミッションは一つしか星がつかなかった――に廃絶が決議された際、S・F・スミス師が書いた「一つ星」(The Lone Star)という詩のインスピレーションのおかげで、かろうじて存続が決まったことから、「一つ星」はこのミッションのニックネームとなった[31]。その頃、孤軍奮闘していたのが、一八四九年にネロールに着任したライマン・ジュエット夫妻である。ジュエットはテルグ語聖書の改訂に努めつつ、長い準備期間を支えた。

ABMUのテルグ伝道で最も有名な宣教師は、おそらく一八六四年に着任したジョン・E・クロー(一八三六―一九一〇)夫妻であろう。一八六六年以降、クロー夫妻は、オンゴールに駐在するようになった。一八七六年から一八七八年にかけ、マドラス管区で大飢饉が起こり、各拠点のバプテスト宣教師は被災者の救援に大いに努力した。特にクローは、政府から運河を掘る仕事を請け負い、貧しいテルグ人に仕事を与えて餓死を防いだ[32]。そして、一八七八年、オンゴールでリヴァイヴァルが起こった。オンゴールの教会の会員数は一万二〇〇〇人を超え、クローは、一八七八年七月五日一日だけで二二二二人にガンドラカマ川で洗礼を授けたという。改宗者の大多数はマディガという、アウトカーストであった。一八九〇年にも一大リヴァイヴァルが起こったテルグ伝道は、近代におけるキリスト教伝道のなかでも著名なものの一つとなった[33]。

アメリカ・バプテスト伝道五〇周年にあたる一八八六年までに、ABMU派遣の宣教師が駐在する拠点は現在のアーンドラ・プラデーシュ州に広く分布していた。同州のベンガル湾岸沿いには、南からネロール、ウダヤギリ、ラマパタム、オンゴール、バパルタに拠点があり、内陸部には、ナーサラオペット、カンバム、カーヌール、ヴィヌコンダ、セカンダラバード、ハナマコンダに拠点があった。一八八五年四月に発表された数字によれば、ABMUの男女宣教師の総勢は三九人で、男性一八人対女性二一人であった。このうち北部バプテストの婦人伝道局（WABFMS）が派遣した独身女性宣教師は四人で、うちマドラスには二名が配属されていた。ウォータベリ夫妻の日記にしばしば登場するドイツ人のB・メンケと、メアリ・M・デイ（右に紹介したサミュエル・デイの縁者か？）である。オンゴールには後に社会的福音のリーダーとして有名になるウォルタ・ラシェンブッシュ（一八六一―一九一八）の姉、エマ・ラシェンブッシュがいた。ラシェンブッシュ家はロチェスタ在住であるから、ルーシィと同郷である。他方、一八八六年、テルグ人聖職者は五五人を数えた。そのうち二二人は大覚醒のあったオンゴールに配置されていた。(34)

プロテスタント・キリスト教の伝道は、福音をのべ伝えることを第一義とするため、「言語」に資源を投じる。具体的には、一、宣教師の言語習得、二、聖書翻訳、三、現地人の教育が少なくとも初期の伝道の中心課題となる。

一については、アメリカ系バプテストのテルグ伝道においても、新任宣教師はすぐさま現地人語学教師を雇用して学習を開始した。ただし、山積する仕事を前に、語学学習だけに集中することは難しかった。(35)

二の聖書翻訳については、先に紹介したように、すでに一八世紀前半に福音書のテルグ語への翻訳が始まっていた。聖書翻訳は、様々な教派・団体派遣の宣教師が共同翻訳し、印刷、出版、配布または販売については、一九世紀初頭以降、イギリスとアメリカに複数設立された聖書協会が担当することが増えていった。しかし、バプテストの場合は、ギリシャ語、ラテン語からの正確な翻訳、下層の現地人にもわかる現地語の選択へのこだわり等から、独自の翻訳聖書を出版することがよくあった。ベンガル語聖書や日本語聖書翻訳でABMUの宣教師がそのような行動を取ったことはよく知られており、(36)テルグ伝道でも、後述するように、ライマン・ジュエットを中心に独自の翻訳・出版を進め、聖書協会等と容易に協力しなかった。

三の教育事業は、聖書を読む能力を授けるために必要であった。しかし、ミッションの事業としてどの程度まで踏み込むか、議論があった。特にバプテストの場合は、教育より回心（霊的要因）を重視し、教職者に対しても高等教育を要求しないという、反知性主義的傾向が強かった。一方で植民地政府はインド人を対象として宣教師がキリスト教教育を行なうことを抑制する方針であった（後述）。その中で、ＡＢＭＵのテルグ伝道においての教育事業は、一八八六年までに、およそ次のような構成になっていた。

まず、ミッションは、多数の「村の学校」を経営した。これは、聖書と賛美歌、テルグ語の読み書きの初歩を教え、「神の教えに従う人」を育てることを目的としていた。生徒は男女両方、教師は現地人のキリスト教徒で、牧師のような役目も果たした。説教者や教師の妻が教師の役割を果たすこともあった。学校の経費は現地キリスト教徒が負担するのが原則であったが、ミッションは校舎の建築費など、かなりの援助をした。[37]バプテストの信徒はほとんどがアウトカーストで、非識字者だった。たとえ子供であっても、識字能力を持てば、聖書の言葉がその家族にもたらされる。また、「世俗の教育を受けることで、キリスト教徒は、……より人間らしく見えるようになる。知識は権力である。それ故、バラモンやシュードラの人々は、我々の下層階級のための仕事に反対する」と、上述の宣教師会議の発題の中にある。[38]識字の勧めは、正しく「福音」であった。

「村の学校」の上には「拠点の学校（station school）」があった。拠点とは宣教師が常駐するところで、普通、「コンパウンド」と呼ばれる一定の区画の中に、宣教師の住居、教会堂、学校、診療所等が併設された。宣教師たちはここをベースに「村」を訪ねて回ったのである。「拠点の学校」では、宣教師が直接教える機会が多く、また、擬似的な「親」としての影響力を行使しようとした。「村の学校」から優秀な子を受け入れ、寄宿舎に住まわせる場合もあったし、地元の通学生も受け入れた。「拠点の学校」は、低学年以外は男女別学で、英語も教えた。それが、クリスチャンではない、より上位のカーストからも生徒がやってくる理由になっていたようである。「拠点の学校」については、教育目的と資金源について論争があった。良いキリスト教徒を育てることに教育目的を特化すべきだという意見もあったが、政府の基準に見合った学校をつくるべきだという意見もあった。政府の基準に見合う学校は政府から援助金（grant-in-aid）を得られた。だが一八八〇年代におけるその基準とは世俗的教育に徹するか、ユーラシアンとヨーロッパ人を主たる教育対象にするかのどちらかをまず選ぶことを意味した。その上で出席率や成績が良ければ、援助の対象になった。つまり、インド人を対象にキリスト教教育を行なう場合は政府援助を期待できず、従って金のかかる「拠点の学校」は廃止すべきだという者もあった。しかし、マディガの集団回心を主導したジョン・クローは、「キリスト教徒とその子供に教育を与えることができなければ、私たちは出て行き、他の人に入ってもらった方が良い。学校を持たないミッションは死ぬし、死んだ方が良い」と述べている(39)。

拠点では、この他に、女性宣教師が「カーストの女学校」を経営することがあった。カースト内の女性は、アウトカーストといっしょに学ぶことを拒絶したためである。「カーストの女学校」でキリスト教への改宗者を得ることは難しかったため、廃止の意見は強かった。しかし、ゼナーナ（高位カーストの家で女性が住むセクション）での訪問伝道――インドにおける女性宣教師の活動を代表するもの――につながることもあり、また、宣教師のもとに集まるのはアウトカーストばかりという偏見を和らげる効果がある等の理由で、この種の女学校を維持する拠点はいくつもあった(40)。

「拠点の学校」のさらに上の教育機関として、一八八〇年五月、「高等学校」がオンゴールに開設された(41)。この学校は、男子中等教育機関であり、英語での教育が中心で、政府援助を取得し（つまり世俗的教育に徹したのだろう）、第五学年の終わりに受ける政府主催の中学試験（合格すれば、公務員になれる）、第七学年の終わりに受けるマドラス大学主催の中等教育終了試験に合格するような生徒を育てることが目指された。設立当初、オンゴール高等学校の上級生は、そのほとんどがキリスト教徒ではなかったし、回心する者もほとんどいなかった。したがって、学校に反対する宣教師は少なくなかった。

一八八六年、当時オンゴール高等学校に責任を負っていた宣教師、W・R・マンリは、ABMUのテルグ・ミッションが、中等以上の教育において、南インドに伝道事業を展開する他の教派に大きく遅れをとっていることを指摘している。この報告は、一九世紀後半のマドラス管区におけるキリスト教伝道の見取り図も提供していて興味深い。すなわち、一八八四年の統計によると、中等教育終了試験に生徒を送り出すような学校を、ＳＰＧは一〇校、ウェスリ派は一〇校、ＬＭＳとＣＭＳはそれぞれ八校、カトリックは諸団体合わせて八校、ルター派の諸団体は合わせて六校、スコットランド自由教会ミッションは五校、スコットランド国教会とアメリカン・ボードはそれぞれ三校、バプテスト、メソジスト、ゴダヴァリ・デルタ・ミッションはそれぞれ一校経営していた。アメリカ・オランダ改革派のアルコット・ミッションは、神学校と師範学校を経営していた。さらに、大学レベルの高等教育機関については、ＳＰＧが三校、カトリックが四校、スコットランド自由教会ミッションは一校、ウェスリ派、ＣＭＳ、ルター派はそれぞれ二校、アメリカン・ボードは一校保持していた。また、一九世紀後半、政府が援助する世俗主義の学校は、その多くが英語を使用言語とし、一八五七年に組織された認証機関としてのマドラス大学を中心に教育課程の本道を形成していたし、ヒンドゥ、イスラム等の団体も学校を運営していた。インド人の間の教育熱は、特に高位カーストを中心に非常に高かった。マンリは、「我々のもとにいる二万七〇〇〇人のキリスト教徒のなかに、言葉の適切な意味で、教育のある人を一人として見いだすことはできない」と述べ、教育事業を進めることには、長い目で見ると、間接的な効用があることを強調している[42]。

ＡＢＭＵのテルグ・ミッションは、この他にラマパタムに神学校（一八七二年に開設）を運営していた。ただ、この神学校は大学教育の上に位置づけられるものではなかった。いかにもバプテストらしく、一般教育は度外視して、聖職者の招命を受けた者に、聖書の知識とバプテストの基本的教義を与える場所であった。当初、神学校に入ってから一般教育を修めさせることを計画したが、神学生の多くが年長であり、もともと学問の素養がないことが多かったため、うまくいかなかった。一方で、神学校はアメリカ本国での受けが良く、このための献金は集まりやすかった。開校当初、五万ドルの基本金を用意することができ、その利子で、教員の給与だけでなく、神学生の生活費等をまかなった。神学生は妻子持ちであることも多く、その場合、妻は夫と同じように学ぶことを求められ、夫より成績優秀な妻もいたという(43)。

神学生の妻を教育することは、無駄だという意見はあった。しかし、学ぶ機会を得た妻が、衣服や話し方を改め、「粗野な、大声で話す村の女から、こざっぱりした、幸せそうな表情の、ほとんど淑女のようなクリスチャンに変わり」、整頓の行き届いた家を維持するようになった例もあり、その効用は大きかったという。本来は、「拠点の学校」や「カーストの女学校」から牧師の妻が輩出されるのが理想であったが、一九世紀後半、現実には、そのような例はほとんどなかった(44)。一方で、一九世紀末までのＡＢＭＵのテルグ・ミッションでは、バイブル・ウーマン（現地女性の伝道師で通常は女性宣教師の助手）は組織的に養成されておらず、既婚および独身女性宣教師は、個々の必要に応じて女性の助手を雇用していたようである(45)。

一方、女子中等教育については、一八七六年に婦人伝道局（ＷＡＢＦＭＳ）の支援と政府援助を得てネロールに立派な校舎が建てられ、三〇名の寄宿生と通学生を受け入れたが(46)、即座にオンゴールの男子高等学校のような中等教育機関として位置づけられたのではない。一八八六年の時点で漸く、この女学校を教員養成やバイブル・ウーマンの訓練を行う場として方向づけることが提議されたが、宣教師の間で意見の一致を見なかった(47)。少なくとも、ウォータベリ夫妻がマドラスで働いた一八八〇年代後半までのＡＢＭＵテルグ・ミッションは、女子教育について、系統立てて事業展開できていなかったようである。

以上のようなアメリカ系バプテストのテルグ伝道の展開の中での、マドラスの位置を確認しておこう。ＡＢＭＵのテルグ・ミッションがマドラスに本格的な拠点を設けたのは、一八七八年という遅い時期であった。マドラスは基本的にタミール人の町である。しかし、一九世後半には、テルグ人も一〇万人近くおり、マドラスにおける商売の多くを担っていた。テルグ人には商才のある人が多かったらしい[48]。当然ABMUは彼らの改宗を目指した。加えて、マドラスはテルグ地方を含むマドラス管区の中心都市であり、テルグ人居住地域への入り口であり、宣教師を迎え、送り出す港であり、金銭の出納基地であった[49]。一八七八年には、右に述べたように、オンゴールでマディガの大覚醒があり、テルグ伝道は活況を呈していた。テルグ人キリスト教徒、宣教師、テルグ人聖職者がマドラスに出入りする頻度は増しただろうし、アメリカからの献金は増大し、金銭の動きは大きくなったはずである。マドラスに拠点があれば、便利であった。

一八七八年にアメリカから戻った古参宣教師ライマン・ジュエットは、ABMU本部の意を受けて、ネロールからマドラスに移り、ジョージ・タウン（ホワイト・タウンとブラック・タウンを含む地域）の北側の隣接地区、鉄道駅があり漁師が多く住むロヤプラムに家付きの借地をしてコンパウンドとし、一〇月、そこで初めての礼拝を行った。毎日曜日午前中に、日曜学校と礼拝を行い、夕刻には商店街とその周辺の町で辻説教を行った。週日には、午後辻説教をし、金曜日の夕刻にコンパウンドの礼拝堂で祈禱会を開いた。また、ジュエット夫人は、コンパウンドに一〇人の生徒を集めて通いの学校を開始した。さらに、ジョージ・タウン地区内のコンデトープにも学校を開き、そこで最初の回心者を得た。また、夫人は、最初の年に六件のゼナーナを訪問するようになり、一四人の生徒を得た。一八七八年一二月五日にはS・W・ニコルス夫妻――ジュエット夫妻の娘夫婦――がマドラスに着任し、一二月八日にネロールとオンゴールから手紙を携えてマドラスにやってきた一四人のキリスト教徒とともに、第一テルグ・バプテスト教会が組織された。一八八〇年末までには、洗礼と紹介状により教会員の数は二七人となり、学校の生徒数は一〇三人となった。一八八〇年一二月一三日にはドイツ人独身女性宣教師B・メンケが着任した[50]。

ウォータベリ夫妻の五年間

一八八一年一一月、ノーマンとルーシィがマドラスに到着し、旅装を解いたのは、ライマン・ジュエットの家であった。当時ジュエットは、マドラスの中心部から北西方向に内陸に入ったヴェパリ地区に移っていた。ヴェパリは、一七四二年にイギリスに譲られた土地で、一九世紀には主にヨーロッパ人とユーラシアンが住まう地区となっていた。[51]まもなくウォータベリ夫妻は同じヴェパリ内に小さな家を借りて移ったが、[52]翌一八八二年一月末にはジュエットのコンパウンドの一角に戻り、[53]さらに同年九月頃、より広い家を借りて移り住み、「ミッション・ハウス」とした。[54]最終的には、一八八五年年頭、ヴェパリの北側のペランブール（Perambure）に物件を見つけ、同年四月末にそこに移った。ノーマンはこの敷地の角に教会堂を建てることを企て、その完成を目前にして亡くなった。原因は、「腸の炎症」である。[55]現在この教会は、ウォータベリ記念テルグ・バプテスト教会と呼ばれている。[56]

ウォータベリ夫妻の五年間にわたるマドラスでの経験は、どのようなものだったのだろうか。『日記』とABMU宛の夫妻の手紙を主たる資料として、主要なテーマごとに再現と分析を試みよう。

「クリスチャン・ホーム」をつくる

一八八一年一一月、ノーマンとルーシィを迎えたジュエット家は、危機的な状況にあった。前年、娘の夫で宣教師のS・W・ニコルスが亡くなったばかりであったが、今度は未亡人の娘ハティまでもが死に瀕していた。ノーマンとルーシィの『日記』には、「我々は邪魔のようだ」とあり、二人は一時的に近所に家を借りて、新婚生活を始めることになった。家賃は庭師の賃金も含めて四五ルピーで、引っ越しは一一月二四日の感謝祭の日であった。[57]

引っ越しを目前に、二人は、まずバザールの店やオークションに行き、値段を調べ、欲しいものを決めた。オークションではほとんどの品物が高額で手が出なかったが、緑色の磁器の喫茶セット、本棚、フォーク、フィンガー・ボ

ウォータベリ夫妻のマドラスの居間／客間.『日記』(Barbara Rusch 所蔵) より

ールを一ダース、花瓶を二つ、聴診器を買った。引っ越し当日、一三〇ルピーを費やして家具を求めた。それでも、家は「十分殺風景」であったが、故国から持ってきたものは、うまく収まった[58]。さらに二人は、食卓テーブル、椅子、簡易寝台、美しいランプ、ルーシィの目に適ったガラスの皿等を買い足した。別のオークションで、新しい食器のセット、七脚の椅子、喫茶用小テーブル、ランプ二つ、洗面器二つ、文机、洗面台一脚も手に入れた[59]。

居間／客間の様子をルーシィは次のように説明している。まず、紫檀の喫茶用小テーブル、ルーシィが働いていた盲学校の友達から贈られた文机、座面が籐でできた、小さな紫檀の椅子があった。二台の横長の小卓が据えられ、その一方にはルーシィの顕微鏡、ステレオスコープ、風景画が、もう一方には小さな額に入った写真がいくつか置いてあった。安楽椅子は三脚あり、そのうち二脚は紫檀で、青と白の布で覆われており、一脚は折り畳み式で野バラの模様の水色の布で覆われていた。何枚かの絵が壁を明るく飾っていた[60]。アメリカ製の小さな掛け時計が時を軽やかに刻んでおり、夜、静けさの中でその音はよく聞こえ、ノーマンには、「新しい世界での生活のあわただしさの中に私たちがすぐにも参加できる」と告げているかのように聞こえた[61]。一一月末日「新しい家は本当のホームのように見えてきた」とノーマンは『日記』に書いた[62]。

ヴィクトリア時代のアメリカ人にとって、居間／客間（ルーシィは“sitting room”と“parlor”を同じ部屋について使っている）は、その「ホーム」の女主人の品性、教養、趣味を表現する場であった。通常、居間／客間には主人の宝がところ狭しと配置され、意匠のない空間はほとんど残されなかった。ルーシィとノーマンの居間では、紫檀の家具が南インドを、喫茶のためのテーブルが支配者イギリスの存在を、時計がアメリカのあわただしい労働文化の規律性を示していた。文机や写真は、ルーシィを支える故国の人間関係を表し、顕微鏡やステレオスコープは、ルーシィの科学的知性と好奇心を顕示していた。聴診器をインドで買い足したのは、この種の能力を補強するためであろう。インドでは専門的ではないが、西洋式の病気治療が、女性宣教師のゼナーナ訪問のきっかけとなること等の効用を生んだ。花柄の布はヴィクトリア時代的女性らしさの表現である。この空間では、インド、イギリス、アメリカが交錯し、せめぎ合っていた。ノーマンとルーシィは、リスペクタビリティに配慮して家具を入れ[63]、喫茶のセットやフィンガー・ボールを購入した。一八八一年一二月、インド風の食器棚を購入して新婚の家の家具購入をほぼ終えた日、ノーマンは黒い帽子とステッキを買い、「マドラスのソサエティ」にデビューする準備を調えた[64]。二人は、イギリス人の列に加わってインドに暮らす意欲満々であった。

そして、ノーマンとルーシィは、「クリスチャン・ホーム」の内実と言うべき夫婦の絆、ロマンスを構築しようとした。共に海辺を散歩し、テルグ語を学び、読書し、歌を歌うといった日常的な行動を通じ、二人は一体感を高めていった。あるヒンドゥ教徒の集会では、南北戦争での出来事を元に一八七〇年に作詞・作曲された賛美歌「砦を守れ」（“Hold the Fort”）を二人で歌って、仲の良いところを披露した[65]。音楽は、ウォータベリ家にとって大切な要素だったようで、避暑中の『日記』にノーマンは、「ルーシィはほとんど毎夕曲を弾いてくれ、その音楽で我家はほとんどアメリカのホームのようになる。私たちは文字通り音楽の午後というものを始め……ルーシィはこのすべての活動と幸福の中心である」と書いた(66)。ヴィクトリア時代において、ピアノやオルガンを妻が弾けることに付されていた大きな意味をノーマンの記述は教えてくれる。

ノーマンとルーシィは、少なくともインドでの最初の一年、毎月一八日を結婚記念日として覚えた（結婚したのは八月一八日）。また、誕生日には、特別に夫婦間の愛情が表現された。一八八一年一二月三日は結婚後ノーマンが迎えた最初の誕生日で、彼にとって「生涯で最も幸せな誕生日」となった。朝、ルーシィはノーマンの皿の上にバラの花束を添えた。夕方には、二人だけで誕生日のパーティをした。就寝前にはルーシィがノーマンにキャンディとナッツをすすめた。「その日は輝きに満ち」、ノーマンは、「ホームにいること、幸せなホームで幸せに寛いでいることを自覚」した(67)。

翌年三月二日のルーシィの誕生日には、午前中、ノーマンからルーシィにバラとカードのプレゼントがあった。朝食時には、ノーマンが美しいバースデイ・カードを贈り、昼餐時には、コックのジェイコブがバースデイ・ケーキを用意した。ルーシィはノーマンが贈った新しい青色のカシミアのドレスを着て、昼餐後、ある女性宣教師の学校の表彰式に出席した。夕方には「素敵な小さな磁器のティーポットを使ってお茶を飲み、月夜の散歩に出かけた。「これ以上楽しい日を計画できる人はいない」とルーシィの筆跡で『日記』にある(68)。

また、『日記』では、病気、すれ違いや夫婦喧嘩、真夜中の嵐といった困難が、愛情を深める機会ととらえられている。たとえば、喧嘩の後の『日記』には、「昨夜私たちは蚊帳の中で長い間話し合い、罪を告白し、直すことを約束した。今日、喜ばしいことに、愛とやさしさが大復活した。とてもとても幸せな日で、キャットスキルやサラトガ、ジョージ湖の日々（新婚旅行の頃）に勝るとも劣らなかった。今ほど甘美で満ち足りた日はない」とある(69)。

『日記』にこのような夫婦の愛やホームの賛美を書き付けているのは、主にノーマンである（筆跡で識別可能）。ノーマンは、大学時代にルーシィを運動会に招待したこと、愛の告白と初めてのキスなどを回想し、懐かしみ、[70]ルーシィを「女の子というバラの蕾の園なかの女王様」と呼んだり、花の冠を作ってルーシィに被せて「五月の女王」に見立てたりした。[71]そもそも、『日記』は、家族や友人等に公開することを前提としており、新婚の二人の愛情が深まり、「ホーム」が築かれていくというロマンスを一大テーマとしていた。そして、その言説を牽引したのはノーマンの方であった。

アン・ダグラスがかつて指摘したところによれば、一九世紀のアメリカにおけるキリスト教の女性化（序論を参照）の結果、牧師は、女性の会衆を意識し、また、女性——特に母親——の多大な影響の下に、通常女性的とされた価値観を体現するようになった。特に神学的にリベラルな牧師たちは、感受性の豊かさ、洗練、自重、犠牲的精神といった「女性的」な特質を持つことで高く評価され、女性たちに受け入れられたという。[72]『日記』のなかに記録されているノーマンは、まさに、感傷的とさえ言える情緒を表現する夫＝宣教師＝牧師であった。実際、ルーシィは、ノーマンのやさしく、親切な様子に、自分の荒い気性ときつい口調を対比させ、反省もしている。[73]

一方『日記』のなかでルーシィが夫婦愛に言及するときは、ほぼ決まってそれを神に結びつけている。たとえば、「私たちは二人とも元気でとても幸せだ。……私たちに対する神の愛、互いに対する私たちの愛、故国の友人、ここでの新しい友人、恵まれた生活、偉大な仕事への準備。感謝すべきことばかりだ」、「私の結婚生活は甘美な愛にあふれ、ここでの仕事は素晴らしく、救い主を非常に近く、非常に真実なものに感じる」あるいは、「神は私たちに互いに対する愛をくださった。私たちがそれに感謝し、大切にしないなら、神はそれを持ち続けることをお許しにならないだろう。六ヶ月の間、私は幸福のうちに生きてきた。神と夫に感謝する。主の意志を尊重する生き方ができるように」という具合である。[74]ルーシィは、夫婦の愛をより大きな枠組みの中に位置づけ、意味づける。夫婦愛、仕事、信仰、神を同一線上にイメージしており、当時、女性にとっては「ホーム」の構築と運営が、仕事であり、生きることであり、神の栄光を示すことであった状況を窺うことができる。また、序論で言及したように、女性にとって「ホーム」は権力構築の場であったから、より大きな枠組で「ホーム」の中心にある夫婦愛をとらえる必要があったとも解釈できる。夫はといえば、ノーマンのように妻と二人の愛を称賛することで妻の権力構築を認め、助けていたようだ。かくして、『日記』のなかで、ノーマンの記述する夫婦のロマンスは、ルーシィによって神の高みに引き上げられ、「命の光」を求める現地人とそれを導こうとする宣教師が闇の中に浮かび上がる。「伝道のロマンス」である。

今日、初めての求道者が私たちのもとに現れた。……日曜日に〔彼の家に〕寄り、夕暮れの中で共に祈った。……外では現地人の声と笑い声が響いていた。家の中では命の光を求め、魂が葛藤していた。私たちは皆跪き、ランギア〔現地人牧師・助手〕がテルグ語の祈りを捧げた。(75)（ノーマンが記述）

「召使い」

しかし、実際にインドの「ホーム」でルーシィとノーマンがまず向き合わなければならなかったのは、近年のポスト・コロニアリズム系の研究でその存在が注目されるようになった現地使用人――召使い(76)――と共に暮らすという、特異な環境であった。当初から五人である。料理人のジェイコブは、前の雇い主〔ある西洋人の「大佐」〕が亡くなってすぐやってきた年配の男性で、家父長のような外見をしており、目玉をぎょろりと上に向けるのが特徴だった。その妻グレイシィは、ルーシィ付きの女中となった。ジェイコブの助手の少年は月三ルピー。庭師〔給金は家賃に含まれた〕は給仕も兼ね、掃除婦として若い女の子を月一～一〇ルピーで雇った。(77)

最初の小さな家に引っ越した翌朝、ジェイコブが六時にやってきたので、ノーマンはドアを開け、朝食の準備をいっしょにした。「我々はまるで双子の兄弟のようであった……私は長い寝間着とガウンを着ていて、彼はそれとそっくりな地元の服を着ていた。〔私の〕ナイト・キャップは、彼のターバンであった……」と『日記』にある。最初の朝食はヴェランダに用意され、内容は、六種の米、茶、バナナ、パンであった。一一時の昼食には、ビーフ・ステーキ、カリフラワー、ジャガイモ、コーヒー、米、バナナが用意された[78]。

　指示通りに召使いに仕事をさせるには、手間がかかった。二日目の朝食は屋内でと指示したが、ヴェランダに用意されていた。その日、午後七時に客を招いたのだが、ルーシィにとっては散々の晩餐会となった。スープは出し遅れ、サラダはアントレといっしょに出てきて、フィンガー・ボールは間違ったタイミングで出された。「晩餐の後、ジュエット博士と〔娘の〕ネティといっしょに、〔独身女性宣教師の〕メンケさんがやってきた。かわいそうな人！彼女はたくさんワインを飲んで、悲しくなり、くだを巻き始めた[79]。」前章で言及したように、ノーマンはワインを飲んだが、ＡＢＭＵの在マドラス宣教師の間でもワインは受け入れられていた。アメリカ的禁酒主義は、ヨーロッパの圧倒的影響下にあるインドではバプテスト宣教師の間でさえ守られていなかった。

　ウォータベリ夫妻と召使いの上下関係は日常的に確認された。庭師と料理人の助手は、家の外のヴェランダで寝ていた。旅行中の列車のコンパートメントでは、ノーマンとルーシィが座席で寝たのに対し、女中は床で寝た。ルーシィの誕生日に料理人のジェイコブが特別に誕生ケーキを焼いたことは右にも書いたが、「それは特別に不味かったので、私〔ルーシィ〕は召使いと小さな男の子たちにやって始末した[80]」。「始末した」（disposed of it）という言葉使いが、ルーシィの使用人に対する傲岸を感じさせる。一方で、二人は、ノーマンの服をジェイコブに与えたり、クリスマスには全員にプレゼントをしたりして、主人としての気遣いも示した。

　しかし、ウォータベリ夫妻の上位者としての地位は脆弱なものであった。右に言及した、ルーシィがジェイコブに与えた服は、ノーマンがまだ着ようと思っていたもので、すぐに返してもらった。二人はこの時大笑いしたが、主人としての体面は傷ついたに違いない[81]。後でも述べるように、ノーマンは、現地人の水準からすると多額の年俸を得ていたが、必ずしも余裕があったのではなく、特にノーマンの服は、なかなか新調できなかった[82]。また、一八八一年一二月、オンゴールへの旅に運河を使った時には、三人の召使いとその親戚の者数人を伴って平底船に乗った。仕切りのない船の上で、現地人のまなざしの中で二人は大いにとまどった末、意を決して服を脱ぎ、眠りについた[83]。二人の生活は、召使いの視線を完全に遮断できるものではなかったし、また、彼等のまなざしを気にかけないほど優位に立っていたわけでもなかった。

宣教師にとって一般的にそうであったように、ノーマンとルーシィにとって、召使いは伝道の対象たる、最初の現地人であり、救うべき魂を持つ人々であった。最初の小さな家から引っ越すとき、庭師をキリスト教に導けなかったことがノーマンの心残りだった。御者がキリストを受け入れずに去った日は、インドに来て最も悲しい日であった。ノーマンは御者を雇用している間、ルカによる福音書等を教え、彼がやめる日にはアダムの堕落やキリストの救いについて話し、共に祈ったが、その直後、御者はわずかな金をだまし取ろうとした。「かわいそうに、彼は何をしているか自分でわからないのだ〔ルカによる福音書二三章三四節に由来する言葉〕」とノーマンは書いている[84]。端的に、ウォータベリ夫妻の努力にもかかわらず、召使いたちをキリスト教徒にするのは、難しかったし、やめると言い出した召使いを止めることもできなかった[85]。

それどころか、むしろウォータベリ夫妻の方が、現地人のペースに取り込まれた形跡がある。たとえば、朝食がオートミールからカレー・ライスに変わったのは「革命」だったが、ノーマンとルーシィは後者を「実際好きになった」[86]。一八八三年六月一七日に生まれた娘のノーマ・ローズは、「現地人全員の良い友人」であり、召使い――特に「アヤ〔子守〕」と「ボーイ」――が大好きであった。召使いも皆ノーマをかわいがり、ノーマはその一人一人を正確に見分けて呼びかけた。「アヤ」にもらったサトウキビを食べ、下痢になったこともあった[87]。ノーマンが記録した娘（一歳六ヶ月ほど）の獲得したフレーズの中には二種類のテルグ語も混じっている[88]。序章で言及したように、アン・ストーラーは、植民地に育つ白人の子供は、もっぱら現地人子守に育てられることで、現地の社会と文化に馴染み、支配者集団への帰属意識が希薄化するという懸念が西洋人の間に強くあったと指摘している[89]。ウォータベリ家においても、ノーマ・ローズはウォータベリ夫妻と召使いとの間を架橋すると共に、現地人の影響力の下にあった。一方で、一八八四年一〇月末に生まれた長男ハワード・アーネストは、生後三ヶ月、様々な「黒い人たち」が差し伸べる手を頑固に拒絶して、一日中ルーシィに抱かれたがった[90]。『日記』の記述から、ノーマンとルーシィは、子供と現地人の間に芽生える愛着に懸念というよりむしろ喜びを感じていたように見える。子どもたちが幼なかったこともあるのだろう。ただし、ノーマンが、娘の言語習得に特別な興味を抱いたのは、バイリンガルな成長への期待というよりむしろ英語の獲得プロセスへの関心からであったようだ[91]。

インドにおける現地人の圧倒的なエイジェンシーは、彼らの多くが巧みに英語を操ることでも示された。一八五四年にはインド全体の教育を充実させるために、先に紹介したような基準を満たす学校に政府援助を行う制度ができ、一八五七年にはマドラス大学が組織され、ロンドン大学のシステムを採択、傘下に複数の教育機関を置き、試験を行って学位を認定し始めた。マドラスのような植民地＝近代都市には、バラモンを中心に英語による教育を受け、政府の役職を得る現地人が大勢いた。キリスト教系の学校も数多くあり、スコットランド国教会の宣教師が一八三七年にマドラスで始めた教育事業は、一八六五年には大学レベルの教育機関となり、ウォータベリ夫妻赴任当時、すでに「キリスト教大学」として名声を博していた[92]。ノーマンは一八八二年四月までに、次のようにアメリカの支援者に向けて説明している。

マドラスに最初に着いたときから、現地人が英語を操ることに驚かされてきました。市場の商人は英語で物を売ります。召使いは全員英語で話しかけてきます。乞食でさえ、英語で物乞いをします。学校では必ず英語を主要教科の一つとして教えなければなりません。先日、ある学校のあるクラスでシェークスピアの劇を読んでいるのを見学しました。ここのキリスト教大学とその附属学校には一二〇〇人の生徒が居ます。ある現地人の学校には一〇〇〇人。他にもたくさん学校があります。これらの学校とほとんどの小学校で英語が教えられており、これは、マドラスに限らず、インドの大都市ではどこでも似たような状況なのです。

マドラスの英語は中国の港で話されているようなものだとかりそめにも思ってはいけません。ピジン英語はここでは使われません。英語を学ぶすべての現地人が、正確な慣用法に則った英語を学びます。私の料理人は英語が非常に上手なので、私は毎朝の家族の祈りのとき、彼を通訳に使います。……ヨーロッパ人がいないとき、現地人が仲間うちで英語で話し、冗談を言い合っているのを聞いたことがあります。長く英語を学ぶ人は、大抵は政府の職を得ることを目的にしているのですが、事務所や銀行の会計係、店員、召使いなど、多くの雇い口があります。すべて英語で書かれ、しかも、現地人だけで出している新聞や雑誌もめずらしくありません。私の先生〔語学教師のこと〕が言うには、教育あるヒンドゥ教徒の非常に多くが、自分たちの言語より英語について良く知っているということです(93)。

テルグ語の習得に腐心していたノーマンにとって、シェークスピアを読み、英語で冗談を言い合う現地人、福音を通訳する召使いは、驚異的で、白人の知的優位性に疑問を投げかける存在であった。

「先生」と助手

ウォータベリ夫妻にとって、召使いに次いで身近な現地人は、テルグ語教師と助手＝牧師であった。最初に月額二〇ルピーで雇用したテルグ語教師は、先任宣教師のデイヴィッド・ダウニ（ネロール駐在）によれば、ほとんどキリスト教徒なのだが、「カーストから出る勇気がない」ので、ヒンドゥ教徒のままであり、額に赤い印をつけていた。

ルーシィは彼に「キリストのために友達をあきらめる」よう話したことがあったが、「とても臆病で、子供をたいへん愛しているように見え」、説得できなかった。彼は、避暑のため山に行く際列車に同乗すると、召使いのように床に寝るのではなく、座席の上の棚の上で寝、山に登る際は途中から馬を調達し（召使いは徒歩）、山ではウォータベリ夫妻とは別の住まいを自力で探すなど、自立性を保持していた。ウォータベリ夫妻は、このテルグ語教師は良い人で利口だと書いている。彼が山で病気にかかったとき、代替教師として山に来た青年は、「悲しそうだが美しい顔」と「はっきりした優しい声」の持ち主で、ノーマンとルーシィは好ましい印象を持った[94]。つまり、テルグ語教師は、教育・教養のある「先生」であった。

ノーマンはインドで迎えた最初のクリスマスの日に、ランドールズ街にある小さな現地人教会に行き、現地人牧師が「時は短い」という題のもと、テルグ語で説教するのを聞きながら、説教も、賛美歌も、聖句も理解できず、自分で何も言えないことに、情けなくなり、泣いてしまった。「主よ、わたしの唇を開いてください。この口はあなたの賛美を歌います」（詩編五一編三一節）というダビデの言葉に自分の状況をあてはめた[95]。ノーマンが初めてテルグ人の集会でテルグ語で話したのは、一八八二年三月、約四ヶ月の学習の後であった。一方、一八八三年四月のノーマンの手紙によると、ルーシィのテルグ語学習も進み、「子供向けの新聞を始めたいという野心を抱いて」いた。ルーシィが後に取り組む子供向けジャーナリズムへの願望は、すでにインド時代に芽生えていたのだ。マドラスに住む宣教師の妻で、現地語を一つでも知る人はほとんどいない、とノーマンはルーシィの希有な能力を伝道局本部にアピールしている[96]。宣教師にとって、現地語の習得は、伝道対象に直接アクセスするためだけでなく、英語に堪能な現地人エリートと対等な立場を獲得し、また、宣教師のコミュニティと伝道局本部での認知を得るためにも、必須であった。ノーマンは特に語学に熱心で、一〇年勤めたら、テルグ語とタミール語で説教し、カンナダ語とマレー語を読み、サンスクリットを多少理解できるようになるのを目標とするようになった[97]。

ウォータベリ夫妻にとって語学教師以上に重要だったのは、テルグ人牧師テュピリ・ランギアである。ランギアは、父がヒンドゥ教聖職者という家柄の出であった。ライマン・ジュエットがかつてネロールで運営した学校の生徒で、キリスト教への改宗を望んだところ、家とカーストから追い出され、ジュエット家が全面的に面倒を見ることになった。その回心は、テルグ伝道低迷のなかでの画期的成功であったとも言われている。その後、一八六〇年代末から一八七〇年代初頭にはオンゴールでクローの筆頭助手として働き、おそらく、七〇年代末の大覚醒を経験した後、ジュエットがマドラスで働くようになると同地に転任した。ウォータベリ夫妻がマドラス在任中は、この大都市に常駐する唯一のABMU公認のテルグ人牧師であり、ジュエット夫妻が老齢で半ば引退するなか、もっぱらノーマンの仕事を助けるようになった[98]。

ノーマンとルーシィはマドラス到着後間もなく、ランギアが祈禱会で説教するのを聞いたが、それは、イラストを使い、新しい宣教師を檻に入ったライオンに譬えるものであった。つまり、宣教師は強靭だが、言語という檻に入れられている。すぐに檻を破って出てきて、自由になり、獲物を捕らえるというのであった。ウォータベリ夫妻の宣教師生活の門出を祝うつもりだったのだろう。マドラスでの最初の日曜日にも教会でランギアのテルグ語の説教を聞いたが、ノーマンには「ジーザス・クライスト」以外一言もわからずじまいであった[99]。ランギアは、ノーマンにとって、テルグ伝道の先達であった。

ランギアはウォータベリ夫妻の日常生活の細部の面倒を見た。最初の家に引っ越した時には、ヴェランダにマットを敷く手配をしたり、箱やテーブルを調達したりして、二人は大いに感謝した。二度目の引っ越しの際は、「彼らしく、九時にやってきて、引っ越しのすべてを取り仕切」った。「ランギアがいないと、私はたいへんで、疲れてしまうだろう」とノーマンは書いた[100]。

ランギアは宣教師の交際の輪の中に入ることを許された数少ない現地人であった。ウォータベリ家の最初の晩餐の時、夜も更けてから――つまり、ワインを飲んで皆いい加減できあがってから――ランギアは現れた。また、マドラス到着後間もなくウォータベリ夫妻は、ランギアの息子の結婚式に招かれた。ジュエットが司式し、夕刻にはランギアの家で祝宴もあった。(101)

ルーシィは、アメリカの雑誌向けの記事に、ランギアの息子ジョンが学校に行くための年間費用一三ルピー（五・五ドル）の寄付を呼びかけている。ランギアの年俸は三六〇ルピーほどで、アメリカ西部のある日曜学校が受け持っていたが、彼には八人の子供がおり、一六歳の息子ジョンがより良い教育を受けるためには援助が必要だと訴えた。ジョンは、プンカーという大きな団扇のヒモをルーシィのために毎日三時間引く仕事をわずかな報酬で休暇中ずっと続け、ためた金を教会の三ヶ月に一度の献金に供した。ルーシィはそれを紹介し、このような労働を懸命にやり遂げる人は、決して寄付者を失望させないと強調した。(102)この頃ルーシィは若干二〇歳位であったが、その見込みは正しかった。ランギアの四人の息子は皆牧師になった。特にジョンは、後に南アフリカのインド系（テルグ人）年期奉公移民のためのキリスト教伝道で活躍し、一九一〇年のエディンバラの宣教師会議にも参加するような、著名牧師となった。(103)

こうして家族ぐるみのつきあいが深まり、ランギアは、ノーマンとルーシィにとって現地における代表的「友達」、仕事のパートナーとなった。(104)一八八二年二月、ランギアは、アウトカーストのテルグ人の多く住む、ペランブール地区にノーマンとルーシィを案内し、四〇人ほどの男性、女性、子供の聴衆に向かって話をした。ノーマンはこの時、ここに学校を開くことを望み、後に実際、学校を運営し、やがて心血を注いで拠点を開くことになった。さらに、一八八二年九月ごろ、ヴェパリで一本立ちの宣教師として「ミッション・ハウス」を持った際に、ノーマンはABMU本部に手紙を書き、ランギアの家を敷地内に建設することを提案した。ノーマンを助ける現地人牧師はランギアだけであり、キリスト教徒の教師やバイブル・ウーマンもいないなか、「仕事を最も実際的にアレンジすることを迫られた」のであった。それは実現し、一八八三年一月一三日、新築のランギアの家のお披露目会があり、カレーとライスが振る舞われた。やがて、ランギアの家にはベンジャミンという助手も住むようになり、さらに一五人の男子生徒が寄宿するようになった[105]。一八八五年四月、ペランブールに敷地と建物を購入し移ったときには、割り当てられた資金からランギアの家とチャペルの建設費を捻出する、または、婦人伝道局に資金三〇〇〇ルピーを出してもらい、隣の家を購入し、ランギアの家兼寄宿舎にすることをノーマンは思い巡らした[106]。

「福音」を播く

インドに出航前、ノーマンとルーシィは、「異教徒」への伝道方策について想像し、多少の準備をしたようである。顕微鏡やステレオスコープをはるばるインドまで持って来たのはそのためだったし、「宣伝カード」に目をつけて、ノーマンの姉メアリをはじめ、伝道関係者に収集を頼んでから旅立ったらしい。二人がマドラスに着いて間もなく、ニューヨークのある日曜学校のクラスから宣伝カードの包みが届いた。さらに、年が明けると、ノーマンの姉のメアリは、ニューヨーク州サラトガ（ノーマンの実家のある）の日曜学校の生徒を自宅に集めて「宣伝カード」の絵を切り抜き、スクラップ・ブックにはりつけて、「絵本」を六冊作成し、ウォータベリ夫妻のもとに送り届けた。

マドラス駐在当初、ウォータベリ夫妻は、語学学習の傍ら、ジュエットが立ち上げ、ランギアが主に説教する教会に出席し、日曜学校を手伝った。一八八一年のクリスマス直前、アメリカから宣伝カードの包みを受け取ると、ノーマンとルーシィはその裏にテルグ語で聖句を書いてクリスマスに現地の子供たちに配った。裏にも宣伝文句が書いてあるカードは非識字の子に与えた。「私たちにできるのはそれだけだった。あまりにちっぽけで、みすぼらしいプレゼントなので、子供たちにカードを見せるのが恥ずかしかった[107]。しかし、神がカードを祝福し、書かれたメッセージが力強く生きたものになるよう、祈りを捧げた」とノーマンは『日記』に書いている。

二月になるとABMUの運営する学校では試験と「表彰式」が行われた。ルーシィは、ABMUがマドラスでただ一つ運営する「カーストの女学校」の表彰式に参加した。その日、生徒たちは、金、宝石、花などを身にまとい、きらびやかな服装でやってきた。ルーシィは、義姉メアリの日曜学校の生徒がつくった宣伝カードの絵本のうちの一冊をある優秀な生徒に賞品として渡した。この学校で、ルーシィは、聾唖学校教員の経験を生かして、手話も披露している。(108)

他の四つの学校の表彰式はミッションの敷地にある教会堂で行われた。これらの学校は、パリアを対象とするものであった。「生徒の多くは汚く、ほとんど衣服を身につけていません……もしあなたたちが見たら、『ほんとうの異教徒＝野蛮人〔heathen〕』だと言うでしょう」と、ルーシィは義姉の日曜学校の生徒宛の手紙に書いている。約八〇人集まった生徒は独身女性宣教師のメンケから安価なプレゼントを受け取った。さらにある日曜日、ルーシィは、子供たちに短い聖句を教え、次の日曜日までに聖句を暗唱してきたら、宣伝カードをあげると約束した。すると、翌週にはこれまで来たことのない子も、聖句を暗唱してやってきた。「子供たちは、本当に重要な仕事〔聖句の暗記〕をするだけの価値を、明るい色調の宣伝カードに認めているのですね」とルーシィは書いた。

宣伝カードの効用を伝えるメアリの文章とルーシィの手紙は、バプテストの婦人伝道局の機関誌『助け手』に掲載された。その反響で、その後、ニューヨーク市、コネティカットのハートフォード、ミズーリなどの日曜学校やミッション・バンドから裁縫用の糸やコンロの磨き粉の宣伝カードが送られてきて、ルーシィは、高原避暑地でもこれらを活用した。(109)

宣伝カードとは、製造業者や小売店の名前と絵が印刷された販売促進用ツールで、一八八〇年代のアメリカで広く流通したものである。仲買業者が小売店に持ってきて、オマケとして消費者の手に渡った。客に人気のあるカードを提供すれば、商品を店に置いてもらう可能性とブランド名の認知を高めることが期待できた。したがって、商品の機能や性質と絵は必ずしも関係しておらず、絵があらかじめ印刷された普及版カードにブランド名を印刷することも多かった。絵は華やかな色印刷であった。色印刷は一九世紀初頭のドイツでリトグラフが発明されてから発展を遂げ、花や鳥などのモチーフを美しい色で表現した紙が生産されるようになった。その切れ端は再利用され、各種カードや商品の包み紙などになり、また、そうした美しい紙を集め、スクラップ・ブックをつくる趣味が生まれた。このようなスクラップ・ブック作りは、配色の趣味や美意識を養ったり、個人の世界観を表現したり、家族の記憶を留めたりする手段として、特に少女の間で人気があったという(110)。スクラップ・ブックは、消費社会を目前に、溢れつつあるモノを享受する消費者という立場と、勤勉と節約という産業資本主義の倫理を内面化した中流市民の意識の接合点・妥協点であったと言えるのかもしれない。つまり、簡単に手に入る美しい宣伝カードや紙を捨てるのではなく、選別し、保存し、何か新しいもの——家族や個人の記憶を保存したり、愛情を示したりするもの——を作り出すこと——勤勉と節約によって成し遂げられる——で、消費社会に飲み込まれることに抵抗し、古い価値観を消費社会において温存していく、ささやかな試みだったのではないだろうか。

さらに、一九世紀アメリカにおいて、プロテスタント・キリスト教は人々が広く共有する文化的枠組みであったため、聖書のエピソードから取った絵が普及版カードに使われることも多く(111)、そこにビールや薬の名前が印字されて「宣伝カード」になる例もあった。また、普及版のカードは、訪問カードや名刺、格言や聖歌が印字されたカードとしても使われた(112)。つまり、商品の宣伝や自己紹介、キリスト教のメッセージは、色印刷のカードにおいてしばしばないまぜになっていた。物欲、自己主張、信仰の喚起は、同じツールでなされていたわけである(113)。

第一章でも言及したように、ルーシィ・ウォータベリの実家は、商いをする一方、熱心なバプテストであった。ルーシィが宣教師になっただけでなく、弟のアルバートはアメリカ・バプテスト国内伝道協会で二年間働いた後、妹のヘレンと共に同協会がサウス・カロライナで経営した解放奴隷の教育機関、ベネディクト・インスティテュートに奉

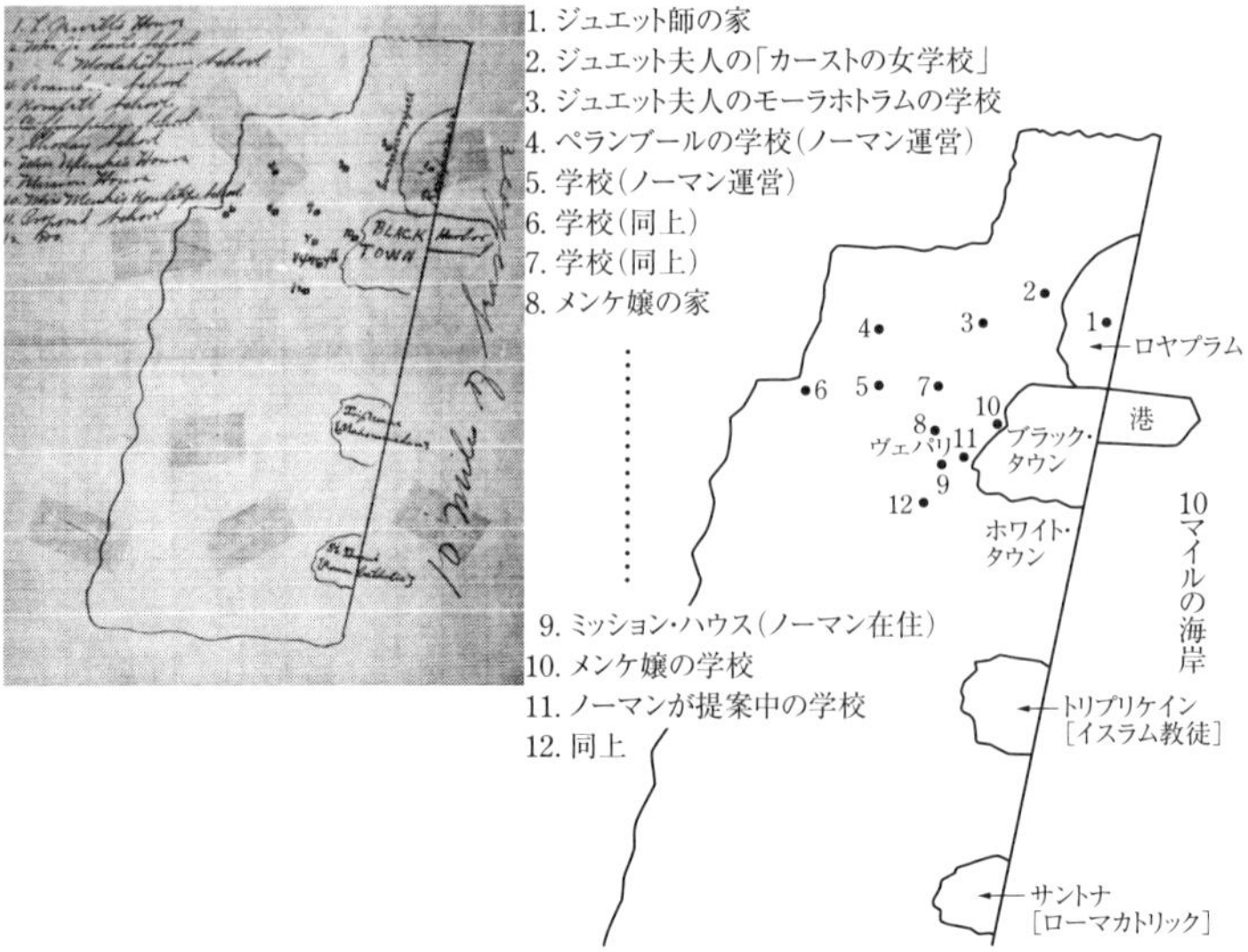

ノーマン筆記地図とその翻訳．1882年末頃のマドラスでの活動がわかる．『日記』（Barbara Rusch 所蔵）より

職した[114]。商売とキリスト教信仰は、ルーシィの生きた環境では共存していた。というより、クリスチャンであることが商売人の信用を高め、そのリーダーシップを増強した[115]。

商売人の娘ルーシィは宣伝カード集めとスクラップ・ブック作りに、「異教徒＝野蛮人」をキリスト教に導くという付加価値をつけ、アメリカの子供たちが、勤勉と節約だけでなく、海外について、また、「他者への無償の奉仕」というキリスト教的価値を学ぶ機会にしようとした。同時に、現地の「本当の異教徒＝野蛮人」の子供たちに対しては、アメリカの豊かさを暗示する宣伝カードを示して物欲を刺激し、それを梃子に聖句を覚えさせ、教会に出席させる、すなわち、欲望を信仰に転換することを試みた。コンロの磨き粉の宣伝の紙に乗って播かれた神の言葉は、果たしてどれほど効果的だったのだろうか。ルーシィは、さらに手芸の材料を送るようにアメリカの教会に書き送り、「ほとんどの場合、この手の仕事だけが女と子供を引きつけるのです。明るい色の毛糸や刺繍で何かを作ることを習うために、読むことを学び、聖書の話を聞きます。後になって、私達が本当に教えたいこと……をたぶん感謝して学ぶようになるのでしょう」と述べた(116)。

最初のクリスマスが過ぎて間もなく、ウォータベリ夫妻は、日曜学校の生徒たちを自宅に招いている。カレン人――ビルマでかのアドニラム・ジャドソンが始めたアメリカ系バプテストによる伝道の主たるターゲット――三人、テルグ人二人、インド人とアメリカ人の間のユーラシアン一人である。招かれたのは「本当の異教徒＝野蛮人」ではなく、すでにキリスト教徒であるかキリスト教の影響下に一定期間あった子供たちであったと考えられる。カレーとライスを出し、ステレオスコープを使って写真を見せ、顕微鏡をのぞかせて、ルーシィが身近に置くアメリカの科学技術をアピールした。ジュエット夫人がモーラホトラムで運営する学校の生徒九人（男八名、女一名）が来たこともあった(117)。「ホーム」は、伝道のツールでもあった。

先に言及したように、一八八二年九月頃、ヴェパリ地区に「ミッション・ハウス」を持つと、ノーマンは、コンパウンド内にランギアのための住宅を建て、そこに助手ベンジャミンと一五人ほどの寄宿生を住まわせ、おそらくチャペルの建物を使って学校を運営した。コンパウンドの入り口にあるチャペル兼学校には「神を恐れることは知ることの始まり」という看板が掲げてあった。一八八三年三月には、チャペルにテルグ語、英語、タミール語の雑誌を置き、夕刻にはそこを「読書室」として解放した。ノーマンはクリスチャンが読むにふさわしいテルグ語の本がないことに問題を感じ、やがて自ら三冊のテルグ語の本と賛美歌集を出版した。ノーマンは、コンパウンドの外数カ所でも、説教、礼拝を行い、学校、日曜学校を運営した。場所は特定できないが、ルーシィも一時二人の少女の助けをかりて三〇人ほどのクラスを持っていた(118)。

ノーマンが一八八二年一一月に伝道局本部に示した地図は、「ミッション・ハウス」を中心にマドラス周辺のABMUの仕事がどのような広がりを持っていたかを示している（前頁地図）。ジュエット夫妻はロヤプラム地区に住み、ジュエット夫人が二カ所で学校を運営（地図1～3）、独身女性宣教師メンケは単独で住んで、ブラック・タウン近くに学校を運営していた（地図8、10）。ノーマンとルーシィは、「ミッション・ハウス」とその周辺四ヶ所に学校を運営し、さらに二ヶ所での学校運営を提案していた。四ヶ所の学校には、ペランブール地区のものが含まれていた[119]。ノーマンの説明に従えば、マドラスのテルグ人は八万人から一〇万人で、カースト内の人々とアウトカーストの下層民とに分かれており、前者は主にブラック・タウンに、後者は町の北東部（つまり、ペランブール地区の辺り）に住んでいた。ジュエットの妻の学校は主にカースト内の人を対象とし、メンケの学校はブラック・タウン内にあった[120]。したがって、ノーマンの関心は、まだ手つかずのペランブール地区に置かれるようになった。この地区に集住していた下層民とは、パリアと呼ばれるアウトカーストで、靴職人、掃除人、掘り割りや貯水池の穴掘り人夫などの生業についていた。つまり、オンゴールでクローがキリスト教に導いた大勢のマディガと呼ばれるテルグ人と似たような社会階層の人々であったようだ。ノーマンは彼らのための「貧民学校」を運営したが、それらは、先に説明した分類に照らせば、現地人教師が初等教育を授ける「村の学校」にあたるものだったと考えられる。学校には、さまざまな言語の使用者がいたという[121]。

一八八三年一月末ごろには、「ミッション・ハウス」のチャペルに通りがかりの現地人が様子を見に来るようになった。ノーマンを弾劾する、差出人不明のテルグ語の手紙が届いたが、それは自分たちのメッセージが読まれ、考慮の対象になっている証拠だとして、ノーマンは神に感謝した[122]。一八八三年三月ごろ、ノーマンは、「今の私は日曜学校宣教師だ」と書いた。そのころのある一週間は次のようなものであった。

日曜日の朝七時前に、ランギア、秘書、週日は学校で学んでいるランギアの二人の息子を連れて、私は、穴掘り人夫の村に行った。ここから半マイルほどの地域〔ヴェパリのこと〕には半ダースほどの教会があり、鐘が鳴り響いていたが、二マイルも行くと郊外の村に着いた。そこには約二〇〇〇人が住むが、一人のクリスチャンもいない。私たちが〔そこの学校で〕雇っている教師はバラモンで、彼が子供たちを集めていた。私たちとたまたま入ってきた人々を合わせると、全部で六〇人。早朝の日曜学校を始めた。テルグ語の賛美歌を歌った後、ランギアが祈りを捧げ、また賛美歌を歌った後、私が生徒達をいくつかのグループに分け、先生達が洗礼者ヨハネについて語り始めた。約一時間して、子供たちを解放し、約二〇人の老若とりまぜた大人を集めて、礼拝を行った。……賛美歌を歌い、まだ学生のジョンが……イエスについて語った。徐々に会衆は立ち上がり、祝祷を待たずに、全員が抜け出していった。私たちはぽつねんと取り残された。それでもくじけずに、通りがかりの男を二人招き入れ、歌い始めた。終わりまでにもう二人入ってきて、……彼らに人生の短さについて語った……会衆は去っていき、また人を集めなければならなかった。一五人ほど集めるのに成功し、今一度礼拝をした。……「美しい命の言葉」と「幸福の地がある」を歌い、天国で会いたいと語りかけた。こうして三時間がたち、帰宅した。

その間、我々のいつものキリスト教徒たちはチャペルに集まり、若者の一人の話を聞き、日曜学校を行い、黒板を使って学習をした。午後三時、再び集まり、祈禱会をし、その後四つの村に出かけて日曜学校を行った。この地区の教会員はたった二〇人にすぎないが、礼拝を守り、五校のミッション・スクールを維持している。……

火曜日にはペランブールに行った。そこの住人は皆靴職人で、カースト内の人々にひどく見下されている。そこの学校は少人数だったので、私たちは、子供たちの出席を促すよう、米のケーキを持って行った。子供たちも親もとても喜んだ。しかし、翌日親たちは全員子供を学校に送ることを拒んだ。私たちが米のケーキにキリスト教を混ぜ、カーストを破壊したというのだった。最終的に和解し、悪意があって米のケーキを持って行ったのではないと説得できた。水曜日に再び穴掘り人夫の村を訪ね、木曜日には〇〇［判読不能］に、金曜日には〇〇に行き、日曜日の午前中と同じような奉仕を行った。火曜日の夕刻には日曜学校の教訓を学ぶ興味深い会合があり、金曜日の夕刻には祈禱会を行った。毎週土曜日の午前中には婦人会があり、妻は、不在でなければ、その面倒をみている。(123)

ノーマンの手紙に「洗礼を授けた」という記述が始まるのはこの頃のことである。洗礼は、一八八三年六月末には四人、一八八六年三月末には五人、一八八六年八月半ばには四人といった具合に報告されている[124]。オンゴールとは異なり、マドラスでの成果は遅々としたものであった。

ノーマンは、やっと集まった貧しい現地人クリスチャンに対し、執拗なまでに自給を求めた。たとえば、一八八三年一月には、「献金礼拝」を行って「読書室」の新しい本棚のために献金を集め、その後、現地人が五校の学校のために毎月献金することを誓ったという[125]。右に引用した手紙には、「教会員は…先回の月例献金日には、六ルピー持って来た。教会員のなかで、月五ドル（約一二・五ルピー）稼ぐのは一人しかいないのに」とある。一八八六年二月のABMUのテルグ伝道五〇周年記念大会においては、「テルグ教会の自給」と題して長いスピーチを行った。テルグ人クリスチャンは下層階級から出ており、無知で弱く、バラモンやシュードラの多くを特徴づけるプライド、鋭さ、精力に欠け、「ビルマ、中国、日本の改宗者とは比べようがない」。ノーマンによれば、自給は、頭と人格と意志の問題であった。知的・道徳的な力を身につけなければ、経済力は生まれないのであって、テルグ人クリスチャンは、自尊心を養い、自助・自給すべく、導かれなければならない。自給して初めて「キリスト教徒としての男らしさ」を獲得する。宣教師は安易に助け船を出してはいけないし、金で栄光を買う（つまり改宗者を得る）ようなことをしてはいけないとノーマンは論じた[126]。

ノーマンの主張はランギアに乗り移った。彼は、筆頭の現地人牧師として、五〇周年記念大会でのスピーチを「キリスト教徒として与えること」という題名で行った。「以前はキリストのために与えることについてあまり考えていませんでしたが、この二年間、この問題にもっと注意を払うよう導かれてきました。これは、私たちの宗教の本質に関わるものです。与えることのない敬虔や礼拝は不完全です」と[127]。同じ機会に、ルーシィは、「テルグ人の女性たちの集会」という報告を提出した。テルグ教会の「教育のない」女性たちの中には、ミッションから支払いを受けている間は、祈り、たいへんな情熱をもって説くのだが、支払われなくなったとたん、日曜日の礼拝にさえ来なくなる人がいることを指摘し、アメリカの女性たちが無償で忙しく働かなければ、海外伝道は成り立たないと主張、「彼女たちに与えることの恩恵を教えましょう。この世の報酬は、キリストの名の下に、キリストのために一杯の水を与える人に約束される報いに取って替わることはできない……」と述べた[128]。

一八八二―一八八三会計年度にノーマンがＡＢＭＵに要求した年俸は二四二〇ルピー（約一〇〇〇ドル）で、毎月の家賃（年額で一二〇〇ルピー）は別に支給を見込んでいる。ランギアの年俸は三六〇ルピーで、年額一二〇ルピーの家賃は別に申告された。また、良い語学教師を雇うには年額一〇〇ドル（約二五〇ルピー）必要だという記述もある[129]。すでに紹介したように、召使いの賃金は月一―一〇ルピーであった。宣教師と現地人の給与には大きな差があり、それは両者のライフスタイルの差異となっていた。ノーマンは、多くの召使いを雇い、一時は同僚に譲られた馬車を持ち[130]、後述するように避暑にも出かけた。こうした差異は、宣教師の持つ権力――威信と説得力――の源泉でもあったわけで、ＡＢＭＵのテルグ・ミッションの中では、現地人と同等の生活を宣教師にさせようという議論もあったようだが、現実的ではなかった[131]。

現地人との大きな所得差にもかかわらず、ノーマンの家計は、後に述べるように、決して安泰であったのではない。その中で、自分の目指す伝道事業実現のため、ノーマン自身、収入の一〇分の一以上を献金していた[132]。また、聖餐式の用具、オルガンといった細かいものから土地の取得や建物建設のために必要な資金に至る、さまざまな献金の願いを本国の家族や知人に書き送った。ルーシィがロチェスタで働いていた聾唖学校の校長ウェスタヴェルトの妻やノーマンの姉、祖父、親類のジェイムズがそうした手紙を受け取ったことがわかっている。ジェイムズに教会堂を建てたいという手紙を書いたときには、金額の大きさを知って、送るには勇気が必要であった。「主のために一つの場所を見いだ」すまで眠らないというダビデの願掛けをテーマとする詩編一三二を読んで何とか手紙を投函した[133]。若く、自分の資産のないノーマンとルーシィにとって、金の問題は生活と事業の成否に関わる日常的な気がかりであり、当然、いわゆる「ライス・クリスチャン」[134]は容認し難い存在だったろう。

とはいえ、二人が貧しい現地人に対して求めたのは「できるだけ」捧げ、奉仕することであった。『日記』の中にある「マドラスの一年」というノーマンの書いた記事には次のようにある。インドの気候は神経に障り、宣教師は、「優しさ、忍耐、柔和、堪忍、そして、愛」という基本的なキリスト教徒としての徳（"virtue"という言葉を使っている）を忘れ、「自己正当化」し、「傲慢」になり、「人格の芯」と「身体を支える意志」に欠ける「アウトカーストのキリスト教徒」に「腹を立て、苛立つ」。しかし、「主がここに宣教師を送ったのは、支配するためではなく、人々に奉仕するため」なのだ。「率直、大胆、開放的なアングロ・サクソンは、秘密主義で、臆病で、ずるいヒンドゥを誤解し、軽蔑するが、穏やかで、優しく、臆病なヒンドゥは、しばしば、西洋人を恐れ、軽蔑し、嫌う」。宣教師は現地人を理解しなければならず、それには長大な時間がかかる、と。[135]ノーマンは自助という「男らしさ」をテルグ・クリスチャンに求めたが、「男らしさ」はまた「優しさ、忍耐、柔和、堪忍、そして、愛」という、一般的には、女性に関連づけられがちなキリスト教徒の徳を含んでいた。ノーマンはルーシィとのロマンスを先導・演出しており、一九世紀にキリスト教が女性化し、それにつれて牧師も女性化したとする研究と符合することを先に指摘したが、ここにも同様のことを見いだせる。そして、ノーマンはこのような徳をもって、テルグ人と向き合い、彼らを理解しようと、苛立ちながらも、努力していた。

同僚の中での孤独

以上のようなテルグ人への働きかけに増して、ウォータベリ夫妻が時間を費やしたのは、同僚や他の白人たちを相手にする仕事であった。

まず、マドラスは南インドの出入り口であったため、大勢の同僚宣教師を接待し、宿泊の便宜を供与する必要があった。たとえば、一八八二年一一月二二日の『日記』には、ウォータベリ家に、南インド各地に駐在する三組の宣教師夫婦が相次いで訪れ、さらに、五人の宣教師が来泊予定であると記されている。このような訪問・滞在のために、言葉の学習の時間が削られることが、ノーマンを悩ませた。さらに、一八八五年一月、ノーマンは、給料が足りないと伝道局本部に訴え、その理由の一つに多くの宣教師を自前で接待したことをあげた[136]。

また、ウォータベリ夫妻は、マドラス在住の同僚たちと同居することもあった。ジュエット夫妻、独身女性宣教師メンケ、メアリ・M・デイである。これは大きなストレスで、どの場合も長続きしなかった。ノーマンは原因としてそれぞれの家族の召使いの不仲を挙げている。現地人に誤解されないように、同居の独身女性には、ウォータベリを名乗ることを求めた。ノーマンは、独身女性宣教師の派遣に基本的に反対していたが、ABMU本部では、独身女性の問題について、既婚男性宣教師が責任を持つという前提があったようで、別居後も、ある程度、彼女たちの生活や仕事についての目配りをした。ノーマンは、デイの仕事を高く評価していた[137]。

着任後間もなく、ノーマンはABMUテルグ・ミッションの会計係を任され、三年ほど続けたが、彼はこの仕事が大嫌いであった[138]。この仕事を通じ、他の拠点の様子も良くわかったのであろう、ノーマンは新米であるにもかかわらず、他の宣教師の仕事について発言し、批判されたこともあった。彼はABMUのテルグ・ミッションには学問のある人、現地の言葉を十分知っている人が少ないと認識していた。特に、ノーマンから会計係を引き継いだネロール駐在のD・ダウニとはそりが合わなかったようだ[139]。一八八五年年頭の手紙には、今、ミッションの宣教師会議を開いても、宣教師の間に十分な一致と平和的関係が築けていないので、意味がないとある。「新しい鉄道が完成し、何人かの年配宣教師がいなくなってから、一致にむけて何らかの動きをする方がよい」と。また、別の手紙には、「私は一、二度、私たちのミッションに権力の集約化が必要だと述べたことがありました。しかし……伝道地で働く人たちをより良く知るようになって、意見を変えました。私たちのミッションに必要なのは、むしろ分権化です。つまり、宣教師は主教ではなく、現地人改宗者の援助者であるべきなのです」とある。[140] そもそも、分権は、バプテストの特徴であった。神との個人的つながりに対する確信に従って個々の宣教師が邁進する様子がノーマンの手紙から伝わってくる。それは、団体としてのミッションの効率の悪さ、弱点にもなった。ノーマンはその中で、教育程度の高い（つまり、体制へのコンフォーミティの程度がより高い）、穏健派であったと考えられるが、やはりバプテストらしく自己主張した。支出抑制の圧力をものともせずに、マドラスを「正規の拠点」とすることを強く求め、大都会では金がなければ仕事ができないと言い、コンパウンド、教会堂、学校の設立のための多大な金銭的必要をしきりに訴え、最終的にペランブールに敷地、家を購入し、チャペルを建設した。[141]

一方、ウォータベリ夫妻は、ABMU以外の宣教師との交流に積極的であったようだ。着任間もなくの時期の『日記』には、ロンドンのバプテスト伝道協会所属の宣教師、ウェスリ派の伝道局で働く現地人男性、アメリカ・オランダ改革派海外伝道局の宣教師ワイコフなどの訪問が記録されている。[142] また、一八八一年の年末、ノーマンは、ウェスリ派の教会堂で行われた除夜の礼拝に出て話をし、年始には「ドール氏の教会の合同礼拝」に出席した。[143] ノーマンは、LMS、スコットランド自由教会、スコットランド国教会、ウェスリ派、イギリス国教会、SPG、ルター派といったヨーロッパ系の教会のマドラスでの活動を意識していた。ノーマンの説明によれば、そのほとんどがブラック・タウンで学校を経営し、宣教師は全部で二〇人ほどで、ほとんどがキリスト教徒相手の仕事をしていた。つまり、約一万人のユーラシアン、英国兵、文民、商人（子供を教育のためヨーロッパに送るほどの経済力がない層）などの子供である。何度か説明したように一八五四年に始まるインド植民地における教育向上政策において、イギリス政府は私立学校に援助金等を出すようになったのだが、同時に援助を受けるためには、学校での宗教的中立性を担保することを条件とし、キリスト教教育を行う宣教師の学校は援助を受けられなくなった。しかし、もともとキリスト教徒である人々（その中心はユーラシアン）への教育については、キリスト教教育をしても援助が得られたため、宣教師の努力は専らこの種の人々対象の教育に注がれるようになったのである。特に都市ではその傾向が顕著であった[144]。結果、マドラスには、三〇万人以上の「異教徒＝野蛮人」がいて、うち二〇万人がタミール人、一〇万人がテルグ人であったが、前者をターゲットにしている英国人は一名、後者を相手にしているのはノーマン一人であった[145]。つまり、ペランブールに移る前にウォータベリ夫妻が住んでいたヴェパリ地区は、ヨーロッパ人とユーラシアンの住む空間であり、ヨーロッパ系宣教師のほとんどはここで政府援助を得て「ヨーロッパ人学校」（現在は「アングロ・インディアン学校」と呼ばれている）を経営していたと考えられる。多くの宣教師たちはこの種の学校を拠点にインド人の街（主にブラック・タウン）に出かけ、教育活動やゼナーナ訪問としていたのだろう。その中でインド人だけにターゲットをしぼるノーマンは宣教師の本義を追求したことになるが、特異な存在ではあった。

ノーマンは、同じ福音主義のウェスリ派に悩まされていた。よく知られているように、アメリカ合衆国における一九世紀前半の第二次大覚醒の際に教勢を飛躍的の伸ばしたのは、バプテストとメソジストであった。熱烈な信仰心と伝道の意欲、教育程度を度外視した（つまり、信仰のみに基づく）聖職者叙任等によって、黒人を含む、社会の下層を中心に信徒を獲得していった。つまり、両教派はライバルであった。もっとも、ノーマンの相手はイギリスのメソジスト、ウェスリ派であった。一八七〇年代末以降、同派は内陸のハイデラバード近くを中心にテルグ及びタミール伝道を本格化させた。そのためだろう、高額の給与を提示して、ABMUの現地人の働き手を引き抜いていった。ノーマンが示した例によると、ABMUは、異教徒の教師に六ルピー、クリスチャンの教師に九ルピーの給料を支給したが、ウェスリ派は、後者に二五ルピーを約束した。説教師の給料はABMUが三〇ルピー、ウェスリ派が五〇ルピーであった。ノーマンは「異教徒＝野蛮人、悪魔だけでなく、ウェスリ派という敵」に立ち向かわねばならないと書き、何度もこの問題をABMU本部に書き送っている[146]。

一八八三年の九月、ABMUの同僚たちの反対により、ノーマンは郊外のテルグ人のいくつかの村で開いていた

「貧民学校」を閉じた。自宅に隣接する学校は残し、そこで助手を養成し、説教を中心とする伝道に努力を傾注することになったようだ。[147] ノーマンは、がっかりする一方で、教育は他の団体がやっているので、我々は説教をすべきだとABMU本部に書き送った。ノーマンは、教育の重要性は認めつつも、むしろ説教を好んでいた。テルグ・ミッション五〇周年記念大会では、仏教やマヌ教より、無神論、神智学、ローマ・カトリック、儀式主義（イギリス国教会高教会派の慣行）など、ヨーロッパからの新思潮や宗教勢力がインドで影響力を増していることを指摘し、ミッションは、改宗者の正しい訓練と特に聖職者の養成と訓練を重視すべきだと述べた。[148] 高等教育について、賛成派と反対派が意見を応酬した際、ノーマンが高く評価した宣教師は主に賛成派にいたが、彼自身は沈黙を守った。[149] 彼は、説教重視（保守）と教育重視（リベラル）の間で揺らいでいた。

さらに、ABMU同僚とヨーロッパ系の同労者との間に立ち、ノーマンが頭を悩ませたのは、聖書翻訳の件であった。聖書のテルグ語への翻訳は一九世紀初頭以降、何人かの宣教師によって試みられたが、一八八〇年にライマン・ジュエット訳の新約聖書が出版され、その改訂版が一八八六年のバプテストによるテルグ伝道五〇周年までに完成した。ノーマンはその改訂委員会に入るようにジュエットから誘われたようだが、同僚の反対等によって実現しなかった。そして、改訂版の出版に金を使うことに反対した。

当時ジュエット訳新約聖書の他に、聖書協会のマドラス支部が出版したテルグ語新旧約聖書があった。バプテストは、この聖書が「セクト主義によらない」ことを標榜しながら、「バプテスマ」を“ablution”（清める）という意味のテルグ語にし、洗礼が授けられた状況を（水の）中ではなく、（水の）近くと表現し、さらに、幼児洗礼に肯定的な翻訳箇所があることを批判した。[150] ジュエットは、もと教派合同の聖書翻訳委員会に参加していたが、その成果をバプテストの主張に沿って手直しし、出版したために、他教派から批判されたという。また、ジュエットは旧約聖書の教派合同の翻訳委員会からも脱会した。ノーマンは、このような経緯をふまえた上で、バプテスト単独での聖書出版に反対であった。理由は、それに伴う五〇〇〇ルピーほどの支出、コンコーダンスが共訳のテキストに基づいていること、旧約はバプテストも聖書協会版を使っていること、バプテスマの訳を「浸礼（immersion）」にしなくとも、教育で意味は伝えられること、異なる聖書を使うことで現地人にキリスト教は分裂しているという印象を与えてしまうことであった。ノーマンによれば、高名なアドニラム・ジャドソンが開拓伝道をしたビルマのアメリカ系バプテストや、ウィリアム・ケアリがよく知られ、優位に立つベンガルのイギリス系バプテストと異なり、アメリカ系バプテストのテルグ・ミッションは、卓越し、名誉ある位置におらず、リスペクタブルでさえなく、幼児洗礼を認めるいくつものミッションの中にあってかろうじて存在しているのだという。ノーマンは聖書協会に「バプテストの立場で」手紙を送り、「バプテスマ」という言葉をそのまま残すなどの妥協点を探っていた。聖書問題に関する発言は、同僚の中でのノーマンの孤立を深めたようだ(151)。

ノーマンは、偉大なる田舎アメリカのバプテストの、一徹で融通の利かない信仰によって支えられる宣教師でありながら、マドラスという一大植民地＝近代都市のなかでのリスペクタビリティと強大なヨーロッパ勢力との協調を求め、アメリカ出自のバプテスト同僚のなかでは微妙な立場にあった。

避暑生活

ウォータベリ夫妻にとってマドラスにおける最大の植民地経験の一つは、避暑生活だったはずである。マドラスは、特に五月から六月が酷暑で、最高気温が三八度から四二度になった(152)。ウォータベリ夫妻は一八八二年四月六日、イースター休暇を目前に、召使い、語学教師等を伴ってマドラスを発ち、列車、牛車、四人の人足がかつぐ椅子を使ってヤーコードにたどり着き、この年は二ヶ月半ほどをそこで過ごした。

ヤーコードは、デカン高原の東側を走る東ガーツ山脈のシェヴァロイ丘陵の中にあり、標高は一五〇〇メートルほど、五―六月の最高気温は二二―二三度、最低気温は一四―一六度であった。一八二〇年代にヨーロッパ人による踏査や、コーヒー、梨、リンゴなどの栽培が導入され始め、一八四〇年代には、茶、シナモンなどの栽培も始まった。西洋人の家が建てられるようになったのは一八四〇年代以降である。ウォータベリ夫妻が滞在したころには、畝々と続く丘陵に四〇件あまりの、漆喰の壁とタイル葺きの屋根を持つ家が点在しており、その中心に郵便局があり、近くに聖トリニティ教会、読書室、テニス・コートがあった。一八九〇年代以降、カトリックの宣教師がいくつかの学校を開設したが、『日記』によれば、ノーマンとルーシィがヤーコードを訪ねたとき、向いの丘にカトリック教会があり、四人の神父と九人の尼僧が滞在しており、その近くには、信徒が無料で住める家があった。村の経済にとって、コーヒー栽培は特に重要で、農園主の出自は、イングランド、スコットランド、ウェールズ、フランス、ドイツ、そして現地と多様であった。多くの現地人が平地から移り住み、コーヒーの仕事をしていた。ウォータベリ夫妻の初めてのヤーコード滞在時には、聖トマス派のキリスト教徒で、村でコーヒーの卸売りをやっている男が来て、使徒トマスによってマラバール海岸に建てられた彼の教会には、全部で五〇〇万人くらいの信徒が居ると聞かされた。彼らはLMSが翻訳したマラヤーラム語の聖書を使っていた[153]。

この年のウォータベリ夫妻は、後から来たジュエット夫妻と同居した。言葉の勉強をし、教会、祈禱会等に行き、普段以上に多くアメリカの家族や友人に手紙を書いて献金を訴え、近所の子供たちなどを相手に多少の伝道活動をした。避暑の最大の目的は休養であり、朝夕の散歩、知人宅の訪問などにも時間が費やされた。涼しい気候、コーヒーやシナモン、「一〇羽ほどの鮮やかな緑色のオウム」といったエキゾチックな風景をノーマンとルーシィは大いに楽しんだ。コーヒーの白い花は四月に開花し、プランテーションはまるで雪に覆われたかのように見えた。垣根にはバラが咲き誇り、毎日摘んで部屋に飾っても、尽きることはなかった。散歩の途中、ルーシィは、ラズベリを見つけて、幼い頃を過ごしたピッツフォードに帰ったような気になった。ノーマンは花冠をつくってルーシィの髪を飾った。押し花をし、『日記』に貼り付けた。避暑中、新婚夫婦のロマンスは高まったようである。実際、この間ノーマンはルーシィとの結婚前の思い出などを書き残している。故国への郷愁も高まったのだろう。ヤーコードで一日中鳴き続けるブルブルという、ナイチンゲールに似た鳥は、花の中のバラのように、最高の鳥であり、「コマドリのように人なつこく、ウグイスのように美しく、ボボリンク〔ムクドリモドキの一種〕のように快活で、その豊かな鳴き声はその三種すべてを思わせ」、アメリカ人に似ていると、ヨーロッパ人、現地人に囲まれて生きるノーマンは、ささやかなナショナリズムを故国に書き送った(154)。

ヤーコードのような避暑地は、インドの高原地帯に数多くあった。いや、白人植民者のいるアジアの高原に広く分布しており、その原型がインドにあった。イギリスが武力制圧に要した兵隊の保養のために高原の適地を使用したのがその始まりだが、すぐに文民、商人、宣教師等が利用するようになった。もっとも有名なのは、ヒマラヤ山脈の麓にあるシムラである。標高はおよそ二〇〇〇メートル、カルカッタのベンガル政庁の機能が夏の間そっくり移された「夏の首都」であり、おそらく帝国の威容をインド中のどこよりも鮮明に印象づける空間であった。南インドでシムラにあたるのは、マドラス政庁の機能が夏期に移転したウートカマンド（ウーティ）である。標高はシムラと同じ約二〇〇〇メートルで、東西ガーツ山脈が合流するニルギリ丘陵にあった。こうした高原避暑の町にはほぼ一定のパターンがある。町の中心には、モールと呼ばれるメイン・ストリート、郵便局、英国国教会があり、避暑中の特権階級が装いも華やかにそぞろ歩き、情報を交換した。住居は、平地で一般的だったバンガロー・スタイル――植民地を思わせる――は少なく、窓が小さく、傾斜屋根の英国風「コテージ」、あるいは、ウートカマンドではスイス風の山小屋が多く建てられた。ヨーロッパの植生も持ち込まれ、イギリス郊外の風景が再現された。街路には名前がついておらず、そこに滞在する人は皆、町の様子に十分馴染んでいることが前提された。他方、教会は社交の幅を広げる機能を担い、また、さまざまな他の社交機関が滞在者に娯楽を提供した。一九世紀後半のウートカマンドは特に社交性の高さで有名であった。その中心は限られた人だけが会員になれるウートカマンド・クラブであり、ビリヤード発祥の場として知られる。他に、より開かれたいくつかのクラブや、ボート、ポロ、クリケット、ゴルフ、アーチェリ、バドミントン、狩猟などのクラブがあり、競馬場、図書館、植物園、パーティやアマチュア演劇のための集会所、フリーメイソンのロッジ等があった。高原の避暑地では、白人女性と子供の数が比較的多かった。男性は平地で仕事があり、長く滞在できなかったのが主な理由である。若い男女にとって、そこは結婚相手を見つける場所でもあった。さらに、近くに軍隊の駐屯地（保養地）があることもあり、男女間のスキャンダルの種はつきなかったという。[155]

初めてのヤーコード行きについて、ノーマンは、「私たちは、ニルギリ丘陵のウートカマンドに行きたかったのですが、マドラスの総督と名士たちが集まる、インドのサラトガのような社交界を諦めざるをえず、より〔標高が〕低く、より安い場所に行くことにしました」と故国の人々に説明している。[156] ニューヨーク州サラトガ・スプリングスは、鉱泉に恵まれ、スパ・リゾートとして当時繁栄していた。イギリスのバースやブライトンといった保養地のアメリカ版といったところで、ノーマンの実家がある町であった。

実際、インドの避暑地にはランクがあった。まず、軍隊用と文民用の避暑地があり、後者の方が格が高かった。後者の中では、標高が高く、規模が大きいほど高級であった。一級ランクは、シムラ、ムスーリー、ウートカマンドであり、マハバルシャワー、ナイニ・タル、ダージリンがそれに続いた。二級ランクは、マウント・アブ、クーノア、ダルハウジー、コダイカナル、マセラン、ムリー、シロングといった避暑地で、標高はやや低く、およそ八〇〇メートルから二〇〇〇メートルの間で、規模は小さめであった。クーノアはウートカマンドに登る途中にあり、後にウォータベリ夫妻も滞在した。コダイカナルはアメリカン・ボードのマデュラ・ミッションの宣教師が一八四〇年代に開発した南インドの避暑地で、インドで唯一アメリカ人宣教師が先鞭をつけ、少なくともしばらくの間その基調を支配した。日曜日には娯楽や商店の営業が禁じられ、英国国教会ではなく超教派山麓教会、ファッショナブルなクラブではなく、コダイカナル宣教師ユニオンが社交の中心であった。「アメリカ人宣教師は英国の上流階級の権利と特権に鈍感」だったので、平等主義で、インド人とその他のアジア人、アメリカ人、ヨーロッパ人がより簡単に混じり合う環境があったという。ランクの高い避暑地では金がかかった。たとえば、一八七〇年の報告では、ダージリンはカルカッタに住む中小程度――月に五〇〇―六〇〇ルピーか、それ以下――の収入の人々のための「秘密の場所」であった。対して一九世紀末にシムラで避暑するには、一五〇〇ルピーの月収が必要だったという[157]。

ノーマン・ウォータベリの当初の月収は二〇〇ルピーほどで、家賃（四五―六五ルピー）は別に支給されたとはいえ、これでは右に紹介したカルカッタの水準で言うと、中程度とさえ言えないレベルである。ノーマンとルーシィは、小さく、地味なヤーコードに行かざるをえなかった。ヤーコード到着の日、「人足の口ずさむ現地の歌に耳を傾けながら、その背に乗って山を登り、平地を見下ろし、コーヒー農園を初めて見、故郷のごとき木々と花々を見、アメリカにあるような日差しを遮る木立の道を夕方散歩したまでは良かった。しかし、夕刻に事が一変した！　家は蚤だらけで」あった。ベッドに入ると数十匹もいて、床にも群れをなしているので逃れようもなく、体中を食われた[158]。ウォータベリ夫妻がどのような家を借りたか明らかではないが、ヤーコードは、避暑地としては洗練されていなかったのである。

健康問題

夫妻は一八八三年と一八八四年にもヤーコードに滞在、一八八六年八―九月には上述のニルギリ丘陵のクーノアに行った。一八八五年および一八八六年四―五月にルーシィが山に行ったことはわかっているが、どこかは特定できない[159]。ノーマンとルーシィが、必ず避暑に行ったのは、何よりも健康上の理由であった。たとえば、一八八二年三月中旬に急に暑くなると、ノーマンはほんの少し日に当たっただけで、背中に日焼けを負い、皮がむけ、嘔吐し、二週間床についた。その間看病していたルーシィは、ノーマンと入れ替わりで熱を出し、寝込んだ。四月に入って二人はヤーコードに登った。しかし、ヤーコードでもノーマンはひどい頭痛に襲われ、血を吐いた。ルーシィは「ヒーローのように」ランプに這い上がる蚤を殺し、「薬を流し込んだ。」一八八三年一〇月には、ルーシィが深刻な病気（病名は不明）になり、全身麻酔の手術をした。また、一八八六年七月頃、ノーマンは下痢で一度死にかけた。さらに、ルーシィは、一八八三年六月と一八八四年一〇月に出産した。結局、ルーシィは、一八八六年六月までの四年半のうちの実に一九ヶ月を避暑地で過ごしたのであった[160]。ノーマンより早く山に行き、ノーマンが帰った後も留まっていたようだ。高原避暑地の女性化に貢献した一人であった。

一八八五年一月、ノーマンは、働き過ぎで身体をこわし医療費が嵩んだことと、多くの宣教師を自前で接待したことをあげ、給与が足りないと伝道局本部に訴えた。本と家具を売り払い、大学卒業の時作った一張羅を今も着ており、このままでは現地人の服装をして、裸で説教しなければならないかもしれない、と。その三ヶ月後、贈られた馬車を売って、借金を返済した。一八八六年六月には、より具体的に、避暑地の家賃に二四五ルピー、医療に三〇〇ルピーを使った年もあり、年収二三八〇ルピー（当時）では到底足りないとした[161]。そして、自分のように妻子を山に送ることに金を使えば、インドで長く働ける宣教師は増えるはずだとも主張した。

ノーマンは、男女の役割について、ヴィクトリア時代の規範にすっかりはまっていた。テルグ人説教師の妻が夫より多くの給料を取るケースに関連して、ノーマンは次のように述べている。

> クリスチャンの女性の義務は、どこでも、高潔で幸福なホームをつくることです。テルグ語には「ホーム」にあたる言葉がありません。しかし、テルグ人女性クリスチャンは、ホームを作らなければなりません。そうすれば、その概念を表す言葉がみつかるでしょう。だから、テルグの女性には原則的に給与を支払ってはいけないと私は思います。女学校の水準も、現在の必

要以上にすべきではありません。テルグ人女子寄宿学校は貴重で、閉校するわけにはいきませんが、その主な目的は、キリスト教徒の男性により良い妻を備えることです。もし、女学校の水準を男子校のそれより上げ、教育を受けた女性の数が、教育ある男性──彼女たちを養い、ホームを備える──の数を上回ったら、そのような支出の経済効果は疑わしいと言わざるをえません。(162)

ABMUテルグ・ミッションにあって、ノーマンは、この問題でも中位に立っていた。ミッションの中には、「カーストの女学校」への根強い反対があったようで、テルグ伝道五〇周年の記念大会でも、そのような意見が「ミッションにおける女性の仕事」と名付けられたセッションの最初の演説で表明された。ノーマンは、コメントで、その意見に基本的に同意しつつも、マドラスでの独身女性宣教師デイの仕事を擁護している。(163)ノーマンはルーシィがテルグ語を学ぶことも誇りにしていた。要するに、ノーマンは女性の教育を尊重したが、教育ある女性が夫の「助け手」となり、ホームの建設に努力を傾注することを理想としており、その場合、女性の労働は無償の奉仕でなければならなかった。ノーマンの影響下でルーシィがテルグの女性たちに無償奉仕を習慣づけようとしたことはすでに紹介した通りである。このことは逆に言えば、女の無償奉仕を可能にすることが「男らしさ」ということになり、ノーマンは経済的責任を一手に負って格闘していた。

また、ヴィクトリア時代の中流階級規範では、病人は大切にされ、特に女性にとって、病は「ホーム」における無償奉仕からの放免を正当化するほとんど唯一の理由であった。ルーシィの健康状態は、一八八二年一〇月の『日記』に記されているようなものが典型的だったであろう。「私は二週間以上元気がない。これほど弱々しく、気分が悪く、それでいて何とかやれるような状態は、今まで経験したことがない。山にもう一度行くことさえ考えた」と。体調不良に加え、植民地における出産は大きな危機であった。本来出産に立ち会うはずの親類や親しい女性がおらず、医療環境も異なり、安心して出産できる条件を確保するのは難しかった[164]。一八八三年、ルーシィのヤーコード滞在は四月から九月まで六ヶ月間に及び、そこで娘を産んだ。一八八六年には、四月と五月を山で過ごし、いったんマドラスに戻ったが、すぐに医者に山に戻るように勧告された[165]。

ノーマンは、経済的負担だけでなく、孤独にも耐えていた。妻が先に山に行くと、「私の愛しい妻」が庭に植えた花を摘んで部屋に飾り、別居が終わる日を指折り数えた。「家はあまりにさびしく、彼女の助けがないと、小さな負担がとても重いので、帰ってくるのを自分勝手にも熱望している」と『日記』の別の箇所にある。結局、一八八五年一月までに、ルーシィが運営に関わっていた学校のほとんどは中止になった。一八八五年五月にヴェパリからペランブールに移った時にもルーシィは山に居て、ノーマンには「助けがない状態」であった[166]。

要するに、ノーマンとルーシィが思い描いた「ホーム」は、マドラスでは成立していなかった。二人の『日記』は、家庭を中心に繰り広げられる夫婦の間のロマンスと子供への愛を強調しているが、むろんそれは読者を意識してのことである。実際には、マドラスの家はノーマンの仕事場であった。多くの召使いが働き、現地人と白人両方の訪問者が頻繁に出入りし、現地人牧師＝助手の家と学校の寄宿舎、チャペル兼学校の建物が同じ敷地内にある、ノーマンが正しくもそう呼んだ、「ミッション・ハウス」、すなわちABMUのマドラス拠点の中心であった。「助け手」としてのルーシィはそこに不在がちであった。彼女は遠く離れた、植民地の西洋権力が再現した疑似西洋空間で多くの時間を過ごした。山で、ルーシィは、親しい女友達もつくったようである。ノーマンが早めに帰ったヤーコードで、ルーシィは、生まれた子が「女の子でうれしい。とても私に近しい感じがする」と『日記』に記した[167]。

新婚のうら若い妻を苦心惨憺して山に住まわせるノーマンは、植民地的状況が喚起した特別な騎士道精神にとらわれていたのかもしれない。インドでは一八四五年までに「イギリス人女性がいても当然」となっていたというが、その数は一八八〇年代でも限られていたはずである。そもそも、植民地時代を通じて、西洋人の数は、現地人よりはるかに少なかった。その中で、白人男性は、幼児結婚や一夫多妻の慣行から、ヒンドゥの男件は自分たちより精力が強いという妄想をふくらませ、希少な白人女性を彼らの欲望から守るという欲望＝騎士道精神にとらわれていたという[168]。まさに、奴隷制下および奴隷解放後のアメリカ南部で、白人女性と黒人男性の関係を白人男性が嫉妬深く監視したのと同じような状況が植民地としてのインドにもあったわけである。ノーマンが、現地人を意識して、妻のセクシュアリティに過剰な防衛意識を持ったという証拠は皆無である。しかし、長期にわたる高原生活を許すという、妻の健康への配慮は、自らの経済力と生活能力をほとんど越えるほどの騎士道精神であった。経済的困難、孤独、不便を堪え忍んで、仕事に打ち込むことで、現地人とヨーロッパから来た寄留民のまなざしの中で、ノーマンは白人の、そしてアメリカ人の「男らしさ」を示そうとしていたのかもしれない。

過労死

一八八六年一一月四日夜、ノーマン・ウォータベリは、腸炎で床につき、ルーシィの手厚い看護にもかかわらず、一一月一一日に力尽きた。この年のノーマンは一度下痢で死にかけていた。八―九月にクーノアに無料で家を借り、ルーシィと共にそこで過ごして回復したが[169]、マドラスに戻って教会建築の現場を監督するうちに再び倒れた。体力は限界に来ていた。葬儀は、ノーマンが文字通り心血を注いで建築を指揮し、完成間近だったペランブールの教会堂で行われた[170]。

ルーシィ・ウォーターベリは、五年間の夫の仕事を次のようにまとめている。

毎日の説教、テルグ語の福音書を教え、説教者を訓練するためのクラスの運営という拠点の仕事に加え、ノーマンはこの教会堂を建て、ミッションの地所を大きく向上させました。人並み以上にテルグ語の学習をこなし、さらにタミール語の読みと会話、カンナダ語の読みを習得し、また、サンスクリットも勉強しました。テルグ語の本を四冊出版し、賛美歌をいくつか書き、伝道五〇周年記念誌と『福音書のハーモニー』〔の出版〕に関する仕事を全部こなしました。これらすべてを、健康とは言い難い状況で果たしたのです。そういえば、二年間《ママ》ミッションの会計係も務めました。私はノーマンほど熱心に聖書を勉強する人を他に知りません。一年前に彼が買った改訂版聖書には、創世記から黙示録まで、びっしりと書き込みがあります[171]。

ノーマンは、机の上に次の日曜日の説教のメモ——ラザロの死について——を残していた。ラザロの蘇りのような奇跡が自分に起きることを期待していたのだろうか。

（1）『日記』、一八八一年一一月三日。なお、『日記』の書誌的情報については第一章注21を参照。
（2）Porterfield, *Female Piety*. 特に第一章を参照。
（3）『日記』、一八八一年一一月七日。
（4）重松『マドラス物語』、一七五—一九六頁。
（5）Srinivasachari, *History of the City of Madras*, p. 248.
（6）マドラスの人口は、最初の人口統計がとられた一八七一年には三九万七五五二人、一九三一年には六四万七二三二人であったという（*Ibid.*, p. 270）。
（7）*Ibid.*, pp. 136–137.
（8）*Ibid.*, p. 227; "Madras Club: History," http://madrasclub.org/AboutUs.aspx accessed on Dec. 22, 2013.
（9）Srinivasachari, *History of the City of Madras*, pp. 68–70; 重松『マドラス物語』、一二六—一二八頁。
（10）同右、一二八—一三〇頁。

(11)　一七世紀初頭においては、インドにおけるポルトガルの勢力はいまだ強く、ポルトガル人宣教師はポルトガル軍の力を背後にしていたし、ゴアのローマ・カトリック教会大司教座の指令に従って活動することになっていた。イギリス東インド会社は自らの支配権が及ぶところに、ポルトガルおよび司教座の権限が及ぶことを嫌ったのである。対して、一七世紀初頭のこの地域におけるフランス勢力は未だ弱かった。なお、一八世紀半ばまでに逆にフランスの勢力が台頭し、一七四六年にはセント・ジョージ要塞をフランス軍が奪取する事件が起こった。イギリス軍は一七四九年に要塞の奪回後、聖アンドリュース教会を取りつぶし、カプチン会修道士を要塞内から追い出した（Penny, *Church in Madras*, pp. 323–332.）。

(12)　Srinivasachari, *History of the City of Madras*, pp. 22–24. Penny, *Church in Madras*, pp. 17, 217–219.

(13)　Frykenberg, *Christianity in India*, pp. 144–151.

(14)　*Ibid.*, pp. 152–159. なお、シュワルツが従軍牧師として受け取った謝礼などは、主にこうした学校経営に投入された（*Ibid.*, p. 154）。

(15)　“Christian Friedrich Schwarz,” http://www.wmcarey.edu/carey/schwartz/schwartz.htm accessed on Dec. 29, 2013.

(16)　Penny, *Church in Madras*, pp. 497–499.

(17)　アメリカで同時期に高まった宗教熱は、およそ一八四〇年代まで続く、「第二次大覚醒」の端緒となった。

(18)　Frykenberg, *Christianity in India*, pp. 269–270, 284–288.

(19)　ストーラー『肉体の知識と帝国の権力』、六一―六五、八二―八三頁。Ballhatchet, *Race, Sex and Class*, pp. 96–111; シュトローベル『女たちは帝国を破壊したのか』、三三頁。D'souza, *Anglo-Indian Education*, pp. 12–14.

(20)　序論で指摘したように、ハワイでは、すでに一八二〇年代末に、第一世代のアメリカン・ボード宣教師の妻たちが、子どもを現地人から隔離して育てる方式や七歳位で子どもをアメリカに送る慣行を始めている。

(21)　Ballhatchet, *Race, Sex and Class*, pp. 111–112, 157; シュトローベル『女たちは帝国を破壊したのか』、四五頁。

(22)　五人の按手礼を受けた若者のうち二人が妻を伴った。妻は準宣教師に任ぜられた。

（23）小檜山『アメリカ婦人宣教師』一一一―一一二頁。なお、この総会は一八四〇年代になると奴隷制の存廃をめぐるバプテスト教会内での対立を反映し、アメリカ・バプテスト自由伝道協会、南部バプテスト協議会、アメリカ・バプテスト伝道組合（ＡＢＭＵ）に分裂した。北部バプテストを代表し、ほとんどの海外伝道事業を引き継いだのは、ＡＢＭＵであった（川島「ネーサン・ブラウンのアッサム伝道について」『キリスト教史学』五七（二〇〇三年七月）、一〇八頁参照）。

（24）同右、九八―一〇〇頁。Sharma, "Missionaries and Print Culture," pp. 256–273. アッサムに派遣された在ビルマ宣教師のうちの一人が、後に日本に派遣されたネーサン・ブラウンである。

（25）Downie, *Lone Star*, pp. 27–28.

（26）ある宣教師とは、アモス・サットン（一八〇二―一八五四）で、オリッサ州のカタックに一八二五年に夫婦で着任し、オリヤ人（オリヤ語話者）伝道に従事したが、着任間もなく妻は亡くなり、アメリカ系バプテストの宣教師ジェイムス・コールマンの未亡人と再婚したことから、アメリカのバプテストとの縁が生まれたという。"Bengal Orissa Mission," Baptist World Alliance, http://www.bwa-baptist-heritage.org/hst-oris.htm accessed on Mar. 21, 2014; James Elisha, "Canadian Baptist Mission Work among Women in Andhra, India, 1874–1924," *Baptist History and Heritage*, Vol. 41, No. 1 (Winter, 2006).

（27）Downie, *Lone Star*, pp. 26, 28.

（28）"Inventory of the Samuel S. Day Collection," http://www.sbhla.org/downloads/143.pdf accessed Feb. 3, 2017.

（29）かつて、パリアは道を譲り、側溝などに身を隠す必要があった。

（30）Downie, *Lone Star*, pp. 7–25.

（31）*Ibid.*, pp. 45–47.「一つ星」の冒頭は次のようなもの。"Shine on, 'Lone Star'! Thy radiance bright shall spread o'er all the eastern sky. Morn breaks apace from gloom and night. Shine on, and bless the pilgrim's eye." なお、スミスは、愛国歌 "America（My Country, 'Tis of Thee）" の作詞で知られる。海外伝道の意欲は、このように愛国の感情と通底している。

(32) Clough, *Social Christianity*, Chapter 15.
(33) Downie, *Lone Star*, Chapters 3, 4, 7, 9, 10.
(34) *Ibid*., pp. 123–127, Chapter 12; "List of Missionaries and Stations" and "List of Ordained Telugu Ministers" in The American Baptist Telugu Mission, *The "Lone Star" Jubilee*; "Missionaries of the WABFM Societies," *The Helping Hand*, Vol. 43, No. 4 (Apr., 1885): 27.
(35) The American Baptist Telugu Mission, *"Lone Star" Jubilee*, p. 31.
(36) アメリカ系バプテストによるベンガル語聖書と日本語聖書については、川島「N・ブラウン」、九八―一〇五頁。
(37) The American Baptist Telugu Mission, *"Lone Star" Jubilee*, pp. 168–172.
(38) *Ibid*., p. 172.
(39) *Ibid*., pp. 173–184. 引用は p. 184. 植民地政府の教育行政については、D'souza, *Anglo-Indian Education*, Chapter 4. なお、本国に帰って教育を受けるほど豊かでないヨーロッパ人とユーラシアンの教育に宣教師が関わることを植民地政府が奨励したのは、彼らがもともとキリスト教徒であったことと、「白人」であるはずの彼らに教育を与えてリスペクタビリティを高めることが、白人の威信の維持のために必要だったからである。
(40) The American Baptist Telugu Mission, *"Lone Star" Jubilee*, pp. 219–227, 231–232.
(41) 後に、オンゴールだけではなく、アメリカ北部バプテストのテルグ伝道にかかわる全宣教師が支えるプロジェクトと位置づけられ、「ミッション高等学校」と呼ばれるようになる。*Ibid*., pp. 213–215; Downie, *Lone Star*, pp. 124–127.
(42) The American Baptist Telugu Mission, *"Lone Star" Jubilee*, pp. 193–215. 引用は、p. 199. ゴダヴァリ・デルタ・ミッションとは、按手礼を持たない宣教師が行っている小さな私的事業で、一八八一年の時点で三五〇人の信徒を得ていたという(*Ibid*., p. 197)。また、Downie, *Lone Star*, pp. 124–127 も参照。なお、これらの他教派の学校は世俗教育に徹して政府援助を得るもの、ミッション独自の資源で経営されるものが混じっていたと考えられるが、バプテストの記録はそれらの区別を明確にしていない。

（43）Downie, *Lone Star*, pp. 142–148.

（44）The American Baptist Telugu Mission, *"Lone Star" Jubilee*, pp. 235–238.

（45）*Ibid.*, pp. 227–232 にバイブル・ウーマンについての報告はあるが、カナダのバプテストの新任女性宣教師の報告で、ＡＢＭＵの状況を必ずしも反映していない。五〇周年の大会で、ＡＢＭＵの女性宣教師がこのトピックについて発題しなかったこと自体、この課題についてＡＢＭＵがほとんど何もしていなかったことを物語るのではないか。実際、発題の後の議論の中でも、バイブル・ウーマンの問題は全く取り上げられなかった。

（46）Downie, *Lone Star*, p. 69. この女学校が政府援助を得たということは、ユーラシアンを主な生徒としたと考えられる。イギリス植民地政府はユーラシアンの女性を教員として養成することに責極的であった（Allender, *Learning Femininity*, Chapter 7 を参照）。

（47）The American Baptist Telugu Mission, *"Lone Star" Jubilee*, pp. 247–255.

（48）Downie, *Lone Star*, p. 19.

（49）*Ibid.*, p. 177.

（50）*Ibid.*, pp. 177–179.

（51）Srinivasachari, *History of the City of Madras*, pp. xxx, 114, 154

（52）『日記』、一八八一年一一月一八日、二三日。

（53）『日記』、一八八二年二月一日。

（54）Letter from Norman Waterbury to J. N. Murdock（Sep. 30, 1882）in American Baptist Foreign Mission Societies, Records, 1817–1959, ABHS.;『日記』、一八八二年一一月二二日。この移動は、ジュエット夫妻が以前住んでいたロヤプラム地区に移ったことと関係していると推察される。

(55) Letters from Norman Waterbury to J. N. Murdock (Jan. 6, Mar. 11, Mar. 25, Apr. 29 and Jul. 12, 1885); "Norman W. Waterbury.—Letters at Last.—His Illness and Death.—Interesting Particulars," Newspaper clipping in『日記』.

(56) "City's first Telugu Baptist church is 125 years old," http://www.newindianexpress.com/cities/chennai/article479539.ece accessed on Apr. 27, 2014. 筆者は二〇一五年二月にこの教会を訪ね、礼拝に参加した。

(57) The American Baptist Telugu Mission, "*Lone Star*" *Jubilee*, p. 18;『日記』、一八八一年一一月九日、一三日。

(58)『日記』、一八八一年一一月二四日。

(59)『日記』、一八八一年一一月二六日、一二月七日。

(60)『日記』、一八八一年一二月九日。

(61)『日記』、一八八一年一一月二五日。

(62)『日記』、一八八一年一一月三〇日。

(63) Letter from Norman Waterbury to J. N. Murdock (Sep. 30, 1882).「前の家ではリスペクタブルになるように家具を入れられなかったが、今度の家は十分広い」とノーマンの文字であり、ノーマンにとってリスペクタビリティは「ホーム」を作る際の顧慮要因であったことが知られる。

(64)『日記』、一八八一年一二月一四日。なお、女性宣教師にとっての医学、看護の知識の効用については、Allender, *Learning Femininity*, Chapters 5 and 6.

(65)『日記』、一八八一年一一月二七日、一八八二年一月一四日。

(66)『日記』、一八八四年五月二九日。

(67)『日記』、一八八一年一二月三日。

(68)『日記』、一八八二年三月三日。

(69)『日記』、一八八二年一月一四日。他に一八八二年一月二二日、三月七日、八月二六日を参照。

(70)『日記』、一八八二年五月四日、六月六日、六月一七日。
(71)『日記』、一八八一年一二月三日、一八八二年五月一日。
(72) Douglas, *Feminization of American Culture*, pp. 114–121. また、Putney, Muscular Christianity, Chapter 3 も参照。女性化したキリスト教は、二〇世紀に入ると神学的保守派が領有するようになる「男らしいキリスト教」の運動から反逆を受けることになり、ルーシィも晩年この動きに巻き込まれていく。なお「リベラルな牧師たち」とは、神学的にリベラルな、という意味で、後に扱うように、神学的に保守的な牧師と多くの場合意見を異にした。
(73)『日記』、一八八一年一一月二六日、一八八二年二月二日。
(74)『日記』、一八八一年一一月一一日、一一月二七日、一八八二年一月二二日。
(75)『日記』、一八八二年二月二〇日。
(76) この言葉を"servant"の訳語として使う。筆者がインドのハイデラバードの知人の家で見かけた"servants"は、単なる「使用人」ではなかった。
(77)『日記』、一八八一年一一月二五日。
(78) 同右。
(79)『日記』、一八八一年一一月二六日。
(80)『日記』、一八八一年一一月二五日、一八八二年三月三日（引用部分）、四月六日。
(81)『日記』、一八八一年一二月九日。
(82) 一八八五年一月、ノーマンは家計の苦しさを伝道局に訴え、六年前、大学卒業時に着ていた一張羅のコートが今でも一張羅のコートだと書いている（Letter from Norman Waterbury to J. N. Murdock（Jan. 6, 1885)）。
(83)『日記』、一八八一年一二月九日。
(84)『日記』、一八八二年二月一日、二八日。

(85)『日記』、一八八四年一一月二三日。息子が生まれた直後に女中が突然やめたことも試練の一つとして記されている。なお、料理人のジェイコブとその妻グレイシィはウォータベリ夫妻のところに来たとき、すでにクリスチャンであった(『日記』、一八八一年一一月二七日)。

(86)『日記』、一八八二年二月一日。

(87)『日記』、一八八四年二月または三月(日付のないルーシィによる記述)、一八八四年五月二九日、八月一日、一〇月二六日。

(88)『日記』、一八八四年一〇月二七日。

(89) ストーラー『肉体の知識と帝国の権力』、第五章、特に一五二―一五三頁。

(90)『日記』、一八八五年二月一日。

(91)『日記』、一八八五年六月一一日に書かれた「二歳のノーマの単語」のリストには固有名詞以外のテルグ語はほとんどなく、それに続く分析は英文法に関するものだけである。

(92) Srinivasachari, *History of the City of Madras*, pp. 245–248, 309–310.

(93)『日記』、一八八二年四月一四日。この日の記録には、ノーマンとルーシィがアメリカに書き送り、印刷された記事の切り抜きが複数貼り付けてある。ルーシィが書いたものが多いが、引用したものは、内容と体裁からノーマンが書いたものと判断できる。ただし、どの雑誌にいつ発表されたものかは不明。

(94)『日記』、一八八二年五月九日。

(95)『日記』、一八八一年一二月二五日。

(96)『日記』、一八八一年一一月七日、八日、二五日、一八八二年三月一〇日、四月六日、四月一一日、五月九日。語学教師の給与は、Letter from Norman Waterbury to J. N. Murdock (Apr. 25, 1883) に次年度の請求額として記述されている。年額二四〇ルピーである。当初はそれよりやや低かったかもしれない。ルーシィのテルグ語についても、この手紙の中に言及がある。

(97) Letter from Norman Waterbury to J. N. Murdock (Sep. 21, 1886).

(98) Noah Moses Israel, "John Rangiah and a Century of Indian Baptist Work in Africa," Paper presented at the Baptist World Alliance General Council, South Korea, July, 2004, http://www.bwa-baptist-heritage.org/sl-jrang.htm accessed on May 18, 2014. ただし、この論文はジュエットとクローの仕事を混同している箇所があり、必ずしも信頼しきれない。*American Baptist Year Book* (1870), p. 7; *American Baptist Year Book* (1871), p. 7; "Ordained Telugu Ministers" in The American Baptist Telugu Mission, "*Lone Star*" *Jubilee*.

(99) 『日記』、一八八一年一一月一一日、一一月一四日。

(100) 『日記』、一八八一年一一月二六日、一八八二年二月一日。

(101) 『日記』、一八八二年一月九日。

(102) 『日記』、一八八二年四月一四日に貼り付けられた記事による。記事の題名は、"Mrs. Waterbury's Letter to the 'Silent Workers'"（一八八二年一月二九日付け）。なお、ルーシィは、ランギアの娘ソウバギウム（四歳）が、家に訪ねてきたヒンドゥ教徒にイエスが神だと語ったエピソードもアメリカの教会向けに書き送っており、ランギア一家との親交がうかがわれる（『日記』、一八八二年五月二九日の前の頁に貼り付けられた切り抜きの記述による）。

(103) ランギアの南アフリカにおける功績については、たとえば、R. Ragwan, "The Impact of the Bible and Bible Themes on John Rangiah's Ministry in South Africa," *Verbum et Ecclesia*, 33 (Feb., 1912), http://verbumetecclesia.org.za/index.php/VE/article/view/415/937 accessed on Feb. 5, 2017.

(104) 『日記』、一八八二年三月一〇日。

(105) Letters from Norman Waterbury to J. N. Murdock (Nov. 15, 1882 and Oct. 13, 1883). 『日記』、一八八三年一月一三日。

(106) Letters from Norman Waterbury to J. N. Murdock (Jul. 10 and 12, 1885).
(107)『日記』、一八八一年一二月二五日。
(108)『日記』、一八八二年二月二日、二月二二日。
(109) 以上、「宣伝カード」に関する情報は、『日記』、一八八二年四月一四日の後に貼り付けられている、メアリとルーシィの記事（*The Helping Hand* に掲載）の切り抜きより。避暑地での「宣伝カード」使用については、『日記』、一八八二年五月七日。
(110) Tucher, *Scrapbook*, pp. 7-9, 98.
(111) 他人の家を訪問した際置いていくカード。訪問を受けた人は、カードを見て、会ってもよいと思う人には訪問を返したりした。
(112) Tucher, *Scrapbook*, p. 98. なお、Tucher の本の一〇二―一〇七頁にルーシィの宣伝カードの用法についての紹介と分析がある。筆者はこの本を通じて、ウォータベリ夫妻の日記の存在を知り、その所有者バーバラ・ラッシュ氏を知った（第一章注21を参照）。
(113) ルーシィの父親は、ロチェスタ時代、農産物を扱っていたが、その後、織物を扱うようになった。
(114)『日記』、一八八一年九月一五日、一八八三年一月二八日の記述の後に貼られたアルバートの死亡公告。アルバートは結核を病み、療養のために滞在したコロラドで亡くなった。
(115) Johnson, *Shopkeeper's Millennium* は、第二次大覚醒時にロチェスタの実業家たちが積極的にリヴァイヴァルに参加し、宗教的、道徳的権威をまとうことで、町の主導権を獲得していった様子が論じられている。本書ではそのような権力獲得の方法論を女性との関連で論じてきたが、男性もその方法を使ったことをジョンソンの本は明らかにしている。一九世紀前半、男女ともにリヴァイヴァルへの参加を通じ、「中流階級」を確定していったわけである。ただし、男性にとってこの方法はいくつかの権力へのアプローチの中の一つであったのに対し、女性にとってはほぼ唯一不可欠のアプローチであったところに男女間の違いがあるだろう。

(116)『日記』、一八八二年一月二九日の後に貼ってあるルーシィ執筆の雑誌記事より。

(117)『日記』、一八八一年一二月三一日、一八八二年一月二二日。

(118) Letters from Norman Waterbury to J. N. Murdock（Jan. 8, March 24; Apr. 25, 1883 and Aug. 13, 1886）.

(119) Letter from Norman Waterbury to J. N. Murdock（Nov. 15, 1882）.

(120) Letters from Norman Waterbury to J. N. Murdock（Dec. 5, 1881; Nov. 15, 1882 and Jan. 8, 1883）.

(121) Letter from Norman Waterbury to J. N. Murdock（Jan. 8, 1883）.

(122)『日記』、一八八三年一月二八日。

(123) Letter from Norman Waterbury to J. N. Murdock（Mar. 24, 1883）.

(124) Letters from Norman Waterbury to J. N. Murdock（Mar. 24, 1883; Jun. 30, 1883; Mar. 31, 1886 and Aug. 13, 1886）.

(125) Letter from Norman Waterbury to J. N. Murdock（Jan. 14, 1883）.

(126) The American Baptist Telugu Mission, *"Lone Star" Jubilee*, pp. 130, 135, 137–143.

(127) *Ibid.*, p. 259.

(128) *Ibid.*, pp. 240–242. 強調は原文通り。なお、この大会にルーシィは参加しておらず（体調不良であろう）、この報告は代読されたと考えられる。一九世紀後半において、女性は男女混交の集会で演説してはいけないという不文律はまだ一部で（特に宗教的に保守的な層で）生きており、女性の発言が男性によって代読されることはままあった。

(129) Letters from Norman Waterbury to J. N. Murdock（Apr. 3, 1882 and Sep. 2, 1882）.

(130)『日記』、一八八二年一月三日。馬車の記述がある。

(131) The American Baptist Telugu Mission, *"Lone Star" Jubilee*, p. 144.

(132) Letter from Norman Waterbury to J. N. Murdock（Jul. 10, 1885）.

(133)『日記』、一八八二年五月三〇日および六月四日。Letter from Norman Waterbury to J. N. Murdock (Mar. 24, 1883).
(134) もともと中国で「食べるためにクリスチャンになる人」を指して使われるようになった言葉。
(135)『日記』、一八八二年五月九日の記述の後に貼られた"One Year in Madras"と題されたノーマンの署名記事より。書いた時期は一八八二年一一月ごろと考えられる。どの雑誌に掲載されたかは不明。
(136)『日記』、一八八二年一一月二二日。Letters from Norman Waterbury to J. N. Murdock (Jan. 8, 1883 and Jan. 6, 1885).
(137) Letters from Norman Waterbury to J. N. Murdock (Jan. 23, 1882; Apr. 3, 1882; Sep. 30, 1882; Jun. 30, 1883; Oct. 13, 1883 and Sept. 5, 1885).
(138) 何度も会計係をやめたいとABMU本部への手紙に書いている。たとえば、Letters from Norman Waterbury to J. N. Murdock (Apr. 25, 1883 and Jan. 6, 1885).
(139) Letters from Norman Waterbury to J. N. Murdock (Sep. 30, 1882; June 29, 1883 and Jan. 6, 1885).
(140) Letters from Norman Waterbury to J. N. Murdock (Jan. 6, 1885 and Apr. 29, 1885).
(141) Letters from Norman Waterbury to J. N. Murdock (Jan. 6, 1885; Jul. 14, 1883; Mar. 11, 1885; Jul. 10, 1885 and Jul. 12, 1885).
(142)『日記』、一八八一年一一月一一日、一一月二三日、一二月二五日。アメリカ・オランダ改革派は、当初アメリカン・ボードに参加し、一八一九年にセイロン（現スリランカ）にジョン・スカダとその妻ハリエットを送った。二人は一八五三年に南インドに移り、アルコット・ミッションを築いた。一八五七年にオランダ改革派はアメリカン・ボードとの提携を解消、アルコット・ミッションはオランダ改革派海外伝道局のものとなった（"Brief Outline of RCA History," https://www.rca.org/sslpage.aspx?pid=2181 accessed on Sep. 12, 2014）。『日記』に出てくるワイコフとは、一八七四年にインドに着任したジョン・ヘンリ・ワイコフ（一八五一―一九一五）と考えられる。"Dr. Wyckoff Dies in India," *New York Times* (May, 1,

1915), http://query.nytimes.com/mem/archive-free/pdf?res=9E02E3D9123FE233A25752C0A9639C946496D6CF accessed on Sept. 12, 2014.

(143)『日記』、一八八一年一二月三一日、一八八二年一月一日。

(144) D'souza, *Anglo-Indian Education*, pp. 104–108.

(145) Letters from Norman Waterbury to J. N. Murdock (Nov. 15, 1882 and Jul. 14, 1883). なお、マドラスには他に五万人のイスラム教徒がいた。

(146) Letters from Norman Waterbury to J. N. Murdock (Apr. 3, 1882; Jan. 8, 1883; Apr. 25, 1883; Jun. 29, 1883 and Jul. 10, 1885). ウェスリ派の内陸におけるテルグ等への伝道については、"Garrison Wesleyan Church," http://www.csigarrisonwesley.com/history accessed on Oct. 17, 2018.

(147)『日記』、一八八三年九月二四日、一〇月一二日。これに先立つ一八八三年六月三〇日付けのＡＢＭＵ本部への手紙で、ノーマンは「嘆願書」が回覧されたことに触れ、それをまだ読んでいないが、無視されることを望むと書いている。この「嘆願書」が、「貧民学校」閉鎖に関するものだったのではないかと想像するがその内容はノーマンの手紙からはわからない。

(148) The American Baptist Telugu Mission, *"Lone Star" Jubilee*, p. 184.

(149) *Ibid.*, pp. 185–215.

(150) Hervey, *The Story of Baptist Missions*, p. 652.

(151) Letters from Norman Waterbury to J. N. Murdock (Aug. 28; Sep. 4; Sep. 11 and Sep. 21, 1886).

(152)「チェンナイ気温」http://www2m.biglobe.ne.jp/~ZenTech/world/infomation/kion/india_chennain.htm（二〇一四年五月一二日アクセス）。

(153)『日記』、一八八二年四月一一日、四月二九日の記述のあとに貼ってあるノーマン執筆の記事。ヤーコードがどのようなところか説明している。ヤーコード一般については、Wright, *Hill Stations of India*, pp. 246–248.

（154）『日記』、一八八二年四月一〇日、四月一一日、四月一三日、四月二九日、四月二九日の記述のあとに貼ってあるノーマン執筆の記事、五月一日、五月四日、五月五日、五月七日、五月九日、五月二八日、五月二九日、五月三〇日、六月四日、六月六日。

（155）アジアに広がる白人のための高原避暑地については、Crossette, *Great Hill Stations* を参照。インドの高原避暑地については、Kennedy, *Magic Mountains*, pp. 99–112 and Chapter 6.

（156）『日記』四月二九日の記述のあとに貼ってあるノーマン執筆の記事。

（157）Kennedy, *Magic Mountains*, pp. 113–114. コダイカナルについては、Crossette, *Great Hill Stations*, pp. 93–110. 引用は、Nora Mitchel, *The Indian Hill Station: Kodaikanal* as quoted in Crossette, *Great Hill Stations*, p. 93.

（158）『日記』、一八八二年四月八日。

（159）『日記』、一八八三年五月一日、一八八四年五月二九日。Letters from Norman Waterbury to J. N. Murdock（Mar. 25, 1885; Mar. 31, Aug. 13 and Oct. 6, 1886）.

（160）『日記』、一八八二年三月二九日、四月一三日、一八八三年六月一七日、一〇月二八日、一八八四年一一月二三日。Letters from Norman Waterbury to J. N. Murdock（Jun. 12 and Oct. 6, 1886）.

（161）Letters from Norman Waterbury to J. N. Murdock（Jan. 6 and Mar. 25, 1885 and Jun. 12, 1386）. ウォータベリ夫妻のマドラス在住期間だけを見ても、ABMUテルグ・ミッションでは、ニコルス夫人（ジュエット夫妻の娘で宣教師ニコルスの妻）、D・K・ライル（Rayl）夫妻、A・V・ティンパニ（Timpany）が病死していた（The American Baptist Telugu Mission, *"Lone Star" Jubilee*, pp. 2–23）。

（162）*Ibid.*, pp. 145–146.

（163）反対意見はビムリパタム（Bimlipatam）駐在のアーチボールド夫人によるもので、次のような興味深いものであった。

イギリスの絶大な権力のもと、カーストの女学校は簡単に作れるが、バプテストのターゲットである最下層民はこうした学校には入れないし、彼らはどうしようもない生活をしており、娘の識字教育にさえ関心がない。その中で、カースト内女学校は政府援助を受ければ作れるが、その手続きは煩雑で、インド植民地政府の収入源は酒とアヘンであり、汚れた金を宣教師が使うのは、血で稼いだ金を神に捧げてはいけないという一八〇〇年前の律法に反する。したがって、カーストの女学校はなくてもいい、というのであった。*Ibid.*, pp. 219–227. ただしマドラスでジュエット夫人が運営していたカーストの女学校が政府援助を受けていたかどうかは不明である。

(164) ボールハチェットは、あるユーラシアンの医師が出産を手伝った際に、白人女性の身体を直接見たり、触ったりしたことについて告発された例を紹介しているが（Ballhatchet, *Race, Sex and Class*, pp. 102–112）、植民地での出産はこのように白人女性の純潔（purity）の危機ともとらえられた。

(165)『日記』、一八八二年一〇月一八日。Letters from Norman Waterbury to J. N. Murdock（Oct. 13, 1883 and Aug. 13, 1886).

(166)『日記』、一八八三年四月二六日、六月二二日。Letters from Norman Waterbury to J. N. Murdock（Jan. 6 and Jul. 12, 1885).

(167)『日記』、一八八三年五月一四日、六月二四日、七月二六日。

(168) 一八四五年までの状況は、シュトローベル『女たちは帝国を破壊したのか』、三五頁。一九〇一年のインドの国勢調査によれば、約三億人の人口のなかで、西洋人は一七万人にすぎなかった（Ballhatchet, *Race, Sex and Class*, p. 6)。インド人の性欲についての白人の妄想については、*Ibid.*, p. 5.

(169) Letter from Norman Waterbury to J. N. Murdock（Oct. 6, 1886). 無料で家を借りることができたのは、季節外れであったためと想像される。

(170) "Norman M. Waterbury.—Letters at Last.—His Illness and Death.—Interesting Particulars"; D. Downie, "Death of Rev. N. M. Waterbury," Clipping in『日記』。

(171) Letter from Lucy Waterbury to J. N. Murdock (Dec. 15, 1886) in American Baptist Foreign Mission Societies, Records, 1817–1959, ABHS.

第三章　姉妹の絆のなかで

左・WABFMS 国内通信主事時代のルーシィ（1901 年）．ABHS 所蔵　右・リラヴァティ・シン．*The Helping Hand*（1900 年 7 月）より

本領発揮

ノーマン・ウォータベリの葬儀は、亡くなったその日の午後四時、ほとんど完成していたペランブールのチャペルで行われ、葬儀がチャペルの献堂式となった。LMS、CMS、スコットランド自由教会といったイギリス系の福音主義宣教会の人々も参列し、八人の宣教師が棺を担いで馬車に載せ、「政府の墓地」まで運んだ(1)。そこは、マドラスの中央駅南のこぢんまりした敷地である。すぐ近くに、植民地経営の富と栄光に浴した支配者たちの巨大な墓石が並ぶイギリス人墓地があるが、今では雑草に覆われ、荒れ果てている。対照的に、ノーマンの眠る墓地には、住み着く人々が居て、手入れされている。ノーマンの墓石は、ABMUテルグ・ミッションの同僚によって準備された。「よく戦った。戦いを終えた。信仰を守った」と刻まれている。今でも毎年一一月一一日の命日に、ペランブールのノーマンの建てた教会の会員たちによる墓参が行われる(2)。荒れた墓地に眠る権力者たちと異なり、白人＝支配者に属しながら、ノーマンが現地人に寄り添って働いたことを、墓地の様子は証している。実際、ノーマンが文字通り命を捧げた教会は、現在、「ウォータベリ記念テルグ・バプテスト教会」と名付けられ、地域と共に生き続け、日曜日の礼拝は三時間に及ぶが、礼拝が終わるまでには、会堂に収まりきれないほどの人が集まっている(3)。

未亡人となったルーシィにとって最大の懸念は、夫の後任であった。葬儀から一週間後、ABMUあての手紙には、「本気で目標に取り組む、能力と学識がある人格者がここでは必要」と書き、今テルグ伝道に従事するABMUの宣教師でマドラスに適した人は、一人しかいないと訴えた(4)。その後、一二月初頭におそらく健康のため滞在したアナンタプール(5)で書いた手紙には、「マドラスに駐在する宣教師は、教派宣教師団全体を代表するという使命を負っています。だから、まじめな働き手であるとともに、如才なく、洗練された人でなければなりません」と書き、次のように説明した。

現在のウォータベリ記念テルグ・バプテスト教会（上），ノーマン・ウォータベリの墓（下左），雑草に覆われたイギリス人墓地（下右）．いずれも著者撮影．

マドラスでの仕事の性質については、ミッション内部に様々な意見があります。都会に住む宣教師は財務を担い、ミッションに必要な一般的な仕事をすべきだという人もいますし、英語話者のための仕事をすべきだという人もいます。さらに、アメリカ・バプテストの威厳を示すためにスコットランド人やイングランド人がやっている仕事に比肩するような大きな教育事業を興すべきだという人もいます。夫は、批判の嵐の中で、テルグ人相手に「説教するというばかげた行為」に執着し、マドラスにテルグ教会を建てました。……私は仕事や人事を支配しようとは思いません。しかし、インドでもアメリカでも、この仕事を私より愛し、よく知っている人間はいませんので、事実を知らず、誤解の下で、夫の後任の人選に間違いがあってはいけないと思うだけです。(6)

夫同様、ルーシィは国際植民地＝近代都市におけるヨーロッパ人勢力の洗練を強烈に意識していた。各個教会の独立性が高く、教育より信仰の熱心を重んじるバプテストは、アメリカの主要教派の中でも教会員の間の階級的、人種的ばらつきがおそらく最も顕著な教派であろう。とびきりのインテリもいるが、貧しく、教育程度の低い人もいる。平均的イメージは、「素朴な、信仰深い田舎者」といったところだろうか。教職資格においても、大学教育は必要ない。ノーマン・ウォータベリは、その中で、大学と神学校を終えた学識ある宣教師であり、ルーシィも一時期ロチェスタ大学で学んだことがあった。バプテストの宣教師の多くは、二人の基準からすると、信心深いが、粗野で無粋なアメリカ人だったのであろう。また、すでに前章で指摘したことだが、ルーシィの文面からも、当時、マドラス在住の宣教師のほとんどが英語話者、つまり、実質的には主にユーラシアンを相手とする事業――ユーラシアンには孤児や貧しい者も多く、彼／女らを対象とする学校経営には政府援助が期待できる――を行っていた事実が浮かんでくる。テルグにしろ、タミールにしろ、現地人を相手に説教するのは、「ばかげた行為」、つまり、宗教上、慣習上の軋轢を生み、実りの少ないものだという一般的認識があったことがわかる。アメリカ出自のバプテスト、ノーマン・ウォータベリの仕事は、当時のマドラスの伝道界の一般常識を外れるものだったのだ。

次にルーシィが腐心したのは、夫の仕事の後始末である。ペランブールの教会に椅子と灯りを入れ、完成させて入居すること、夫が編集し、出版したABMUテルグ伝道五〇周年記念誌――『「一つ星」の五〇年』(*The "Lone Star" Jubilee*)――の出版経費を精算すること、夫が管理した仕事にかかる会計処理を完結させること、聖書協会に預けてあった『福音の調和』の原稿(ノーマン著)の出版を実現することなどであった。それらは、主に金銭にかかわることであった。当時のABMU在印宣教師団の会計係ダウニは、ノーマンの会計簿を引き渡すように求め、また、ノーマンの仕事の一時中断を提案したが、ルーシィは聞き入れなかった。ルーシィは、自分でこなす自信があると主張し、ノーマンとダウニの間には信頼関係が成立していなかったと指摘、自分の友人に相談しながら、借金をし、さらに「失敗したら自分で責任を取る覚悟で」夫の仕事を継続した。「女はミッションの長になるべきではない、ということを私は強く感じています。私はそんな地位を望んではいません。単に、適切な男性が来るまで、仕事を支えているだけです」と手紙にある。(7) 夫の死で、彼女の後の人生で証明される、ルーシィの本領が顕わになった。

一八八七年一月、ルーシィはアナンタプールからペランブールに戻り、チャペルの内装を完成させ、ABMU在印ミッションの年次大会開催の準備に邁進した。夫が前年、この大会準備の委員に選ばれていたのだ。一方で、多大な時間を費やして会計報告を作成し、監査を受け、後任のために資料を残そうとした。年次大会では、再度チャペルの献堂式を行い、ダウニから『「一つ星」の五〇年』の経費二七五ルピーを受け取った。チャペルの支払いのうち三〇〇ルピーはルーシィが立て替えており、彼女はその明細を準備し、払い戻しを受けるはずであった。大会は大成功で、ルーシィは多くの宣教師との交流を楽しんだ。これも、後のルーシィのキャリアを先取りした仕事である。そしてルーシィは、ノーマンが死の床で「あなた〔ルーシィ〕は、私の思うように事を運んでくれるだろう」と言い残した通りに行動したのである[8]。

後任の問題は一向に進まなかった。ルーシィが推薦した在米の何人かは赴任を謝絶し、結局オンゴール駐在で休暇帰米中のマンリが一八八七年春にインドに戻った後、当面マドラスの面倒をみることになった[9]。一八八六年当時、オンゴール高等学校の責任を負っていた人である（前章参照）。ルーシィは三月二〇日に「最も高い船便」を使ってロンドンに向けてマドラスを発つことになった。その船なら、親しい友人といっしょに帰ることができた。その友人が船賃を二五パーセント割引き、二人の子どもは無料にしてくれた。ルーシィはさらに、会計のダウニに女中を一人伴うことを願い出た。船酔いで子どもたちの面倒を見ることができない場合を考えてのことである[10]。ルーシィは、すっかり植民地支配層の贅沢に慣らされたようにも見えるが、それは、注意深い計算に基づいてもいた。手紙に言及はないが、彼女はこの時妊娠していた。

一八八七年三月九日、マドラスを発つ前日、ルーシィは相変わらず後任のことを心配しており、マンリと数日のすれ違いで会わずに出立することを悔やんでいた。そして人生の一幕が終わりを告げることに感傷的になっていた。

> 私のインドでの生活は幸せなものでした。私たちは理想的なホームと理想的な仕事を与えられました。それが終わったのだと思うと、完全に打ちのめされてしまいそうです。しかし、神の素晴らしい恵によって、かろうじて救われています。ここでは終わったけれど、これからの人生の中で再び始まるのです[11]。

確かに、インドにおける宣教師生活の終焉は、ルーシィ・ウォータベリの一生の仕事の始まりでもあった。

婦人アメリカ・バプテスト海外伝道協会（ＷＡＢＦＭＳ）[12]

帰路、ルーシィは三人目の子どもを失った。ノーマンが亡くなってからの激務を考えると早産はありうべき帰結である。当初五月にはボストンに着く予定だったが、八月になったのは、途中イングランドに長期滞在したためである(13)。

後年の記憶によれば、帰国後ルーシィは「何でもやります。ただ、公の場で話すことはできません」とABMU本部に書き送った。「私の経験と悲しみはごく最近のもので、それを話すことには堪えられなかったのです」とあることからすると、これは、女性が公的な演説に立つことを禁じるヴィクトリア時代の慣行を意識したポーズでもあろうが、それ以上に、衝撃的な体験を乗り越えるのに時間を要したということなのだろう(14)。

ルーシィは四歳の娘ノーマと三歳の息子アーネストを連れてロチェスタに戻り、以前に住んでいた家の近くに住み、義姉のメアリ・ウォータベリの助けを借りながら、聾唖の子どもたちの私塾を開いた(15)。ルーシィには、ノーマン・ウォータベリの死亡保険金五〇〇〇ドルが入っていた。彼女は、それをノーマンの二歳年上の兄ウィル・ウォータベリの紳士用装身具店に投資し、その配当を足しに生計をたてた(16)。ウィルは、高校を一年で中退し、商売の道に入ったと考えられ、ルーシィが帰国した頃は三三歳、結婚して三年で、ちょうどサラトガ・スプリングスで自分の店を持つ時期だったのかもしれない。一九三〇年の国勢調査時にはまだ店を持っていたから、経営は順調だったと推察できる(17)。ルーシィの会計管理能力はマドラスでも証明されていたが、商売を見通す才と度胸もあったようである。身内を大切にする人でもあった。

ほどなくして、ルーシィは、かつて教師をしていたペンフィールドで開かれたモンロー郡（ロチェスタはこの郡にある）のバプテストの集会に出席し、昼の婦人会で、女性による海外伝道事業のために話をした。そのとき、ヘレン・バレット・モンゴメリも国内伝道について話すために来会していた。二人は、「昼の集会には女性しかいないのに」酷く緊張していた、とルーシィは回顧している。それが、ルーシィとヘレンの初めての出会いでもあった(18)。後に、二人は参政権運動におけるスーザン・アンソニィとエリザベス・ケイディ・スタントンのように、アメリカ合衆国の海外伝道界を牽引する有名なコンビになるのだが、一八八〇年代末にはまだ演説の禁忌から抜け切れていなかった。

その後、ルーシィは、ペンシルヴァニア州のスクラントンで開かれた四月の伝道局の年次大会に呼ばれ、「婦人伝道局の有能な主事、ゲイツ夫人」に会うと、WABFMS主事補佐になるよう誘われた。一八八九年、ルーシィは子どもたちと共にボストン近郊に移住し、WABFMSの有給職員となった。彼女の担当は主に「国内通信事務」、つまり、アメリカ国内において、女性を組織化し、献金を促し、海外伝道の支援基盤を強化する仕事であった。伝道局の主要な仕事の今一つは、「海外通信事務」であり、宣教師との交信等を通じ、海外の伝道地の状況を把握し、指令を送ることであった。

WABFMSは、一八七一年に設立された。前章で説明したように、北部バプテストの海外伝道局自体は、一八一四年に設立されたので、婦人伝道局の設立はそれよりずっと遅れたわけだが、これは会衆派（アメリカン・ボード）をはじめとする他教派も同じことで、各教派別の婦人伝道局の設立は、南北戦争後の一八六八年以降の現象である[19]。一八六〇年年末に設立された婦人一致海外伝道協会（教派別の組織に先立って教派間協力でつくられた）以来、婦人伝道局は元来独身女性宣教師を海外の伝道地に送り出し、「女性のための女性の仕事」として、女子教育、女性と子どもを対象とする医療の提供、バイブル・ウーマンや女医の養成等を行った。北部バプテストの場合も基本的にこの路線を踏襲した。したがって、宣教師の妻だったルーシィは、インドに着任してから初めてその存在を先任のジュエット夫人を通じて知った。WABFMSに手紙を書き、子ども相手の学校のための資金援助をしてもらったという[20]。

一般的に婦人伝道局は、既婚女性、あるいは、資産のある独身女性の無償奉仕で運営されていた。しかし、設立からそれほど時をおかずに諸活動が成功を収めるなかで、機関誌の編集長と婦人伝道局傘下の地方組織形成のために各地の教会を回る運動員は、早くから有給職になった[21]。後者はしばしば宣教師経験者が務めた。一八八九年にルーシィが奉職したとき、WABFMSは、トレモント・テンプルの中に事務所を構えていた。一八三八年に設立されたこのバプテスト教会は、ボストン中心部、キングス・チャペルのすぐ近くにあり、平等主義と奴隷制解放を掲げた教会として知られる[22]。現在も一八九三年焼失後に新築された建物が残っており、六階に教会の事務所が入っている。入り口に「アメリカ初の統合教会（白人と黒人がいっしょに参加するという意味）」と記されている。ここに通い始めたルーシィは、間もなく、彼女を勧誘したゲイツ夫人の後任として、国内通信事務主事となり、子供たちを育てながら、この事務所でキャリアの大半を過ごした。

ルーシィが奉職して間もないＷＡＢＦＭＳ機関誌『助け手』一八九二年五月号に従えば、北部バプテストの女性たちの間の海外伝道にかかる組織の概略は次のようなものである。全米的に見ると、ボストンに事務所を置くＷＡＢＦＭＳ、シカゴに事務所を置く西部婦人バプテスト海外伝道協会（ＷＡＢＦＭＳ-Ｗ）、オレゴン婦人バプテスト海外伝道協会（ＷＡＢＦＭＳ-Ｏ）、カリフォルニア婦人バプテスト海外伝道協会（ＷＡＢＦＭＳ-Ｃ）の四組織があった。しかし、後者二つは会長を置かない小さな事務組織であった。実質的にはボストンが東部諸州、シカゴがその他の広大な地域を担当していた。ＷＡＢＦＭＳとＷＡＢＦＭＳ-Ｗの組織形態は近似していたので、ここではＷＡＢＦＭＳのみを見ると、名誉会長、会長の下に、海外通信事務主事と国内通信事務主事がそれぞれ一名、財務担当者が一名いた。名誉会長、会長以外はトレモント・テンプルが連絡先になっており、有給の専従職員だったと考えられる。その下に、メイン、ニューハンプシャ、ヴァモント、マサチューセッツ、ロードアイランド、コネティカット、ニューヨーク、ニューヨーク西部、ニュージャージ、ペンシルヴァニア、デラウェア、ワシントンＤ．Ｃ．に無給の「州（地域）主事」が置かれていた。州によっては、さらに地区に分けて責任者を置く場合もあった。年会費は一ドルで、二五ドルまとめて支払うと終身会員となった[23]。『助け手』一八九二年六月号になると、『助け手』の編集長と出版物担当員も幹部リストに掲載される。前者の連絡先は、マサチューセッツ州ハヴァヒル（おそらく編集長の自宅）となっており、この時点では無給のポジションであったかもしれない。後者の連絡先はトレモント・テンプルなので、このポジションは有給と考えられる。一八九二年七月号に出版物リストが掲載されているが、無料で配るのは、リーフレット三種類と貯金箱で、大半のリーフレットが各二セント、初期宣教師のカードが一箱二五セント、「バプテスト伝道を学ぶ」第一巻から第九巻までが、それぞれ一部三セント、ノーマン・ウォータベリ編集の『一つ星』の五〇年』が一冊五〇セント、『アッサムの五〇年』が一冊五〇セントであった。教会やサークルで海外伝道をプロモートする女性たちは、出版物担当員に連絡して、代金に送料を加算して支払い、これらを手に入れた(24)。

国内通信事務主事＝運動員として

国内通信事務主事としてのルーシィ・ウォーターベリの仕事は、まず運動員としてのそれであった。すなわち、各地の集会に参加し、人脈をつくり、話をし、沈滞する地域があれば活性化を図り、封筒や貯金箱を差し出して献金を促し、各州（地域）主事を確実に配置すべく気を配った。試みに、『助け手』第二五、二六巻（一八九六―一八九七年）を見てみると、ルーシィは、少なくとも、一八九六年には、ニューヨーク州西部とペンシルヴァニアの集会に出席し、マウントホリヨーク大学を訪ねて、バプテストの学生に会い、ニューヨーク州シラキュース等で開かれた「システマティックな慈善についての委員会」に二度出席した。一八九七年には、アルビオンで開催されたニューヨーク西部地区の集会に出席、マサチューセッツ州ソーントンで開かれた「お弁当集会」（丸一日開かれる集会で、バスケットに入れた弁当を持って参加する）に出た(25)。ソーントンでは、「この偉大な伝道組織が遠い地でどのようなことを成し遂げているか」を話したと記録されている(26)。ルーシィは、インドでの宣教師経験ゆえに、伝道地の実情を語る権威を獲得していた。

実際、一八九〇年代にルーシィが行った演説「普遍的な姉妹の絆」がカナダの長老派婦人伝道局の出版物になっている。それは、まず、「数年前会った」インドの姉妹の話から始まる。インドの未亡人の悲惨が目に見えるように語られた後に、中国の纏足、アフリカで奴隷として生きる女性がごく短く紹介される。そして、様々な理由をつけて、海の向こうの姉妹を助けないのは、キリストの命令に背くことであり、「神の普遍性」を信じないことだと指摘し、悔い改めを迫る。そして、世界の姉妹のために毎日祈るたびに、あるいは、日曜日に教会に行くたびに、貯金箱または封筒に捧げ物をすることを勧めて話は終わる。[27] おそらく、ルーシィはこの話をするとき、WABFMSの貯金箱と封筒を持参して配ったことだろう。

一八九二年から一九〇五年までの財務報告で、入手可能な経常収入を平均してみると、WABFMSは、年間およそ一〇万ドルを集めていた。[28] この他に、「宣教師の子どもの家」[29] への補助金、ハッセルティン・ハウス（後述）の運営費が別口で集められた。同じ期間の『助け手』の年間予約購読者はおよそ二万一〇〇〇人であり、独立採算であったが、他の月刊誌――子ども向けの『王様のメッセンジャー』等――は赤字を出すことが多かった。[30] リーフレット等の出版物について、一八九六年の例を見ると、六種の新しいリーフレットと三二種類のリプリントが作成され、四万個の貯金箱が子どもたちの集会に配布された。この年は別に設立二五周年記念の貯金箱と手紙それぞれ二万五〇〇〇個（通）も配られている。[31] こうした出版物については、特に収支は報告されていないから、有料配布のものもあったが、経費は基本的に経常費から支出されていたと考えられる。

ルーシィの仕事は、この巨額な資金調達の要を担っていた。一八九九年の『助け手』によれば、WABFMSは、各教会の海外伝道サークルが、教会員の女性一人につき年一ドル四〇セントの献金を送ることを期待していた。そのためには、聖書からの引用、情報の提供、祈り、質疑応答等を取り混ぜて工夫することで、集会を面白いものにし、自信を持って新メンバーの勧誘ができる状態をつくることが必要であった。情報は主に、伝道関連出版物を読むことで得られるはずであった。「歴史、旅行、探検、勇敢な冒険、本当のヒロイズム、気高い人格の物語を提供するという意味で、〔伝道関連出版物に〕勝るものはない」とWABFMSは主張し、読む習慣をつけることを奨励した。[32] 女性の組織化を担うルーシィは、出版事業に大きく関わっていき、後年の仕事の基礎が築かれた。

富とキリスト教道徳――「与える」ことの奨励

ルーシィは、少女たちの組織化にとりわけ大きな関心を持っていた。宣教師候補を得るにも、運動を将来にわたって継続させるためにも必須事項だったからであろう。一八九二年一二月以降、「遠くへの光」(33)という若年女性層の集会が新しく興り、子供のバンド集会と婦人サークルの間をつなぐ組織として広がり始めると、ルーシィはこの運動のプロモーションに熱心に取り組んだ。『助け手』の若い女性のためのセクションは、「遠くへの光」と新しく名づけられ、冒頭に輝く星のイラストと「最も明るい光は、ホームから最も遠くまで届く」というスローガンが掲げられた。ルーシィはそこにしばしばメッセージ、集会のノウハウ、題材等を寄せた。

彼女によれば、「遠くへの光」サークルは、三原則を覚えなければならなかった。まず、サークルは、社交クラブではなく、仲間内で楽しむことを目的としていないこと。「あなたたちが蠟燭を灯すのは、美しい輝きを楽しむためではなく、光を暗闇にいる人々に届けるためなのです」とある。次に、祈りを助けとして集会を開くこと。「組織から離れたところに立って、この偉大なプロジェクトを眺めてみると、神がいなければすべてが無意味に見える」のであった。第三に、明確な目標を設定すること。「成功は、会員数や集会の面白さだけではかられるのではなく、一年の仕事の霊的な結果、献金によって示される自己犠牲、参加者の持つ情報量の伸張、神と人類に奉仕するという、参加者の心の中の目的の深化によってはかられる」とルーシィは指摘した(34)。アメリカ合衆国が爆発的な経済成長を遂げたこの時代、「自己犠牲を献金の額で示す」という、ルーシィの若い女性たちに向けた、(脅迫的とも感じられる)メッセージは、新しい富と古いキリスト教道徳を結びつけようという努力の、少なくとも一つの形であった。それは、第一章で紹介した、ルーシィがかつてロチェスタ・アカデミの卒業生代表として発したメッセージ「国の富――富が蓄積され、人が腐ると、国はうまくいかず、悪くなるばかりの難儀の餌食となる」を思い起こさせるものである。ルーシィは高校時代から持つ主張を仕事の中で展開していた。それはまた、貧しいテルグの信徒にも献金を要求した亡き夫ノーマンの方針を踏襲するものでもあった。

一八九〇年代におけるルーシィの献金の奨励は、先に示したように、海外の「姉妹」の悲惨な姿に依拠するものだったが、それは次第に、国内の女性たちの献身に焦点を置くようになったように見える。その言説が依拠したのは、聖書にある「やもめの献金」（マルコによる福音書一二章四四節）であった。貧しい女性が、できる範囲で最大限の献金をする物語である。ルーシィは、各地を周遊して見聞し、また、事務局で働くなかで出会った実例をいくつも紹介した。たとえば、一九〇五年の「国内部」の報告（ルーシィが記名で執筆）には、次のようにある。

今年の非常に大きな献金の中には、WABFMSの仕事を信じたあるビジネスマンからの遺贈一万ドルがありました。もう一つは、ワシントンに住むある黒人女性からの献金で、すでに三人の娘を育てているのですが、もう一人、アフリカの黒いスミレ〔黒人の少女〕を家族に加えました。〔この子を支えるのに〕必要な一〇ドルのうち、最初の一ドルは、一日中立って洗濯の仕事をした後に、夜半まで給仕をして稼いだものです[35]。

ルーシィは、別の記述の中で、このような例に接するとき、「私は公の場でもう二度と献金を求めることはやめようと思います。私が求めるたびに、ほとんど例外なく、貧しい女性が前に進み出て、責任以上のものを与えるのです」と書いている[36]。

アメリカ合衆国におけるプロテスタントの海外伝道は、基本的に白人の運動であったことに間違いはないが、特にバプテストの場合は、黒人も視野に入っていたことに注意したい。ABMUは、一八八四年にイギリス系のリヴィングストン・インランド・ミッションからコンゴ渓谷の伝道を譲り受け、WABFMSも独身女性宣教師を派遣するようになった。その際、WABFMS-Wは奴隷の子孫である黒人女性宣教師を送りこんだ。[37]一八七〇年代に設立されたWABFMS-Wの初代会長ロバート・ハリス夫人は、ニューイングランド生まれだが、写真を見ると黒人の血の混じった風貌（ムラット）をしている。[38]彼女は南部解放奴隷の教育事業にも腐心したという。しかし、追悼記事を読むだけでは彼女がムラットであることには全く気づかない。[39]バプテストの平等主義は、こういうところに生きており、ルーシィは「やもめの献金」を献げる小さき者の中に黒人を数えていた。[40]

ルーシィが使った献金奨励のための物語の今一つのパターンは、宣教師になることを望んだ少女や成人女性が、病弱、家族の事情、貧しさ等による教育不足などによって望みをかなえることができず、かわりに献金をすることで海外伝道に参加するというものである。その典型は、ニューヨーク州サラトガ在住のエタ・ウォータベリという女性の話である。エタは、宣教師になってインドに行くことを望んでいたが、一人娘であった上に、自身と母親の健康が優れず、断念。かわりにインドに病院を建てることを夢見たが、夭折した。後には教員として働いて病院のためにためた数百ドルが残された。エタの両親は、これに金を足し、インドのウダヤギリに病院を建てる資金として寄贈した。この物語が「実現した夢」と題されて「遠くへの光」欄に掲載された後、主にニューヨーク州から「エタ・ウォータベリ病院」のために複数の献金が寄せられた。[41]またエタの両親は追加の献金を何度も行った。[42]アメリカ合衆国の建物には、建築費の主要部分を寄贈した個人の名前がつけられることが多いのは、その個人の人生の物語を建物に刻むとともに、関係者等からの追加の献金を期待しているのである。

全体として、ルーシィの提供する物語は、悲哀（貧しさ、病気など）や悲劇（突然の死など）が救い（教育される現地人、病院建設の実現など）に転化されるというものだが、「救い」は必ずしも個人の次元で完結するのではなく、多くの人の共感と協力によって、この世のどこかで形にされる。聖書の世界、自己、そして世界をつなぐ想像力の喚起は、物語の要であった。このような言説は、その時代、一般的に経済的上昇を遂げるアメリカの中流階級――教会に集う――に「与える」ことの必要をある種のロマンスとして、提示するものであった。

ルーシィのこのような語りの集大成とも言うべき「美しい生」と題された冊子が筆者の手元にある。ルーシィが一九〇四年にロチェスタでの「遠くへの光」の集会で話したものが、多くの人に求められ、翌年冊子にされた(43)。売価二五セント。表紙は、赤、金、黒の三色刷りで、ステンドグラスのはまった教会堂の縦長の窓を想わせるデザイン、本文は黒と赤の二色刷りの美しい冊子である（本書カバー裏を参照）。クリスマスのプレゼントとすることを前提としていたらしいが、このエレガントな装丁は、海外伝道のメッセージが女性的でロマンティックな感性――それは多分にナルシシズムを含む――にくるまれて発信され、想像力を誘っていたことを感じさせる(44)。

話は、ハーヴァード大学のアップルトン教会堂の夕べの礼拝にふと参列したルーシィが、「美しい生」を求める日本人男性についての説教を聞いたというエピソードに始まる。聖書からの引用、物語、イエスが示した理想の生き方の提示の後に、ダンス、トランプ、ファッションに興じるアメリカ人や科学的知識を信仰に置き換えるアメリカ人、慈善的振る舞いを真似して失敗するルーシィ自身、「異教徒」であったケント王に嫁いだバーサ女王の話、海外伝道のために献金を集める方法を考え出した「醜い奇形の少女」の逸話、宣教師志願の教育のないスウェーデン系移民の女中の話等が連ねられ、結局、「美しい生」は、快楽、知識、慈善の追求では得られず、「死から蘇ったイエス」の手本に従って生きることで得られると結論する。「美しい生」は、純潔で正直な生き方で、慎ましさ、女らしさ、洗練を導き、節度ある生活（主に禁酒・禁煙を指す）を実現すると。要するに、一九世紀アメリカの福音主義文化の理想を提示しているのだが、過去と現在、日本人、スウェーデン系移民、奇形の少女といった「弱者」を一般アメリカ人と共に一つの語りに登場させることで、その理想が、人種・民族、国境、階級を越えた幅広い範囲で共有されるものだと主張している点に特徴がある。

ルーシー・ウォータベリのWBFMSでの仕事は、一七年の奉職期間に拡大した。すなわち、一八九七年一一月からは出版物担当員を兼務するようになり、一九〇〇年七月には『助け手』の編集長を拝命した。ルーシィの元に、WABFMSの国内向け事業が集約されたわけで、追加の助手を必要に応じて確保することを認められた[45]。メイ・リーヴィスはルーシィが重用した助手で、主に出版物の仕事を手伝い、後に個人的にもルーシィの仕事を手伝うようになる[46]。右に挙げたような、ルーシィの提供するいくつもの物語は、国内向けの活動を一手に引き受ける彼女だからこそ集められたものであったろう。

一九〇三年のルーシィの報告によれば、WABFMSが主導する婦人サークルや「遠くへの光」サークル等の会員数はこの年飛躍的に増えた[47]。二〇世紀に入ると、一九一〇年頃の最盛期に向け、アメリカ国内における海外伝道事業は、活況を呈していた。ルーシィはそのただ中に居た。

シングル・マザーの住環境

ルーシィは、WABFMS専従の多忙な生活を育児と両立するにあたって、WABFMSに関係する女性たちに支えられていた。

WABFMSは、ルーシィを雇用した翌年の一八九〇年一一月に「ハッセルティン・ハウス」を開設した。この施設は、宣教師志願の女性たちを合宿させ、渡航前に主にバプテストのニュートン神学校で聖書の学習をさせるためのもので、その名前は、ビルマで活躍した初代バプテスト女性宣教師アン・ハッセルティン・ジャドソン――アドニラム・ジャドソンの最初の妻――の結婚前の苗字を連想させる（確証はない）。ハウスのマトロン（寮監）には、ビルマで伝道経験のあるオレッサ・L・ジョージ夫人を据え、当初はボストン郊外のニュートン・センターにあるバプテストの神学校の近くに家を借りていた。やがて、献金を特別に募り、一八九五年に神学校のすぐ近くの土地を買い、コロニアル・スタイルの三階建ての家を建て、一八九六年一月に開所式を執り行った。総工費は約一万七二四〇ドルで、集まった献金は一万八二七〇ドル、うち五〇〇〇ドルがジョン・D・ロックフェラーの献金で、一八九五年九月一日までに残りの募金額（一万一〇〇〇ドル）を達成することを条件に提供されたものであった。熱心なバプテストとして知られるロックフェラー家は、その後のルーシィ・ウォータベリの富を道徳と結びつけるプロジェクトに深く関わったが、それはまた、後の話である。

ハッセルティン・ハウスには一九室あり、多くの部屋に献金者を記念する特別な名前がついていた。一〇〇〇ドル以上この事業に投じたWABFMS初代会長のメアリ・L・コルビの名は応接間に冠された。その他に、ニューヨーク州西部や、ペンシルヴァニア、ロードアイランド等、献金が多かった州（地域）の主事の名前を冠した図書室、食堂、客間、書斎等があった。設計を担当したのは、母親が長くWABFMSに関わったエドワード・R・ベントンで、自身もこの事業に献金を行っていた。[48]つまり、この施設は、自己犠牲を献金で表現した女性たちについての記憶の殿堂であった。

ルーシィ・ウォータベリは、ニュートン・センターに住み、トレモント・テンプルの事務所までトロリーで通っていた。一八九一年から一八九三年には、神学校の近くの未亡人の家に下宿し、一八九五年から九七年の記録では、パーカ通りに家を構えて、一一歳年下の弟、エドガ・マギル（当初学生、後簿記係）をいっしょに住まわせた。この間、ルーシィは、ハッセルティン・ハウスの「ジョージ夫人が私にホームを与えてくれた」[49]と書き、地方に出るときは、夫人に子どもたちを預けた。[50]また、「ウォータベリ姉」として宣教師候補生の面倒をみた。「婦人伝道局は生きた、愛すべき現実となりました。それは今でも同じです。彼女たちと働くのは喜びでした」[51]という後年のルーシィの回想は、決して誇張ではなかろう。

現在、ニュートン・センターは全米屈指の低犯罪率で知られる、ボストン郊外の瀟洒な町となっている。地下鉄グリーン・ラインのリヴァサイド行きを使えば、トレモント・テンプルから約三〇分で行ける。買えば一億や二億円の家が並ぶ。二〇一六年四月、筆者はニュートン神学校（現在では会衆派系で新島襄が学んだことで知られるアンドーヴァ神学校と合併してアンドーヴァ＝ニュートン神学校という）に行ったついでに、ルーシィの足跡を追ってみた。ハッセルティン・ハウスと最初の下宿先の家は、ニュートン・センター駅――一八九〇年に開設されたものだから、ルーシィも使っていた駅である――のすぐ近く、神学校に至る坂の麓にあって、当時の建物が残っていた（ハッセルティン・ハウスはアパートになっている）。パーカ通りの家は、少し離れた、駅から一〇分ほどのところで、この家も当時のもののようであった。想像以上に大きな、ゴシック様式の家で、未亡人のルーシィがどのようなやりくりでこの家に住んだのか――おそらく何らかの便宜を得て特別に安価な家賃で借りたのだろうが――、彼女の才覚に想像をめぐらした。

この家から五―七分ほど駅に向かって歩いたところに第一バプテスト教会がある。この教会は、一八七一年にWABFMSが組織されたとき、最初の事前ミーティングが開かれた、WABFMSにはゆかりの深い教会である。[52]ルーシィが通ったかもしれないと思い、筆者は教会の事務所を訪ねた。あいにく歴史に詳しい人は不在だったが、教会の中は見せてもらった。入ってすぐにリベラル派に属す教会だと直感した。案内してくれた若い女性に尋ねると、そうだと言う。ファンダメンタリストが牛耳る教会とは異なり、リベラルな教会はどこも会員数が激減している。この教会もご多分に漏れず、一八八七年に建設された礼拝堂は大きすぎ、当初礼拝を守っていた小さなホールを使うことが多いという。ニュートン・センターは、ルーシィが幼い頃を過ごしたピッツフォード（ニューヨーク州）と同じように、清潔で、広々とし、秩序正しい、「郊外」である。一九世紀末、そこは、大都会と路面電車で結ばれたばかりの便利な新興住宅地であり、アメリカの白人中流階級の親しみやすい豊かさと清々しさのある、その優位性を象徴するような空間であったろう。海外伝道は、基本的にこのような空間に住む人々に根を持つ運動であった。

WABFMSは、ルーシィ一家の生活を包み込んで支え、一方で、その活動は、ルーシィの個人的な経験や繋がりと深く結びつきながら展開された。先にも指摘したように、彼女は、テルグ伝道の経験を仕事の資源としていた。その情報は、ルーシィを通じて、しばしば雑誌等に登場し、結果、バプテスト教会の女性たちの間に息づいた[53]。右に紹介した「エタ・ウォータベリ病院」の、エタ・ウォータベリ（一八七一—一九〇〇）は、サラトガ・スプリングスに住むウォータベリ一族の一員で、四代上の先祖ウィリアム・ウォータベリ（一七六六—一八四三）を共有する、ノーマンの遠縁に当たる女性であった。父親エドワードはノーマンの兄のウィルが店を持つサラトガ・スプリングスのブロード・ウェイに宝石店を開いていた[54]。したがって、エタの海外伝道、特にインドへの関心は、子どものころから聞かされたノーマンとルーシィの物語に触発されたものと考えられる。女性による海外伝道の力の源泉の一つは、女性たちが宣教師、伝道地、「異教徒」、運動に参加する仲間たちと個人的な関係を結び、それを実感することにあった[55]。ルーシィにとって、WABFMSは、そのような個人的な関係そのものであった。

一九〇〇年の国勢調査を見ると、この年、ルーシィはハッセルティン・ハウスに住んでいた。一方、一八九九年の『市民帳』では、ルーシィはボストンに移ったとある。一九〇四から一九〇五年には息子のアーネストとケンブリッジに住んでいたことが確認できる[56]。場所は、ハーヴァード・スクエアのすぐ近くで、現在は、クリスチャン・サイエンスの礼拝堂が建つ辺りである。一九〇〇年、ルーシィの娘ノーマ・ローズはラドクリフ女子大学に入学したあと、ヴァッサー女子大学に転学、次いで息子アーネストはハーヴァード大学に入学した[57]。ルーシィは子どもの進学に合わせ、一九〇〇年頃一時ハッセルティン・ハウスに住んだ後、ニュートン・センターを後にし、職場により近い学生街に移り住んだらしい。

合同伝道研究中央委員会

WABFMS事務局の要を担うルーシィ・ウォータベリは、より大きな、教派を問わない集会や国際会議にも出席した。彼女にとって転機になったのは、一九〇〇年四月にニューヨークで開かれた伝道関係者の国際会議――エキュメニカル会議と呼ばれた――であった。ここに至る経緯は、一八八八年にロンドンでプロテスタント伝道の関係者が集った大規模な国際会議にさかのぼる。[58] この会議に参加した数人の女性たちが女性による内外の伝道の協力を進めるために、「女性キリスト教徒世界伝道委員会」を設けた。具体的には、共通の祈り、目的（インドの未亡人を救うなど）、会議の開催などを主導するはずであった。委員は六人でアメリカ、イングランド、スコットランドから二名ずつが挙げられたが、その会長には、アメリカン・ボードの婦人伝道局主事アビィ・B・チャイルド（一八四〇―一九〇二）が就任した。[59] チャイルドの父はアメリカン・ボードの重鎮、母は、一八六九年に法人化された同ボードの婦人伝道局の設立に関わった。チャイルドは、この婦人伝道局の国内通信主事を長く務め、同局機関誌『婦人のための命と光』の編集長も兼任した。[60] バプテストにおけるルーシィ・ウォータベリの役目と同じものである。一八九三年にシカゴで開かれたコロンビア博覧会では、チャイルドの差配で女性キリスト教徒世界伝道委員会が婦人伝道局の運営をめぐる会議を開いた。一九〇〇年にニューヨークで先のロンドンの会議に比肩する規模でのプロテスタント伝道の会議（エキュメニカル会議と呼ばれた）が開かれることが決まると、チャイルド率いるこの委員会は、女性に関するセッション開催に責任を持つことになった。[61]

三年の準備期間を経て開かれた一九〇〇年のエキュメニカル会議――元大統領のベンジャミン・ハリソンがスピーカーに名を連ね、ウィリアム・マッキンリー大統領、ニューヨーク州知事のセオドア・ローズヴェルトも列席――における女性たちの集いは大成功であった。その時までに、全米には少なくとも四一の婦人伝道局があり、そのほとんどが教派別に組織されていたが、教派を超えての協力の機運は高まっていた。カーネギー・ホールでの女性の集会の一つでは、アメリカのメソジストがインドのラクナウで経営する女子寄宿学校（後のイザベラ・ソバン女子大学）[62] の卒業生で、学士号を持つリラヴァティ・シン（一八六八―一九〇九）がインドにおける女子高等教育の必要を訴え、その完璧な英語と堂々としたスピーチ、美しい容姿、物腰で満場の人を魅了した（本書扉の写真を参照）。その一人、元大統領のベンジャミン・ハリソンは、インド伝道に一〇〇万ドルを寄附して、クリスチャンになったのがこの女性だけだったとしても、それだけの価値がある、と発言したという。実際、シンはソバンのラクナウの女学校で唯一のインド人の教員であり、稀有で貴重な存在であった(63)。

大会中、四月二四日に中央長老教会で開かれたセッションで、ルーシィの盟友ヘレン・モンゴメリが、「伝道に関する系統的な研究――すべての婦人団体のための統一的計画」という演説をした。彼女は、従来各教派婦人伝道局が提供してきた情報は不十分であり、海外伝道を推進するためには、「政治、文明、地理、歴史、伝記、哲学、詩と芸術、生きている神の国の生きた歴史」についての幅広い知見を提供することが必要だと述べ、さらに、現在の教派別婦人伝道局の情報伝達には重複するところが多いことを問題にした(64)。モンゴメリの演説は、いかにも大卒第一世代の「新しい女」らしく、世界についての広い分野の知識を信仰に結合させることで、女性による海外伝道を時流に乗ったものとすることを目指していた。それは、従来の婦人伝道局の非効率性に対する批判でもあり、当時婦人伝道局の運営に直接関わっていたわけではないモンゴメリが、大胆な提案を行ったものとも言える。会衆派とバプテストの婦人伝道局でそれぞれ雑誌編集に責任を持っていたアビィ・チャイルドとルーシィ・ウォータベリは、その批判を積極的に受け止めた。すでに婦人伝道局のリーダーの間で話し合っていたことを、モンゴメリが明確に言語化しただけのことだったのかもしれない。

アビィ・チャイルドはエキュメニカル会議の最中、カルヴァリ・バプテスト教会に数人の女性たちを集め(65)、すぐに次の計画の具体化にとりかかった。それは、伝道についての勉強会で使う共通テキストの出版というもので、具体案がイングランドとスコットランドも含め、関係する女性たちに回覧され、一九〇〇年九月には、その結果が発表された。この計画のための委員会――伝道について系統的に学ぶことを推進する委員会――が最初に開かれたのは、一九〇〇年九月二五日、場所はアビィ・チャイルドの働く会衆派婦人伝道局の事務所（ボストン）であった。この時点からしばらくの間、ルーシィはこの委員会の書記となった。その後、一九〇一年一月にはニューヨークで第四回合衆国・カナダ婦人伝道局会議が開かれたこともあり、結局この委員会は、北米のメンバーだけで進めることになったらしい。一九〇一年以降、委員会はルーシィの働くトレモント・テンプルのバプテスト婦人伝道局の事務所で開かれるようになった。アビィ・チャイルドが働く建物（Congregational House）は、ビーコン通り一四番で、トレモント・テンプルとはグラナリ墓地を挟んでほぼ向かい合う場所にある。ルーシィとアビィ・チャイルドは、独立革命期の著名人が眠るこの墓地を横目に盛んに行き来したはずである。委員会の当初の中心メンバーは五人で、チャイルド（会衆派）とルーシィ（バプテスト）の他に、メソジスト、長老派、監督派が代表を立てた。(66)

この委員会は、合同伝道研究中央委員会（以下CCUSMと表記）(67)と名づけられ、まず「一九世紀のキリスト教伝道」というパンフレットを出版した。同時に、毎年一冊ずつ、七年間にわたり海外伝道の勉強会の教科書を出すことが計画され、著者の検討が始まった。最初の本の著者は当初ルーシィが指名されていた。次いで、ヘレン・モンゴメリに委託したが、書けず、最終的には、ウェルズリ女子大学の教授ルイーズ・マニング・ホジキンズが執筆した。当初は五つの協力婦人伝道局が五〜一〇ドル出し合ったわずかな元手しかなかったのだから、執筆は無給奉仕を前提していたはずである。イェール大学の伝道学の教授で、学生ヴォランティア運動(68)（SVM）の教育主事を務めていたハーラン・P・ビーチは、最初の本で伝道の歴史を扱っても売れないと、反対の意見を提出していた。(69)ところが、一九〇二年に出た最初の本『Via Christi——使徒時代から現在に至る伝道の概論』は予想外の人気で、約五万部売れた。CCUSMは大いに勇気づけられ、続編が可能になった。キャロライン・メイソン著『Lux Christi——インド伝道概論』（一九〇二年）、アーサー・スミス著『Res Christus——中国伝道概論』（一九〇三年）、ウィリアム・グリフィス著『Dux Christus——日本伝道概論』（一九〇四年）、エレン・パーソンズ著『Christus Liberator——アフリカ伝道概論』（一九〇五年）、ヘレン・モンゴメリ著『Christus Redemptor――太平洋諸島伝道概論』（一九〇六年）、アナ・リンゼイ著『Gloria Christi――伝道と社会の進歩概論』（一九〇七年）である。ラテン語のタイトルを冠し、学術性を装った、マクミラン出版社のこのシリーズは大成功で、一九〇九年までに五〇万部近くを売り上げた。マクミランとの契約では著者の印税は一〇パーセント、利益に対してＣＣＵＳＭの取り分が定められていた。ＣＣＵＳＭはそれですべての経費をまかなうことができ、独立採算で存立できた。[70]

ＣＣＵＳＭの活動の盛り上がりは、ルーシィ・ウォータベリに超教派的な活動への参加を促した。一九〇二年には、早春にトロントで開かれた学生ヴォランティア運動の会議に参加している。さらに同年、六月二七日から七月一日までジョージ湖のシルヴァ・ベイで開かれた第一〇回「若い女性のための東部会議」にＷＡＢＦＭＳを代表して出席し、多くの宣教師志願の女性たちに会った。[71] 同年一一月九日、アビィ・チャイルドが急逝した。享年六二歳。葬儀は一一月一二日にバックベイにある中央教会（現契約教会（Church of Covenant））で行われ、二一日の金曜日の午前中（毎週祈禱会が開かれていた）にはチャイルドが執務した建物の中のピルグリム・ホールで記念礼拝が守られ、ルーシィ・ウォータベリも弔辞を述べた。[72] 結局、ルーシィはＣＣＵＳＭの第二代会長に就任し、以後約二八年間務めることになった。

ルーシィは会長として三冊目以降の教科書出版企画を先導するとともに、補助教材として、伝道が展開される世界各地の地図や写真集の出版を企画した。さらに、地方都市・村落の教会や学校の女性の伝道サークルが教科書をどのように使って海外伝道について学ぶのか、その実際的ノウハウを授ける夏期学校の必要が一九〇四年年頭にニューヨークで開かれた婦人伝道局の教派合同会議で指摘され、一九〇四年七月一二日から一九日までマサチューセッツ州ノースフィールド――福音伝道師ドワイト・ムーディの故郷として知られる――でその初回が開かれた。それは大成功を収め、翌年以降、インディアナ州のウィオナ・レイクを手始めに全米に広がった。そして、ショトーカと呼ばれる

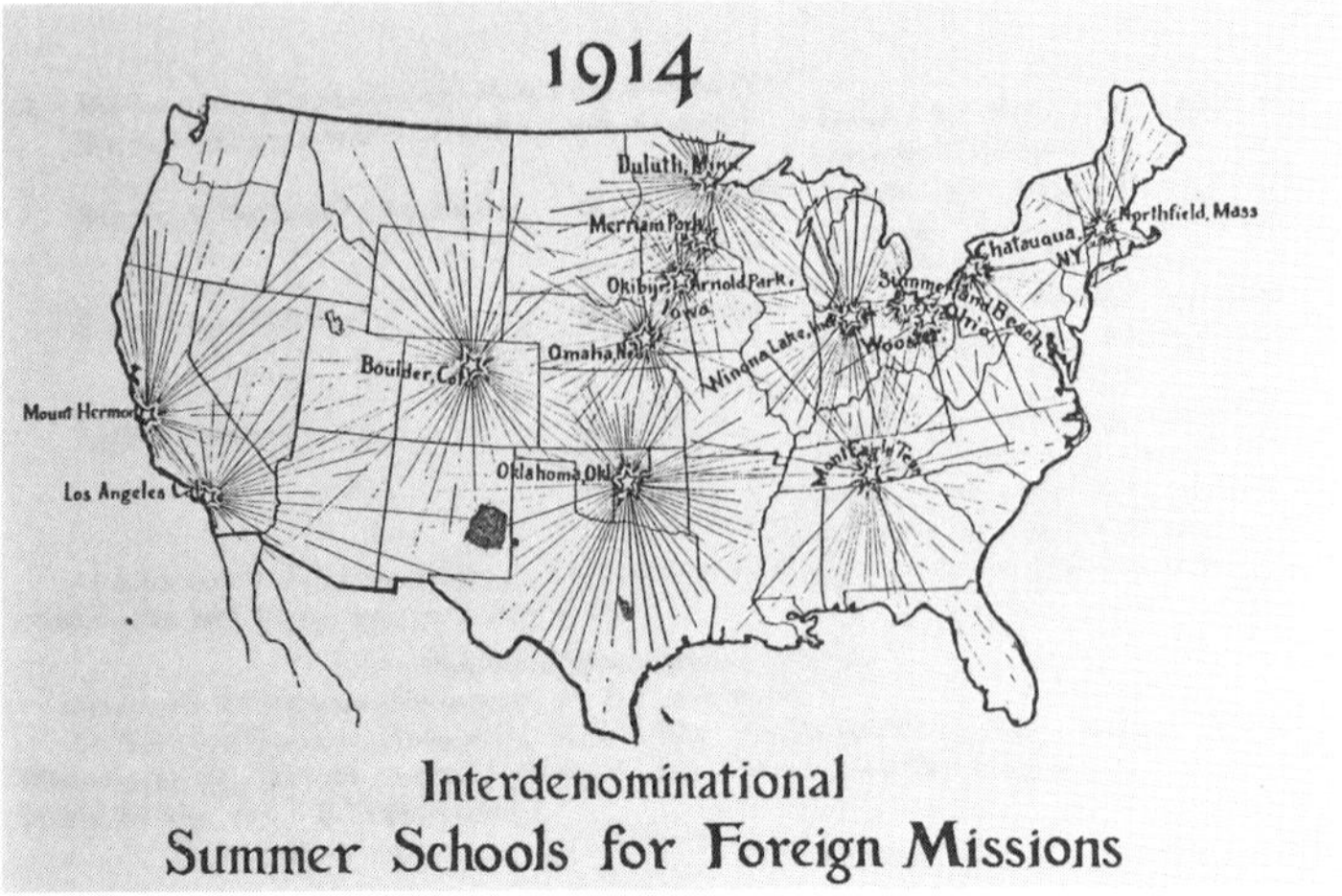

夏期学校ネットワーク．*The First Bulletin of the Federation of the Woman's Boards of Foreign Missions of the United States*, Vol. 1, No. 1（March, 1914）: 18 より．PHS 所蔵

成人教育運動においても、ＣＣＵＳＭのテキストを使うプログラムが提供されるようになった。[73] ショトーカ運動はもともと福音主義キリスト教徒が、教派にとらわれず一八七四年にニューヨーク州南西部のショトーカ湖畔で始めたショトーカ学院が起源である。一九世紀末から二〇世紀初頭にかけては、全米の各地でショトーカと呼ばれる夏期学校が開催された。野外テントを張って講演会、音楽会、演劇などを行うその形は、一九世紀前半の第二次大覚醒の頃の野外リヴァイヴァル集会（キャンプ・ミーティング）を連想させる。夏期学校には日曜学校の教員養成を目的としたプログラムもあったので、ＣＣＵＳＭのプログラムも取り入れやすかったと考えられる。[74] ＣＣＵＳＭは、これらの夏期学校や講義に教科書の著者やスタッフを派遣し、さらに、どのように教科書を使うかを要領よく説明したマニュアルをパンフレットの形で多数発行するようになった。ルーシィ・ウォータベリはノースフィールドの夏期学校の常連となった。[75]

ＣＣＵＳＭの教科書の売り上げは、この教育事業との連携によって伸びていったわけだが、同時に、二〇世紀に入ると、伝道地と目されてきた「遠い異教徒の国々」が国際政治ニュースの題材として、一般のアメリカ人の耳目を賑わすようになったことも、売り上げに関係していたであろう。CCUSMの報告によれば、二〇世紀初頭には、一八九三年に開かれた世界宗教会議がプロモートした宗教間のダイアローグという発想が人気を集め、ヒンドゥ教のスワーミ（教師）や仏教の教えが合衆国に流入し、インドへの関心を高めたという。一九〇〇年の義和団事件では、多くの宣教師・現地人キリスト教徒が殺害され、また、アメリカも参加しての、中国における列強の利権争いの様相が明らかになり、一般的に中国への関心が高まった。一九〇四—五年の日露戦争で日本が勝利を収めたことは、東アジアの小国への強烈な関心を呼んだ(76)。新渡戸稲造の『武士道』が売れたのもこの時期である。しかも、セオドア・ローズヴェルトは日本とロシア間の平和条約締結に一役買い、アメリカ合衆国は、国際政治の檜舞台への本格デビューを飾ったのであった。アメリカが一八九八年にハワイを併合し、米西戦争によってフィリピンを獲得して植民地を持ったことが、以上のようなアジアでの事件への関心の大前提となったことは言うまでもないだろう。アジアの伝道地は、今やアメリカにとって「遠い異教徒＝野蛮人の国々」では済まない、歴史的・文化的・政治的・地理的な情報を要する地となった。CCUSMはそのような関心に応えうる教科書を教会系のチャネルを通じて提供し、大成功を収めたのである。

少し話を先取りすると、CCUSMの教科書執筆で名を成したヘレン・モンゴメリは、一九二一年の著書の中で、ワシントン在住のある名流夫人のエピソードを伝えている。あるパーティで彼女の隣に座った外交官が、会話の中で示される彼女の外国事情に関する知識に驚いて、夫が外交官なのかと問うと、彼女は、CCUSMの教科書で学んだと答えたという。教科書を書棚にそろえ、外国のニュースを少しでも耳にすると、すぐに教科書でチェックするのだと。この女性は一九〇〇年以来、プロテスタントの女性たちがCCUSMの教科書で共に外国について学んできたことを若い外交官に話したという(77)。この女性は、海外の——特にアジアの——諸事件を理解する枠組みをCCUSMの教科書に求めていたわけである。教科書の普及のレベルは決して侮れるものではなく、日曜学校などでも教師がこの教科書を使って教えていたことを考えると、CCUSMの活動は、海外伝道の言説がアメリカの国際関係をめぐる言説の中に入り込むことを促していたと推察できる。それは、合衆国の人権外交を準備した、少なくとも一つの要因だったのではないか。

教科書の語り

試みに、一九〇三年に出たインドの教科書を見てみよう。『*Lux Christi*――インド概論』の著者キャロライン・アトウォータ・メイソンは、ロードアイランド州プロヴィデンスのクエーカーの家に一八五三年に生まれた。後にバプテストに転向し、同教派の牧師ジョン・H・メイソンと結婚、物語を書き始めた。インドとの関係は不明だが、彼女はルーシィ・ウォータベリと親しく、後に、ルーシィがビヴァリに構えた家のすぐ近所に住むようになった(78)。インドの資料の多くはCCUSMのネットワークを使って集めたのであろう。第一章はヒンドゥ教発展の歴史、第二章は政治史で、インド亜大陸の征服の歴史が主に語られる。第三章は、一八九一年の宗教統計や言語使用の見取り図が示された上で、しばしば征服されてきた人々の暮らしを描く。第四章はインドにおけるキリスト教史の年表が示され、「愛による征服」と題して解説が加えられる。第五章は、一世紀にわたる主に女性の宣教師による女性のための仕事の年表に続いて、その説明。最終章では、一般的な統計（人口や非識字率に加え、幼児妻の数、未亡人の数など女性に関するもの）を挙げた上で、インドの闇としてキリスト教勢力が減退する状況を解説し、光として伝道熱の再燃、宣教師たちの人格の高さ、現地人キリスト教徒の人格の高さ、ヒンドゥ教の凋落、救いとしてのキリストが語られる。各章には、本文の議論を補助するような文章や賛美歌、祈りと、ディスカッションのトピックがいくつか挙げられている。本の附録には、参考文献二〇冊のリスト、主な伝道関連雑誌のリスト、インドに関する本でよく使われる現地語とその翻訳のリスト、発音ガイド、インドにおけるキリスト教徒の内訳（教派別人数）が収録されている。最後に索引も

備えている。(79)

アメリカが最初に宣教師を送り込んだインドは、嬰児（女児）殺し、幼児結婚、サティ、ゼナーナでの女性隔離、一夫多妻（内妻）、宗教的売春といった女性をめぐる問題の宝庫として提示され、女性宣教師はこれらの悪習に果敢に挑み「愛による侵略」を試み、「愛の帝国」を打ち立てんとするキリストの戦士として描かれる。(80)これらは、一九世紀後半に女性による海外伝道の世界で広く流通したステレオタイプではある。しかし、本書掲載の簡便なインド政治史、宗教史、キリスト教史、様々な統計、地図等は、インドについて何も知らない人々に、基本情報を提供しうる。この本は、明白にキリスト教伝道奨励の立場で書かれているけれども、その立場の偏向を受け入れさせてしまうだけの「客観性」を装った資料も含んだ教科書である。それは、見事にサイードの言うオリエンタリストの言説の大衆向け簡略版になっている。

以降の伝道地研究も、ほぼ『インド概論』の形式を踏襲している。『*Rex Christus*――中国伝道概論』は、アメリカン・ボードの宣教師で、中国に五〇年以上居住し、『中国人の特徴』（*Chinese Characteristics* 一八九四年。非常に良く読まれた）をはじめとする多くの著書をものしたアーサー・H・スミスが書いた。スミスは中国で原稿を書き、一章ずつアメリカに送ったという。(81)『中国人の特徴』では、中国人は時間を大切にせず、正確さに気を使わず、誤解する才能と遠回しに物を言う才能があり、頑固で、知性が鈍く、胆力に欠け、外国人を嫌い、公共心、同情心がなく、猜疑心が強い等々、言いたい放題が展開された。(82)その一部はＣＣＵＳＭの教科書でも繰り返されている（第三章）。キリスト教伝道の歴史は四章と五章で扱われ、後者が専ら女性宣教師による教育や医療分野の仕事、また纏足反対運動の紹介にあてられている。この章の終わりに宣教師たちが犠牲となった義和団事件への言及がある。その上で、最終章では、奇跡的なキリスト教会の隆盛、教育改革を紹介し、新中国の誕生を祝福している。(83)義和団事件とその後の展開は、犠牲、赦し、復活というキリスト教的テーマが伝道地の舞台で顕現したものとして提示される（アメリカは、赦しの振る舞いとして事件の賠償金をアメリカへの中国人の留学を奨励するために使った)。一九四九年の共産党の中国成立まで続く、アメリカ合衆国一般の中国に対するパターナリズムと篤い期待、そして、救世主をなぞる自己満足がすでにここに表明され、CCUSMの教育課程にのっていたわけである。

一九〇四年に出た『*Dux Christus*――日本概論』を書いたのは『皇国』の著者ウィリアム・E・グリフィスである。一八七〇年から四年間日本で「御雇い」を勤めた後、ユニオン神学校で学び直して牧師となる傍ら、日本研究を続け、宣教師の伝記も数点書いている人だ。ラトガース大学のグリフィス・コレクションは、明治期の在日宣教師の情報を数多く持つことで知られる(84)。教科書としての基本的体裁は、先に出た巻とほぼ同じである。各章の冒頭に年表を掲げ、歴史、地理や人々の生活、近代化、宗教等を紹介している。章末に、日本在住の宣教師や研究者の日本についての記述をいくつか掲載しているのが特徴である。キリスト教伝道の歴史は四章と五章で扱われ、後者で女性による女性のための仕事が紹介されている。グリフィスは、日本では、「オリエント」の中で例外的に女性の地位が高く、女児が生まれると歓迎され、大切に育てられると指摘する。しかし、続いていくつかの日本についての著作を引きながら、結婚が親や家の都合で決められること、結婚後、女性は夫の家で服従を強いられること、一夫多妻の別名である「内妻」が容認されていること、そして、離婚が多いことなどを問題としている(85)。

日本についての言説は、複雑である。グリフィスは、日本地理の解説に沖縄、台湾、アイヌを入れ、日本が異民族の征服者、指導者として立つことを視野に入れている。日本人が「異教徒＝野蛮人(heathen)」と呼ばれることを嫌うことも紹介し、その民族的プライドの高さを何度も指摘している。一八九八年には民法もフランスに倣って制定され、キリスト教徒の間では、「クリスチャン・ホーム」も営まれている(86)。つまり、日本は近代化された帝国なのだ。「帝国大日本、万歳！」と序論にローマ字である。それは、「神により統治される偉大な日本が一万世代続きますように」というキリスト教的な意味合いで使っているとグリフィスは説明しているが。こうした状況にもかかわらず、日本伝道が必要なのは、日本人がキリスト教の神なしでやっていけると考えているからだとグリフィスは主張する[87]。グリフィスは日米和親条約五〇周年記念（一九〇四年）で、島田三郎や大隈重信といった政治家が、日本に中国のような宗教問題（キリスト教徒と非キリスト教徒の対立など）がないのは、初代の在日宣教師たちが高潔な人格を備えていたことが一因だと指摘したことを紹介している[88]。一方で、港町の在日西洋人の一部が妾を囲い、外国人旅行者が見聞記などで「安くて魅力的な」芸者をもちあげて、宣教師の努力を妨害していると指摘する[89]。非キリスト教的西洋人の責任を問う言説は伝道の世界では必ずしもめずらしいものではないが、グリフィスの意識の中にあったのは――グリフィスは滞日中日本人に雇われていた――、日本では、日本人（「ネイティヴ」）からのまなざし、評価を意識せざるを得ない立場に西洋人が置かれているということ、そこは西洋人側からの一方的な観察を許さない緊張感に溢れる場所だということであろう。日露戦争の勝利は本書には織り込まれていないが、勝利の背景の一部はこの教科書から推察できるような言説になっている。

二〇世紀初頭、インド、中国、日本はアメリカにとっての主要伝道地であった[90]。CCUSMの教科書が描くそれぞれの国は異なるが、共通するのは、伝道地の女性たちは、結婚に収斂する問題ある慣習に苦しめられているというものである。女性宣教師たちは、自己決定による結婚、一夫一婦制の理想を掲げ、その理想を追求できるだけの意志と判断力を持つ、キリスト教徒の現地女性を育てるべく、福音伝道と教育事業を展開してきた。セナーナを訪問して福音を伝え、同時に教育を行うことは、そのような介入の初期の姿であり、通いの学校、寄宿学校、医学校（日本では医師免許制度の早期確定でこれは実現しなかったが）、高等教育機関の設立は、介入が発展し拡大した軌跡を印す。アメリカの女性たちは、アジアの女性たちをキリスト教徒にし、アメリカ合衆国の水準に「引き上げる（uplift）」エージェントなのであり、アメリカ在住の女性たちは、女性宣教師の仕事を支える義務を神から与えられている、というのが教科書シリーズにほぼ共通するメッセージであった。

ＣＣＵＳＭの教科書は、アメリカ内外のいくつかの主要一般誌を含む雑誌等でも論評された。イングランドでは、『ロンドン・タイムス』、『ロンドン・スペクテイタ』、『スコッツマン』、アメリカでは『アウトルック』が好意的な書評を寄せた。「伝道の世界の外」にまで影響が及んだことは、ＣＣＵＳＭにとって、注視すべきことであった。[91] 一九〇五年七月二二日の『アウトルック』の書評欄には次のようにあった。

これらの本は、概論だが、それ以上の意味がある。……商業は文明の悪徳と、時に、残酷さをもたらす。そして、もし伝道が放棄されれば、キリスト教国は、異教徒の世界に悪徳と残酷だけを輸出することになる。[92]

少なくともルーシィ・ウォータベリのなかでは、一九二〇年代までに、ＣＣＵＳＭの教科書出版、夏期学校での教育プログラムが、「国際関係」という概念と結びついていた。彼女は、一九二四年六月に、ヴァッサー女子大学で「キリスト教に基づく国際関係研修会」を開くことを発案した。ヴァッサー女子大学が発表したその目的は、「キリスト教の理想を変化し続ける国家的・国際的目標と状況に適用することが実際的であるかどうかを検討し、現在キリスト教徒が支援する機関の再適応の問題について、世界的奉仕における理想の再編に照らして調査を開始すること」であった。[93] 海外伝道を「キリスト教に基づく国際関係」、「夏期学校」を「研修会」と言い換えてアップデートし、若い世代の関心と支持を取り付けようとしたのであろうが、それはまた、海外伝道の言説が国際関係の認識に入り込んでいく過程でもあったと考えられる。後述（第六章）するように、研修会の主導権はＹＷＣＡに奪われ、ルーシィが思い描いた通りのイベントにはならなかったとはいえ、この研修会は、ＣＣＵＳＭの延長線上で、海外伝道は「国際関係」という発想と結びついていたことを示している。

再婚

一九〇〇年以降の、教派を超えてのルーシィ・ウォータベリの活躍は、北部バステストの中での彼女の認知度を大いに高めたようだ。ルーシィは、一九〇五年五月にヨーロッパに向けて出発し、ベルリン大学入学準備のために一九〇四年九月から同地に滞在中だった娘とともに一泊二ドルのペンションに泊まってオランダを旅した後[94]、一九〇五年七月一一日から一九日までロンドンで開かれたバプテスト世界会議に参加し、「婦人による伝道の園」という題で、この会議で女性として初めて演説を行った。女性宣教師が女性たちに伝道するとき、福音の伝達、教育、医療が互いに切り離せない形で要請され、展開されていること、男性の協力が大切であること、日本、中国、ビルマ、インド、アフリカでのエピソード、伝道に参加することが、アメリカの女性たちにもたらす効用などが紹介され、ルーシィの宣教師としての経験とWABFMSの国内通信主事としての経験がふんだんに盛り込まれた演説であった。インドでもっとも苦しかったとき（夫が死んだ時を指す）、最大の霊的慰めを与えてくれたのは、かつてネロールで乞食をしていた少年で、牧師となったランギアだったと語り、クリスチャンの間に人種・民族の差はないことを強調した[95]。これはルーシィがWABFMSの国内通信主事として立った、もっとも華やかな舞台だった。

翌一九〇六年、インドから帰国して一九年、子育てをしながら、WABFMS専従職員として勤務して一七年目のことである。六月一六日、ルーシィは四五歳で突如六月の花嫁となった。再婚は、未亡人の働く女から有閑夫人のヴォランティアというリスペクタブルな立場にルーシィを一気に引き上げた。

（1）"Norman M. Waterbury.—Letters at Last.—His Illness and Death.—Interesting Particulars,' Newspaper clipping in『日記』。『日記』の書誌的情報は第一章注21を参照。

（2）二〇一五年二月二五日に著者が現地で確認。この小さな墓地に案内してくれたウォータベリ記念テルグ・バプテスト教会の会員ギデオン・マンドハ・ラメシュ（Gideon Mandha Ramesh）氏に謝してここに記す。命日の墓参りについては、Waterbury Memorial Telugu Baptist Church, *Souvenir* を参照。また、ラメシュ氏からもうかがった。

（3）筆者は、二〇一五年二月二二日（日）にこの教会の礼拝に参加した。なお、この教会は、ヴュパリにある他のバプテストのテルグ教会から孤立しているという印象を受けた。詳しい調べはついていないが、注6の引用にあるように、ノーマンが同僚の反対を押し切って教会を建て、現地人の自立を奨励したことと関係しているのではないか。

（4）Letter from Lucy Waterbury to J. N. Murdock（Nov. 18, 1886）in American Baptist Foreign Mission Societies, Records, 1817–1959, ABHS.

（5）アーンドラ・プラデーシュ州の内陸、標高三三五メートルに位置し、一一月末から二月は冬期で、湿度が低く、平均気温は、二二―二三度と快適である。気候については、http://www.imd.gov.in/doc/climateimp.pdf accessed on Apr. 15, 2015.

（6）Letter from Lucy Waterbury to J. N. Murdock（Dec. 1, 1886）.

（7）Letter from Lucy Waterbury to J. N. Murdock（Dec. 15, 1886）.

（8）Letters from Lucy Waterbury to J. N. Murdock（Jan. 25, 1887）; "Norman M. Waterbury.—Letters at Last.—His Illness and Death.—Interesting Particulars."

（9）Letter from Lucy Waterbury to J. N. Murdock（Mar. 9, 1887）.

（10）Letter from Lucy Waterbury to J. N. Murdock（Feb. 8, 1887）.

（11）Letter from Lucy Waterbury to J. N. Murdock（Mar. 9, 1887）.

（12）Woman's American Baptist Foreign Mission Society. この種の組織は教派により「伝道局（board）」や「協会（society）」と名付けられていた。本稿では、一般名詞として「婦人伝道局」を採用し（ルーシィの手紙でもしばしばＷＡＢＦＭＳを指して woman's board が使われている）、固有名詞を翻訳する時だけ、「伝道局」と「協会」を使い分ける。

（13）八月の帰国については、Cattan, *Lamps are for Lighting*, p. 21. 子どもを失ったことについては、James, *Notable*

American Women, Vol. 3, p. 36.

（14） Mrs. Henry W. Peabody, "My Message to the W.A.B.F.M.S. on Its 70th Birthday," Typescript（n.d.）in Lucy Peabody File, ABHS.

（15） *Ibid.* なお、ルーシィが住んだのは、15 Union Park North St. Paul である（*Rochester, New York, City Directory, 1889* through Ancestry.com; *U.S. City Directories, 1821–1989* through Ancestry.com）。Ancestry.com については、第一章注1を参照。

（16） Cattan, *Lamps are for Lighting*, pp. 28–29.

（17） *1930 United States Federal Census Records* through Ancestry.com. ウィルの学歴については、一九四〇年の国勢調査の原本（Ancestry.com を通じ閲覧）による。なお、一九四〇年にはウィルはもう働いておらず、死亡は一九四五年である。

（18） Peabody, "My Message." 初めての出会いだったことについては、Mobley, *Helen Barrett Montgomery*, p. 62.

（19） 小檜山『アメリカ婦人宣教師』、二一頁。南北戦争を契機に女性の全米的組織化が進んだことについては、その第一章を参照。

（20） Peabody, "My Message."

（21） 小檜山『アメリカ婦人宣教師』、第二章、特に、一〇九頁。

（22） "Our Story," http://www.tremonttemple.org/ourstory accessed on Apr. 19, 2015. 筆者はこの教会を二〇一六年四月に訪れた。なお、トレモント・テンプルは、一八九三年三月一九日に焼失し、ＷＡＢＦＭＳは一時ビーコン通りの仮事務所に移った。数年後トレモント・テンプルに戻ったが、一九〇四年にはビーコン・ヒルにあるフォード・ビルディングの一角に移転した（Mrs. N. M. Waterbury, "Home Department," *The Helping Hand*, Vol. 35, No.5（May, 1906）: 4）。

（23） *The Helping Hand*, Vol. 21, No. 5（May, 1892）: 2.

（24） *The Helping Hand*, Vol. 21, No. 6（Jun., 1892）: 2; *The Helping Hand*, Vol. 21, No. 7（Jul., 1892）: 10.

（25）*The Helping Hand*, Vol. 25, No. 7（Jul., 1896）: 8; ＿＿, Vol. 25, No. 10（Oct., 1896）: 9; ＿＿, Vol. 25, No. 12（Dec., 1896）: 9; ＿＿, Vol. 26, No. 7（Jul., 1897）: 8; ＿＿, Vol. 26, No. 12（Dec., 1897）: 13.

（26）*The Helping Hand*, Vol. 26, No. 12（Dec., 1897）: 13.

（27）Waterbury, *Universal Sisterhood*.

（28）『助け手』（*The Helping Hand*）一八九二年から一九〇五年までの（ただし、一九〇三年を除く）毎年六月号に掲載されているＷＡＢＦＭＳ年次報告にある、一般会計に振り向けられた収入の平均は、一〇万二二八九ドルである。会計年度は四月から翌年三月。

（29）「宣教師の子どもの家」がいつから存在したのか、現時点で確認できていないが、これはニュートン・センターにあり、宣教師夫妻の一部は、恩賜休暇等で帰国した際、ある程度成長した子どもをここに預けて、伝道地に戻っていった。ＡＢＭＵが設立を決めた施設のようだが、子どもをあずかるという性格から、施設の運営を司る「婦人委員会」が組織されており、必然的にＷＡＢＦＭＳの国内事業部が関与していた。経費は親が支払ったが、不足分は各日曜学校一回分の海外伝道向けの献金をこの施設用に差し向けて補うということをＡＢＭＵとの間で取り決めていた（通常の日曜学校の献金はＡＢＭＵの収入となった）。施設の需要は高く、ＷＡＢＦＭＳ-Ｗでもイリノイ州モルガン・パークに同様の施設を一八九〇年代前半に開設した。以上は、*The Helping Hand*, Vol. 30, No. 6（Jun., 1901）: 7; ＿＿, Vol. 22, No. 9（Sep., 1893）: 19; ＿＿, Vol. 30, No. 2（Feb., 1901）: 14を参照。序論や第二章で言及したように、宣教師たちは子どもが故国で教育されるよう気を配った。ある宣教師の妻は、子どもをアメリカに置いていく理由を次のように説明している。「私にとってそれ〔伝道地で子どもを育てること〕は、この町の最悪のスラムに行ってホームを作り、純粋で、正しく、健康な子どもを育てようと企てるのと同じことです。学校は全くありませんし、そのような場所での生活は、子どもの精神や身体を損なうものです」（*The Helping Hand*, Vol. 30, No. 2（Feb., 1901）: 14–15）。

（30）年間予約購読者数は、『助け手』毎年六月の年次報告に数が出る場合がある。ここでは、一八九二年、一八九三年、一八九五年、一八九七年、一九〇〇年、一九〇四年の報告にある数字を平均した。
（31）*The Helping Hand*, Vol. 25, No. 5 (Jun., 1896): 11.
（32）*The Helping Hand*, Vol. 26, No. 10 (Oct., 1899): 7.
（33）この集会は、一八九二年一二月二八日にブルックリン在住の女性の家の客間で最初に開かれた（*The Helping Hand*, Vol. 22, No. 9 (Sep., 1893): 14）。
（34）*The Helping Hand*, Vol. 28, No. 1 (Jan., 1899): 11. なお、この第二八巻は、原本では第二六巻と誤記されているが、ここでは、前後の巻と照らして、正しいと考えられる巻数を掲げた。
（35）*The Helping Hand*, Vol. 35, No. 5 (May, 1906): 7.
（36）*The Helping Hand*, Vol. 32, No. 2 (Feb., 1903): 7.
（37）Safford, *Golden Jubilee*, pp. 43–47; Jacobs, "Three African American Women," pp. 318–341.
（38）Safford, *Golden Jubilee*, p. 56 に挿入の写真を参照。
（39）ロバート・ハリス夫人については、"An Appreciation," *The Helping Hand*, Vol. 39, No. 11 (Dec., 1910): 4–5を参照。生年は記されていないが、亡くなったのは一九一〇年である。兄（弟？）のサミュエル・ダンカン博士（Dr. Samuel Duncan）はＡＢＭＵの主事を務め、その死後、彼を記念するため、ハリス夫人は東京のバプテストの男子校（現在の関東学院）に多額の寄附をし、学校はダンカン・アカデミと呼ばれるようになったという。ハリス夫人は日本を二度訪問し、二度目の訪問は死の直前であった。彼女は、横浜のメアリ・Ｌ・コルビ・ホーム（ＷＡＢＦＭＳの初代会長の名を冠する名称。現捜真女学校）の新しい建物のために五〇〇〇ドルの寄附をした。
（40）前章で指摘したように、ルーシィの兄と妹は解放奴隷の教育を行うためにバプテストの国内伝道協会（ＡＢＨＭＳ）がサウス・カロライナで経営したベネディクト学院に奉職したことがある。
（41）"A Vision Realized," *The Helping Hand*, Vol. 31, No. 12 (Dec., 1902): 16; エタ・ウォータベリ病院に寄せられた献金の

記録の例は、*The Helping Hand*, Vol. 33, No. 1（Jan., 1904）: 18. なお、エタが教員であったことは、*1900 United States Federal Census Records* through Ancestry.com.

（42）例えば、*The Helping Hand*, Vol. 33, No. 7（Jul. & Aug., 1904）: 30; ____, Vol. 34, No. 1（Jan., 1905）: 27.

（43）*The Helping Hand*, Vol. 33, No. 6（Jun., 1904）: 16.

（44）Lucy W. Waterbury, *The Beautiful Life*（Mar., 1905）. この冊子の宣伝は、*The Helping Hand*, Vol. 34, No. 7–8（Jul. & Aug., 1905）: 7.「出版社は、メッセージに最高に魅力的な紙面——十分な余白、優雅な活字、感じの良い紙、とても趣味良く装飾された上等な皮紙のカバー——を与えた」とある。私が持っている現物には、「愛とクリスマスへの想いをこめて。L．Y．C．」という購入者の手書きのメッセージが入っている。クリスマスに誰かに贈ったのであろう。

（45）*The Helping Hand*, Vol. 26, No. 11（Nov., 1897）: 2; ____, Vol., 29, No. 5（May, 1900）: 2; ____, Vol. 29, No. 6（Jun., 1900）: 2; ____, Vol. 29, No.7（Jul., 1900）: 7.

（46）リーヴィスが最初に『助け手』に登場するのは、一九〇〇年四月で、このときは「私たちの小学クラスにおける伝道」という題の彼女の報告が掲載された（*The Helping Hand*, Vol. 29, No. 4（Apr., 1900）: 4）。一九〇二年のルーシィによる年次報告には、「出版物部門は、メイ・リーヴィスさんの忠実な仕事により、非常にうまくいっている」とある（*The Helping Hand*, Vol. 31, No. 6（Jun., 1902）: 9）。つまり、遅くとも一九〇一年には出版物担当の助手として働いていたことになる。

（47）*The Helping Hand*, Vol. 32, No. 9（Sep., 1903）: 10.

（48）以上、ハッセルティン・ハウスについては、*The Helping Hand*, Vol. 25, No. 3（Mar., 1896）: 9–12.

（49）Peabody, "My Message," p. 3; *The Helping Hand*, Vol. 29, No. 3（Mar., 1900）: 7. 後者の記事の中にジョージ夫人とウォータベリ姉が五人の候補生と共にある、とある。また、後年のルーシィの回想では、ハッセルティン・ハウスに四年間住んだとある（Lucy W. Peabody, "Oressa L. George," *Watchman Examiner*（Jun. 17, 1926）: 757）.

（50）ルーシィはＷＡＢＦＭＳをボード＝伝道局と呼んでいる。

(51) Peabody, "My Message," p. 3.

(52) Safford, *Golden Jubilee*, pp. 5-6.

(53) 『助け手』の紙面にはしばしばテルグ伝道の情報が寄せられている。一八九二年から一九〇七年までの『助け手』を検索してみると、後年になるとやや減るが、一貫して掲載は維持された。例えば一九〇六年二月の『助け手』に、あるマドラス駐在の独身女性宣教師が、ノーマン・ウォータベリが建てた教会の礼拝に出席した経験が掲載されている（*The Helping Hand*, Vol. 35, No. 2（Feb., 1906): 12)。

(54) エタとその家族については、*1900 United States Federal Census* through Ancestry.com; *U.S. City Directories, 1821–1989* through Ancestry.com.

(55) その実感を確保するために、各教派婦人伝道局が、各伝道サークルに「特別目的」として特定の宣教師、「異教徒」、学校の支援を課し、宣教師や現地と直接連絡を取ることを奨励していたことは良く知られている。Hill, *The World their Household*, Chapter 4; 小檜山『アメリカ婦人宣教師』、一〇一－一〇三頁。

(56) *1900 United States Federal Census* through Ancestry.com; *U.S. City Directories, 1821–1989* through Ancestry.com.

(57) ケンブリッジの住居については、二〇一六年四月一〇日に現地にて筆者が確認。子どもたちの大学入学については、Cattan, *Lamps are for Lighting*, p. 45.

(58) その記録は、Johnson and Jackson, *Report of the Centenary Conference*.

(59) "World's Missionary Committee on Christian Women," in Folder 34, Box11, RG NCC 27, PHS.

(60) *In Memoriam: Abbie B. Child*, p. 4.

(61) Cattan, *Lamps are for Lighting*, pp. 36-37. コロンビア博については、注59の資料群の Folder 30 に記録が残っている。

(62) 本格的な大学になるのは、後述する「東洋の七校の女子大学」運動の時期を待たなければならない。イザベラ・ソバンはアメリカの北部メソジストがインドに送った最初期の独身女性宣教師。一九〇一年にコレラで亡くなったあと、彼女の名前が学校名となった。それ以前はラクナウ女子大学。詳しくは、イザベラ・ソバン・カレッジのホームページを参照。http://itcollege.ac.in/history accessed on June 16, 2016.

（63） Cattan, *Lamps are for Lighting*, p. 37; Montgomery, *Western Women*, pp. 226–227; Nicols, *Lilavati Singh*, pp. 13–20. なお、エキュメニカル会議自体の記録は、*Ecumenical Missionary Conference New York 1900* を参照。

（64） Mobley, *Helen Barrett Montgomery*, pp. 203–205.

（65） *The Story of the Jubilee*, p. 3.

（66） Letter from H. P. Beach to Abbie Child（Jun. 29, 1900）; Letter from Abbie Child to the Committee on United Systematic Study of Missions（Sep. 8, 1900）; "The Committee on the Systematic Study of Missions Appointed at the Women's Meeting at the Ecumenical Conference in New York in April 1900"; Letter from Abbie Child, Lucy Waterbury, J. T. Gracey and Ellen C. Parsons to the Members of the World's Committee of Women's Missionary Societies（Dec. 19, 1900）; "Fourth Conference of the Woman's Boards of Foreign Missions in the United States and Canada"; Letter from Lucy Waterbury to Abbie Child（Jan. 22, 1901）and other reports of the meetings of the Committee hand-written by Lucy Waterbury in Folder 35, Box 11, RG NCC 27, PHS. 後にオランダ改革派とルーテル派もこの委員会に加わった（Cattan, *Lamps are for Lighting*, p. 39）。

（67） The Central Committee on the United Study of Missions 後に The Central Committee on the United Study of Foreign Missions と改名。当初は国内伝道も視野に入れる予定だったが、実質的に海外伝道だけを扱うことになったので、改名したと考えられる。

（68） 学生ヴォランティア運動とは、一八八六年に設立された、学生を海外伝道にリクルートする運動で、当初は男子学生のみを対象としていたが、一九世紀アメリカの福音主義キリスト教は女性化していたために（序論参照）、不可避的に女子学生も対象とするようになった。一九世紀転換期の宣教師の多くが、ＳＶＭの集会で誓いを立てた若者であった。この運動については、http://drs.library.yale.edu/HLTransformer/HLTransServlet?stylename=yul.ead2002.xhtml.xsl&pid=divinity:042&clear-stylesheet-cache=yes accessed on Apr. 24, 2015.

(69) Letter from Abbie B. Child to the Committee on United Systematic Study of Missions (Sep. 8, 1900) in Folder 35, Box 11, RG NCC 27, PHS; Mobly, *Helen Barrett Montgomery*, p. 205.

(70) Letter from Lucy Waterbury to Abbie Child (Jan. 22, 1901) and other reports of the meetings of the Committee hand-written by Lucy Waterbury; "Report of the CCUSM, 1904" and "Report of the CCUSM, 1909" in Folder 11, Box 2, RG NCC 27, PHS.

(71) *The Helping Hand*, Vol. 31, No. 2 (Feb., 1902): 20; ＿＿, Vol. 31, No. 7 (Jul. and Aug., 1902): 13; ＿＿, Vol. 31, No. 9 (Sep., 1902): 7.

(72) *In Memoriam: Abbie B. Child*, pp. 30–31.

(73) "Report of the CCUSM, 1909," p. 2.

(74) ショトーカ学院については、"Our History," http://www.ciweb.org/about-us/about-chautauqua/our-history accessed on Jul. 31, 2014.

(75) "Report of the CCUSM, 1904" and "Report of the CCUSM, 1909."

(76) "Report of the CCUSM, 1906," p. 1 in Folder 11, Box 2, RG NCC 27, PHS. 世界宗教会議は、コロンビア博覧会と連動して開かれ、世界中からさまざまな宗教者が招かれ、発題した。詳しくは、Barrows, *The World's Parliament*.

(77) Montgomery, *The Preaching Value*, p. 17 as quoted in Hill, *World Their Household*, p. 141. むろん、これはCCUSM関係者の著書にある話だから割り引いて考える必要があるが、善きバプテストで誠実な書き手であるモンゴメリがこのエピソードを捏造した可能性は低い。

(78) Lucy Peabody, "Caroline Atwater Mason and Her New Book," *Watchman Examiner* (Jan. 10, 1924): 43; *U. S. City*

Directories, 1916 for John H. Montserrat Mason in Beverly, Massachusetts through Ancenstry.com. また、二〇〇四年三月二五日、ビヴァリを訪れた際、筆者は、幸運にもルーシィ・ピーボディの自動車運転手だったメルヴィン・デヴォ氏にインタヴューできた。デヴォ氏が元のメイソン宅に連れて行ってくださった。

（79） Caroline Atwater Mason, *Lux Christi*.

（80） *Ibid*., pp. 133, 179, 184–230.

（81） "Report of the CCUSM 1904," p. 2.

（82） Smith, *Chinese Characteristics*, pp. 5–6.

（83） Smith, *Rex Christus*, Chapters 3–6.

（84） 山下『グリフィスと福井』。

（85） Griffis, *Dux Christus*, Chapter 5.

（86） *Ibid*., pp. 30–34, 42.

（87） *Ibid*., pp. x, 242.

（88） *Ibid*., pp. 250–251.

（89） *Ibid*., pp. 240.

（90） 三大伝道地とする理由は、小檜山「アメリカにおける海外伝道研究の文脈」、八〇頁。

（91） "Report of the CCUSM 1906," p. 4.

（92） "Christus Liberator: An Outline Study of Africa," *Outlook* (Jul. 22, 1905): 789–790. この書評は、右にあげた一九〇六年のＣＣＵＳＭの報告に引用されている。

（93） "Minutes of Meeting of Central Committee, Hotel Seville New York 9:00 a.m., Apr. 30, 1924" in Folder 11, Box 2, RG NCC 27, PHS.

（94）“A Letter from Our Travelling Secretary,” *The Helping Hand*, Vol. 34, No.7（Jul. and Aug., 1905）: 5–6; *U.S. School Yearbooks, 1880–2012* through Ancestry.com; *U.S. Passport Applications, 1795–1925* through Ancestry.com.

（95）Waterbury, “Our Woman's Missionary Garden,” pp. 68–73. なお、ランギアがネロールで乞食をしていたというのは、誇張に聞こえるが、バラモン出身者のライフスタイルが西洋人には乞食のように見えたであろうことは、パンディタ・ラマバイの前半生から知ることができる。Kosambi, *Pandita Ramabai* を参照。

第四章　祝　祭

左・女性による海外伝道50周年の祝祭を主導した頃のルーシィ．PHS所蔵（Folder 62, Box 10 RG NCC27）右・ヘンリ・ピーボディ，『ヘンリ・ウェイランド・ピーボディ——商人』（c. 1909年）より

再婚相手

再婚の話は、一九〇五年夏にルーシィ・ウォータベリがロンドン出張から戻って以降、突然降ってわいたものと考えられる。相手は、裕福な商人、ヘンリ・ウェイランド・ピーボディで、セイラムの名門ピーボディ一族の一員であった(1)。

ヘンリ・ピーボディは一八三八年八月にセイラムで生まれた。父親はブエノス・アイレスやカリフォルニアを股に掛けた商人で、浮き沈みの激しいこの世界を生き抜いた。晩年はセイラムのバプテスト第一教会の執事、日曜学校校長を務めた。母親は同じ町のジェルシャ・テイで、セイラムの「ミス・パーキンズのアカデミ」で教育を受けた人であった。ヘンリ・ピーボディは、四歳までブエノス・アイレスで過ごした後、フィリップス学校、ハッカー学校（この学校が最も有名だったようである）、ジョナサン・ウースタの私塾、さらにセイラム唯一のラテン語学校で学んだ。同時に母親からフランス語と音楽を習ったという。一七歳でボストンの貿易会社に入り、商売のノウハウを学んだ。給料は少なかったが、自分の責任で商品を積み、海外で売りさばき、ベンガルやマニラの藍、中国の茶や葉巻を買ってくるという取引を許された。その利益を積み上げ、やがて自分の名前を冠した会社を立ち上げ、途中失敗もあったものの、ロンドン、リヴァプール、サンフランシスコ、シドニー、ケープタウン、マニラ等に支店を置く商社に育て上げた。その間、二〇歳のときアイオワに旅したのを皮切りに、世界中を渡り歩いた。イギリスとキューバをしばしば訪れ、オーストラリアに二回、麻の買い付けをしていたフィリピンに一回行き、ビルマ、日本等にも立ち寄った。さらに一九〇四—〇五年には世界旅行をした。それは、商売と娯楽に加え、インドと中国のバプテストの伝道拠点を見て回るためであった。

二八歳のとき、ヘンリ・ピーボディは両親と同じセイラムの第一バプテスト教会に正式に入会した。家庭でキリスト教を教えられ、教会や日曜学校に参加して育ったが、回心は、四歳の長男ハリが死んだ衝撃に見舞われてのことであった。

セイラム第一バプテスト教会は、マサチューセッツという会衆派の牙城で「ディセンタ（異議を申し立てる者）」であったバプテストが、一八〇四年に漸く結成した教会である。一八一二年初頭にはインドのセランポールでのウィリアム・ケアリの伝道に関心を寄せ、一〇〇〇ドルの献金を行った。同じ年の二月、会衆派を中心に組織されたアメリカン・ボードが最初にインドに向けて送った宣教師たちの按手礼がセイラムで行われたことに刺激され、四月になってバプテストとして最初の海外伝道援助のための団体が、この教会の一室で結成され、初代牧師ルシアス・ボールズがその会長となった。そして、九月、インドに行ったアドニラム・ジャドソン夫妻等が現地でバプテストとなった。ボールズを会長とする上述の団体は、その支援にあたった。これは、一八一四年のアメリカ・バプテスト海外伝道総会（後ＡＢＭＵ）の設立に先駆けて起こったことである。初代牧師ボールズは、一八二〇年代初頭に海外伝道総会の通信主事となり、転出した。また、アドニラム・ジャドソンの二番目の妻となったサラ・ボードマン・ジャドソン（一八〇三―一八四五）は、この教会の出身であった[2]。

ヘンリ・ピーボディは、この海外伝道に縁のある教会の忠実な会員として、商売では正直と公正を旨とし、禁酒と聖日を愚直なほどに守り、日曜日には商売上の手紙は一切読まなかった。ルーシィは、再婚までには熱心な禁酒主義者になっていたようだ。既に述べたように、最初の夫ノーマン・ウォータベリは、ワインをたしなみ、バプテストの宣教師ではあったものの、ヨーロッパ航路やマドラスのヨーロッパ人社会への適応を意識し、アメリカ的な禁酒主義の田舎くささを排除する様子であった[3]。

ヘンリ・ピーボディは、ＡＢＭＵの理事会に長く所属し、晩年は、一九〇六年に走り出したばかりの「平信徒伝道運動」[4]に協力しようとし、また、二人の宣教師を支え（給与を支払っていたのだろう）、学生ヴォフンティア運動の事務局員の一人の給与の一部を支払っていた。その他、ニュートン神学校の評議員を一〇年間務め[5]、ブラウン大学の経済学部やハーヴァード大学の博物館などにも協力していた。WABFMS事務局で働くルーシィ・ウォータベリは、仕事の一環として、ヘンリ・ピーボディと会う機会があったと考えられる。

　ヘンリ・ピーボディのような商人たちは、海外伝道事業を担った有力なグループの一つであった。一九世紀初頭にアメリカ合衆国が海外に宣教師を送り始めたころから、海外伝道局はボストンやニューヨークといった東部港湾都市を本拠とする商人、船主の支援を受けることがあった。単純に海外で仕事をする同労者で、かつ、「善いことをする人」として意識されていたのであろう、宣教師に船賃の特別割引を与える船会社もあった。長い目で見れば、現地人と親和的な関係を結び、キリスト教への改宗を促すことが、白人の商売の利益になるということもあったであろう。ただし、実際には、すでに言及したように宣教師が現地駐在の白人商人等の不道徳な振る舞い――特に現地妻の慣行――を批判することもあり、両者の関係はそれほど単純ではない[6]。とまれ、ヘンリ・ピーボディとルーシィ・ウォータベリの結婚は、海外伝道にとって、商業権益筋、経営者層と信心深い女性たちとの結びつきが重要であったことを証しているのかもしれない。

　政治的に言うと、アメリカ北部における海外伝道支持者は一般的に共和党を支持していた。ルーシィがまとめた伝記を見る限り、ヘンリ・ピーボディは、海外伝道に協賛する、共和党支持者、良心的企業家を絵に描いたような人であった。彼は、金本位制と中央銀行を支持し、マッキンリー大統領を支持していた。アメリカの利益になることは何もないと、フィリピン併合には大反対であった。しかし、マッキンリーが膝を折り神に祈って併合を決めると[7]、現地人を「守り」、自治に向けて教育の向上を図るべきだと主張した。それは、義和団事件の賠償金を中国に返した（中国人のアメリカ留学のためなどに使った）のと同じ精神からであった。「政治や利益の観点ではなく、公平と正義の観点に立って、我々は依存する者への態度を決定すべき」（一四〇頁）というのがヘンリの一貫した主張であった。一方、ヘンリは、パナマ運河建設には大賛成で、合衆国は商船を増やすべきだと考えていた。一九〇八年の大統領選挙では、病床からフィリピンの文官総督を務めたウィリアム・タフトを応援した。キューバとフィリピンの案件を通じてタフトと知り合っており、現況の国際関係においては、その法律家としての熟練や如才なさが必要だと主張した。一方で、対抗馬のウィリアム・ブライアンについては、人としては尊敬するが――信仰という意味では共感していたのだろう――その主張する通貨政策（金銀本位制）と民衆の扇動を恐れると批判し、その意見が『ボストン・ヘラルド』や『ニューヨーク・トリビューン』に掲載された。ヘンリの死後、ルーシィがタフト家と親交を結んだのは（後述）、この辺りが起源となっているのだろう。

ヘンリ・ピーボディの太平洋を股にかけた経験は、二〇世紀初頭、アジアに植民地を持った合衆国にとって貴重だった。彼は、商工会議所をはじめ、多くの政府の委員会の諮問委員も務めた。ワシントンで開かれた上下両院のフィリピン委員会で通貨政策についての意見を求められたときの様子を、あるセントルイスの記者が「ボストンの男が何でも知っていた」という記事にした。

引き締まった感じで、猫背で、鋭い灰色の目をした、痩せて、地味な老紳士が、静かに委員会の部屋に入り、ずっと後ろの角の席に壁を背に腰掛けた。委員会の事務員は、この会合は一般公開していないと彼に告げた。その穏やかな訪問者は、戦争省の長官に呼ばれた証人だと答えた。年俸一二〇〇ドルの若い事務員は、「もっと後ろにさがって、他の紳士達のためにテーブルのそばの場所を空けるように」と言い、男はそれに従った。〔やがてヘンリが証言する順番になると〕……彼は、貧しく、とっつきにくい様子だったが、五分で委員会のすべての上院議員の注意を引いた。……経済と通貨制度の理論を学んだ上院議員が次々と想定されるケースについて質問を投げかけたが、その抜け目ないヤンキー商人はよどみなく応じた。鋭い商売の感覚と商取引の実際例で応じ、すべての質問を粉砕した。（一四八―一四九頁）

現存するヘンリ・ピーボディの写真を見ると、とても「貧しく」は見えないが（本章扉の写真を参照）、いずれにせよ、バプテスト的男らしさは、学歴や地位ではなく、実際的な知恵、派手な外見ではなく、簡素な慎ましさで表現された。

ヘンリが属したセイラムの第一バプテスト教会は、町の中心部から歩くと三〇分はかかる、ラファイエット通り沿い、住宅街の一角に今もある。現在の建物は、一九一〇年に建てられた石造りのものだが、いかにもバプテストらしく、ごく簡素で慎ましい外観である。日曜日の礼拝スケジュールを見ると、時間を変えて他に二つの教会の礼拝がこの建物で行われており、教会員の数が減って教会の維持が困難なことが推察される。つまり、バプテストの中でリベラル派に属すのであろう。(8) ヘンリ・ピーボディは商人として成功し、富を積んだが、それを誇って見せびらかすような消費とは一線を画していた。彼の属したバプテスト教会の現在の様子は、そうした簡素、「貧しさの美学」がどのようなものであったかを想像させる。そもそもバプテストにとって、礼拝所は「チャペル」ではなく、「ミーティング・ハウス」であり、そこでの派手な装飾、演出された荘厳さは忌避されたことは、第一章でも紹介した。

南北戦争終結後の合衆国の経済環境のなかで成功し、富を得たバプテスト——ジョン・D・ロックフェラーはその代表である——にとって、「貧しさの美学」と富との間にどう折り合いをつけるかは悩ましい問題であった。第一章で紹介したように、ヘレン・モンゴメリは、「見せびらかし（display）」と「快適さ（comfort）」の区別をつけることで、この問題に対処しようとした。(9) ほどほど快適な生活を保障すること以上の富は、「ばかばかしい」のであって、その認識があって初めて、「与えること」が富の使い道として合理性を持ってくる。実際、晩年のジョン・D・ロックフェラーは、本来的に勤勉・質素な、信心深いバプテストとして、有効に与えること——「与えることの技術（art of giving）」——にこだわるようになった。(10) 右に引用したヘンリ・ピーボディの、金持ちであるにもかかわらず、地味で堅実なたたずまいは、かつてヘレン・モンゴメリが好感を持った、豪勢な御者付き馬車が行き交う中で、家族の馬車の手綱を自分でとる「抜け目ない、成功を手にした経営者」[11]（本書第一章で紹介）そのものであったはずである。

ヘンリ・ピーボディはルーシィより二三歳ほど年上であり、結婚したときには六八歳になろうとしていた。時にルーシィは四五歳、「ビヴァリで最も美しい女性だった」[12]。彼女にとって、ヘンリは、年齢差をおけば、信仰と経済の両面において理想的な男性であったろう。ただ、その結婚にハーヴァード大学で学んだルーシィの息子のアーネストは反対したという[13]。

ヘンリ・ピーボディは一八六二年四月、二四歳で幼なじみのライラ・R・マンスフィールドと結婚した。子どもは四人生まれたが、先に言及したように最初の息子は夭逝した。一八七〇年に生まれた娘ベシは知的障害者で、日常的なケアが必要であった[14]。ベシは一九一〇年の国勢調査記録では従兄テイ夫妻の家に住み、「自分の収入」を得ていた[15]。「テイ」とはヘンリ・ピーボディの母親の実家の名字だから、ヘンリ・ピーボディは、ある時点で娘に持参金をつけ、その生涯の面倒を母方の親類に託したわけである。成年まで無事育ったのは、次男リンカーン（一八六五年生まれ）と三男アルフレッド（一八八〇年生まれ）である。

一八九〇年八月、ヘンリの妻ライラが五〇歳で亡くなった[16]。マサチューセッツ州の結婚記録によれば、ヘンリは、二年後、一八九二年に再婚している[17]。相手はナニ・B・ボーデンという、一八五三年生まれの未亡人で、マサチューセッツ州フォール・リヴァの出身、連れ子が二人あった。一九〇〇年の国勢調査記録を見ると、この年、ヘンリは六一歳、妻のナニは四七歳、息子アルフレッド（二〇歳）、義理の娘ナニ・ボーデン（二二歳）、義理の息子ノーマン・ボーデン（一九歳）、二〇代後半の三人の女中と共にビヴァリに住んでいた[18]。ナニ・ボーデン・ピーボディが亡くなったのは、一九〇五年五月一七日のことである[19]。

この二度目の結婚は、謎めいている。ルーシィが残したヘンリ・ピーボディの伝記にこの結婚について全く記述がない（最初の結婚については言及している）。それを踏襲してか、カッタンの著作は、ヘンリ・ピーボディを「長年寡であった人」としている[20]。一九〇四年末、ヘンリ・ピーボディは妻のナニと義理の娘ナニ・ボーデンと共にインド・中国の伝道拠点訪問を主目的とする世界旅行に出て、一九〇五年四月五日にナポリを出港、四月一八日にボストンに帰還したことを確認できる[21]。それからほぼ一ヶ月後に、ナニは突然死んだ。彼女は、一八八四年に亡くなった最初の夫が眠る、フォール・リヴァのオーク・グローヴ墓地に埋葬された。墓石には二人の夫の名前が刻まれている[22]。

前章に書いたように、ルーシィは一九〇五年五月から七月にかけて、ヨーロッパに出張していたのだから、その間にヘンリは妻を亡くしたことになる。そして、一九〇五年の秋以降、ヘンリとルーシィは急速に再婚に向かったと考えられる。なぜ、ルーシィはヘンリの前妻について沈黙したのか。ヘンリはナニと一三年間を共にし、連れ子たちともいっしょに住んだ。しかし、ヘンリの遺書に、連れ子たちへの言及はない[23]。ルーシィの息子がこの結婚に反対したのは、何らかの事情を踏まえてのことと考えられる。

パラマッタの女主人

とはいえ、ルーシィにとって、働く未亡人・母から裕福な商人の妻への跳躍は大きな経済的安定、社会的地位の上昇を意味した。『助け手』の一九〇六年六月号にルーシィは辞任のメッセージを寄せた。「一七年間にわたる国内通信主事としての幸福な仕事を去るにあたり、どうしても、みなさんに愛を込めて個人的なメッセージをさしあげたいと思います」とはじまる文章は、WABFMSへの感謝の言葉で埋め尽くされ、今後も活動を注視していくとしている[24]。いかにも幸せな寿退社の辞である。彼女の再婚は、WABFMSのサークルに大きな話題を提供したに違いない。

ヘンリがルーシィを迎え入れたのは、ビヴァリの家であった。セイラムの家はルーシィと結婚した一九〇六年に売却した。ビヴァリは、植民地時代以来、牧畜など農業を基盤とした海辺の村であったが、ボストンからの鉄道が延び

パラマッタの絵ハガキ．Beverly Historical Society 所蔵

てきた一九世紀中葉からボストンやセイラムの富裕層の夏の別荘地として開発が進んだ。ヘンリ・ピーボディは一八七四年には、「ビヴァリ入り江」と呼ばれる地区の海岸近くに夏の家を持っていた。ビヴァリの高級別荘は海岸沿いに集中していた。ある研究者が、ビヴァリの邸宅を敷地や家屋の広さ等から最高級と高級に分け、一八四四年から一九一九年までのその所有者等を調査している。ヘンリの家は、最高級・高級の邸宅には含まれていない[25]。

ヘンリは、一八八〇年までにはこれを手放し、その後、より内陸の牧草地の高台に移り、かつて訪ねたオーストラリアの町に因んでパラマッタと名付けた。そこは、海岸沿いの地区ほどファッショナブルではないが、鉄道の駅（モントセラト）のすぐ近くで、しかも、二階からは、海までの見晴らしがあり、おそらく塩害も少ない、合理的な土地であった。家のスタイルは「コロニアル」と伝記の記述にあり、かなり大きなものである。少なくとも二〇〇四年までは七件ほど入るアパートに改造され、まだ使われていた[26]。農家の納屋によく使われる腰折れ屋根を採用していた。

ヘンリは、貿易で得た利益を土地に投下し、パラマッタに隣接する土地を買い占めた。一八九七年には、「モントセラト合同会社」を結成、駅の北側の土地を開発して販売を始めた。ボストンまでは、一日に一一本の公の鉄道便に加えて数本の私便があり、急行だと三〇分で着くので、ボストン郊外として最適の場所だとパンフレットにある[27]。また、駅の南側の広い土地については、「プロスペクト・ヒル合同会社」をつくって（設立年は不明）管理した。その一部は、ヘンリの好意で町の人々が自由に使える公園として開放されていた。野球場として利用されることが多く、「ピーボディ・フィールド」と呼ばれた。晩年、ヘンリはビヴァリ市がこの土地を買い取り、公的な施設として整備することを望んでいたという[28]。

ヘンリ・ピーボディの趣味はヨットで、それは働く未亡人・母親として長年過ごしたルーシィにはついて行けない贅沢だったようだ[29]。しかし、ルーシィのまとめた伝記では、貿易商ヘンリの海への愛着の表現として肯定的に描かれている。ルーシィと再婚した頃のヘンリは、パラマッタに日本庭園を造ることに熱中していた。牧草地の端の沼地を整備して、水を抜き、日本から来た四〇種類もの楓と白、薄紫、紫色のアヤメ、さらに、ピンク、白、黄、オレンジ色、赤のツツジを植えた。桃、梅、桜の並木道、池や小川を造り、金魚を放ち、百合やわすれな草を植えるなど、二人の庭師の助けを借りて計画を遂行した。タフト大統領の母親からの奨学金を受けて幼児教育を学びに来ていた「キク」という名の日本人留学生を招き、着物に和傘の出で立ちで、日本庭園を遊歩する様子を写真に収めたりした。最晩年まで、日本から百合の球根を取り寄せて植えていた。日露戦争後の日本ブームがうかがえる。ヘンリは動物も好きで、二匹の犬を飼い、散歩を楽しんだ。鳥も好んで、オーストラリアから多数の珍しい鳥を持ち帰ったこともあった。一部を放ったという。クジャクも飼ったが、扱いに苦労し、ベストセラー作家のウィストン・チャーチル（一八七一―一九四七、イギリスの政治家とは別人）が所有するニューハンプシャの農場に贈った。所有する牧草地は隣人に貸して牛が放たれていたが、やがて自分の牛を放つようになった。この晩年の過ごし方は、商業資本を土地（不動産）に転換したことも含め、一九世紀前半のイギリスの中流階級の男性がビジネスを早く引退して郊外住宅での庭いじりにいそしむ姿を想わせる（序論を参照）。ただし、ピーボディの不動産投資は将来の商取引を見込んでのことだったようだが。

ルーシィ・ウォータベリ・ピーボディは、一九〇六年末まで『助け手』の編集を助け、引き継ぎを行った。一二月、『助け手』のクリスマス号に、彼女が長年心血を注いで育てた「遠くへの光」（若い女性の伝道サークル）に向け、再び別れのメッセージを掲載した。文末にルーシィ・ウォータベリ・ピーボディ（強調は筆者）とサインがある。[30]これに先立つ一一月、ルーシィは、「ビヴァリのパラマッタ」というレターヘッドのある便箋でＡＢＭＵの通信主事、Ｆ・Ｐ・ハガード師に手紙を書き、クリスマス号で、ＷＡＢＦＭＳとの関係を「終わりにする」と書き、医者に仕事を当分しないように言われたと、体調の悪さを伝えている。[31]ルーシィはこうして一九〇七年から本格的に、ヘンリ・ピーボディの作り上げたパラマッタの世界の女主人となった。部屋の内装を変えて（内装は女主人の役目）ヘンリを喜ばせ、夏になると、ロシアの貴族夫妻やインドの高官夫妻など、多くの賓客、宣教師、友人をもてなした。世界に広がる人脈は、海外伝道に関わってきたルーシィにとって馴染み深いものであったが、ピーボディ夫人となることで、その人脈は名実ともに対等のものとなり、彼らが自宅にやって来る求心力を得た。ヘンリ・ピーボディの富は、日本の草木やオーストラリアの鳥をパラマッタの一部としたが、同じように、有力者たちもその空間に招き入れたのである。ヴァッサー女子大学を卒業した娘のノーマもパラマッタの住人となり、ルーシィは幸せをかみしめたことであろう。

再びの夫の死

しかし、それは長く続かなかった。一九〇八年二月末、ヘンリ・ピーボディの三男アルフレッドが死んだ。アルフレッドはもともと病弱であったが、マサチューセッツ工科大学を終え、ワシントン信託会社に二年間勤めた後、グロウスタ（ビヴァリから海沿いを北に行った町）に工場を持ち、自分で機械を据え付けたところで、チフスに罹患したのであった。息子の死から数日後、ヘンリ・ピーボディは完全に打ちのめされ、病床についた。頭ははっきりしていたが、肢体が不自由になった。四月に一ヶ月クリフトン・スプリングスの療養所に入った他は、闘病の九ヶ月間をパラマッタで過ごした。その間、読書が大きな楽しみだったという。『お日様の照るブルック農園のレベッカ』（宣教師志願の少女が出てくる）やウィリアム・ディーン・ハウェルズ、マーガレット・シャーウッド、ハミルトン・メイビの小品といった軽い読み物の他、ライマン・アボットやアルフレッド・グレンフェル、ウォルター・ラシェンブッシュの著作――リベラル派のものが並んでいる――、ジョン・ミルトンの恋愛もの、『天路歴程』などが読書リストに挙がっている。ルーシィはその一部を読み聞かせたはずである。CCUSMが一九〇三年に出した『インド概論』の著者、キャロライン・メイソンがパラマッタにやって来て、新作のゲラを読んで聞かせたこともあった。社会的福音やピューリタニズム指向の読み物、おとぎ話的で無邪気な物語が、ピーボディ家とそのサークルに受け入れられていた。

一九〇八年一二月七日、ヘンリ・ピーボディは静かに息を引き取った。その日ずっとルーシィが付き添っていたことが、ヘンリの伝記の細かい記述から推測できる。パラマッタで簡素な礼拝が行われ、セイラム第一バプテスト教会の以前の牧師――パラマッタに定住してから、ヘンリがセイラムの教会で礼拝を守ることは減っていた――、ブラウン大学のウィリアム・フォーンス学長等が弔辞を述べた。ヘンリの伝記の終わりに、ヘンリ・ピーボディは「革新的な保守主義者（progressive conservative）」であり、自分の信仰、良心（conscience）は大切にしたが、それはまた、他人の信仰と良心を尊重することであったとある。ルーシィもこうした信仰を共有していたと考えられるが、その立場――保守的かつ革新的という――を維持することは、当時徐々に難しくなっていた。が、これは、また後で詳述しなければならない問題である。

裕福な未亡人

ルーシィの二度目の結婚生活はわずか二年半で終わった。そのうち当初の半年は、WABFMSの仕事が続いており、最後の一年はアルフレッドの死に続くヘンリの看病に明け暮れた。夫婦らしい日常は一九〇七年の一年間だけであった。しかし、ルーシィ・ピーボディにとって、再婚の意味は大きかった。ヘンリ・ピーボディはアルフレッドを亡くし、病身となった一九〇八年三月一二日に最後の遺書を作成していた。それによれば、家の中の動産（家具や服、宝石など）は、ルーシィと次男のリンカーンに与えるが、ルーシィが最初に欲しいものを選ぶ権利を持っていた。財産の中から目下の親類や未亡人一四人に定額の現金が与えられ、その中にルーシィの二人の子が入っていた。ノーマは三〇〇〇ドル、アーネストは一〇〇〇ドルである。その他にニュートン神学校、セイラム第一バプテスト教会、ABMU、アメリカ・バプテスト国内伝道協会、ボストンのマサチューセッツ・バプテスト伝道協会、フィラデルフィアのアメリカ・バプテスト出版協会に現金が与えられた。最も多かったのは、ABMUの五〇〇〇ドルである。そして、残りの財産のうち三分の一がルーシィに、三分の一が次男のリンカーンに、三分の一が娘のベシの管財人（次男とヘンリの会社のパートナー）に与えられ、ベシの生活保障が管財人に託された。ルーシィがヘンリより先に死んだ場合は、ノーマとアーネストにそれぞれ三万ドルと一万ドルを与えることになっていた[32]。ルーシィにとって申し分のない遺書であったろう。ヘンリの残した財産の大半はビヴァリの土地――最高の利便性と将来性を備えた――であった。ヘンリの死後、「プロスペクト・ヒル合同会社」が「ピーボディ・フィールド」を宅地としてすぐ売り出したという[33]。ヘンリが望んだ市営の野球場は実現しなかった。ルーシィは、遺産相続により、安定した豊かな生活を確保した。夢のような話である。

ヘンリ・ピーボディが一九〇八年一二月に息を引き取ってから、ルーシィは亡き夫の伝記をまとめることにエネルギーを傾注したようだ。『ヘンリ・ウェイランド・ピーボディ――商人』は、遅くとも一九〇九年初夏までには出版された[34]。ルーシィがこの本を作ったのは明らかだが（本章注1を参照）、彼女の関与は明記されていない。未亡人としての慎みからか、二年半の結婚生活はヘンリの人生を語るには短すぎると感じたからなのか。二年半で三分の一の遺産を得たルーシィへの風当たりがなかったはずはない。

国勢調査記録によれば、一九一〇年、ルーシィ・ピーボディは娘ノーマと弟のエドガ・マギル、女中二人とボストンに住んでいた。[35]パラマッタを早々に引き払ったことになる。だが、一九一三年には、娘がビヴァリのモントセラト通りに下宿し、[36]ルーシィもその年にはビヴァリ戻っていた。[37]一九一二年に実父がピッツフォードで亡くなったので、[38]未亡人となった実母を引き取ったのだろう。一九二〇年にはモントセラト駅北側の丘にあるレッジウッドという通りに自宅を構え、実弟、実母、実妹、女中一名と住んでいたことを確認できる。[39]ヘンリとの思い出の家、パラマッタは、一九一一、一二年にはタフト大統領に夏の家として貸した。一九〇八年の選挙でヘンリがタフトを応援したことが縁と考えられる。ヘンリの生き残った息子リンカーンは、ハーヴァード大学で学士号を取った後、ニューヨークに在住した。[40]土地資産運用を円滑にするために、ルーシィがビヴァリに住むことが必要だったのかもしれない。

ヘンリ・ピーボディの死からちょうど一年後の一九〇九年一二月には、ルーシィの息子アーネストが二五歳で結婚した。場所はニュートンで、結婚後しばらく妻の実家に同居していたこと、妻は同い年であったことからすると、二人は高校の同級生だったのかもしれない。アーネストは二年間ハーヴァード大学に在籍した後、専門学校で林業を学び、結婚し、一九一〇年にはオレゴン州に移住した。[41]

『東洋における西洋の女性たち』

こうして一九〇九年頃を区切りに、子どもたちの教育をほぼ終え、裕福な未亡人となって身軽になったルーシィ・ピーボディが心血を注いだのが、再婚後も会長職を続けていたCCUSMの活動であった。前章に紹介したように、CCUSMが当初計画し、ラテン語のタイトルを冠した七冊の教科書はいずれも好評であった。一九〇八年には、サミュエル・ズウェマとアーサ・ブラウンの共著で、『近くて、遠い東洋――イスラム諸国とサイアム、ビルマ、韓国』

がマクミラン社から出版された。ズウェマは、イスラム教徒対象の伝道の専門家で、後にプリンストン大学の伝道学教授になった。ブラウンは長老派海外伝道局の重鎮の一人である。一九〇九年には、カトリック教徒へのプロテスタント伝道を扱う、クラーク夫妻著『ラテン諸国への福音』が同じくマクミラン社から出版された[42]。フランシス・クラークは、「クリスチャン・エンデヴァ」と呼ばれる若者向けキリスト教活性化団体の創始者で、著述家の妻とともに世界中を旅行した人である。一九二七年に亡くなったときには、「クリスチャン・エンデヴァ」は、全世界に四〇〇万人の会員を擁したという[43]。この本は夫妻の共著になっているが、CCUSMの報告書によれば、主に博士号を持つ妻が執筆したらしい[44]。CCUSMは、九冊の教科書でほぼすべての「伝道地」をカバーした。

一九一〇年は、CCUSMの設立一〇周年であった。記念すべき一〇冊目の本は、女性による海外伝道の歴史を扱うことが決まった。「この本は、過去四〇年間の努力についての単なる調査ではない。キリスト教徒の女性たちによるこの偉大な前進運動は、私たちの時代の特徴であり、今こそ私たちはこの運動に適切な表現を与えるべきなのだ。そして、モンゴメリ夫人ほど、そのような歴史を書くに相応しい人はいない」と報告書にある[45]。つまり、本の企画段階では、女性による海外伝道には四〇年の歴史がある、という認識であった。しかし、モンゴメリの原稿は、一九一〇―一九一一年が実は五〇周年であることを示していた。アメリカで最初の女性による海外伝道団体――婦人一致海外伝道協会（WUMS）――がニューヨークで設立されたのは、一八六〇年一二月のことで、法人格を得たのは一八六一年年頭であった。モンゴメリの原稿を読んだルーシィ・ピーボディは、女性による海外伝道五〇周年記念祝賀のイベントを行うことを思いついた。彼女は、モンゴメリに本の最後に五〇周年の祝賀の呼びかけを付け加えるように依頼し、その本――『東洋における西洋の女性たち』[46]――を五〇周年記念本と位置づけた。一九一〇年の春頃販売が始まったこの教科書は、六週間で五万部を売り上げた。

著者のヘレン・バレット・モンゴメリについては、すでに何度も言及した。ハル・ハウスのジェイン・アダムスほど有名ではないが、典型的な革新主義時代の女性市民活動家であった(47)。一九九七年八月に筆者は、モンゴメリ夫妻が所属したレイク・アヴェニュ・バプテスト教会（彼女の父親が牧会した）を訪ねたことがある。教会は黒人居住区の、治安が悪いとされる場所にあった。さまざまな教育的福祉プログラムを提供しており、モンゴメリの遺産を懸命に引き継ごうとしているようであった。夫のウィリアムはヘレンより七歳年上の質朴な実業家で、同じ教会の会員、男性向け日曜学校のリーダーであった。靴の製造会社等を経営していたが、自動車のエンジン発動機製造を手がける会社を起こし、これが後にジェネラル・モーターズに買収されて財産を築いた。前章で紹介したように、モンゴメリは、ルーシィと一八九〇年代初頭に初めて出会い、ＣＣＵＳＭが一九〇六年出版した『Christus Redemptor――太平洋諸島伝道概論』の執筆を担当した。加えて、ノースフィールドの夏期学校講師としても活躍し、モンゴメリの授業のシラバスが複数パンフレットとしてＣＣＵＳＭから出版されていた(48)。母教会での日曜学校運営の豊富な経験が、夏期学校で活かされた。海外伝道の世界では、代表的大卒第一世代の「新しい女」として名を馳せた(49)。

『東洋における西洋の女性たち』では、著者の革新主義的な立場が明確に示されている。実際、海外伝道は、「宗教的熱意に動機づけられた偉大なセツルメントだ」というのがモンゴメリの認識であった(50)。第一章では、女性と海外伝道の関わり――「婦人伝道局」の前身になるような、宣教師を送る側の活動が中心になっている――を一九世紀前半から発掘し、この運動の震源を、マウントホリヨーク・セミナリを代表とする女子教育の向上、奴隷制反対運動への女性の参加、参政権運動といった一九世紀前半に始まる改革運動と結びつけて理解している。女子教育や奴隷制反対運動と宗教的情熱、良心が結びついていることはよく知られているが、参政権運動は世俗性の強い運動で、信心深い女性の間には支持しない者も多かった。モンゴメリは、しかし、一九一〇年代にあって支持層を広めていた参政権運動と海外伝道を同一線上に置いた。海外伝道は、信心深い女性たちの古くさいセンチメンタリズムや優越感の押しつけではなく、社会変革の力なのだというのが、この本全体のテーマである。

その上で、第二章では、伝道地の女性たちの苦難を、若年結婚、未亡人虐待、嬰児（女児）殺し、纏足、一夫多妻といったお馴染みの事例を挙げて解説する。第三章では、このような苦難に対してアメリカの女性たちはどのような介入を行っているのかを、教育、医療、慈善、労働、福音伝道に分野分けして解説。第四章では、このような介入に貢献した女性数人を紹介している。初期の著名な運動の指導者や宣教師が中心だが、冒頭にあまり脚光を浴びることのない宣教師の妻たちの貢献を指摘している。第五章は、そのような介入の成果として、伝道地の生活状況の向上や、著名な現地人女性キリスト教徒を紹介する。

最終章では、女性による海外伝道が直面する課題を示し、解決の方向性を提案している。伝道地での巨大なニーズにどのように対応するか、海外伝道支持者をどのように増やすか、男性主導の海外伝道局本部による婦人伝道局吸収合併の圧力にどう対応するか、主に教派別に活動している女性たちの間の協力をどのように推進するか。まず、巨大なニーズを統計で示し、これまでに女性たちは四一〇〇万ドルをこの事業に投下してきたが、必要に照らせば僅少であり、需要に応えるために支持者を増やす必要があると指摘する。そのためには、目標を決め、教育と宣伝に努めるわけで、その具体的方法が提案される。特徴的なのは、「ビジネス方式」の採用である。会員と献金が前年より一五パーセント増えたか、二月の祈りの日を守ったか、会員の少なくとも半分が雑誌を定期購読しているか、メンバーが皆祈禱カレンダーを持っているか、日常の集会に三分の二以上の会員が参加しているか、といった一二の点検項目を使って、個別伝道集会のリーダーたちが自分たちの会のレベルを判定し、向上を目指すことを推奨している。科学的知識（この場合は明確な基準と数字）とそれに基づく効率の追求は、革新主義者の改革アジェンダの特徴である。

モンゴメリは男性主導の伝道局本部に女性たちの運動が統合されることには反対であった。そもそも、合併のプランというのは、女は献金を集めるのが得意だから、献金を集め、それを男が使うプランなのであり、モンゴメリに言わせれば、男性たちは女性と共に働く準備ができていないのであった。男性が主導する海外伝道には、女性が築いてきた生きた繋がりが欠落しており、統合されれば女性たちの熱意がしぼんでしまう。熱意がある限り、献金の泉がかれることはない、というのがモンゴメリの主張である。さらに、女性のために、女性の観点をとりこんで活動を行うこと、つまり、女性に特化した仕事――幼稚園、孤児院、救護院、学校、家庭などの分野を扱う――が必要だとも述べた。モンゴメリは、むしろ男性は、女性を見習って、男性の活動を活性化すべきだと指摘した。ヘレン・モンゴメリは男女の分離主義の上に立ち、その構図の中で女性の参政権も肯定していた。モンゴメリの最新の伝記が強調するように[51]、女性が「道徳の守護者」、「家の光」として保持する力を、地方行政等に直接活かすべきだという、当時よく言われた「家政を市政に（municipal housekeeping）」という発想に立っていた。分離主義は、女性革新主義者にとっての力の源泉であった。

もう一つの課題、教派を超えての協力については、異教の存在の前には、教派間の差異はないに等しいとし、この点では伝道地の現地人キリスト教徒の方が優れた見通しをもっている、としている。日本でも当初日本人は教派にとらわれない教会を創設することに熱心であったが、こうした情報は、モンゴメリに的確に伝えられていたことになる。最後に、CCUSMによるエキュメニカルな活動を紹介して、『東洋における西洋の女性たち』は結びとなる。

ヘレン・モンゴメリにとって、ロチェスタの町で教育委員会委員に選ばれ、移民問題の解決を目途に、教育改革を行うことと、海外の「姉妹」が抱える諸問題に介入することの間に大きな差異はなかったようだ。彼女にとって、キリスト教は、女性の純潔の大切さ、結婚の自己選択、離婚の非道、「ホーム」の神聖を説き、女子教育を支持し、一言で言えば女性をエンパワーする宗教であった。この特徴は、ヒンドゥ教、儒教、仏教、イスラム教などには見られないユニークなものだと言う。たしかに、パウロの書簡には女性差別的な言葉もあるが（コリント第一の一一章など）、それは、モンゴメリの理解では、当時のコリントの教会が置かれた特異な状況に対して発せられたものである。しかも、パウロに帰せられた手紙には、イエス・キリストにあっては、「ユダヤ人もギリシア人もなく、奴隷も自由な身分の者もなく、男も女も」ないとの言葉もあり（ガラテヤ三章二八節）、聖書のテキストの内部で相互補完が成されている、と彼女は主張した。キリスト教はとりわけ女性にとって、「民主主義の福音」であり、伝道は異教徒の女性の苦しみを和らげ、女性の生き方に向上をもたらす改革の力なのであった。一方で、アメリカ社会でも女性は抑圧的な労働を強いられたり、教育機会から閉め出されたり、売買春等の問題にさらされており、海外のそうした問題に介入する余裕も資格もない、という意見があることをモンゴメリは認めている。これに対し、彼女は、キリスト教勢力のあるアメリカでは、少なくともそうした邪悪は、邪悪として認識されているが、異教徒の国では社会が公認する行為となっているから、キリスト教を伝えることは必要だと反駁した。[52]

しかし、なお、異教徒に改宗を促すことは、究極的介入ではないのか。個人の有り様と社会の組み立ての根本的破壊と再構築を目指すものではないか。ハーマン・メルヴィルの、南太平洋における宣教師の活動に対する批判（『タイピー』（一八四六年）と『オムー』（一八四七年））に、同地域の伝道概論を執筆したモンゴメリは、当然気づいていた。彼女は、『Christus Redemptor——太平洋諸島伝道概論』のなかで、宣教師を送らなければ、西洋社会は、「白人の蛮行、欲望、残虐」だけを送ることになるという反論を展開している。宣教師を引き揚げても、「貿易業者、ラム、残酷な搾取」を一つたりとも阻止することはできず、「悪の力にやりたい放題をさせるだけだ」と。[53] それは、海外伝道の世界では定番の海外伝道擁護論であった。[54]『東洋における西洋の女性たち』では、このような議論を直接展開していないが、その前提に立ち、女性宣教師を先兵とする異教徒社会の改革の重要性を強調した。

女性による海外伝道五〇周年記念イベント

『東洋における西洋の女性たち』の好調な売り上げを確認したルーシィ・ピーボディは、秋になって具体的な祝賀イベントの計画と呼びかけを開始した。ニューヨークとシカゴに委員会をつくり、前者に北米東部、後者に西部の祝

「一座」：前列左よりミラー，モンゴメリ，ヒューズ，後列ノーブル，マーデン，エルモア（インド），クレイトン（中国）．*The Congregationalist and Christian World*（April 8, 1911), p. 464 より．PHS 所蔵（Folder 63, Box 10, RG NCC 27）

賀イベントの企画を任せた。さらに全米各地のイベントでスピーチを行う「一座」を結成した。ヘレン・モンゴメリ、インディアナポリスに本拠を置くキリスト教婦人伝道局（ディサイプル派）の主事フローレンス・ミラー、WAFMS-Wの主事エラ・D・マクローリンの三人が「一座」の基本的構成員であった。ルーシィの個人的人脈であったことがうかがわれる。だが、「興業」が繁盛し、長引くうちに、恩賜休暇中の宣教師等が加わった。インドの自給宣教医メアリ・リグス・ノーブル、中国のメソジスト系ミッション・スクール校長ジェニィ・V・ヒューズ、イスタンブールの会衆派の伝道事業に責任を持っていたエタ・D・マーデンなど一〇人ほどである。(55)

　五〇周年の「一座」はまずカリフォルニアに向かい、そこから東部へと旅をした。「一座」を歓迎する形でさまざまな町で祝賀イベントが企画されるという趣向であった。一九一〇年一〇月一二日、カリフォルニアのオークランドを皮切りに、オレゴン州ポートランド、ワシントン州シアトルと進んだところで、初めて集会に二〇〇〇人が集まった。デンヴァでのプランは良くできていたので、東部諸都市での集会の見本となった。ネブラスカのリンカーンは、当初は予定になかったが、希望して「一座」を迎え、一五〇〇人の大集会を行った。祝賀は、オマハ、カンザス・シティ、セントルイス、セントポール、ミネアポリス、ミルウォーキ、シカゴ、インディアナポリス、シンシナティ、デトロイトと続き、ノースウェスタン大学とデュポー大学でも開催された。

感謝祭とクリスマスを挟んで、年が明けてから、東部での祝賀が始まった。一月二三日のクリーヴランドを皮切りに、ルイスヴィル、ナシュヴィル、ワシントンD.C.、ボルティモア、リッチモンド、ピッツバーグ、ハリスバーグ、バッファロ、フィラデルフィア、アトランティック・シティ、アルバニ、トロイ、スプリングフィールド（マサチューセッツ州）、ニューヘヴン、プロヴィデンス、ボストン、ポートランド（メイン州）、シラキュース等を「一座」は回り、最後にニューヨーク市を訪れた。そこでは、三月二七日から三〇日まで四日間にわたる盛大な祭りが催された(56)。

このおよそ半年にわたる女性たちの祝祭は、前代未聞の規模であった。東部主要都市で前売り券を購入しての昼餐会に集まった女性の数は、クリーヴランドで二二〇〇名、フィラデルフィアで二四〇〇名、ピッツバーグで四八〇〇名、バッファロで二四〇〇名と報告されている。ニューヨーク州アルバニでは、オール・セインツ会堂に三〇〇〇人の聴衆を集め、ヘレン・モンゴメリが説教壇（プルピット）から挨拶した。このような栄誉が女性に与えられたのは初めてだったという(57)。ワシントンD.C.では、元国務長官のジョン・ヘイ夫人が自宅を集会の一つのために開放し、タフト大統領夫妻がホワイト・ハウスに「一座」とワシントンの祝賀委員会のリーダーたちを招いてレセプションを開いた。そこでモンゴメリのサイン入りの『東洋における西洋の女性たち』が贈呈された。首都の名士夫人を集めた昼餐会も華やかであった。さらに、ニューヨーク市では、ラッセル・セイジ夫人、ヘレン・グールド（大富豪の娘）、ジョン・P・モルガン夫人などの協力があり、昼餐会には六〇〇〇人が集い、三つのホテルを使うほどであった。最後の集会はカーネギー・ホールで開かれ、モンゴメリがスピーチを行った。ニューヨーク市だけで、五〇周年記念献金は一三万一〇〇〇ドル、全体では八七万一〇〇〇ドルに上った。『東洋における西洋の女性たち』の売り上げは一〇万部となった。ニューヨーク市が宗教的大儀にこれほどの関心を示したのは初めてだともささやかれたという。[58]

一連のイベントは、広く一般の新聞でも採り上げられた。あくまでおおよその指標であるが、[59]"women's jubilee 1910–1911"でNewspaper.comを検索してみると、一万七〇四八件ヒットし、しかも、「一座」がほとんど訪問しなかった南部でも、集会が開かれた村や町があり、いくつかの報道があったことがわかる。ちなみに、同じ一九一〇年に開かれたエディンバラにおける宣教師会議――一九〇〇年のエキュメニカル会議に続き、伝道の世界では一時代を画するほど有名なもの――を"missionary conference Edinburgh 1910"で検索すると一四四一件しかヒットしない。五〇周年の祝祭がいかに大衆的魅力を持っていたかが推察される。それは、二〇世紀的なリヴァイヴァル運動の一形態にさえ見える。

仕掛け

ルーシィ・ピーボディは、「全米に割り振られた五〇周年祝賀の成功を説明するとしたら、ただ一つ。それは、社会は利己的で、分派的で、物質を崇拝しているという概念に対する、アメリカの女性たちの自発的反逆だった」と書いた。[60]ただし、一九世紀の多くのリヴァイヴァルがそうであったように、この祝賀は、仕掛けなしに自然発生したわけではない。これまでの研究者は、ニューヨーク市を除く東部だけで一九七回のスピーチを行ったヘレン・モンゴメリのメッセージの効力を強調する傾向があり、[61]「仕掛け」の方を過小評価してきた。「仕掛け」を準備し、統率したのは、他ならぬルーシィ・ピーボディであったわけだが、彼女自身、予想を超えた好反応に驚いたことだろう。「自発的」という言葉でこの運動の成功を説明したのは、その驚きの表現と考えられる。

ルーシィ・ピーボディは西部の諸都市での祝賀をアレンジし、「一座」を送り出した後、ボストンに留まり、西部の成り行きの情報を集め、東部各地、各教派の婦人伝道局関係者に手紙を送り、祝賀への協力を促し、祝賀のモデル案、ページェントの案、賛美歌や祈禱のサンプル等の印刷物を作成し、送付するなどの仕事を指揮した。(62)

手元に、東部の各地祝賀委員会に配布された祝賀運営の実際を解説した四頁の冊子のコピーがある。(63) それによれば、一日目の午前と午後に、一回ずつの「客間の集会」(64)を伝道に関心のない女性たちのために開き、同時に、午後にはすでに関心を持つ女性たちが祈禱会を開く。夕刻にはレクチャーか大集会を開く。翌日の午前中には、各教会で、教派の婦人伝道局の主事の指導で、教派別集会を開き、海外伝道の状況、必要、拡大の可能性、緊急案件を図表、統計を使って説明する。そこで宣伝パンフレットや婦人伝道局への献金の約束書を配る。約束献金は、この機会に集められた。献金額は教派別に集計され、教派の婦人伝道局の五〇周年特別プロジェクトに使われることになっていた。教派を超えた情報共有や祝賀、書籍販売はしたが、献金という、運動の根幹部分において教派の枠組みを崩すことはしなかった。午後七時四五分から最後の集会を開き、クライマックスを演出する。それぞれの教派の婦人伝道局主事が一人三分で教派別の教会での結果（約束献金の額）を発表し、賛美歌と一―二本の力強い式辞で締めくくる。エキュメニズムと教派主義が繊細に組み合わされたプログラムが提示されたわけだ。

このイベントを実行するために、まず、少なくとも一〇〇人から成る委員会を各開催都市が作ることが推奨されている。一〇〇人を、執行、宣伝、会場、財務、接客、文書、若い女性のリクルート、音楽、総務の9つの小委員会に分け、責任を分担する。集会の費用は、ヘレン・モンゴメリへの謝礼と旅費計五〇ドルで、もし余れば、最後の集会の費用にまわす、とある。つまり、「一座」のその他のメンバーの経費は、基本的にそれぞれが属した婦人伝道局が責任を持ったのであろう。昼餐会は会費でまかなう。CCUSMの原案では、モンゴメリの他にS・R・ヴィントン師の講演を祝祭に入れ込むことも提案している。この人は講演料を取り、経費を相殺できる人物だったようで、いくつかの都市では彼の講演を祝祭の前座として取り入れた。(65)

これらの集会の目的は、海外伝道に関心を持たない多くの女性たちの関心を喚起することにある、というのがCCUSMの立場であった。そして、すべての集会には祈りが伴うはずであった。神に栄光をもたらすように、抑圧された女性たちのために神の仕事がなされるように、神の子どもたちの間に一致の精神が高まるように、キリスト教徒の女性たちが成すべき仕事の大きさを改めて認識できるように、そしてすべての女性たちがより誠実に、賢く、効果的に神の国の到来のために祈ることができるように、と。[66] 祝賀運営の実際を解説したパンフレットはいかにもルーシィらしく、実務的な明瞭さと信心深さが結合したものである。

このような指令は、どのように各都市に伝えられたのだろうか。ワシントンD.C.の例を見ると、一一月第二週のある日、ニューヨーク・アヴェニュ長老教会の牧師の妻、ワレス・ラドクリフ夫人のもとに、CCUSM会長としてのルーシィ・ピーボディから突然手紙が届いた。全米三〇以上の都市で五〇周年の祝賀が開かれているが、ワシントンでも開けないか、という手紙であった。そこには、ワシントン在住の伝道に関心のあるはずの多くの女性たちの名前（主にノースフィールドの夏期学校に参加したことのある女性たち）がリストされており、「百人委員会」を作ることが提案されていた。上述のパンフレットがどの時点で届けられたかはわからないが、ワシントンでの祝賀は、ほぼCCUSMのプランをなぞって進められた。特別だったのは、すでに紹介したように、大統領夫人と元国務長官の未亡人を巻き込むことに成功した点である。[67] ルーシィ・ピーボディ＝CCUSMにとって、各都市のだれに最初にコンタクトするか、その決定が最重要のものであった。信仰深く、海外伝道に関心があり、やる気があり、地域に広い人脈を持っている女性を選び出す作業は、この運動の成否を左右したと考えられ、ピーボディが一九〇〇年以来のCCUSMの活動を通じて築いたネットワークは、その選定を可能にする情報を提供しえた、ということである。

祝祭の基本形は示されていたとはいえ、モンゴメリ以外の講演者の選定も含めその細部の決定は各都市が比較的自由に行った。ワシントンではメトロポリタン・アフリカ系メソジスト教会での集会に、二〇〇〇人の黒人女性が集まった。モンゴメリの伝記を書いたモブリは、一連のイベントにおける人種隔離の存在を暗示するものと指摘するが[68]、これは、各個教会での教派別集会だったので、白人教会と黒人教会が分れていたことを単純に反映したものである。むしろ、伝統的に白人女性が主導した海外伝道の五〇周年のイベントに二〇〇〇人もの黒人女性が集まったことは、五〇年の間に海外伝道への関心が人種の境界を多少は超えて広がったことを表していたのではなかろうか。

余興では、子どもたちに異国の民族衣装を着せてコーラスさせたり、特別に作った賛美歌を披露したり、留学生が民族衣装で登場したりと各都市が特に趣向を凝らした。ピッツバーグとニューヨークではそれぞれ、カーネギー音楽堂とメトロポリタン・オペラ・ハウスを使って、『東洋における西洋の女性たち』を基に作成され、若い女性たちが演じるページェントが披露された。ニューヨークでは音楽芸術協会の合唱団と六六人のオーケストラがついた。ページェントは、教会的娯楽の古典である。日曜学校の子どもたちが、クリスマスに「受胎告知」や「東方の賢者」などイエスの誕生のシーンを演じて、子どもも親も楽しみながら聖書の物語を学ぶ。子どもにとっては、「舞台に出る」最初の経験が、教会のクリスマス・ページェントであることも多かった。この参加型の伝統的娯楽が、大規模に採用された。

ニューヨークのページェントを追ってみると、プロローグでは、一〇〇年前の、ビルマ、シャム（現タイ）、日本、トルコ、韓国、アフリカの女性たちが希望のない様子で列を成して進む。「我が魂よ、聞け。天使の歌が溢れる」を合唱団が歌い、天使が近づいて来るのに隊列の人々が気づく。第一場は、「西洋における始まり」で、一八二九年に日本製のバスケットに関心を持った女性たちが日本のために六〇〇ドルの献金を集め、将来の伝道に備えたという有名なエピソードが演じられ、最後に「神の息子が戦いに出る」を全員で歌う。第二場は「東洋における始まり」で、インドの村で福音を伝える女性宣教師の様子を描き、最後に「聖なる声を聞け」を全員で歌う。第三場は、中国のクリニックの様子で、「イエスが立っている」を全員で歌った後、ベートーベンの曲が流れる。第四場は、日本の幼稚園の光景である。「子ども好きで知られる日本人は、幼稚園に大きな魅力を感じている。日本人はすべてにおいて最高のものを要求する。宗教においても最高のものでなければ満足しない。……女子のための学校は幼稚園からカレッジまである。……しかし、ミッション・スクールで教えたいという大卒のアメリカ人女性を見つけるのは不可能」とのメッセージが送られた[69]。日本人は独立意識が強く、一般的な女性宣教師の与える初歩的な教育に満足しないという情報は、アメリカの海外伝道に関係する女性たちには正しく伝わっていたわけだ。日本はこのページェントで大きな役割を与えられているが、「貧しく、哀れな異教徒」の一員であると同時に、ここにあるように、自己主張の強い、扱いにくい隣人として描かれている。もう一つここで注目されるのは、この女性による海外伝道の絶頂期にあって、大卒の女性を宣教師としてリクルートすることが困難になりつつあることが、率直に指摘されている点である。

ページェントの第五場は、「トルコ帝国の新しい女」で、ハーレムの惨めな生活とキリスト教教育によって充実した生活を送るトルコの女性が対照的に描かれ、「いざシオンの山へ。使命が完遂される」を全員で歌う。第六場は、「暗黒のアフリカからの脱出」で、かつてのアフリカと新しいアフリカが対比される。後者には学校、教会、産業があり、「野蛮人の酋長」が娘たちを入学させようと、椰子の葉の間から学校をのぞき、宣教師が盛んに入学を勧めている様子が演じられる。全員で歌ったのは、「一万×一千回」「光の冠をつけて起き上がれ」という題名の歌であった[70]。

この内容は先行したピッツバーグのページェントを基本的になぞったものだが、違いは、ピッツバーグでは、アフリカの光景はなく、代わりにビルマの仏教の光景があった点である[71]。ニューヨークでアフリカの情景を演じたのは、ブルックリンのハワード黒人孤児院の子どもたちであったから[72]、それらしい出演者の調達ができたことから、情景の変更を決めたのかもしれない。

モンゴメリの著書や演説がいかに西洋の帝国主義的パターナリズムに意識的で、今の言葉で言うならネイティヴ・エイジェンシーに多少配慮したものであったにせよ、ページェントになってしまうと、単純化はまぬがれない。若い白人女性たちは天使に扮して列をなし、孤児院の黒人は「野蛮な酋長」とその娘たちを演じる構図には、支配者側の無神経な自惚れや残酷さを感じ取らざるをえない。もっとも、黒人の子どもたちは、メトロポリタン・オペラ・ハウスの晴れ舞台に喜んで参加していた可能性は大きいし、こうした単純な構図があって、わずか四日間のニューヨークの祝祭で一三万一〇〇〇ドルの献金が約束された。それは、伝道地での「必要」――その一部は現地人が確かに望んだものでもあった――のために使われたのだ。「与える」ことには栄光と支配権が、「もらう」ことには被支配者の屈辱が伴う。問題は、キリスト教徒の善意――少なくとも主観的には――の介入が、与えたもの以上の収奪につながったかどうかであろうが、その判断は立場によって大きく異なる。(73)

女の示威運動

この祝賀イベントについては、すでに説明したような目的が公表されていたが、それらとは別に、海外伝道・教会の世界での女性たちの示威運動という側面もあったと筆者は考えている。すでに言及したように一九一〇年六月一四日から二三日にスコットランドのエディンバラで、世界宣教会議が開かれた。学生ヴォランティア運動のジョン・R・モットが議長となり、「この世代のうちに世界のキリスト教化を」というこの頃の時代精神を背景に、教派間の協力を訴えた。北米とヨーロッパのプロテスタントの伝道局が約一二〇〇人の代表者を送り込んだ。一八八八年以来、およそ一〇年おきに開かれたこの種の会議のなかで最も有名なものである。日本からも、井深梶之助や本多庸一が参加している。あの、若きルーシィのためにプンカーを引いていたジョン・ランギア（第二章を参照）も南アフリカの代表としてそこにいた。だが、一九〇〇年のニューヨークのエキュメニカル会議で、あれほど盛大だった女性たちのセッションは、エディンバラでは再現されなかった。実際、この会議に至るまでの間に、男性主導の伝道局と婦人伝道局の間の協力、あわよくば合併が男性の間で声高に叫ばれるようになった。エディンバラの会議では、海外伝道に関する八課題があらかじめ設定され、それぞれに準備委員会が形成されたが、協力の題目のもとに、女性たちはその準備委員会に名ばかりの少数の席を与えられたにすぎなかった。ヘレン・モンゴメリは第六課題「伝道のホームベース」の準備委員二〇人の中のたった一人の女性委員に任命された。すでに論じたように、モンゴメリは分離主義者で、男女伝道局の合併には大反対であった。アメリカで開かれた準備委員会に彼女はほとんど出席しなかったらしい。圧倒的に男性が牛耳る委員会に、モンゴメリは出席の意味を見いだせなかったのかもしれない。それでも、男女伝道局の協力の推進と漸次統合の必要を唱えた委員会の結論に、彼女は異議を申し立て、統合の推奨は、証拠に基づかない意見であり、「諸婦人伝道局から事実を集める努力なしに」下されたものだと指摘したという。[74]

エディンバラの大会後に出版された第六委員会の報告書を見てみると、まず、女性の活動の進展に言及した上で、女性による資金調達が男性によるそれの阻害要因になっているとし、また、一部の伝道地では事業展開について男女間の対立があることを指摘している。そして、婦人伝道局と男性主導の伝道局の関係の例を挙げるのだが、その際、イギリス、オランダ、スウェーデン、デンマーク、ノルウェーの事例は取り上げているが、アメリカの諸婦人伝道局への言及は皆無である。続いて、女性と男性の活動の将来についてのいくつかの意見が、小さな文字で引用され、婦人伝道局の意見とされているものの大半はアメリカ由来であり、モンゴメリのものと覚しき分離主義の効用を説く意見も含まれている。しかし、並列された諸意見の最後には、仕事の重複と無駄を指摘し、婦人伝道局に男性指導者が、男性主導の伝道局に女性指導者が入り、分離の解消の方向に動くべきだという、「最も強力な婦人伝道局の一つの、頭のはっきりしたリーダー」の意見が掲載されている。そして、結論としては、即座ではないが、時を見て男女伝道局の統合が図られるべきだとする。[75]

このように見ると、『東洋における西洋の女性たち』におけるヘレン・モンゴメリの断固とした分離主義の主張は、エディンバラの準備委員会に対する反駁を公にしたものと理解できる。彼女は、一九〇九年、準備委員会での成り行きを知る立場で、この教科書を書いていた。モンゴメリの意見に全面的に賛同し、一九一〇年夏以降、五〇周年の祝祭を企画したとき、ルーシィ・ピーボディは、エディンバラの会議でアメリカの婦人伝道局の存在がほとんど置き去りにされた――伝道広報出版のことも議題になったが、CCUSMの名は言及さえされなかった――ことを意識していたはずである。実際、右に紹介した祝賀運営の実際を解説したパンフレットの最後のページには、「エディンバラの世界宣教会議のプランに倣って」、祝賀を準備する際の「祈り」の主題をいくつか例示している。(76) エディンバラの会議は、霊性に満ちたもので、毎日三〇分の祈禱の時間が守られ、賛美歌が随所に挟まれたという。(77) 五〇周年の祝祭でもそれを見習おうというわけである。表面的には穏やかな、敬意に満ちた提案だが、そこに秘められた抗議と反逆の魂が、祝賀成功の原動力の一部であったのかもしれない。五〇周年の祝賀は、エディンバラで十分認知されなかったアメリカの女性たちの海外伝道への貢献と力を見せつけた。このイベントを通じ、ヘレン・モンゴメリとルーシィ・ピーボディは海外伝道の世界での名声を飛躍的に高め、一九一三年までにルーシィはエディンバラの会議の継続委員会のアメリカ合衆国選出の委員に任命され、モンゴメリは、一九一三年以降、継続委員会傘下の教育委員会の委員に任命されることになる。(78)

ルーシィ・ピーボディは、ピッツバーグ、ワシントンD.C.、ボストン、ニューヨークといった東部の主要都市のイベントに参加し、演説等も行った。彼女は『五〇周年物語』と題された一連の祝賀の記録冊子をニューヨークのイベントに間に合わせて出版し、抜け目なく一部一〇セントで販売し始めた。ニューヨークのイベントの三日目（三月二九日）の夜には、カーネギー・ホールでCCUSM主催、教科書「執筆者の夕べ」が開かれ、一〇人の執筆者が勢揃いした。さらに、長老派の海外伝道局の主事で、海外伝道の世界の重鎮であるロバート・スピア（一八六七―一九四七）が、次年度の教科書の執筆者として登壇した。ルーシィは、「優雅かつ効率的に」司会をし、献金箱は回されなかったが、「やんわりと、世界中で小切手帳を持っているのはアメリカの女性だけだと発言した」。その夜、彼女は急な差し込みに襲われ、最終日は欠席となった(79)。

婦人伝道局連合の結成

五〇周年が終わったとき、リーダーたちはニューヨークに集い、お互いに顔を見合わせた。これほどのエネルギーが噴出した後に、物事が元に戻るということはありえない。再会を期すことなく別れることは考えられなかった。将来にわたって、各婦人伝道局は互いと、そして、女性全体と連絡を取り続けなければならない(80)。

ルーシィ・ピーボディは、祝祭の成功の余韻に浸りながら、次なるステップを想い描いていた。それは、婦人伝道局連合（ＦＷＢＦＭ）の形成であった。ＣＣＵＳＭの一〇年にわたる仕事は、ルーシィを女性性を土台とするエキュメニストに育て上げた。彼女は、基本的に教派別に設立されてきた婦人伝道局間の連合体をつくり、ＣＣＵＳＭ以上の組織的教派間協力を推進しようとした。

一九一二年二月、三年ごとのアメリカ・カナダ婦人伝道局会議（ＴＣＷＦＭＢ）がフィラデルフィアで開かれた。この会議は、実は前章で言及した一八八八年のロンドンの国際会議において女性たちが集まり、アビィ・チャイルドを会長に組織した、「女性キリスト教徒世界伝道委員会」から派生したものである。

一九〇九年にボストンで開かれた第八回の会議報告を見ると、特別指定献金（宣教師が直接寄付者から得ることが多い）の扱い、宣教師の給与、支度金、退職後の待遇、恩賜休暇の条件、婦人伝道局の有給職の割合、あるいは、ＹＷＣＡやＳＶＭとの関係といった実務的な事柄についての情報交換が中心の会議であったようだ。ＣＣＵＳＭの仕事はこの会議で報告され、夏期学校や出版関係の新しい仕事の提案等も行われた。ラウンド・テーブルでは、一〇歳から一五歳の子どもをターゲットにした良質な雑誌を教派合同で発行することが提案され、その準備金二〇〇〇ドルが寄附されたことに言及があった。この提案を受けて、いくつかの婦人伝道局の支援と自分のポケット・マネーを使って、ルーシィ・ピーボディは『すべての国々』(*Everyland*)を出版するようになった[81]。この雑誌は、五〇周年の祝祭でも『東洋における西洋の女性たち』とともに展示販売された[82]。さらに、ピーボディは、キリスト教のテーマを展開するだけでなく、衛生や子育ての助けになるような上質な雑誌を伝道地に提供することが重要だと指摘した。この提案は、後に「女性と子どものためのキリスト教出版物教派間協力委員会」となり、いくつかの伝道地での現地語での雑誌の出版につながっていった[83]。

さて、一九一二年二月の第九回TCWFMBで、ルーシィ・ピーボディはFWBFMの設立を提案した。こうした中央組織の設立は、CCUSMが出す本を買って伝道の勉強会をしたり、TCWFMBに代表を送ったりするのとは意味が違い、各婦人伝道局の主権の侵害に及ぶ可能性がある、というのが最大の懸念であった。しかし、ピーボディは、小さな婦人伝道局が情報やミーティングのツールを求めたときに対応できる組織としてFWBFMを意味づけ、設立に向けての決議を通した[84]。それに従い、CCUSMによる指名で「三人委員会」が形成され、一九一二年五月までに計画と憲章が作成された。それが各婦人伝道局に送られ、最初は一九の婦人伝道局が指名した代表で地区委員会(当初は米国を六つの地区に分けた)が形成された。地区委員会の代表と、それとは別に広く選ばれた五人で、一九一三年一〇月二四日にニューヨークで「一般諮問委員会」が組織され、憲章が採択され、常任委員会が形成された。「一般諮問委員会」の最初の仕事の一つは、一九一四年一月九日開催の「祈りの日のプログラム」の発行であった[85]。

「祈りの日」の主導は、FWBFMの活動の中で最も広汎に受け入れられたものと言えるだろう。「祈りの日」の起源については諸説ある。一説には、長老派の国内婦人伝道局の会長が一八八七年に提唱したもので、二月の最終週を「遜りと祈りの一週間」とし、その中の一日に特別礼拝を守ることを同婦人伝道局が呼びかけて始まったとされる。

この試みにいくつかの他教派の婦人伝道局が散発的に同調するようになった。一八九〇年代には、TCWFMBの中で、特にヘレン・モンゴメリとルーシィ・ウォータベリ（ピーボディ）が中心となり、海外伝道のために教派を超えて祈る日の特定を提唱し、二日間の祈りの日がもたれるようになった。一九一〇―一一年の五〇周年祝賀でも「教派を超えた祈り」は積極的に実践され、FWBFMは、それを「海外伝道のための世界祈りの日」としてプロモートするようになった。一九一九年に国内婦人伝道局と合同で祈りの日を守るようになり、さらに、宣教師を通じて、この「世界祈りの日」が文字通り世界中の伝道地で守られるようになっていった。[86]

ルーシィがモントセラト駅の北側のレッジウッドに構えた家のすぐ近くには「見晴らしの岩」という大きな岩がある。そこからかつては海が見えた（今は樹木が多くて見えない）。イースターになるとルーシィはそこで早朝礼拝を行い、多くの人々が集まったという。[87] 彼女は、合理的で、商才を活かした活動をしたが、祈りこそがその活動の中心にあった。「世界祈りの日」は、そのようなルーシィらしい行事であったし、また、経費も余りかからず、婦人伝道局に集う人々に受け入れられやすいものだった。

一九一一年二月、ワシントンでの女性による海外伝道五〇周年の祝祭以降、ルーシィ・ピーボディは、ホワイトハウスで居間集会を開いてくれたタフト大統領夫人との親交を深めたようだ。すでに紹介したように、ヘンリ・ピーボディは政府関係の仕事でウィリアム・タフトを知っており、一九〇八年の大統領選挙の際、彼を応援する文書を新聞に発表した。一九一一、一二年の夏、ルーシィがヘンリと過ごした家、パラマッタは、タフト大統領夫妻の夏の家として貸し出された。そして、タフト夫人の希望にそう形で、一九一二年にワシントンD.C.のポトマック河畔に日本から桜が贈られた際、ルーシィは、三本の苗をもらい受け、自宅レッジウッドの庭先に植えた。夫が日本庭園造りに熱中していたことを偲んでのことであろうか。ルーシィの家では「日本人の夫妻」（日系移民と考えられる）が働いていたという。[88] 一九一二年にルーシィは実父を失い、未亡人の母と妹を引き取る算段をし、レッジウッドの家を準備したと考えられるから、桜の木はちょうど良いタイミングでルーシィに贈られたわけである。

ヘンリ・ピーボディの遺産を得ておよそ四年、ルーシィは、五〇周年記念イベントを通じ、裕福な未亡人社会事業家としての地位を盤石なものとした。そして、今や実母、実弟、実妹の面倒を見、独身の娘の将来を案じる家長であった。

（1）Peabody, *Henry Wayland Peabody*, pp. 18–20. 本書には元来著者が書かれていない。しかし、ルーシィが企画編集し、その多くを執筆したものと考えられる。出版をし、版権をもつリーヴィスは、ＷＡＢＦＭＳでルーシィの編集助手を務め、ＣＣＵＳＭの仕事も手伝った人である（前章注46参照）。ウェスト・メドフォードは彼女が住んだ場所である（Cattan, *Lamps are for Lighting*, pp. 46–47）。つまり、この本は私家版で、販売を意図したものではない。以下、ヘンリ・ピーボディの伝記的情報は、主に本書による。その場合、注を省略するが、文章をそのまま引用した場合は、頁数を文中括弧で示す。現在ピーボディ・エセックス博物館にその名を残したのは、著名な銀行家で慈善事業家のジョージ・ピーボディ（一七九五―一八六九）で、ヘンリはその親類。

（2）セイラム第一バプテスト教会については、Mills, *Historical Discourse*, pp. 48–50, 60.

（3）セイラム第一バプテスト教会は一八三二年に禁酒をしない者は教会員としないことを決議（*Ibid*., p. 55）。

（4）一九〇六年のある祈禱会から始まった運動で、平信徒の間に海外伝道への関心を高めるために教育活動をしようという運動。主に男性の運動だが、ＣＣＵＳＭにその主旨が似ている。この運動については、"Layman's Missionary Movement Records, 1906–1956," http://library.columbia.edu/content/dam/libraryweb/locations/burke/fa/nrl/ldpd_4492661.pdf accessed on June 30, 2016.

（5）ニュートン神学校の設立にセイラム第一バプテスト教会の初代牧師ボールズは深く関与していた（Mills, *Historical Dis-*

course, p. 53)。

（6）小檜山『アメリカ婦人宣教師』、一七頁、二九二頁注3。

（7）General James Rusling, "Interview with President William McKinley," *The Christian Advocate* 22 (Jan., 1903): 17 in Schirmer and Shalom, *Philippines Reader*, pp. 22–23.

（8）筆者は、二〇一六年四月一四日にこの教会を訪ねた。朝九時から「ノースショア・ハイロック」という新興の福音主義の教会の礼拝、一〇時四五分から第一バプテスト教会の礼拝、四時三〇分からはヒスパニック系の教会の礼拝が組まれていた。

（9）Montgomery, *Helen Barrett Montgomery*, p. 70.

（10）身内の証言なので、割り引いて受け取る必要があるが、ロックフェラー（シニア）の孫の回想には、巨万の富を消費に使わず、投資にまわしていた祖父がただ与えるのではなく（悪影響を及ぼすこともあるので）、上手に「与えること」にこだわるようになった様子が描かれている。Rockefeller, *Memoirs*, Chapter 1.

（11）Montgomery, *Helen Barrett Montgomery*, p. 70.

（12）二〇〇四年三月二五日にビヴァリで行ったメルヴィン・デヴォ氏とのインタヴューによる。ただし、デヴォ氏は一九一一年生まれであったから、ルーシィが花嫁になったのは彼が生まれる前である。ルーシィはデヴォ氏の母親をよく知っており（ピーボディ家で働いていたか?）、著書の中で言及しているので（Peabody, *Wider World*, p. 92）、母親からの伝聞が筆者に語られたのであろう。なお、インタヴューのなかでデヴォ氏の父はアルコール依存症で、母については*Wider World*の中で採り上げられていると聞いたので、同書の中にある該当する女性のエピソードを見つけ、右に頁数を記した。

（13）Cattan, *Lamps are for Lighting*, p. 44.

（14）*Ibid.*, pp. 43–44.

（15）*1910 United States Federal Census* through Ancestry.com. なお、従兄とされるWilliam H. Tayは一九一〇年に五二

歳であった。ベシは一九一五年三月に昇天し、父母と同じセイラムのハーモニ・グローヴ墓地に埋葬された（*U.S., Find A Grave Index, 1600s-Current* through Ancestry.com.

（16）*U.S., Find A Grave Index, 1600-Current* through Ancestry.com.

（17）*Massachusetts, Marriage Records, 1840–1915* through Ancestry.com.

（18）*1900 United States Federal Census* through Ancestry.com.

（19）*U.S., Find A Grave Index, 1600-Current* through Ancestry.com.

（20）Cattan, *Lamps are for Lighting*, p. 44. なお、ピーボディの死亡記事には、二度目の結婚のことが書かれている（*Saturday Morning Citizen*（December 12, 1908）in Beverly Historical Society, Beverly, Mass.）。

（21）*U.S. Passport Applications, 1795–1925* through Ancestry.com; *Massachusetts, Passenger and Crew Lists, 1820–1963* through Ancestry.com.

（22）*U.S., Find A Grave Index, 1600s–Current* through Ancestry.com.

（23）*Massachusetts, Wills and Probate Records, 1635–1991* through Ancestry.com. ただし、ヘンリが最後の遺言を作成した一九〇八年には、ナニの娘と息子はすでに結婚し、独立していた。ナニの娘は一九〇七年にはイギリスに居て、そこで出会ったハーヴァード大学の卒業生でセイラム出身の出版人、ジェイムズ・ダンカン・フィリップス（James Duncan Phillips）と結婚した。ナニの息子（Norman E. Borden）は、一九〇二年にはマサチューセッツ工科大学に在籍しており、一九〇五年に結婚していた（*U.S., School Yearbooks, 1880–2012* through Ancestry.com; *1910 United States Federal Census* through Ancestry.com）。

（24）Lucy Waterbury, "To the Dear Women of this Society," *The Helping Hand*, Vol. 35, No. 6（Jun., 1906）: 4.

（25）Pinkham, *Reference Guide*. 著者はこの冊子をビヴァリ歴史協会で手に入れた。

（26）筆者は二〇〇四年三月二五日にビヴァリ歴史協会を訪れた時、偶然居合わせた元高校教員のフレデリック・ハモンド氏の案内で、パラマッタを訪れた。周囲はすっかり住宅地となっており、高台であることすら目立たなくなっていたが、建物は残っていた。訪問当時は七世帯ほど収容できるアパートとして使われていた。住人の一人の好意で内部を見学したが、アパートにリフォームされたとはいえ、ルーシィが迎えられたころの雰囲気は十分残っていた。沿岸の往年の大邸宅のいくつかは住人を得ることが難しく、保存が課題であるようだが、「パラマッタ」は庶民的利便性を備えているので今でも使われている。

（27）Henry W. Peabody, Leland H. Cole and Frank E. Locke, *Montserrat Syndicate, Salem, Mass.*（Jul., 1897）in Beverly Historical Society.

（28）Ed Brown, "What might have been," *Beverly Citizen*（Jan. 5, 2000）in Beverly Historical Society.

（29）Cattan, *Lamps are for Lighting*, p. 45.

（30）Lucy Waterbury Peabody, "To the Farther Lights," *The Helping Hand*, Vol. 35, No. 11（Dec., 1906）: 32.

（31）Letter from Lucy Peabody to F. P. Haggard（Nov. 3, 1906）in FM-213, WABFMS 1901–1909, WABFMS Records, 1817–1959, ABHS.

（32）*Massachusetts, Wills and Probate Records, 1635–1991* through Ancestry.com.

（33）Brown, "What might have been."ピーボディの死亡記事には、「ピーボディ合同会社」と「モントセラト合同会社」をヘンリ・ピーボディは統率し、土地開発を行ったとある（*Saturday Morning Citizen*（Dec. 12, 1908））。「ピーボディ合同会社」が「プロスペクト・ヒル合同会社」と同じものなのかは不明。

（34）この本には日付がないが、著者が持っているこの本のコピーには扉に"Mrs. Adelaide P. Bailey――May21, 1909"と署名がある。筆跡はルーシィのものではない。

（35）*1910 United States Federal Census* through Ancestry.com.

（36）*U.S. City Directories, 1822–1995* through Ancestry.com.

（37）一九一三年に申請したパスポートの記録より。*U.S. Passport Applications, 1795–1925* through Ancestry.com.

（38） *U.S., Find A Grave Index, 1600s-Current* through Ancestry.com.

（39） *1920 United States Federal Census* through Ancestry.com.

（40） *U.S. Passport Applications, 1795–1925* through Ancestry.com.

（41） *1910 United States Federal Census* through Ancestry.com; *Massachusetts, Marriage Records, 1840–1915* through Ancestry.com.

（42） Zwemer and Brown, *The Nearer and Farther East*; Clark, *Gospel in Latin Lands*.

（43） Jason Lanker, "Francis A. Clark," http://www.talbot.edu/ce20/educators/protestant/francis_e_clark/#bio accessed on July 13, 2016.

（44） "Report of the CCUSM, 1909," p. 1 in Folder 11, Box2, RG NCC 27, PHS.

（45） *Ibid*.

（46） Cattan, *Lamps are for Lighting*, p. 53; Montgomery, *Western Women*.

（47） Mobley, *Helen Barrett Montgomery* を参照のこと。

（48） たとえば、Montgomery, *How to Use Christus Redemptor*;———, *How to Use Gospel*. 筆者はアメリカ・バプテスト歴史協会でこれらのパンフレットを何冊かコピーして持ち帰った。

（49） ルーシィ・ピーボディは、ヘレンについて、"She was, first, last and all the time, the college girl who lived life to the full on the campus and made the most of it afterwards." と評価している（Peabody, "Widening Horizons," p. 114）。

（50） *Ibid*., p. 121. なお、ハル・ハウスのようなセツルメントでは宗教色は出さないのが通常であった。プロテスタントの信仰を前面に出すと、当時カトリック教徒やユダヤ教徒が多かった移民が警戒したため。

（51） Mobley, *Helen Barrett Montgomery*.

（52） Montgomery, *Western Women*, Chapter 2.

(53) Montgomery, *Christus Redemptor*, pp. 12–13.

(54) 海外伝道批判とそれに対する擁護論の一部については、小檜山「海外伝道と世界のアメリカ化」、一〇六―一二五頁。小檜山「『帝国』のリベラリズム」、二九八―三〇三頁。

(55) *The Story of the Jubilee*, pp. 12–15.

(56) *Ibid.*, pp. 8–10, 16–47.

(57) Annie L. Buckley, "The Women's Jubilee in Eastern Cities," *The Congregationalist and Christian World* (Mar. 25, 1911), p. 398.

(58) Peabody, "Widening Horizons," pp. 123–124. 献金の額について、Cattan, *Lamps are for Lighting*, p. 60では全部で一、〇三〇、〇〇〇ドル集めたとしているが、ここではルーシィの記憶の方を優先した。

(59) キーワードでヒットするものすべてが、正確に当該事項を反映しているとは限らない。記事をいくつかチェックすると、おおむね反映していることがわかるが。

(60) Peabody, "Widening Horizon," p. 123.

(61) 典型的なのは、Mobley, *Helen Barrett Montgomery*. また、Robert, *American Women in Mission*, pp. 257–269も参照。

(62) *The Story of the Jubilee*, p. 8; Letter from Lucy W. Peabody to Friend (Dec. 13, 1910); "Outline of Plan for Jubilee Offering" (Dec. 15, 1910); "Material Suggested for Boards"; "Program for United Jubilee Meetings in Smaller Cities and Towns" in Folder 62, Box 10, RG NCC 27, PHS.

(63) *The Jubilee of Women's Foreign Missionary Societies 1860–1910*, Pamphlet in Woman's National Foreign Missionary Jubilee, 1860–1911 File, ABHS.

(64) 著名女性の邸宅の客間で開かれる集会。

(65) *The Story of the Jubilee*, pp. 36, 38.

(66) *The Jubilee of Women's Foreign Missionary Societies 1860–1910*.

(67) Abby Gunn Baker, *The Story of the Washington Celebration of the Woman's National Foreign Missionary Jubilee* in Folder 62, Box 10, RG NCC 27, PHS.

(68) Mobley, *Helen Barrett Montgomery*, p. 212.

(69) その具体例については、小檜山ルイ「エリザベス・プールボーの日本経験」『歴史評論』七五六号（二〇一三年四月）、五—一二一頁参照。

(70) *A Pageant of Missions, 1860–1910*（1911）. これは小冊子だが、単行本としてＰＨＳが所蔵。

(71) *A Pageant of Missions Presenting the Progress of Western Women in Eastern Lands*（Pitsburg: John C. Park, Print: c. 1911）in Folder 64, Box 10, RG NCC 27, PHS.

(72) *A Pageant of Missions, 1860–1910*, p. 8.

(73) メトロポリタン・オペラ・ハウスについてはアフロン『メトロポリタン歌劇場』を参照。

(74) Stanley, *World Missionary Conference*, pp. 313–314.

(75) *Report of Commission VI*, pp. 222–234.

(76) *The Jubilee of Women's Foreign Missionary Societies, 1860–1910*, p. 4.

(77) Stanley, *World Missionary Conference*, pp. 88–90.

(78) Cattan, *Lamps are for Lighting*, p. 66; Mobley, *Helen Barrett Montgomery*, p. 227; Mrs. Henry W. Peabody, "A Message from the Continuation Committee," *The First Bulletin of the Federation of the Woman's Boards of Foreign Missions of the United States*（FWBFM, hereafter）, Vol. 1, No.1（Mar., 1914）: 3–4. 本資料は冊子の形でＰＨＳ所蔵。モンゴメリが教育委員会委員に任命されたのは、一九一三年一一月にオランダのヘイグで開かれた継続委員会の会議——ルーシィはおよそ三〇人の委員の一人として参加。女性はもう一人いて、ＳＰＧのクレイトン夫人（次章参照）であった——に於い

てである。この時、教育委員会には、もう一人のアメリカ人女性、フランク・メイソン・ノース夫人が任命された。

（79）Anne L. Buckley, "The Climax of the Woman's Jubilee," *The Congregationalist and Christian World*（Apr. 8, 1911）, p. 465.

（80）Peabody, "Widening Horizons," p. 126.

（81）*Eighth Interdenominational Conference: Woman's Boards of Foreign Missions of the United States and Canada, Boston, February 24 and 25, 1909*, Report in Folder 26, Box 4, RG NCC 27, PHS. 一九一一年の報告（注83の資料）では、『すべての国々』は一三、七〇〇部の売れ行きであった。しかし、この時のピーボディの報告ぶりからすると、売れ行きは安定していなかったようだ。

（82）たとえば、ワシントンでのイベントでは、会期中、第一会衆派教会で出版物展示があり、ＣＣＵＳＭの出版物として、『東洋における西洋の女性たち』と『すべての国々』が売られていた。なお、前者はペーパーバックが五〇セント、皮革装丁が一ドル二五セント、後者は、一年の定期購読が五〇セント、一部一五セントであった。Baker, *The Story of the Washington Celebration of the Woman's National Foreign Missionary Jubilee*, p. 14.

（83）*Ninth Interdenominational Conference: Woman's Boards of Foreign Missions of the United States and Canada, Boston, February 28 and 29, 1912*, Report in Folder 26, Box 4, RG NCC 27, PHS; Cattan, *Lamps are for Lighting*, p. 46.

（84）*Ninth Interdenominational Conference.*

（85）*The First Bulletin of the FW BFM*: 23.

（86）Worrell, *The Day Thou Gavest*, pp. 5-7.

（87）二〇〇四年三月二五日、筆者は、メルヴィン・デヴォ氏の案内でこの家を見に行った。イースターの話は、デヴォ氏から聞いた。

（88）右のメルヴィン・デヴォ氏へのインタヴューによる。

第五章　東洋の七校の女子大学

FWBFMによる海外派遣教員募集「虹のキャンペーン」のポスター. PHS所蔵（Folder 34, Box 4 RG NCC 27）

エディンバラ継続委員会委員

女性による海外伝道五〇周年でその手腕を高く評価されたルーシィ・ピーボディは、一九一三年秋までには、エディンバラ継続委員会のメンバーに選ばれた。

一九一〇年のエディンバラの会議の特徴の一つは、継続委員会を形成し、会議で討議した課題を継続的に扱い、教派間、伝道局間の協力を推し進めるシステムを作った点であった。継続委員会は、一九二一年に国際宣教協議会（IMC）となる。エディンバラでは、継続委員会委員としてイギリスから一〇人、大陸ヨーロッパから一〇人、北米から一〇人、その他の地域から五人の委員が選ばれた。ちなみに、このとき日本から選ばれた委員は本多庸一であった。女性は、英国国教会の主教マンデル・クレイトンの未亡人で、SPGがエディンバラに送りこんだ代表団の一員、著作家、歴史家、女性の参政権支持者としても知られたルイーズ・クレイトン（一八五〇―一九三六）ただ一人だった。委員の中から、九人の理事が選ばれ、ジョン・R・モット（一八六五―一九五五）が理事長、ジョセフ・H・オルダム（一八七四―一九六九）が専従の主事となった。総勢三五人の委員は、さしあたりエディンバラの会議で積み残した問題に対処すべく、九つの課題について、より広い範囲から人材を選び、特別委員会を作り、検討を重ねることとなった(1)。継続委員会のメンバーは、その後、状況に合わせて入れ替えや増員があり、ルーシィも二人目の女性として選任された。なお、一九一二年から四半期に一度、『国際宣教評論』を発行し、継続委員会の仕事等の発表媒体とした(2)。

第一回目の継続委員会はエディンバラの会議の直後に、第二回は一九一一年五月にイギリスのビッショプ・オークランドで、第三回は一九一二年九月にニューヨーク州のモホンク湖で開かれた。ルーシィ・ピーボディは一九一三年一一月一四日から二〇日までオランダのハーグ近郊で開かれた第四回に参加した(3)。場所はアウト・ヴァッセナ城ホテルで、集まったのは三五人ほど、女性は、ルーシィと上述のクレイトン夫人――かなりの大物である――の二人であ

アウト・ヴァッセナ城での継続委員会記念写真. *The First Bulletin of the FWBFM*, Vol. 1, No. 1 (March, 1914)より. PHS 所蔵

った。ルーシィは、一九〇五年、WABFMSの有給職員時代に、娘とともに一泊二ドルのペンションに泊まりながらオランダを旅したことがあった（第三章参照）。それから八年、今や、彼女は、プロテスタント・キリスト教の教派を超えての協力を推進する国際的運動の頂点に立つ委員会のメンバーとして、高級ホテルに宿泊していた。それは、彼女の長年の仕事の延長でもあったが、また、大きな飛躍でもあった。ピーボディとの再婚と五〇周年記念祝賀の成功が、彼女を名誉ある地位に引き上げたのである。

継続委員会は、ウィルヘルミナ女王の夏の王宮での昼餐会に招待され、ルーシィは女王と直接話す機会を得た。この経験はルーシィにとって忘れ得ぬものとなったようである[4]。「委員会に参加している民主主義のアメリカ人は女王からの招待にたいへん興奮しました。イギリス人は女王というものに慣れているので、より気軽に受けとめていましたが。……〔女王は〕愛らしく、女性らしく……物腰はとても優しく、飾り気なく、それでいていかにも女王らしいので、自然に「陛下」という言葉が出てきます」とアメリカの仲間に報告した。女王の居間でのお茶会では（おそらく女性二人だけが招かれた）、CCUSFM[5]について質問され、一九〇〇年以来出版された本を献上することを約束した。「皆さんは、私が女性として女王と過ごしたこの素晴らしい一日に関心があると思います。私は個人としてではなく、皆さんの代表としてそこに居たのですから」とルーシィは書いて、女王の服装についても詳細に説明を加え、彼女自身を含めたアメリカの教会の女性たちの庶民的好奇心を満たそうとした[6]。

第四回継続委員会の開催に先立ち、会長のジョン・R・モットは、一九一二年一一月から一九一三年四月にかけ、インド、中国、日本を中心に伝道拠点を回り、現地の宣教師とキリスト教徒のリーダーを集めて二一回の会議を行い、その報告書を出版していた[7]。それに基づき、第四回継続委員会は、モットとオルダムの主導で精力的に問題を整理していった。ルーシィにとっては、男性主導の議事進行は初めての経験だった。「女性は前例や方針にはあまり気を使わず、目的地点に向かって陽気に事を進め、その過程でルールを破り、教会組織の込み入った事情に無知なことに全く気づきません」とルーシィは書き、はじめは一々前例や原則に戻って考える男性たちのやりかたが無駄のように思えたという。しかし、異なる教派が協力しあうという「新しく、聖なる絆」を築く際には、それぞれの教派が立脚する特徴を守りながら、注意深く進む必要があることが徐々に分かったと述べた[8]。この発言は女性たちのエキュメニズムの目的論的で、既成組織にとらわれない有り様を逆照射している。

委員会の討議の中で、ルーシィ・ピーボディが最も大きな関心を持ったのは、イングランドとスコットランドの伝道局が提案したマドラスに教派間協力で女子大学を創立するという提案であった。この企画は、協力の精神を養い、各ミッションの教員とスタッフを節約でき、コストも安くすむうえ、教派連合の学校なら、イギリス植民地政府から多大な援助金が得られる可能性があり、また、マドラス大学の連携校となれば、同大学の図書館や実験室の使用が認められるはずであった。インド南部には、すでにキリスト教に基づく女子中等教育を終え、より高度な教育を待ち望む数百人の女性がいた。すぐに諸婦人伝道局が協力して行動しなければ、非キリスト教徒がこの地域で女子高等教育に乗り出し、ミッション・スクールの卒業生を吸収してしまう。しかも、政府は、この地域では、一つの女子大学にしか援助金を与えない。以上が、この案件を提案した伝道局の見込みであった。イングランドとスコットランドの伝道局、現地マドュラのアメリカン・ボード（会衆派）のミッションとアルコットのアメリカ・オランダ改革派のミッション、テルグを相手とするアメリカ・バプテストのミッション（かつてルーシィが所属していた）は、この提案に賛成の決議を行っていた。アメリカ合衆国の伝道局本部や婦人伝道局には、まだこの案件は上がっていなかった。「この件はすぐに決めなければ、私たちの手を離れてしまう」とルーシィ・ピーボディはアメリカ合衆国の同志に呼びかけた。マドラスでは、一九一三年年末までに校舎の賃借と政府援助、一二〇人ほどの学生候補者を得る見込みをつけており、協力する伝道局には毎年一〇〇〇ドルほどの拠出を割り当てるという計画までたてていた(9)。

一九一〇年のエディンバラの会議の第三課題「民族の生活のキリスト教化と教育事業」の報告を見ると、この課題については、主にインド、中国、日本の状況が調べられたことがわかる。すでに指摘したように、三国は、二〇世紀初頭の時点でのアメリカ合衆国にとっての三大伝道地であった。女子教育についての報告は少ない。そして、教派連合の女子大学の設立の必要が明確に唱えられたのは日本だけで、インドについては、地区に分けての教派間協力に言及があるのみ、中国については、日本人（「ネイティヴ」）のイニシャティヴに後れを取ったためにリーダーシップのチャンスを宣教師団が失ってしまった日本の先例を戒めとしつつ（日本女子大学校、女子英学塾などが念頭にあったものと考えられる）、いくつかの女子大学が必要なことに言及はあるが、提言にはなっていない(10)。

この状況で、マドラスの女子大学の案が第四回の継続委員会で出てきたのは、イギリスの女性教育者の間で東洋の女子教育への関心が高まり、一九一二年九月にオックスフォードで会議が開かれたことに端を発している。翌月、ロンドン大学の古典学修士号保持者で、ウェストフィールド・カレッジ（女子大学）の古典学専任講師であったエレノア・マクドガル[11]（一八七三―一九五六）が、女子教育視察のためにインドを訪れ、半年にわたってほぼ全土を回った[12]。その巡回の最中、一九一二年一一月一八日から二〇日に、継続委員会のモットがマドラスを訪れて会議を開いたわけで、その際、教派間協力による女子大学をマドラスに設立することが提言された。イギリスの女性たちの積極的な働きかけがあり、エディンバラの継続委員会で採り上げられ、それが現地での教派間協力や計画の具体化を推進したという経緯があった。エディンバラの会議、およびその継続委員会は男性主導で、女性による伝道は視野に入らないことが多かったから、女性の側からの独自の働きかけが不可欠であった。

ルーシィ・ピーボディは、マクドガルの視察旅行の情報を早くからつかみ、刺激を受けたと考えられる。彼女はハーグでの継続委員会への参加が決まると、会議の後に世界の伝道拠点を巡ることを思いつき、ヘレン・モンゴメリを誘った。一九一四年のCCUSFM企画本執筆のために取材を行うという名目である。また、ハーグでは、継続委員会傘下の教育特別委員会委員が決定される予定で、アメリカから推薦された女性二人のうちの一人がモンゴメリであった[13]。ルーシィ・ピーボディは、新しく教育特別委員会委員となるはずのモンゴメリと、ハーグでの会議の後、世界の伝道地における女子教育の状況を直接見て、マドラスの計画へのアメリカの婦人伝道局の参入の妥当性を判断し、かつ、他の地域の必要を見極め、アメリカの女性たちを鼓舞するとともに、継続委員会および継続委員会傘下の教育特別委員会にその必要を反映させようと計画したのであろう。インドでの協議では、アメリカ側の現地ミッションは特に女子教育における職業教育――医師と教員――の有効性を主張していたというから、その妥当性や実現可能性も探ろうとしたと考えられる。実際、ヘレン・モンゴメリは、ピーボディがハーグで会議に参加中、ロンドンに滞在し、マクドガルの視察旅行に関する会議に出席、ウェストフィールド・カレッジも訪問した[14]。

世界旅行とアジアの伝道拠点

ハーグにはルーシィの娘、ノーマも同道していた。会議が終わると二人はドイツ、スイスを回り、イタリアでモンゴメリとその養女イーディスと合流した。一九一三年一一月二八日、一行四人はナポリからアレクサンドリアに向けて出港した。旅費は自弁であったが、ピーボディとモンゴメリは、バプテストの婦人伝道局を代表し、かつ、FWBFMの一般諮問委員会（前章参照）から、同連合の代表としての信任状を得ていた。ルーシィは「真の教派間協力」の使者であることに自負の念を持っていた(15)。

一行は、エジプトで長老派の伝道拠点を訪れた後に、スエズ運河を通り、セイロン（現スリランカ）に入り、CMSの拠点等を訪問した。クリスマス前にインドのマドラスに上陸し(16)、マデュラのアメリカン・ボードの拠点を訪問した後、高地クーノアに赴き、フレデリック・ニコルソン卿夫妻とともにクリスマスを過ごした。「［そこに居たのは］在印イギリス人の中で最も上質な人々で、国と人々のために貴重な奉仕を行っていました。イングランドなくして、インドはどうしていたでしょう！若い民族主義者たちは、インドが自治をしていたら、どうなっていたかを知らないのです。……慎ましく、学識のある英国人政治家の家に滞在し、私たちは一人の英国人がインドにもたらした恩恵について学びました。農業銀行の計画……そして今は漁業です。それらは、ほとんど飢餓状態にある数百万の人々に多大な恩恵をもたらすでしょう」とルーシィは書き、帝国の支配を賛美した(17)。クリスマスの後には、アルコットのアメリカ・オランダ改革派ミッション、ルーシィがかつて所属したマドラスとその周辺のバプテストのミッション等を訪れた。マドラスでは娘とともにノーマン・ウォータベリの墓を訪れ、オンゴールではすっかり忘れていたテルグ語で現地信徒の集会で話した（どの位流暢だったかは不明）。ここまでは、ヨーロッパからの航路、高原避暑地も含め、ルーシィのかつての活動範囲をたどる、感傷をともなった旅であった。その中でも、ヴェロールの女性宣教医（アメリカ・オランダ改革派所属）アイダ・S・スカダ（一八七九―一九六〇）の病院は重要な訪問先であった(18)。

一行は、グントゥール、ミラージ、ボンベイ（現ムンバイ）、デリーと伝道拠点を訪ねながら北上し、タージマハールを訪れ、カシミールでヒマラヤ山脈も見た。ラクナウのイザベラ・ソバン女子大学（アメリカ・メソジスト）は北部で最も重要な訪問地であった。一九〇〇年にニューヨークで開かれたエキュメニカル大会（第三章参照）でベンジャミン・ハリソン前大統領を感服させたリラヴァティ・シンが、一九〇一年に創立者のスカダの昇天後、副校長を務めた学校である。シンは一九〇九年にアメリカで亡くなっていたが、学校はその後も健在であった。[19]

北部のベネア（現ワーラーナシー）、カルカッタ（現コルカタ）では、ヒンドゥ教の最悪の寺院を見た。「〔宗教的〕寛容やヒンドゥ教の美を説く人」にはこれが答えになる、とルーシィは報告した。「カリガートの修羅場から出ると、私たちの頭は眩み、心は病み、政府が悪名高いシステムを破壊しないことに耐え難さを覚えました。しかし、私たちは、『ヒーデン〔異教徒の野蛮人〕』ではなく、『ノン・クリスチャン』と言うように言われるのです！　私たちが見たいものをこれほど十分に表現する言葉はないのに……〔強調は原文通り〕」とルーシィは息巻いた。[20] 彼女には「ネイティヴ」の自己主張を反映するリベラリズムが、理不尽に見えていた。

インドの後、一行は、アメリカのバプテストが一九世紀初頭以来伝道を展開してきたビルマの伝道拠点を訪問した。そして、シンガポール、マレーシアを訪れた後、中国に入った。広東から香港を経由して上海、南京と回り、そこで教派合同での設立計画が進んでいた金陵女子大学に関わる宣教師たちと会った。アメリカのバプテスト、メソジスト、長老派等がこの大学の設立に参加していた。一行はその後北京に至った。そこでは、特に、一九〇七年設立の北部中国共立女子医科大学と一九〇五年に単独教派の仕事として成立したものが、後に教派合同になった北部中国共立女子大学の訪問が重要であった。後者にはアメリカの会衆派、メソジスト、長老派に、イギリスのＬＭＳ等が加わり、後に、燕京大学女子部となった。

次に一行は、北京から鉄道で満州を経て朝鮮に入った。特にヘレン・モンゴメリは、朝鮮のキリスト教に大いに印象づけられたようで、後の著書『王の大路』で、インド、中国、日本以外では唯一単独で朝鮮について章を立てている。[21]一九一四年春、最後に訪れたのは日本で、東京、横浜、日光、関西地区を回った。当時WABFMSは日本で四校の女子校を経営していたが、少なくとも横浜の捜真女学校と姫路の日ノ本女学校は訪れたようである。「福音丸」を使ってのバプテスト瀬戸内海伝道も視察した。訪問時、ピーボディとモンゴメリは、日本基督教女子教育会のメンバー等と会合を持ち、教派合同の女子大学設立の方針を確認した。[22]

先に言及したように、日本の場合は、エディンバラの第三課題の報告にそのような女子大学が二校必要であるとの記述があった。エディンバラの継続委員会委員で、教育特別委員会の副委員長に選任されたのは、ジョン・F・ガウチャであった。[23]メソジストの牧師、ガウチャ女子大学の元学長（一九〇八年退任）で、妻から提供された莫大な資産を国内外のキリスト教の教育事業に寄附した人である。日本では青山学院に多大な資金援助を行った。ガウチャは一九一〇年、一一年と連続して来日し、教派連合の男子大学と女子大学の設立を促した。結果、一九一二年一二月にカナダ・メソジストの宣教師イザベラ・ハーグレーヴを委員長に女子大学のための在日「促進委員会」が組織された。[24]次いで、一九一三年四月上旬にはモットが継続委員会に委嘱された世界旅行の最後の訪問地として日本を訪れ、会議を三回開いた。同年一〇月初頭にはそれまで京浜地区だけで活動していた「基督教女子教育会」が全国規模のものに改変され「日本基督教女子教育会」として最初の大会を開いた。同会は、「促進委員会」を傘下に置き、教派連合キリスト教女子大学設立問題に取り組むようになったらしい。ガウチャはこの直後に再び日本を訪れており、その主目的は男子連合大学設立であったが、女子大学の件で日本基督教女子教育会関係者等に面会した。[25]こうした下準備があったところに、ピーボディとモンゴメリは来日したわけである。

確信と弁明

ピーボディとモンゴメリの世界旅行は、プロテスタント海外伝道の盛り上がりのなかで頻発した、諸伝道局のリーダーたちの視察旅行の一つであった。すでに紹介したルーシィ・ピーボディのＦＷＢＦＭの仲間への旅の報告には、キリスト教の優位性への確信が表現されている。しかし、同時に、そのような確信に立脚する海外伝道に対する、もっぱら西洋人からの批判が、西洋帝国主義への批判とともに、彼女たちの元に届いていた。例えば、ルーシィが旅行後に書いた「おせっかいな宣教師」のなかでは、旅行中の船やホテルのロビーで、宣教師は伝道地で贅沢をして遊んでいる、政府や政治の邪悪の原因になっているといった批判や、質問を口にする西洋人に度々出会ったと報告している。

「宣教師はプンカーの上で寝そべっている」というのが反宣教師専門家の言い草である。……この手の評論家によれば、宣教師というのは、温厚で、害にならない怠け者で、本国で役にたたず、熱帯ではさらに役にたたない人なのだ。一方で、〔彼等にとってまた〕宣教師とは、無限の権力と影響力を持つ大胆な海賊で、現地人を扇動して、彼自身と彼が回心させた人々を虐殺させることに喜びを見いだす人々なのである。

ルーシィはこう述べて、プンカーは団扇だということすら知らない、この種の批判の根拠のなさを指摘するとともに、辞書の編纂や聖書翻訳等の宣教師の貢献を挙げて、認識の過ちを正そうとした(26)。

ルーシィ・ピーボディがもっとも頭を悩ませたのは、なぜそっとしておけばよいのに、東洋にわざわざ介入するのか、という批判であった。「結局、宣教師というのはおせっかいなものだ」というのが結論であった。なぜなら、宣教師は「だれが隣人となるのか」というイエスの問いに応じようとしているからである（「善きサマリア人」ルカ一〇章二五―二七節）。隣人としての介入こそ必要だとルーシィは主張し、敢えて「おせっかいな宣教師」というレッテルを肯定的に受け止めた(27)。だが、このような隣人としての振る舞いこそ、アメリカの覇権構築に大いに寄与したものなのである。ルーシィの言う「おせっかい」が無私の善意で終わらないところが権力関係の複雑さである。

この世界一周の旅の直近の成果として、すでに言及したヘレン・モンゴメリ著『王の大路』（一九一五年）とノーマ・ウォータベリ著『ジャックとジャネットと行く世界一周』（一九一五年）がＣＣＵＳＦＭから出版された。(28)

表現の仕方がピーボディより穏やかだが、モンゴメリの『王の大路』も、伝道への批判を念頭に置いたルーシィの記述の特徴――キリスト教徒の優位性の主張と海外伝道と帝国主義のための弁解――を基本的に共有している。そもそも『王の大路』とは、王＝神がその絶大な力で整えつつある大いなる道を辿るという意味であろう。つまり、「異教徒＝野蛮人」の住まうエジプト以東の「オリエント」に、伝道によって築かれつつあるキリスト教徒の一連の拠点を辿ることがそのように表現されているわけである。その中で、西洋帝国主義による支配もまた「大路」を築く力の一つであるとモンゴメリは主張した。彼女は、エジプトに対するイギリスの支配は、「財政の再建、税制の改革、灌漑による土地の再生、学校の創設、腐敗のない英国式裁判所」をもたらすと指摘し、次のように書いた。

> そして、これらの帝国の創建者はまた、王の大路の建設者ではないか？　帝国の辺境にまで放射状に延びる堅牢な道路を造ったローマの戦士たちは、福音が素早く伝わる道を造ったのではないか？　文明の偉大な成果は、……洗礼者ヨハネが荒野で叫んでいたという、「神の国は近づいた」ということだというのは、大いに真実ではないか？(29)

さらに、ミッションの教育が現地人を西洋化し、現地社会から生徒を遊離させるという一九世紀前半から繰り返し海外伝道に投げかけられた批判（メルヴィルやクレメンズ（マーク・トウェイン）による批判はこの手のものだった）については、インドのミッション・スクールの卒業生が、「脱国民化など恐れない」、「あらゆるもののなかで最高のもの」が欲しいと訴えた例を挙げて弁明した。

インドに必ず訪れる変化を残念に思い、オリエントの魅力を保持しよう、変化を妨げようとしても無駄なのだ。彼らは、皿を使い、手で食べるのをやめ、ナイフやフォークを用い、テーブルにつき、椅子に座り、靴を履き、より良い服を着るようになる。それを止めることはできないが、私たちがそうしようと望めば、今日のインドに深く勢いよく流れる革命的な思想の潮流を賢く方向付けるのを助けることはできるかもしれない(30)。

モンゴメリは、中国の病院を訪問したときのエピソードを紹介し、そうした方向付けが、親しい友人として行われる時の効用を描いている。ある女性入院患者が、退院したら娘を売ると話したのに対し、その場に居たルーシィ・ピーボディは、

自分の娘を指さしながら、抗議して言った。「私の娘を買うのに十分なお金なんて、この世の中にない。そんなことをする位なら、私だったら生活のために石を砕いて働くわよ。」……後に……その女性はこの見解に感じ入り、娘を売るのをやめた(31)。

ルーシィの、友達に対するような、遠慮のない、率直な意見の表明が効力を発揮したというわけである。ヘレンは、ルーシィの「おせっかいな宣教師」的振る舞いを肯定した。

一方、ルーシィ・ピーボディの娘ノーマの本は、子ども向けであるだけにキリスト教徒と異教徒の単純な対比が目立つ。しかし、同時にそこには、異教徒＝野蛮人の風変わりな他者性を示すお馴染みの写真に混じり、実用化されて間もないポータブル・カメラでノーマ自身が撮った、彼等の生き生きとした笑顔の写真が掲載されている。こうした写真は、それぞれの生活をたくましく生きる現地人を浮かび上がらせている。宣教師の友達としての「おせっかい」

をどう受け止めるか、その判断を自ら下す能力を持つ対等な人間がそこに写っている（左の写真参照）。『王の大路』と『ジャックとジャネットの世界一周』は、海外伝道事業の成果を総体として紹介しようと作成された。しかし、同時に、第一次世界大戦直前にあって、この事業の抱えていた諸問題――批判の高まりや被伝道者のエイジェンシー――の存在を図らずも指し示していた。それでも、一九一六年四月までに前者は一四万部、後者は二万五〇〇〇部売れた[32]。

第一次世界大戦

一九一四年、ルーシィ・ピーボディとヘレン・モンゴメリがハワイ経由で別々に帰国して間もなく、第一次世界大戦が勃発した。エディンバラの継続委員会の招集は中止になった[33]。

「エジプトの村の少女」ノーマ撮影．Waterbury, *Around the World with Jack and Janet*, p. 21 より

アメリカ参戦前、主流プロテスタントの指導者は、中立を支持し、平和を祈ったが、参戦に全面的に反対したわけではなかった。実際参戦すると、この戦争を「戦争を終わらせるための戦争」と意味づけ、全面協力の体制に入った。一九〇八年に組織されたプロテスタントの諸教派連合体、教会連合協議会（ＦＣＣ）は、一九一七年九月から一九一九年四月まで、一般戦時委員会を設置、委員長に選ばれたのは長老派海外伝道局上級主事、ロバート・スピアであった。一般戦時委員会の主な仕事は、一、全米に作られた軍隊のキャンプにおけ

る礼拝等の牧会活動の展開、二、軍隊付き聖職者の養成・任命・派遣、三、戦争遂行に欠かせない生産現場における公正な秩序維持のための牧会活動、四、以上の活動を行うための、キャンプ、軍隊、生産拠点の実情調査であった。戦時委員会は、これらの活動の多くを、政教分離の必要から、政府の資金を使うのではなく、政府や軍に申請して許可を取り付け、独自に資金調達を行い、遂行した(34)。

エディンバラの継続委員会理事長ジョン・R・モットも多忙であった。彼はYMCAの国際委員長でもあり、その立場でウィルソン大統領に戦争協力を申し出て、国家戦時協力協議会の主事となり、世界中の米軍キャンプや軍隊における福利厚生活動と戦争捕虜の保護活動の陣頭指揮に立った。その規模は未曽有のもので、YMCAはヨーロッパに派遣されたアメリカ軍のための福利厚生活動の九〇パーセントを担い、一九二二年までに一億五五〇〇万ドルを支出し、そのほとんどを自前で集めた(35)。つまり、全米の教会は、こうした戦時奉仕のための資金集めのアピールへの対応に追われたのである。

戦時中、ルーシィ・ピーボディは、「女性キリスト教徒平和運動」を先導しようとした。この運動の実際の主体は明確にされていなかったが、バプテストの婦人伝道局を事務所として使っており、CCUSFMの出版事業がこの運動と連動していたことから、その中心にピーボディがいたことに間違いない。CCUSFMは一九一四年三月から、四半期に一度の予定でFWBFMの『会報』を印刷し、配布し始めていた。ピーボディは、この誌面を通じて、「女性キリスト教徒平和運動」をプロモートした。一九一五年春号では、この運動が、「平和のプリンス」であるキリストの教えを広めることによってのみ、平和は可能だという立場に立つことを宣言した。その意味で伝道は不可欠だと。「女性による平和のための祈り」の例を示し、伝道サークル等で使用することを奨励し、七月四日（アメリカ独立記念日）を平和合同祈禱の日とすることを呼びかけた。ルーシィ自身が『平和と戦争のページェント』のための物語を書き、CCUSFMがこのプログラムを一部二五セントで印刷販売した。アメリカ先住民、インド、南洋諸島、フィリピン、日本へのペリー来訪、アメリカの宣教師が設立した学校で学ぶ中国人等の様子が描かれ、「非キリスト教徒の地を平和的に侵略する」勇気を聖霊が鼓舞するという内容である。そして、諸婦人伝道局を通じて教会の女性たちが準備を整え、多くの町や村でこのページェントが上演されることを期した。さらに、「キリスト教的平和の理想」をテーマとする短編物語を公募し、優勝者に一〇〇ドルの賞金を約束した[36]。

懸賞で優勝したのは男性による『鉄の十字架』という作品であった。一九一五年一〇月には、この作品にキャロライン・メイソンの小品等、平和と伝道に関連する作品を加えて二〇〇頁ほどにした本が「女性キリスト教徒平和運動」の出版ということで、CCUSFMから出た。ページェントの方は、戦時中唯一開かれた万博、パナマ・太平洋万国博覧会（一九一五年二月二〇日〜一二月四日）の会場で野外上演された。五〇〇〇人が参加したという[37]。

「女性キリスト教徒平和運動」には、批判もあったようで、その立場について様々な弁明を行っている。第一次世界大戦勃発に応じ設立された女性の平和団体のうち、最も有名なものは、婦人平和党である。一九一五年一月に設立され、初代会長にはジェイン・アダムスが選ばれた。主なメンバーは、ハル・ハウスの著名な元住人たちやキャリ・チャップマン・キャット、ジャネット・ランキン、アナ・ハワード・ショー、リリアン・ウォルドなど錚々たる顔ぶれで、軍縮、ヨーロッパ紛争の仲裁、戦争の経済的原因の除去等を主張し、また、参政権運動と連動していた。「女性キリスト教徒平和運動」は婦人平和党とは異なる、と強調されたのは、女性の参政権に反対する女性が、海外伝道支持者には多かったことが一因ではなかろうか。ヘンリ・フォードが私的に企画したヨーロッパへの平和ミッション、「平和船」にも批判的であった[38]。また、「女性キリスト教徒平和運動」は、ボルティモアに本部を置く、アメリカ女性中立厳守協会とも違うとの主張もある。後者は、連合国への武器供与の全面禁止を提唱していたが、同盟国側に武器の準備がある以上、それでは真の意味の中立にはならない、というのが前者の言い分であった。「女性キリスト教徒平和運動」の目的は、「様々な伝道と宗教の組織を通じて、永続的な平和のための真の処方箋〔福音のことであろう〕

を宣言し、女性が終戦の時に向けて心の準備をし、終戦が速やかに訪れることを祈ること」なのである。つまり、政治には口を出さないという立場で、むろん、アメリカ参戦後の教会の全面的戦争協力に反対する運動ではなかった。[39]

こうした流れの中で、ＣＣＵＳＦＭの一九一六年の教科書は、キャロライン・メイソン著『世界伝道と世界平和』となったが、売れず、ＣＣＵＳＦＭは初めて教科書販売で損失を出した。[40] ヨーロッパでの戦争が泥沼状態に陥るなか、メイソンの叙述は矛盾と深刻な自己への懐疑を含まざるを得なかった。つまり、キリスト教国が殺し合いを展開しているところで、「敵を愛せ」と教えるキリスト教の優位性を従来の教科書のように単純に主張することはできなかった。したがって、戦争の原因を科学と物質主義に帰し、霊性による一致協力により、これを乗り越えるべきだとし、そのために伝道が必要だと主張している。その論理では、まずキリスト教国の懺悔が必要である。また、西洋＝文明（物質主義と科学）は、キリスト教と切断され、伝道の主体と客体の差が曖昧になる。[41] つまり、それだけ思考は深められたのだが、内省的な言説は、大衆的なアピールに欠けるのは昔も今も同じである。

加えて、戦争は特に若い女性たちを虜にし、それは、夏期学校や教会での伝道勉強会で使用されることで売り上げを確保してきたＣＣＵＳＦＭの教科書販売には痛手であったろう。つまり、男性が戦場に行き、通常は女性に閉ざされてきた様々な職務――軍需工や政府機関の事務職など――に進出する機会を女性たちは得た。赤十字や上述のＹＭＣＡ戦時奉仕にも女性たちは参加した。それらのための資金集めには、さらに多くの、年齢を問わない女性たちが協力した。その中で、夏期学校や伝道勉強会に参加する人が減ったことは、容易に想像できる。それは、即座に教科書の売り上げに反映されたはずである。

ピーボディが設立を主導したＦＷＢＦＭの方は、右に述べたように、一九一四年四月からＣＣＵＳＦＭを通じ『会報』を出版し始め、試験的な組織運用が始まっていた。右に言及した一九一五年のパナマ太平洋万国博覧会の際には、六月六日から一五日までサンフランシスコの第一会衆派教会で「婦人伝道会議」が開かれた。ＣＣＵＳＦＭの教科書

『王のビジネス』[42]（ホームベースの組織運営の方法などの解説書）に従って地元の女性たちが企画したもので、国内伝道を扱う女性の団体とＦＷＢＦＭの協力を仰いで開催された。ＦＷＢＦＭからは、一般諮問委員会委員長ド・ウィットノックス夫人が会議に参加した。ＣＣＵＳＦＭも支援に加わった。しかし、ルーシィ・ピーボディは会期中にサンフランシスコに赴くことができず、主催者たちに惜しまれた。この会議は大成功で、博覧会に連動して開催された各種会議の中で三番目に大きいもので、二一六〇人の参加を記録した。[43]先に紹介した万博会場での平和のページェントの上演も、この会議に連動していたと考えられる。

一九一六年四月、一般諮問委員会のもとで会憲の作成等の作業をほぼ終えたＦＷＢＦＭは、ヘレン・モンゴメリを会長に選任、暫定的に採択された会憲のもとでのその運営が始まった。年に一度の集会を持つ他は、各種委員会が活動の主体であった。主な委員会は、一、「二八人委員会」、二、東洋の女性のためのキリスト教出版物委員会、三、ＣＣＵＳＦＭであって、「二八人委員会」は海外および国内の海外伝道に関する連合組織間の情報交換や年に一度の会議を開くことに責任を負う機関であった。かつての一般諮問委員会の別名と考えられる。二の委員会はすでに紹介した、現地語も視野に入れた伝道地での出版事業である。ルーシィも時に自宅をこの委員会の会合に提供し、また、ＣＣＵＳＦＭから一部資金提供するなどの援助を行った。そして、ＣＣＵＳＦＭは正式にＦＷＢＦＭ傘下の委員会となった。ルーシィ・ピーボディの主観では、すでに一九一二年以降、ＣＣＵＳＦＭはＦＷＢＦＭと共に働き、『会報』を出版し、その赤字を埋めてきたのではあるが。このように見ると、ルーシィ・ピーボディは、ＣＣＵＳＦＭ同様、ＦＷＢＦＭを実質的に牽引していた。だが、一九一六年には上述のようにＣＣＵＳＦＭのテキストは売れず、ＦＷＢＦＭは逆風の中で船出した。「金と命の多大な犠牲が、人間の救済ではなく、人間の殺戮に使われるとはどういうことでしょう。今年は伝道事業において、不可能に挑みましょう。私たちは、神にあっては、すべてが可能であることを知っているのですから」とルーシィは書いた。[44]しかし、ルーシィ・ピーボディが『会報』に掲載した、地方における教派を超えた海外伝道サークルの集会と活動の形成プロセスのガイドを読んでも、今一つ明確なイメージが摑めない。[45]多くの一般の女性教会員にとって、それはあまりに煩雑なプロセスで、戦時中であることを棚上げしても、FWBFMを支える草の根レベルの組織化は難しかったのではないか。いずれにしても、一九一七年、アメリカが参戦すると、こうした活動は停止状態になったと考えられる。

エキュメニカルな組織運営に活躍するルーシィ・ピーボディであったが、一九一三年に古巣のバプテストの婦人伝道局（WABFMS）の編成替えがあり、海外担当の副会長に就任した。WABFMSとシカゴを拠点とするWABFMS-Wとの合併が決まったのである。一九一四年は、アメリカ・バプテスト海外伝道総会（後ABMU）が組織されてからちょうど一〇〇年目に当たっていた。五月にボストンで祝賀の年次大会が開かれた際、統合されたWABFMSは初めての集会を開いた。交通手段の拡充等により、全米を二つに分けることはかえって非効率的になったのだ。ヘレン・モンゴメリはここでも会長に推され、以後、北部バプテスト連盟（NBC）の会長となった一九二一年度を除き、一〇年間この職にあった。[46]

ルーシィ・ピーボディとともに副会長（国内担当）に選任されたのは、WABFMS-W会長のマーサ・マクレイシュ（一八五六―一九四七）で、この合併に最も功があった人である。もともとはコネティカットの会衆派の牧師の娘で、ヴァッサー女子大学を卒業し、母校で教えた後、ジェイン・アダムスが学んだ名門ロックフォード女子セミナリの校長を務め、同校の大学昇格への準備を整えた。シカゴの裕福な商人と結婚後、夫が所属するバプテスト教会に転籍した。バプテストきってのインテリ女性の一人である。モンゴメリ、ピーボディ、マクレイシュは「三執政」と呼ばれ、一九一四年以降、バプテストの女性たちの上に君臨したという。[47]ルーシィ・ピーボディの仕事の比重は、どちらかというとCCUSFMとFWBFMの方に偏っていたようだが、それはまた、バプテストの霊性や資金力をエキュメニカルな運動につなぐことを意味した。

第一次世界大戦中のルーシィ・ピーボディの私生活における一大事件は、娘ノーマの結婚であった。世界旅行から戻り、CCUSFMのために子どもの本を書いたノーマは、ニューヨークに移り、大学院のコースに入ったという。そこで、二番街バプテスト教会で牧師をしていたラファエル・C・トマスと出会った。トマスは、ハーヴァード大学医学部を出て、ニュートン神学校で学んだ後、一九〇四年に宣教医としてフィリピンに赴任した。最初の妻が二歳の娘を残して亡くなった後、帰国し、牧師職についていたのである。二人は一九一六年一一月にビヴァリのルーシィの自宅で結婚した。司式は、ブラウン大学学長のW・H・P・フォーンスで、キャロライン・メイソンの夫、ジョン・H・メイソンが司式を補助した。一一月二五日にはニューヨークのマレイ・ヒル・ホテルで披露宴を開いた。そして、一二月八日、フィリピンのイロイロのユニオン病院にバプテストの海外伝道局派遣宣教師として赴任した。[48] 娘夫婦は、後に、ルーシィ・ピーボディの進路に大きな影響を与えることになる。

終戦と教会間世界運動

戦時中、ルーシィ・ピーボディは、一九一三―一四年の世界旅行のことを忘れたわけではなかった。筆者が見ることのできた戦時中のFWBFMの『会報』の中で、「平和」ほどではないが、しばしば取り上げられたのは、東洋における女子大学の件であった。戦争勃発直前におけるエディンバラの継続委員会の積極的な働きが功を奏し、戦時中にもかかわらず、インド、中国、日本では女子大学の見切り開校が相次いだ。一九一五年七月七日、マドラスの教派連合キリスト教女子大学が、ハイド・パークと呼ばれた邸宅を三年間借りる契約を結んで、七人の教員、四一人の学生をもって開校した。それは、「信仰に基づく賭」であったという。[49] 同じく一九一五年には、南京で複数の教派の協力の下、金陵女子大学が、官僚の邸宅を借りて開校した。東京のキリスト教女子大学（東京女子大学）は、新宿角筈にあった長老派の女学校（女子学院）の敷地と建物を借りる話が進み、一九一八年四月三〇日、六教派の協力の下、開校した[50]。こうした動向を、ルーシィ・ピーボディは逐一追いつつ、その他の女子大学や女子医学校も含め、情報をFWBFMの『会報』に差し挟んだ[51]。

一九一八年一一月、世界大戦が終わると、翌月には戦争協力に追われていたジョン・R・モットらアメリカのプロテスタント教会の指導者たちは、早くも北米教会間世界運動（IWM）の立ち上げに動き、一九一八年一二月一七日に発会式が行われた。未曽有の規模でのプロテスタント・キリスト教会の協力を実現し、その資源を調整して、教育、医療・衛生、社会福祉を中心に幅広い分野の事業に投入して、非キリスト教徒への伝道を世界規模で拡張しようというのである。モットは、ほぼ同時期に、戦争が終わって規律が緩んだ在欧アメリカ兵士が（性的）誘惑に陥るのを防ぐという目的で、戦時合同協力キャンペーンを行い、短期間に二億ドル以上の集金に成功した[52]。この成功は、IWMにバラ色の夢を描かせた。

世界大戦が終わり、ヨーロッパは灰燼と化し、その中から、新しい世界秩序が生まれるという期待は、アメリカ合衆国においては、宗教的なトーンを以て表現されることも多かった。アメリカ・バプテストの出版協会から出たサミュエル・バッテンの『新しい世界秩序』（一九一九年）はそのうちの一つで、まず国民国家ではなく人類に帰依する「世界愛」、「心の国際性」を養い、世界議会、世界法廷、世界警察を備えた世界連合に進むべきことを説いた[53]。長老派の牧師の息子ウィルソン大統領の理想主義、国際主義に通底する主張である。IWMは、プロテスタント・キリスト教会が連合し、国際新秩序のリーダーシップの一翼を担うとの自覚と野心のもと、壮大な夢を描き、一九二〇年度に総額で三億三六七七万七五七二ドルの調達目標を掲げた。海外伝道に一億七六六万一四八八ドル、国内伝道に一億九九四万九〇三七ドル、アメリカの教育、宗教教育、病院、牧師年金等に計一億一〇三九万六一二〇ドル、雑支出に八七七万九七二ドルという内訳であった[54]。一九一九年、IWMは、まず献金を願う根拠を科学的に明確にすべく、各種調査に着手した。また、『上手な家事』（*Good Housekeeping*）の表紙絵で知られるジェシ・ウィルコックス・スミスの絵に「このシンプルな信仰がアメリカを偉大にした」というタイトルを付けて（左の画像参照）ポスターに採用[55]、キャンペーンに乗り出した。

ＩＷＭは、キャンペーンを担う中央組織に多大な金を使った。発足から約一年、一九二〇年一月までにＩＷＭが給与、賃貸料、旅費、印刷代、備品、調査に費やした金額は、二〇三万五〇〇〇ドルに上った。一九二〇年一月の時点で一八〇〇人もの職員がいた。ＩＷＭは発会と同時に活動――特に調査――を開始したのである。これらの支出は、当面、銀行からの借金でまかなわれた。ＩＷＭに参加した諸教派の諸伝道局は、それぞれのプロジェクトを計上して、それぞれに募金し、各団体の会計にこれを受け入れた。それとは別にＩＷＭ本体も募金をした。借金は後から献金収入で返済の予定で、借金の裏書きは、参加諸教派や諸伝道局が行っていた。

スミスの絵を使ったIWMのポスター．Schnessel, *Jessie Willcox Smith*, p. 184 より

ジョン・Ｒ・モットの要請で、ジョン・Ｄ・ロックフェラー二世がＩＷＭの予算審理委員会のメンバーに加わったのは一九一九年一一月であった。一九二〇年初頭には理事会のメンバーとなり、三月にはＩＷＭ本部の経費縮減を主張するロバート・スピアの提案を阻止し、すでに裏書きしていた一〇〇〇万ドルに加え、さらに借金が必要な場合は、その保証をすることを秘密裏に約束した。ＩＷＭ本体への献金を求めて金持ちの友人を訪ねる旅に出たロックフェラー二世は、その途中、父親（一世）に五〇〇〇万

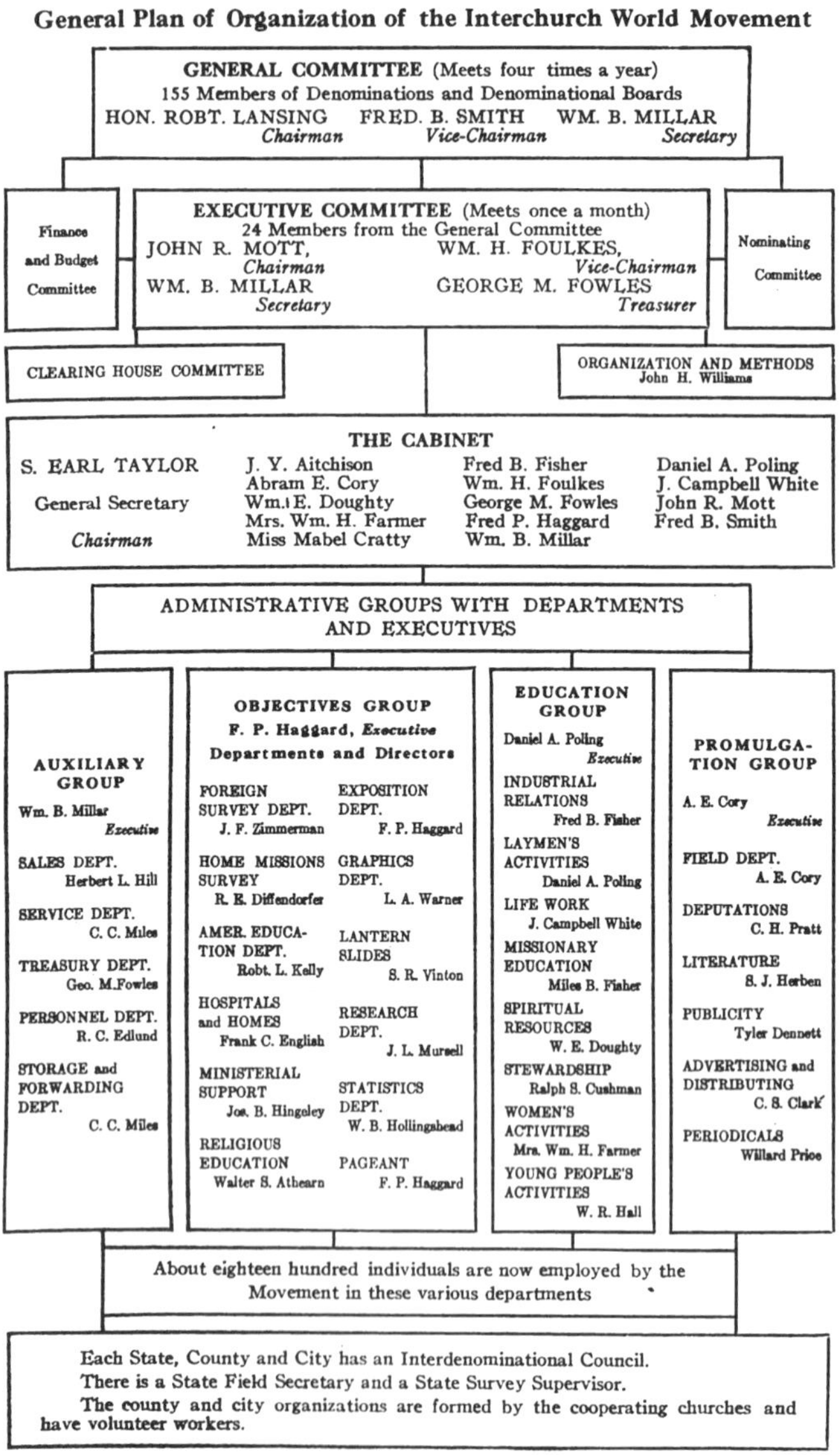

IWM 組織図．*The Missionary Review of the World* 43（1920）: 181 より

から一億ドルの新しい基金を作ってＩＷＭを側面から支援し、社会的にも神学的にもリベラルな立場に立つプロテスタント教会の幅広い統合を実現することを助けるよう勧めた。「投資の安全、国の繁栄、アメリカ政府の将来的安定は、最終的には国民の人格〔character〕によるのであり、教会は人格の向上と維持に最大の貢献をする」と。彼は世界規模の産業資本主義の中で、階級間の調和を実現するにあたり、教会の役割に多くを期待していた。(56)

ロックフェラー家

ロックフェラー家は、信心深いバプテストであった。ロックフェラー一世（一八三九―一九三七）は、一五歳のとき、クリーヴランドでバプテスト教会に入会し、労働者の集まるその教会で、賛美歌を歌い、火の玉のような説教を聞くことを楽しんだ。こまめに教会の雑用をし、献金を欠かさなかった。金持ちになると、自分は富の分配者に選ばれたと信じ、社交生活の中心に教会を置き、牧師、宣教師、禁酒運動家等を家でもてなし、彼らのアドバイスに従って、寄附をした。(57)北部バプテスト連盟は、彼の富の恩恵を最大限受けた団体の一つであった。二〇世紀に入ると、彼は、ロックフェラー医学研究所（一九〇一年）、一般教育局（一九〇三年）、ロックフェラー衛生委員会（一九〇九年）等に金をつぎ込み、ロックフェラー財団を設立して（一九一三年）寄付先の選択等を行うようになった。(58)

ロックフェラー一世の妻、ローラ・スペルマン（一八三九―一九一五）は、クリーヴランドで一世が短期間通った高校の同級生であった。マサチューセッツ州の短大に在籍中、執筆活動を行ったが、それは、ニューヨークの成金を批判し、金の力とウォール街を嘆く内容であったという。ルーシィ・ピーボディが高校の卒業式の演説で話した内容を想わせる。結果的にかつて批判していた大金持ちの妻になったが、年齢を重ねるほど信心深くなり、バプテストとしての生活を厳しく守ったという。たとえば、日曜日の夕方には「家内説教」を行い、子どもたちと一緒にその週を振り返り、神に対してどのような罪を犯したかを点検した。マンハッタンに住居を移した後も、上流階級の一員となるわけではなく、近くの五番街バプテスト教会に所属し、娘や息子とともに聖書研究のクラスで教鞭を執った[59]。

一人息子ジョン・D・ロックフェラー二世（一八七四—一九六〇）は、このような母の教育に反抗することなく、信仰を継承した。ブラウン大学を卒業し、父の事業を継ぐ立場になったが、商才に乏しく、体調を崩した。回復すると、商売から退き、一世が模索した金の使い道を探す仕事を手伝うようになったという。ロックフェラー二世が資産管理の主導権を握り、一九二〇年代に入って彼のもとで新しいスタッフが活躍し始めると、ロックフェラーの寄附は、リベラルなキリスト教に基づきながらも、世俗化していった。それは、信仰に基づく社会のヴィジョンの実現——具体的には、平等に豊かさが行き渡るような社会——を目指して、科学的知見の拡大と利用を推進しようというものであった。オリヴィエ・ザンズに言わせれば、そうした、信仰と科学をつなぎ合わせるような知の再編成の試みは、アメリカに繁栄をもたらし、国際的地位を高め、「アメリカの世紀」の現出を可能とした[60]。

ロックフェラー二世を中心とするこうしたイニシャティヴは、基本的には、革新主義者たちの傾向に類似している。そして、一九世紀末以来、海外伝道の国際的教派間協力を推進しようとしたリベラルなアメリカ主流教会のリーダーたちもこの傾向を共有していた。すでに解説したように、一九一〇年のエディンバラの会議では、事前にいくつもの課題について調査し、会議の席ではその結果に基づいて議論をした。戦争協力の経験は、科学的調査により現状を把握することで最大限の効率を追求することの重要性をモットやスピアに再認識させたことだろう。近代戦争の経験を通じ、信仰というアメリカの伝統は、科学と効率を旗印とするモダニズムと合体した。IWMは、資金集めのキャンペーン（信仰という伝統的基盤に訴える）を始めるにあたり、その科学的根拠を示すことにこだわり、各種大規模調査（モダニズム）にまず資源を投入した。先に示した「このシンプルな信仰がアメリカを偉大にした」というポスターでは、その合体が、女性と子どもの身体を通じ、古くて新しい、母性的でやさしく、平和的なものとして表現されている。そして、それはロックフェラー二世の信仰のあり方と合致していた。さらに、次のような戦争直前彼の経験は、

ＩＷＭの国内問題についての関心を方向付けさえしたのではないか。

一九一三年、ロックフェラー家が所有権の大半を握るコロラド燃料・鉄会社で労働争議が起こり、翌年四月にコロラド州兵が派遣され、銃撃戦に発展、女性二人と子ども一一人が犠牲となった。いわゆるラドローの虐殺である。ロックフェラー家は批判の矢面に立たされた。ロックフェラー二世は、当初父親と同じように労働組合に反対であったが、「虐殺」事件後、カナダ人の労資関係専門家Ｗ・Ｌ・マッケンジー・キングの助けを借り、典型的な不在工場所有者ロックフェラー家が現地から得ていた情報には嘘が多いことを理解した。二度目の議会での審問では過ちを認める発言をし、一九一五年九月には、キングと共に和解のためにコロラドまで旅をした。ロックフェラー二世は、この事件を通じ、専門家のアドバイスと自分で確認し判断することの重要性、そして、世界の不平等を学んだという。[61]ＩＷＭの教育グループの産業関係部門は、そのようなロックフェラー二世の経験と関心に合致していた。この部門は、たとえば、一九一九年の鉄鋼ストライキ（ペンシルヴァニア州）の調査を行い、一九二〇年に報告書を出版した。[62]そこでは、一日一二時間週七日間労働の是正等のため、連邦政府介入の必要が勧告され、それは大統領にも送られた。

ルーシィ・ピーボディとＩＷＭ

ＩＷＭについていささか長く説明したのは、このキャンペーンに、ルーシィ・ピーボディが関わっていたからである。ルーシィは、ＩＷＭに連動して懸案の東洋の女子大学プロジェクトを推進しようとした。ＩＷＭの専門家による調査重視の姿勢に歩調を合わせたのだろう、一九一九年五月のＦＷＢＦＭの理事会で日本と中国に女性の視察団を送り、情報を集めることを提案した。視察団派遣プロジェクトのための三人の委員が任命され、ルーシィ・ピーボディはその委員長となった。六月末になって、ピーボディはウェルズリ女子大学学長のエレン・Ｆ・ペンドルトンに視察団参加を打診する手紙を送った。[63]

陵），北京（女子医科大学），北京（燕京）．PHS所蔵

視察団は九月一八日、一〇月三〇日、一一月八日の三回に分かれてアメリカを出発し、各地を回った後、一九二〇年一月上海で会議を開き、報告や現地宣教師らとのディスカッションを行った。この会議はＩＷＭの現地事務所の協力で準備された。視察団にはあらかじめ調査課題が与えられていた。一、宗教教育と福音伝道、二、女子初等・中等教育、三、女子大学、四、社会奉仕、五、伝道のマネージメント、六、東洋の女性のためのキリスト教出版物、七、女子医学校である。そして、それぞれに専門家の委員長が充てられた。たとえば、三の課題にはペンドルトン、四の課題にはＹＷＣＡの全国主事アーネスティン・フリードマン、五の課題にはＷＡＢＦＭＳの海外担当主事ネリー・Ｇ・プレスコットという具合である。また、インドとエジプトについては、ブリンマ女子大学学長のＭ・ケアリ・トマスがたまたまそこへ行くという情報をつかんで、報告を依頼した（もっとも、旅の都合で、トマスはインドには結局行けなかったが）。視察団には、他にも様々な人が含まれていたが、ＦＷＢＦＭ傘下の教派婦人伝道局が正式に任命した人々以外は、ペンドルトンも含め、自費での視察であった。海外伝道の世界で、女性の組織の方が男性のそれより資金集めが上手いということがよく言われたけれども、集めるだけでなく、こうしたヴォランティアによる節約が、女性たちの運動を支えていた。そして、視察団が帰国した一九二〇年五月一八日、一九日にＦＷＢＦＭに参加するいくつかの婦人伝道局、ＩＷＭの代表等を集めて報告会[64]が行われた。

視察団の報告書には、上海での会議の様子、各課題の委員長による観察の説明と提言などが盛られているが、それらの実現の見通しは示されていない。しかし、冒頭の第二段落

東洋の七校の女子大学．左からラクナウ，ヴェロール，マドラス，東京，南京（金
(Folder 7, Box 11, RG NCC 27)

目に、過去五〇年間の子どもと女性を対象とする海外伝道の最大の成果として、東京、北京、ラクナウ、南京、マドラス、ヴェロールに七校のキリスト教連合女子大学と女子医学校が実現したとある。これこそ、報告書の肝であった。女子高等教育を担当したペンドルトンの主な任務の一つは、七校のうちの三校、東京女子大学、燕京女子大学（燕京大学女子部あるいは北部中国共立キリスト教女子大学等とも呼ばれた）、金陵女子大学の視察であった。ペンドルトンの報告は、日本においては女子教育の主導権を死守するために（男子教育は政府に主導権を取られたとある）、「アメリカを信頼する」中国においては——これが一九二〇年代初頭のアメリカの中国認識の基本であった——、女子高等教育のモデルを示すために、これらの女子大学を支援しなければならないと強調し、どの人学も共通して校地と施設の問題を抱えているとした。

視察団が日本と中国を回っている間、ルーシィ・ピーボディはニューヨークで開かれたＩＷＭの会議に出席し、報告書に掲載する予定の七校の女子大学が必要とする資金をＩＷＭのキャンペーンにのせるべく、長老派の海外伝道局の主事ロバート・スピアをはじめとする教派伝道局の有力者と連絡を取り、条件を整えていった[65]。一九一九年一二月五日には、アメリカン・ボードの主事で、イスラム世界の専門家でもあるジェイムス・Ｌ・バートンを委員長として、「東洋におけるキリスト教連合女子大学共同委員会」（以下共同委員会）が立ち上がった。伝道地でキリスト教連合女子大学を支援する主要教派婦人伝道局の会長の他、ロバート・スピア、メソジストの海外伝道局通信主事、かつ、ＦＣＣ会長フランク・メイソン・ノース等の有力者が参加していた。バプテストからは、男性は参加せず、モンゴメリとピーボディが名を連ねた(66)。

こうした努力の結果、ＩＷＭが掲げた一九二〇年度の集金目標額三億三六七七万七五七二ドルの中に、七校の女子大学の費目四〇三万五二四〇ドルが入れられた。右に挙げた日本と中国の三校とインドのマドラスにあるキリスト教連合女子大学、ラクナウにあるイザベラ・ソバン女子大学の五校がいわゆるリベラル・アーツに家政学等を加えた（東京女子大学では家政学はついに実現しなかったが）大学であった。残りの二校は、北京の女子医学校とヴェロールの女子医学校である。インドではイギリス植民地政府の援助金を受け、またいくつかのイギリス系の伝道団体が協力の列に加わっていたとはいえ、七校を支えたのは、アメリカの諸婦人伝道局の圧倒的な資金力と、リーダーシップであった。

東京女子大学、金陵女子大学、マドラスのキリスト教女子大学についてはすでに基本的なことを説明した。燕京女子大学は、アメリカン・ボード（会衆派）婦人伝道局の支援するブリッジマン・アカデミが一九〇五年高等教育に乗り出したもので、しばらくして長老派の婦人伝道局も支援に参加、連合女子大学の体裁を得、最終的には燕京大学女子部となった。イザベラ・ソバン女子大学は、アメリカのメソジスト監督派の宣教師イザベラ・ソバンの設立した女学校で、一八八六年にカレッジとしてリベラル・アーツ教育を始めていたものが、一九一九年にアメリカの長老派の婦人伝道局が支援に入り、連合女子大学となった。ヴェロールの女子医科大学は、アメリカ・オランダ改革派の宣教医アイダ・スカダの長年にわたる医療事業の結果として、一九一八年に設立された医学校で、バプテスト、会衆派、メソジスト監督派、長老派、アメリカ・オランダ改革派、アメリカ連合ルーテル派の婦人伝道局が協力していた。北京の女子医科大学は、一九〇七年設立で、会衆派、メソジスト監督派、長老派の婦人伝道局が支援していた(67)。

エディンバラの継続委員会の教育特別委員会では、インドとアフリカはイギリスの担当ということになっていた。上述のＦＷＢＦＭの視察団が日本と中国に限定された理由の一つはこの取り決めにあったのかもしれない。先に紹介したように、マドラスのキリスト教女子大学は、イギリスの女性たちが設立を主導し、マクドガルを校長として送り込んだ経緯があった。しかし、第一次世界大戦で疲弊したイギリスに、戦後の援助拡大、特にキャンパスの獲得や整備に要する大きな費用を拠出する余裕は無かったようだ。インドはルーシィ・ピーボディにとって特に思い入れのある伝道地でもあり、少なくとも女子高等教育にかかる件については、アメリカがイギリスにとって代わった観がある。実際、マドラスの女子大学については、設立後、バプテストの婦人伝道局（WABFMS）を通じて一九一五年三月に亡くなったローラ・スペルマン・ロックフェラー（一世の妻）の遺産から二万五〇〇〇ドルが寄贈され、「デヴトン邸」を一九一六年五月に購入、七月には大学の移転を果たした(68)。

IWMのキャンペーンは、東洋の伝道地に大きな期待を与えた。日本で連合女子大学の設立に最大の貢献をしたオーガスト・ライシャワー（一八七九―一九七一）の証言がある。

この頃、大きな金額を得る明るい見通しがたまたまあった。IWMが起こり、世界中のキリスト教伝道を拡大すべく、数百万ドルを集めるとの確信に満ちた表明が成されたのだ。この運動はいわゆる「フレンドリーな市民たち」からの献金をあてにしていた。つまり、戦争の結果、キリスト教文明を世界の非キリスト教地域に拡張するのを助けることに責任を感じる市民たちである。IWMは、こういう市民、つまり、海外伝道に以前はほとんど関心がなかったが、今や目覚めて自分の責任を果たそうとする人たちがたくさんいると前提した。この運動の代表者たちが訪日し、これから起こることについてバラ色の絵を描いてみせた。すべての伝道プロジェクト、キリスト教の教育機関は、必要経費の見積もりを提出するようにとの指令が出た。たった一つの条件は、潤沢な資金が入って来た後に、日本で集められる金額の見積もりを願書に添付するというものであった。

この輝かしい見通しを前に、東京キリスト教女子大学（現東京女子大学）の当局者は、東京の端にある、一三エーカーの土地を一五万ドル弱で購入することを決めた。この費用と、大学が必要とする最初の校舎群の費用として、IWMに一七七万五〇〇〇円、つまり、約八八万七五〇〇ドルを申請することになった。日本や他の国における他のキリスト教のプロジェクトが行った要求に比べると、たいへん控え目なものであった。実際、日本だけでも二億ドル以上を申請した[69]。

IWMの挫折

バラ色の夢を追ったIWMは、しかし、あっけなく崩壊した。一九二〇年五月までには、献金の見通しは暗転、肥大化した組織を支えられなくなった。諸教会・諸伝道局は、目標の半額、一億七六〇〇万ドルの集金に成功したものの、IWMが独自に掲げた約四〇〇〇万ドルのうち、実際に集まったのは目標の一〇分の一にも満たない三〇〇万ドルであり、しかもその大半はロックフェラーからの献金であった。IWMは、経費節減を図ったが、一九二〇年末には運動は中断、結局六五〇〇万ドルの借金が残り、その精算に、一九二一年四月までかかった。まさに、第一次世界大戦末期、華々しく「一四ヶ条の原則」＝理想主義を発表し、一九一九年、パリ講和会議で国際連盟の立ち上げまでは実現させたが、アメリカ議会、国内世論の支持を得られず、自国の連盟参加が適わなかったウィルソン大統領の挫折と時期的にも近似する展開であった。

IWM収束の過程で、主導権を握ったのは、ロックフェラー二世の相談相手で実質的管財人の弁護士、レイモンド・フォスディック――アメリカのキリスト教界におけるリベラルと保守の対立で、前者の旗手となった牧師、ハリ・エマソン・フォスディックの弟――であった。ロックフェラー二世は、秘密裏に借金の保証を約束したために、IWMが残した六五〇〇万ドルの赤字に責任を負う立場になりかねなかった。そうなれば、元々批判が多かったIWMの巨大企業的方式と中央集権化の採用、宗教的リベラリズムの背後にロックフェラー二世の意図があることが明確になり、金で宗教を動かそうとしたといったスキャンダルになりかねない。フォスディックは、ロックフェラーのIWMへの秘密の約束を伏せて、「寄附をする」という形で責任を負うための交渉を進めた。その後、フォスディックはIWMの歴史を編纂し、ロックフェラーの借金保証の件を意図的に曖昧にした。

一方で、彼は、IWM最大の成果である社会調査の結果をロックフェラー二世のために保全した。フォスディックの試算によれば、二二六万八八〇〇ドルの価値があるものであった。二世は、一九二〇年夏以降、ジョン・R・モットを委員長に起用し、社会・宗教調査委員会を作った。後に社会・宗教調査研究所となったこの機関は、IWMの調査題目と調査成果を引き継いだ。この研究所の委託でインディアナ州マンシの調査に当たったのが、ロバート及びヘレン・リンド夫妻である。つまり、有名な夫妻の著書『ミドル・タウン』(一九二九年)は、IWMが残した遺産の一つでもあった(70)。

東洋の七校の女子大学建築基金募集キャンペーン

IWMの失敗は、その成功に期待をかけて、七校の連合女子大学に深くコミットしていた共同委員会および各大学別に形成された在米協力理事会(71)を窮地に陥れた。

たとえば、すでにライシャワーの証言を引用したように、東京女子大学の在日理事会は、IWMの見通しに期待して、一九一九年年末に手元に十分な資金がないのに、約一五万ドルで一三エーカーの土地(現在の西荻のキャンパス)を買う決断をした。ライシャワーはアメリカまで出かけ、一九二〇年一月八日、アトランティック・シティで開かれた在米共同委員会で、この購入について苦しい説明を行った。

日本からの巨額の資金要求に委員会が悩んでいると、偶然通りかかったある紳士が、ドアの外にはりだされた会議の題目を見て、部屋に入ってきた。日本から帰ったばかりのサンフランシスコ商工会議所日米関係委員会のロバート・ニュートン・リンチ（一八七五―一九三一）であった。[72] リンチは東京女子大学も訪ねており、日米親善のためにこれほど重要なプロジェクトはないと力説した。委員会のメンバーは、彼が偶然会議に現れたことに神の意志を感じて、IWMの帰趨にかかわらず、約一〇万ドルを支出することを決めたという。[73] 彼らは、このように神秘主義者であった。が、一方で、その時点では、IWMへの期待がわずかに残っていたのだろう。しかし、IWMは頓挫し、共同委員会は、一〇万ドルを返済するために複数の伝道局の手元資金から融通してもらうという状況に陥った。しかも、これは土地の代金のみで、校舎建設にはさらに大きな資金が必要であった。インドや中国の女子大学も同じような問題を抱えていた。

結局、ルーシィ・ピーボディが火中の栗を拾うことになった。IWMの頓挫が確実になった一九二〇年秋、共同委員会は「建築基金特別委員会」を任命、ルーシィ・ピーボディは委員長になった。当初委員会のメンバーには長老派婦人伝道局会長のマーガレット・E・ホッジ等、共同委員会から五人が任命され、会計として長老派で金陵女子大学の在米協力理事会の会計担当だったラッセル・カーターが加わった。[74] ただ、実質的には、ピーボディが会計係の助けをかり、タイピスト等を雇って、ほとんど一人で運動をリードしたようである。

「クリスマスの贈り物」

一九二〇年年末にかけ、ピーボディは「クリスマスの贈り物」キャンペーンを展開した。大集会や昼餐会という方法は取らず、一九一〇―一一年の五〇周年の祝祭（前章参照）以来全米に築きあげた女性の間の人脈を使い、客間集会を開いて、一人一〇ドル、一〇万人からの献金を集めるという目標をたてた。七校の女子大学の来歴と現状を説明するリーフレットを作り、集会の開き方のマニュアルを作成し、配布し、集会や献金についての問い合わせに応じた。事務所はボストンのフォード・ビルの七〇二号室であった。もとはWABFMSが入っていた建物である（WABF

ＭＳは一九二〇年にニューヨークに移転)。「クリスマスの贈り物」という概念を使ったのは、赤十字、リバティ・ローン、中近東への援助（トルコ帝国におけるアルメニア人の虐殺に関連?）、ＹＭＣＡやＹＷＣＡに気前よく寄附した、一般市民――企業、クラブ、参政権運動で働いた女性たち、大卒女性――にアプローチし、大勢の女性たちに少額の献金をしてもらうという意図であった。つまり、クリスマスという、最も世俗化し、商業化したキリスト教のイベントに因めば、特別に信仰深い人以外からも献金を得やすいと踏んだのであろう。また、「これらの大学のうち四校は、嵐と緊迫の続く戦時中に生まれました。私たちが産んだ、教育上の戦争の子どもたちです」と戦時の記憶に引きつけて、「戦時協力」に対して反応した市民に訴えかけた[75]。さらに、国際連盟（the League of Nations）になぞらえて愛の連盟（the League of Love）や大学連盟（the League of Colleges）という言葉を使うなどの工夫もあった[76]。

集会の開き方のマニュアルには、客間集会で披露する寸劇「クリスマスのキャンドルを灯す」のストーリーや注意点が含まれていた。一〇人の演者を用意し、背が高く、金髪の子が「クリスマスの聖霊」となる。七人がそれぞれの大学の女学生になり、残りは歌手と伴奏者である。東洋の大学生は民族衣装を着ることになっており、注意点が示される。たとえば、東京女子大学の学生は、簡素で暗い色のクレープの着物を着る。気品ある日本の女子大生は、アメリカで見られるような、けばけばしい着物は着ない、との注意書きがある。そして、日本、中国、インドの順にランプを持って女子大生が登場し、献金を求める口上を述べる。それぞれに対して、「クリスマスの聖霊」は与えることの難しさを話す。北京の女子大生は、日本のそれより背が高く、活発である、という具合に、アメリカ人から見たそれぞれの国の特徴の説明がある。七人の大学生が一旦立ち去ると、「クリスマスの聖霊」だけが残り、賛美歌が流れる。その間に七人が戻り、「聖霊」のまわりを取り囲む。「聖霊」が「ランプに火を灯しましょうか」と言うと、観客席から「私が灯します」と声がかかり、一人進み出て、火だねを渡す。「聖霊」は七校のランプに火を灯し、七人は「ハレルヤ」を歌いながら退場する[77]。ディケンズの『クリスマス・キャロル』を想わせる、一般市民にも親しみやすそうな――つまり、過度な宗教性を前面に出さない――寸劇である。

この方法で、ピーボディは約五〇万ドルを集めた[78]。キャンペーン中、「これは女性たちが今までで一番懸命に働いたキャンペーンです。……ペンドルトン学長が言うように、今、失敗したら、もう始まっている偉大な仕事を見放すことになります。……私は夜移動し、一日一八時間働いています。今のところ大丈夫です」とピーボディは書いた[79]。しかし、一〇〇万ドルの目標には届かなかった。

ローラ・スペルマン・ロックフェラー記念財団

クリスマスのキャンペーンを始める前、ピーボディは建築基金特別委員会からの委託を受け、ローラ・スペルマン・ロックフェラー記念財団へのアピールを開始した。そもそもピーボディが海外担当副会長を務めるWABFMSは、ローラ・スペルマン・ロックフェラーの遺産から三〇万ドルの遺贈を受けていた。そのうち二万五〇〇〇ドルがマドラスのキリスト教女子大学のキャンパス購入に充てられたことはすでに述べた。ロックフェラー夫人は、生前にもWABFMSにしばしば寄附をしていた。たとえば、ルーシィがウォータベリ時代に頻繁に出入りしたニュートン・センターのハッセルティン・ハウスも、夫人のとりなしによるジョン・D・ロックフェラーの寄附で可能になった（第三章参照）。ピーボディは夫人と面識があり、信心深さを共有していた。財団事務局のW・S・リチャードソンはピーボディに好意的で、財団の事実上トップに立つロックフェラー二世との間を取り持った。ピーボディは、女子大学の来歴や法的地位、共同委員会の来歴、目的、人的構成等、要求される様々な資料を用意し、ウェルズリ女子大学学長ペンドルトンやロバート・スピアが財団の理事に説明を行うなど、交渉と妥協を重ねた[80]。前年の日本と中国への視察団派遣が、このとき生きてきた。最終的に財団からの援助約一〇〇万ドルが決まったのは、一九二一年二月八日で、正式発表は、ピーボディを通じて三月一五日に行われ、一般紙でも広く報じられた[81]。ただし、財団拠出の一ドルに対し、二ドルを集めることを条件に資金が提供される、マッチング方式であった。すなわち、全体で約三〇〇万ドルの集金を建築基金特別委員会は目指すことになった。もう一つの重要な条件は、北京の女子医学校が財団援助対象から外されたことである。ロックフェラー財団は北京の共学の医学校に多大な援助をすでに行っており、同じ都市に女子医学校は不要、というのがその理由であった。建築基金特別委員会は様々な理由から、七校まとめてのキャンペーンを維持し、北京の女子医科大学に寄せられた指定献金は、マッチングの対象から外して会計に繰り入れた。また、インドの女子大学、医学校に対して、イギリス植民地政府が与えた補助金はマッチングの対象にはならなかった。一方で、財団側の譲歩も勝ち取り、集金額がある程度に達すると、その三分の一の金額が順次財団から支払われることになった。(82)

ルーシィ・ピーボディは「クリスマスの贈り物」キャンペーンが終わったとき、できることはした、と建築基金特別委員会からの辞意を表明したが、誰も彼女に代わって、ロックフェラーからの献金を実現するために尽力する人はなかった。ルーシィは、一九二一年六月のWABFMSの年次大会で副会長辞任を申し入れ、「女子大学の建設に時間のすべてを使う」ことを決断した。(83) 今回も、フォード・ビルに事務所を開き（三〇〇号室）、バプテストの婦人伝道局でニューイングランド地区の会計係を務めたヒルダ・L・オルソンを雇用、シカゴに西部担当の事務所も開いた。そして、大規模集会、昼餐会、お茶会、ページェント、講義等を企画、同時に、宣伝文書を大量に供給し始めた。一九一〇年以来、ルーシィ・ピーボディが慣れ親しんだ方法である。今回は、「学生委員会」を作り、特に女子大生に積極的にアピールすることを企て、アメリカ大学女性協会の主事と会長を共同委員会の顧問に迎え入れた。そして、一九二一年一一月から一九二二年一二月までの一三ヶ月を視野に、全米各所で「大学の日」を一〇〇回開く計画を立て、準備を開始した。具体的には、イベントをリードする女性を各地で特定し、依頼し、委員会を作ってもらうこと、そして、州ごとに集金額の目標を定めることなどであった。七校のうちの特定の大学への指定献金を集めたいグループはそのようにした。東京女子大学はペンシルヴァニア州で、マドラスはマサチューセッツ州で、金陵女子大学はニューヨーク州で支援する人が多いといった特色があった[84]。各州のリーダーの思い入れが反映されたと考えられる[85]。また、イザベラ・ソバンにはガウチャ、マドラスにはマウントホリヨーク、燕京にはウェルズリ、金陵にはスミス、東京にはヴァッサーという具合に、姉となるアメリカの女子大学を設定し、それぞれに妹たる東洋の女子大学の支援を担当させた[86]。

最初の「大学の日」は、一九二一年一一月一二日ワシントンD.C.で、軍縮会議開幕に先立っての昼餐会という形で守られた。国務長官チャールズ・エヴァンズ・ヒューズの妻、副大統領カルヴィン・クーリッジの妻、元国務長官ロバート・ランシングの妻などがワシントンの委員会を助け、昼餐会には、中国大使の妻やハーディング大統領に世界平和のための一万人分の嘆願書を渡すためにワシントンに居た矢嶋楫子が招かれ、ほとんどの閣僚の妻が出席した。東京での女子高等教育機関の設立は、矢島の恩人で長老派の宣教師マリア・ツルーがかつて目指したものであり、東京女子大学は、ツルーが長老派宣教師を辞任後、アメリカからの支援で看護学校のために獲得し、その死後長老派東京ミッションに寄贈された土地と建物を仮校舎として出発した。したがって、ツルーの片腕であった矢嶋楫子がたまたまワシントンを訪れていたときに「大学の日」に招かれたのは、実に相応しいことであった。しかし、矢島は当時八九歳、自分が何のための昼餐会に招かれたのか、理解していなかったのではなかろうか[87]。

ニューヨークのキャンペーンでは、一九二二年一月一四日に開かれたコモドア・ホテルでの昼餐会に一五五〇人が集まり（そのほとんどが女性）、ロックフェラー二世夫妻も出席したのが、最大のイベントであった。スピーカーのテーブルについたのは、銀行家トマス・W・ラモント、前中国大使チャールズ・R・クレイン、ハリ・エマソン・フォスディック、ロックフェラー二世、元ニューヨーク州教育委員会委員長ジョン・H・フィンレイ等であり、ルーシィ・ピーボディもこの会を仕切ったジェイムス・マディソン・プラット夫人とともにその席についた。長老派海外伝

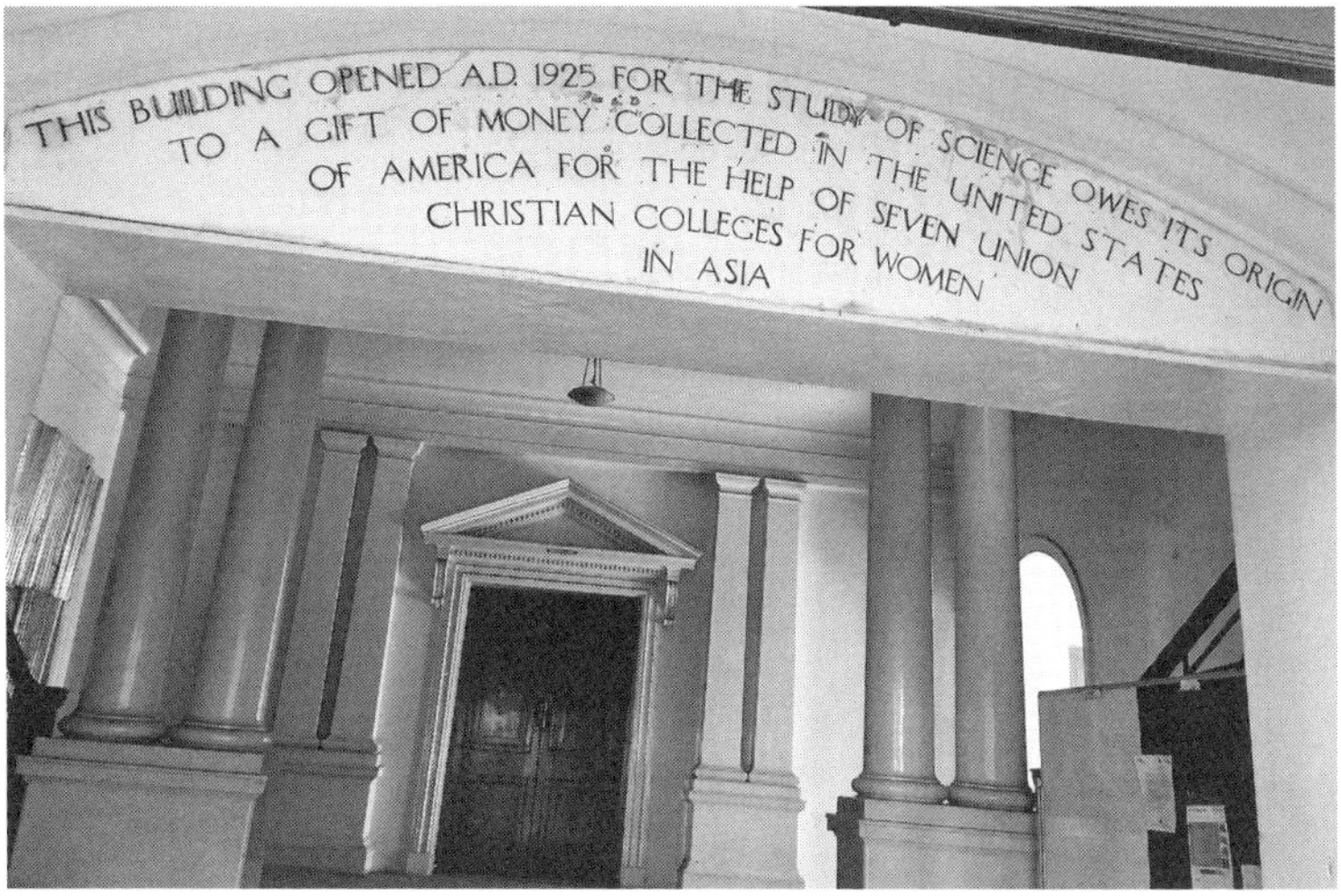

マドラスのキリスト教女子大学にある科学館の入口に刻まれた建築基金募集キャンペーンの記憶．著者撮影

道局国内担当主事ウィリアム・P・シェルが力強く寄附を呼びかけ、ここで八万七〇〇〇ドルが集まった（約束献金を含む）。ロックフェラー二世の出席は大きな意味を持ったが、その実現はぎりぎりまでわからないほど困難であった。プラット夫人と二世は、お互いを「ジョン」、「ルル」と呼び合うほど親しかったことが功を奏したと考えられる。「ジョン」は、昼餐会の後に、ニューヨークがコミットしている金額はその富からして少なすぎ、昼餐会に出た人は必ず献金するようにあらかじめ広告すべきだと「ルル」に書き送った。また、このときプラット夫人が考案した、各テーブルに女主人を配し、彼女からの招待で席が埋まるという方式は他の多くのイベントで採用されるようになったという[88]。

「大学の日」は、女性による海外伝道五〇周年の祝祭とは逆に、東部から西部へと順次開催され、一九二一年一二月八日にサンディエゴで終えた。そして、一九二一年一二月三日から一〇日まで、全米で「国際一ドルの日」が呼びかけられ、今一度この「国際的な友情の冒険[89]」のための献金を募り、キャンペーンは終了した。一二月には多くの販売店が「一ドルの日」を設けてセールを行うのに合わせて、買い物に一ドル使うかわりに献金を促す、という趣向であろう。一年以上のわたるキャンペーンは、南部を除く全米で展開され、成功裡に終わった。建築基金特別委員会の会計オルソンが約束献金を回収し、集計を報告し、ローラ・スペルマン・ロックフェラー記念財団が寄附金の残額を支払った――つまり、最終的に約三〇〇万ドルの集金を完結した――のは、一九二三年七月一六日であった[90]。北京の女子医科大学を除く六校の女子大学には、寄付者の名前を冠する記念の建物三五棟と記念の部屋が八六室でき、記念のベッドが四台入るはずであった。記念の建物等に据え付けるプレートは、共同委員会で準備した。なお、三つの伝道地の中で、日本だけが自前で献金を集め、その金額は二万六二二九ドルに上り、マッチングの対象になった。そのうち二万六二一九ドルが東京女子大学に、一〇ドルが燕京女子大学に配分された[91]。

『建築基金委員会報告[92]』に基づいて、これまでに紹介したこと以外の成功の要因をまとめると、まず、七校の女子大学を援助する一〇教派の海外伝道局（主に婦人伝道局）、七校の大学協力理事会（委員会）、ＦＷＢＦＭ、州および都市のキャンペーンの委員会、地方のサークルの中で、かつ、個人として、女性たちが「自分たちの慣れ親しんだやり方で」キャンペーンを展開したことであった。次に、女子大学、女子大生、大学女性協会、女性クラブ、赤十字といった、これまでに海外伝道を支援してきた教会以外の女性の団体の協力を開拓しえたことである。ユダヤ人やカトリックの代表が献金した場合もあった。第三に、ウェルズリ女子大学のペンドルトン、マウントホリヨーク女子大学学長のメアリ・Ｅ・ウーリィ、ヴァッサー女子大学学長のダニエル・マクラッケン、ヴェロールの女子医学校のアイダ・スカダといったリーダーたちの協力、特にペンドルトンとスカダの効果的な講演があったこと。第五に、『シカゴ・トリビューン』、『ニューヨーク・タイムス』、『ボストン・トランスクリプト』、『フィラデルフィア・レジャ』、『デトロイト・フリー・プレス』等の一般紙に広く報道されたこと。また、宗教関連の雑誌はもちろんだが、『デリィエイター』や『ピクトラル・レヴュ』等にも関連記事が掲載されたこと。第六に、ページェント、寸劇のような伝統的なツールに加え、立体幻灯機やラジオ放送といった新しいツール、メディアの利用があったこと、第七に、短期間、広報や組織化の専門家を雇用し、運動が弱い地域のてこ入れをしたこと。たとえば、ウィスコンシンでは、戦中に防衛協議会会長を務めた女性が六ヶ月間雇用され、主要都市での女性の組織化を精力的に行った。戦時ヴォランタリズムの経験の転用があったということである。ネブラスカ、南北ダコタ、モンタナでは、六二ヶ所の運動拠点を小さなフォードを運転して回る女性が雇用された。第八に、運動経費を最小限に抑えたことである。ほとんどの仕事は女性たちの無料奉仕であり、経費は収入の約二パーセントにとどまった。しかも、それさえ、入った資金を投資に回し稼いだ金でまかなった。結局、すべての献金約三〇〇万ドルが女子大学に分配されることになった。第九に、ルーシィ・ピーボディを筆頭に、リーダーが諦めなかったことである。これには祈りの力が大きかったようだ。

ルーシィ・ピーボディは、大きな都市で結局一〇〇回以上開かれた「大学の日」のうち九〇回以上に参加した[93]。まさに、北部中をかけずり回って、東洋の七校の女子大学を助ける大儀を説いてまわった。ある会合で、ヘンリ・フォード夫人に会って、一〇万ドルの寄附を願ったところ、寄附できそうだから会いに来て欲しいと電報を受け、デトロイトまでとんで行ったこともあった。結局、ヘンリ・フォードが出てきて、寄附は果たされなかったが[94]。ピーボディは、「知る中で最も困難」な仕事に挑み、「力の限界まで喜んで」働いた。無給奉仕で飛び回っただけでなく、旅費を自前で支払うことで、献金に代えた[95]。

「障害！　ああ、ありすぎました」とピーボディは募金活動を回顧した。

教会にも伝道会にもアピールできず、そのサークルを離れると、女子大学について知っている人はほとんどいませんでした。新しい支援者を開拓しなければならず、実際、そうしたのです。他に多くの大儀があり、それらはすぐに認められました。近東……、中国のための基金、ロシアへの救援、すべての伝道局の差し迫った、重要な課題、〔アメリカの〕大学によるそれぞれ一〇〇万ドルから九〇〇万ドルの基本金の要求などです。それに、多くの戦争協力募金の呼びかけに人々は少々疲れ気味でした。中西部では、……ストライキや操業停止が続きました。できるだろうか？ほとんど不可能に思えました。私たちが提示したのは新しいタイプの大儀です。それに、アジアについてアピールすると、アメリカから物を奪うように感じる人がいつでもいるものです。一方で、国際的なアピールに対する新しい反応もありました。アメリカ政府が世界にその場を得る道を見いだせなかったことに〔国際連盟に加入しなかったことを指す〕、私たちはがっかりしました。その中で、東洋の女性たちに対するアメリカの女性たちによるこの努力は、他国に対する私たちの友情と同情を示す唯一の確固たる協力計画のように見えたのです。これは、女性たちの愛の連盟であり、多くの人が喜んで私たちの願いに応えてくれました。(96)

募金運動の困難から、心労を重ね、挫けそうになったルーシィ・ピーボディは、祈ることで力を得、神の力に希望を見いだした。

これらすべての背後に祈りによって解き放たれた見えない力があった。アメリカの女性たちの祈りだけではない。伝道地の指導者たち、そして新しい大学に彼女たちの場所ができることを願う少女たちの祈りだ。人間の側から見れば、この仕事は不可能だったのだから、すべての人がこの祈りの力を認めている。私たちは、合同の祈りが成功を導いた力だと信じている……失望に終わった集会の後、フロンティアの町の汚く騒がしいホテルで過ごす真夜中の時間。孤独と憂鬱の零時に、主の光の一瞬のきらめきが、彼女〔ピーボディ自身のこと〕の心を燃え立たせた。それは、「わたしをお遣わしになった方は、わたしと共にいてくださる。私をひとりにしてはおかれない。わたしは、いつもこの方の御心に適うことを行うからである」〔ヨハネ八章二九節〕という主の言葉であった。(97)

東洋の七校の女子大学の建築基金募集運動は、ロックフェラー二世もその支援に同意するような、リベラルで実践的なキリスト教（practical Christianity）の実例であり、古く、草深い信仰の対局にあるようなものであった。しかし、ピーボディにあっては、この運動は篤い信仰によって支えられ、また彼女の信仰をいっそう篤くしたように見える。

キリスト教徒の国際主義と世界平和は、政治の手の届くところにはない。それらは、私たちにとっての最良のものを分かち合うことで深められる、互いへの理解と感謝を通じて実現される。インド、中国、日本の女性のための、アメリカの女性が一致して行ったこの最初の努力は、世界を結ぶ愛の連盟の絆の一つである。(98)

ピーボディにとって、この運動は、信仰の証であり、「人にしてもらいたいと思うことは何でも、あなたがたも人にしなさい」（マタイ七章一二節）というキリスト教の黄金律こそが、国際連盟にはなしえない、国際理解と平和をもたらすという彼女の信念の表明であった。彼女の福音主義は、草深い信仰と社会改良・国際関係の良心的構築の両方を包摂しうる、幅の広いものであった。

揺らぐバプテスト内での立場

ルーシィ・ピーボディにとっての最大の試練は、彼女の所属する北部バプテスト内部における、この運動への反発であったろう。先の引用に、「教会にも伝道会にもアピールできず」とあるのに注目したい。

そもそも、一九二一年は、バプテストの婦人伝道局（WABFMS）の創立五〇周年であった。一九一八年のWABFMSの年次大会で、五〇周年の祝祭のために三六万五〇〇〇ドルの特別献金を集める計画が決まり、NBCの財務委員会の承認を得た。献金は、宣教師の住宅、学校や病院の新しい建物など、女性が東洋で関わるあらゆる種類の仕事により良い装備を与えるために使われる予定であった。ところが、一九一九年五月のNBCの年次大会では、I

WMへの参加に伴い、国内外の事業をてこ入れすべく、一九二四年四月一日までに一億ドルを集めることが決議された。そのため「一般促進局」が設立され、献金のアピールは調整されることになった。つまり、勝手にアピールしてはいけなくなった。この動きは、後にバプテストの間で「新世界運動」と名付けられた。一般促進局からの要請で、WABFMSの五〇周年のアピールは一九一九年一二月三一日までと制限され、同時に、それは、新世界運動の一端に位置づけられた。WABFMSの国内担当副会長マーサ・マクレイシュは、結婚前ニューイングランドで彼女が所属していた会衆派とバプテストを比較し、後者の「活力と福音主義的な性質をありがたいと思うが、教育上の理想と野心がないという強い印象を受けた」と指摘し、バプテストの教育事業の充実を訴え、五〇周年の特別献金に応じるよう、一九一九年九月、ローラ・スペルマン・ロックフェラー記念財団に手紙を書いた[99]。財団がマクレイシュに個別的に応じた形跡はないが、WABFMSは、制限期間内に目標金額を集め終えたという[100]。

　ルーシィ・ピーボディは、WABFMSの募金活動の主軸ではなかった（それは、国内担当の副会長マクレイシュの役目であった）。しかし、WABFMSの五〇周年の献金運動終了直後、一九二〇年一月に、ルーシィは、一九一五年から一九二〇年の五年間にロックフェラー夫人の遺産から寄贈された三〇万ドルをWABFMSがどのように使ったか、詳細にわたってローラ・スペルマン・ロックフェラー記念財団のリチャードソンに説明し、次の五年間のための寄附を依頼している。そして、同時に、東洋におけるキリスト教連合女子大学共同委員会の必要も訴えた[101]。つまり、ロックフェラーへのアピールを見る限り、「七校の女子大学」の必要とバプテスト婦人伝道局の必要は競合していた。

　一九二〇年末の「クリスマスの贈り物」キャンペーンが始まると、バプテストのピーボディは、「勝手にアピールしてはいけない」ルールに照らし、微妙な立場に立たされたと考えられる。「閉鎖正餐式（同じ教派の人だけが正餐式に参加できる）」支持派のバプテストの数人が、（七校の女子大学の）運動に反対し、私の道を塞いでいます。案の定、資金をそらすというのです。バプテストならだれでも、そう望めば、献金をバプテストの伝道局宛てにと明記して贈ることができると彼らには応じたいと思います」とピーボディは書いている。[102] WABFMSは東京、南京、マドラス、ヴェロールの女子大学設立に参加し、もともと婦人伝道局としての支払い枠を割り当てられており、その割り当て分にクリスマス献金を充てることができるという意味である。

先に述べたように、一九二一年六月までに、ピーボディがWABFMS副会長を退いたのは、東洋の連合女子大学のための第二期キャンペーンに全力投球するという意味もあったであろうが、むしろ、その立場に居ることで、「閉鎖正餐式支持派のバプテスト」からの攻撃が激しくなるのを嫌ってのことではなかろうか。WABFMS内部でも、ピーボディは元有給の事務局員であったから、結婚によって副会長に「成り上がった」という見方があったはずであり、その上教派連合に肩入れして、WABFMSプロパーの活動の資源を目減りさせるかもしれないとなれば、批判もあったであろう。[103]

この時期には、WABFMSの赤字問題も浮上していた。一九一九年に一般促進局が設立されてから二年、バプテストの女性たちは自由な資金集めを禁止され、二二万六〇〇〇ドルもの赤字を積み上げた。「将来に大きな不安を感じます。一般促進局に信頼を置きたいけれど、置けないからです。彼らは善良な男たちですが、能力があるとは思えません。そして、彼らの仕事には能力が必要なのです」とピーボディは書き、資金集めの能力に欠ける上に、彼女を筆頭とする女性たちのその能力に嫉妬する「考えが狭量な」男たちに苛立っていた。[104] そして、副会長を降りたにもかかわらず、WABFMSのために、特別な献金を願って、リチャードソンに手書きの手紙を送り、ロックフェラー二世の意に沿うようなアピールをし、一九二一年九月末までにローラ・スペルマン・ロックフェラー記念財団からWABFMSへの一〇万ドルの援助を引き出した。[105] ピーボディは表に出ず、背後からWABFMSを助けようとした。

この年六月下旬にアイオワ州デモインズで開かれたNBCの年次大会で、ヘレン・モンゴメリはNBCの会長に選ばれ、WABFMSの会長をマクレイシュに譲った。大会では、WABFMS五〇周年の記念セッションも開催され、

WABFMSの歴史を語るページェントが演じられ、記念献金の額も報告された[106]。しかし、副会長の辞表を提出したピーボディの姿はそこになかった。ピーボディは、モンゴメリのNBC会長就任を新聞で知り、「ちょっと驚きましたが、ヒステリックな状況にあるバプテストが何をしてもおかしくない。今は、能力があり、公正な男性の頭が必要な時だと私は思います。友達として、モンゴメリ夫人の素晴らしさは知っていますが、今の状況を彼女が治められるとは思えません。時代遅れだとも思いますが」と書いた[107]。

モンゴメリが会長であった一年の間に、アメリカ・バプテストの海外伝道局（この頃、ABMUからアメリカ・バプテスト海外伝道協会（ABFMS）へと名称変更した）とWABFMSは共同でバプテスト一般に対して声明を出した。両伝道局から派遣される男女宣教師が、バプテストの信条と異なるものを海外で伝えているということはないこと、宣教師のための信託基金をIWMが作った借金の返済にあてているという事実は断じてないことを宣言した。NBCが紛糾していたのは、主にこの二件についてだったのである。そして、その声明には、モンゴメリの代わりに会長になったマクレイシュを始め、WABFMS幹部の名前が連ねられているが、ピーボディの名はそこにない[108]。彼女は、七校の女子大学建築基金キャンペーンの報告をバプテストの女性たちに向けても書いたが、そこには、「WABFMS教派間協力代表　ヘンリ・W・ピーボディ夫人」と署名がある。彼女は、バプテストとエキュメニズムの両方に足をかけ、ぎこちないタイトルを背負ってWABFMSの中でかろうじて所を得ていた[109]。

建築基金委員会報告は、このキャンペーンが教派を超えたものであるからこそ、協力が得られ、献金が集まったことを伝えようとしている。たとえば、ワシントンでの昼餐会開催に協力した国務長官の妻、チャールズ・エヴァンズ・ヒューズ夫人は、援助対象の女子大学が教派主義でないなら、「力の及ぶ限り助ける」と言った。実際、ヒューズ夫人は熱心に協力し、一九二〇年、二八歳で死んだ彼女の娘のヘレンを記念する部屋が、東京女子大学に設けられることになったという[110]。その一方で、報告書の序文には、「キリスト教によって立つ、福音主義の婦人伝道局の直接の影響力の下にあるこれらの大学は、必ずキリスト教に基づいて運営される」とし、「六から一二の伝道局が協力する場合には、保守的な運営を期待することが理にかなっていると思う。決して狭い教派主義に陥ることはないが」とある。(111)次章で扱うように、東洋の女子大学のキリスト教の性格には、様々な批判があったのだ。

遠い異国の地の「異教徒＝野蛮人」の問題の解決に手を貸そうとしてきた海外伝道だが、その企てが要する莫大な費用が、本国キリスト教徒の間の立場の違いを明確化させつつあった。東洋の七校の女子大学建築基金キャンペーンで前代未聞の成功を収めたルーシィ・ピーボディは、どうしても、その対立と向き合わざるを得なかった。それは彼女自身の信仰を見つめることでもあった。

「東洋と西洋のキリスト教徒の違いは何か」と、インド人の偉大なキリスト教徒、サンダ・シンに尋ねた人がいます。シンは次のように答えました。「東洋の賢者がベツレヘムに来たのは、生まれたばかりの救い主をあがめ、礼拝するためだった。もし賢者が、西洋から、アメリカから来たとしたら、何をしただろうと考えることがある。彼らは委員会を作っただろう。西洋は、東洋を必要としている。東洋は霊性を大切にするから。そして私たちは西洋を必要としている。東洋人には実際的に物を考える人がいないから」と。

アジアの女性たちへの贈り物を通じて、アメリカの女性たちは贈り物の交換を始めたのかもしれません。私たちのお金は、もっと無限に貴重な何かになるのかもしれない。私たちの姉妹に渡されることで、私たちを祝福し、霊性で満たすものとして、私たちの元に返ってくるのです。(112)

ピーボディは、「リフレックス・インフルエンス」の定式通り、大学建築資金という贈り物が霊性の高まりとしてアメリカの女性たちに返ってくることを期待していた。しかし、実際の伝道地から聞こえてきたのは、モダニズムとナショナリズムを志向する「ネイティヴ」の自己主張であった。

（1）*The History and Records of the Conference*, pp. 134–138; Stanley, *World Missionary Conference*, pp. 300–302. クレイトンについては、Covert, *Victorian Marriage* を参照。
（2）“The Editor's Notes,” *International Review of Mission*, Vol. 1, No. 1（Jan., 1912）: 1–14. 本誌は世界教会協議会（WCC）に引き継がれ、現在まで継続して発行されている。
（3）Charles R. Watson, “The Fourth Meeting of the Continuation Committee,” *International Review of Mission*, Vol. 3, No. 1（Jan.1, 1914）: 157.
（4）ルーシィは後年まで複数回女王のことを回想している。たとえば、Peabody, *Wider World*, pp. 93–94.
（5）前章までCCUSMと表記したのと同じもの。このころからCentral Committee on the United Study of Foreign Missionsと称されるようになった。以後、この略語を使う。第三章注67を参照。
（6）Mrs. Henry W. Peabody, “A Message from the Continuation Committee,” *The First Bulletin of the FWBFM*, Vol. 1, No.1（Mar., 1914）: 6–7.
（7）*The Continuation Committee Conferences in Asia*, pp. 9–13.
（8）*Ibid*., pp. 4–5.
（9）*Ibid*.
（10）*Report of Commission III*, pp. 51–52, 54, 58, 96, 104, 118–119, 164.
（11）“Elenore McDougall, Classics Lecturer, Westfield College,” http://www.women.qmul.ac.uk/virtual/women/atoz/mcdougall.htm accessed on Jul. 31, 2016.
（12）Elenore McDougall, “A Tour of Enqury into the Education of Women and Girls in India, 1912–1913,” *International*

Review of Mission, Vol.3, No. 1（Jan. 1, 1914）: 107.

（13）ルーシィは、ハーグでモンゴメリとノース夫人（北部メソジストの海外伝道局主事フランク・メイソン・ノースの妻。ＣＵＳＦＭ幹部の一人）が正式に教育特別委員会委員に任命されたと、アメリカの仲間に報告している（Peabody, "A Message," 4）。

（14）*Ibid.*, 5, 7.

（15）*Ibid.*, 3, 7; Montgomery, *King's Highway*, p. iii.

（16）一八四六—一九三六。*Notes on Fisheries in Japan*（Madras: The Superintendent, Government Press, 1907）という著書がある。マドラスの行政官で、一九〇四年に引退後も、農業銀行の設立を提唱するなど、活躍した。Conjeeveram Hayavadana Rao, *The Indian Biographical Dictionary*（1915）, https://en.wikisource.org/wiki/The_Indian_Biographical_Dictionary_(1915)/Nicholson,_Sir_Frederick_Augustus accessed on Aug. 1, 2016.

（17）Peabody, "A Message," 7–8.

（18）Cattan, *Lamps are for Lighting*, pp. 68–71.

（19）*Ibid.*, p. 71; Nichols, *Lilavati Singh*, pp. 26–27, 49–62.

（20）Peabody, "A Message," 8.

（21）Montgomery, *King's Highway*, Chapter 5.

（22）*Ibid.*, Chapter 6; Cattan, *Lamps are for Lighting*, p. 75; Waterbury, *Around the World*, pp. 146–153. 日本基督教女子教育会については、キリスト教学校教育同盟百年史編纂委員会編『キリスト教学校教育同盟百年史』、第二章を参照。途中、ピーボディとモンゴメリは仲違いし、日本では別々に関係者と面会したようだ（Cattan, *Lamps are for Lighting*, pp. 75–76; Letter from Lila S. Halsey to Robert Speer in the Woman's Christian College Records, 1914–1947（WCCR, hereafter）, PHS.

(23)　教育特別委員会の正式名称は「伝道地における教育委員会」で、会長はイギリス人で、イギリス部会はアフリカとインドを担当、副会長はアメリカ人のガウチャで、アジアとレヴァント（東地中海地域）を担当することになっていた。

(24)　*The Need of a Christian College for Women in Japan*, Pamphlet (c. Dec., 1912) in "Woman's Christian Union College of Japan (Tokyo)" File in Burke Library Archives (BLA, hereafter), Columbia University Libraries, Union Theological Seminary, New York. 本資料によると、最初に任命された促進委員会の委員は、E. S. Booth（オランダ改革派）、Bertha Clawson（ディサイプル）、Clara A. Converse（バプテスト）、Augusta Dickerson（メソジスト）、Sarah Ellis（クエーカー）、D. C. Greene（アメリカン・ボード）、L. S. Halsey（長老派）、C. G. Heywood（監督派）、Olive I. Hodges（メソジスト・プロテスタント）、I. M. Hargrave（カナダ・メソジスト）、原田助（組合教会牧師）、早坂哲郎（宮城女学校）、岩佐琢蔵（フェリス女学校）、Clara D. Loomis（ＷＵＭＳ）、A. C. MacDonald（カナダ・メソジスト）、三谷民（女子学院）、宮川スミ（東京女子師範）、元田作之進（聖公会、立教大学）、木畑久五郎（渋沢栄一事務所）、Susan Searle（アメリカン・ボード）、L. Catherine Tanner（香蘭女学校）、津田梅子（女子英学塾）、Sadie L. Weidner（ドイツ改革派）、安井哲（東京女子師範）。なお、外国人は、カナダ・メソジストの二人とタナー以外はアメリカ系。

(25)　Warshawsky, *John Franklin Goucher*, pp. 324–325, 334, 350–351; *The Continuation Committee Conferences in Asia*, p. 11; ポール「日本におけるキリスト教学校の創立と宣教師の役割」、一一—二八頁。「日本基督教女子教育会第二回総会議事録」キリスト教学校教育同盟所蔵。キリスト教学校教育同盟百年史編纂委員会編『キリスト教学校教育同盟百年史　資料編』、四三—四四頁。同『キリスト教学校教育同盟百年史』、五三頁。なお、Warshawsky は一九九九—二〇〇四年までガウチャ大学の理事長。現理事。

(26)　Lucy W. Peabody, *Meddlesome Missionary* (New York: Women's Board of Foreign Missions of the Presbyterian Church, 1918), pp. 3-4. この論説はメソジストの海外伝道局が出版していた *World Outlook* に掲載されたものを、長老派の婦人伝道局がトラクト化したものである。ＰＨＳ所蔵。

(27) Peabody, *Meddlesome Missionary*, pp. 4, 7–8.

(28) 原題は、注15、注22、参考文献を参照。

(29) Montgomery, *King's Highway*, p. 17.

(30) *Ibid.*, p. 75.

(31) *Ibid.*, p. 164.

(32) *The Bulletin of the FWBFM*, Vol. 3, No. 1 (Apr., 1916): 17.

(33) 一九一四年にオックスフォードで開かれることになっていたが、中止。その後も戦中は開催されなかった。Mason, *World Missions and World Peace*, p. 259.

(34) Piper, *American Churches* を参照。この本では、カトリック教会の戦時協力もプロテスタントと同じ比重で扱われている。

(35) Taft, *Service with Fighting Men*, pp. vii, x. ＹＭＣＡの戦時活動の詳細は本書に詳しい。

(36) *The Bulletin of the FWBFM*, Vol. 2, No. 1 (Apr., 1915): 4, 7, 20–23. ページェントの内容については、次の注を参照。

(37) *The Bulletin of the FWBFM*, Vol. 2, No. 2 (Jun., 1915): 2, 22–23.

(38) "The Place of the Christian Peace Worker," *The Bulletin of the FWBFM*, Vol. 2, No. 4 (Jan., 1916): 17. フォードの平和船については、Kraft, *Peace Ship* を参照。

(39) *The Bulletin of the FWBFM*, Vol. 2, No. 3 (Oct., 1915): 16–17.

(40) Robert, *American Women in Mission*, p. 276.

(41) Mason, *World Missions*, pp. 260–261.

(42) Raymond, *King's Business*.

(43) "The Woman's Congress of Missions," *The Bulletin of the FWBFM*, Vol. 3, No. 3 (Jul., 1916): 27–28.

（44） *The Bulletin of the FWBFM*, Vol. 3, No. 1（Apr., 1916): 11–17. 引用は一七頁より。

（45） Lucy Waterbury Peabody, “How to Organize a Local Union,” *The Bulletin of the FWBFM*, Vol. 1, No. 2（Oct., 1914): 22–23.

（46） Safford, *The Golden Jubilee*, p. 174; Cattan, *Lamps are for Lighting*, pp. 77, 80.

（47） *Ibid.*, pp. 77–78, 80–84.

（48） *Ibid.*, pp. 109–110; “Dr. R. C. Thomas Marriage,” *The New York Times*（Nov. 12, 1916).

（49） *Thy Daughters' Voices*, p. 25.

（50） 金陵女子大学については、Frederica R. Mead, “A Personal Letter from Nanking,” *The Bulletin of the FWBFM*, Vol. 2, No. 2（Jun., 1915): 10–13; *Bulletin of Ginling College*, No. 4（The Board of Control, 1922): 10–11 in Box 128–2633, Series IV, RG 11, United Board for Christian Higher Education in Asia Collection（UBCHEA, hereafter), Divinity Library, Yale University; 東京女子大学については、小檜山「日本でのキリスト教主義女子高等教育の成立過程」を参照。

（51） たとえば、Lucy W. Peabody, “The Higher Education of the Women of the East,” *The Bulliten of the FWBFM*, Vol. 1, No. 2（Oct., 1914): 14–18; M. E. Hodge, “Union Women's Missionary Colleges,” *The Bulletin of the FWBFM*, Vol. 2, No. 2（Jun., 1915): 3–9.

（52） Charles E. Harvey, “John D. Rockefeller, Jr. and the Interchurch World Movement of 1919–1920: A Different Angle of the Ecumenical Movement,” *Church History*, Vol. 51, No. 2（Jun., 1982):199.

（53） Batten, *The New World Order*.

（54） *Interchurch World Movement of North America*, Leaflet in the File of Cooperating Committee for the Woman's Committee for the Women's Union Christian Colleges in Foreign Fields, ABHS.

（55） Schnessel, *Jessie Willcox Smith*, p. 184.

(56) Harvey, "John D. Rockefeller, Jr. and the Interchurch World Movement," 200–202; "The Interchurch Organization," *The Missionary Review of the World*, Vol. 33（1920）: 179–180; 引用は、Letter from John D. Rockefeller, Jr. to John D. Rockefeller（Apr. 21, 1920）as quoted in Charles E. Harvey, "Robert S. Lynd, John D. Rockefeller, Jr., and Middletown," *Indina Magazine of History*, Vol. 79, Issue 4（1983）: 341.

(57) Loebl, *America's Medicis*, p. 344.

(58) *Ibid.*, p. 447.

(59) *Ibid.*, pp. 344, 357, 370, 383.

(60) ザンズ『アメリカの世紀』、六頁。

(61) Leobl, *America's Medicis*, pp. 447, 459, 471. また、この事件の処理によって、二世は一世の信任を得たという（Rockefeller, *Memoirs*, pp. 20–22）。

(62) Interchurch World Movement, *Report on the Steel Strike 1919.*

(63) *Report of the Deputation from the Federation of Woman's Boards of Foreign Missions and of the Conference Held at Shanghai, China January 2–8, 1920*（West Medford, Mass.: M. H. Leavis, c. 1920）, pp. 2–3 in Folder 32, Box 4, RG NCC 27, PHS. 以下の視察団の情報もこの資料による。

(64) 注63にある報告書を作成したのはルーシィ・ピーボディである（文末のサインの筆頭に彼女の名前がある）。

(65) Letter from Mrs. Henry W. Peabody to Robert Speer（Oct. 28, 1919）in Tokyo Woman's Christian University（TWCU hereafter）. 東京女子大学は、この資料群を、「理事会—協力委員会往復書簡」と名付けている。なお、協力委員会については、注71を参照。

(66) Minutes of the Joint Committee of the Women's Union Christian Colleges in the Orient（Nov. 23, 1923）in Folder 5, Box 11, RG NCC 27, PHS; *Report of the Building Fund Committee of the Women's Union Christian Colleges in the*

Orient (New York: The Joint Committee, 1923), p. 2, ABHS; バートンについては、http://www.bu.edu/missiology/missionary-biography/a-c/barton-james-levi-1855-1936/; ノースについては、http://catalog.gcah.org/publicdata/gcah2407.htm accessed on Feb. 12, 2017.

(67) *Interchurch World Movement of North America*, pp. 1–4.

(68) *Thy Daughters' Voices*, p. 30.

(69) 引用部分も含め、Reischauer, *Tokyo Woman's Christian College*, pp. 29–30.

(70) Harvey, "John D. Rockefeller, Jr. and the Interchurch World Movement," 204–209; Harvey, "Robert S. Lynd, John D. Rockefeller, Jr., and Middletown," 342–343, 347–354; "Interchurch World Movement Records, 1919–1921," http://library.columbia.edu/content/dam/libraryweb/locations/burke/fa/wab/ldpd_4492701.pdf accessed on Aug., 16, 2016. なお、フォスディックの書いたＩＷＭの歴史は、Raymond B. Fosdick, *History of Interchurch World Movement of North America* (Typescript, 1923). リンド夫妻の著書は、Lynd and Lynd, *Middletown*. 和訳は、『現代社会学大系』第九巻、青木書店、一九九〇年に入っているが、宗教の部分を割愛しているのは、リンドの学問的背景や研究の社会的背景を全く無視した判断である。なお、リンド夫妻の研究は、社会・宗教調査研究所からは出版されなかった（階級間対立を明確にしたためと考えられる）。後に夫妻は研究所に研究費を返済したという。

(71) 在米協力理事会（委員会と呼ばれることもある）とは、七校の女子大学それぞれの形成過程で、教派間協力ができあがると、大学ごとに参加する伝道局の代表が集まってアメリカで形成されたものである。当初その役割は、「コントロール」にあり、実質的に大学の運営に責任を持つ最終機関としてイメージされていた。しかし、実際の役割は、各大学が立地する国によって異なっていたようである。つまり、日本では日本の法律に、インドではイギリス植民地政府の法律に従う必要があったから、当然現地の大学理事会に大学運営の主導権を譲らざるをえなかった。インドではマッチング方式で、政府援助も得ていたからなおさらである。中国では、各大学はニューヨーク州の大学評議会の認可のもとに創立された。つまり、中国にあるアメリカの大学であったため、在米協力理事会は、教員の選定や派遣など、かなり運営に踏み込んだ決断をした。中国のキリスト教系の大学にアメリカが多大な資源をつぎこんだ理由の一端はここにある。どの大学の在米協力理事会も共通して負っていたのは、資金の調達と供与の判断である。

(72)　"Robert Newton Lynch," *San Francisco County Biographies*, http://freepages.genealogy.rootsweb.ancestry.com/~npmelton/sfblync.htm accessed on Aug. 20, 2016.

(73)　*Report of the Building Fund Committee*, pp. 21-22. なお、本資料では、この会議が開かれたのは、一九一九年四月となっているが、ピーボディの勘違いで（本資料では年号の間違いがいくつかある）、別のより日付について確かな資料によれば、一〇万ドルの支払いが決まったのは、一九二〇年一月八日の会議である（Letter from H. B. Benninghoff to the Members of the Board of the Women's Christian College（Feb. 28, 1920）in TWCU（理事会・協力委員会往復書簡））。なお、校地支払いに要した一五万ドルのうち、五万ドルは東京女子大学在日理事会が保持していた資金であった。

(74)　*Report of the Building Fund Committee*, p. 32.

(75)　*The Plan: An International Christmas Gift to Medical Schools and Colleges for the Women of the Orient*, Leaflet in Folder 6, Box 22, RG NCC 27, PHS.

(76)　"International Christmas Gift to the Women's Colleges of the Orient（Released Sat. Nov. 13）," Memorandum in Folder 85, Box 7, Series 3-2, Laura Spelman Rockefeller Memorial Collection（LSRM, hereafter）, Rockefeller Archive Center（RCA, hereafter）, Sleepy Hollow, New York.

(77)　*Program for Christmas Party "Lighting the Christmas Candle,"* Leaflet in Folder 6, Box 11, RG NCC 27, PHS.

(78)　*Report of the Building Fund Committee*, p. 32.

(79)　Letter from Lucy Peabody to W.S. Richardson（Nov. 17, 1920）in Folder 85, Box 7, Series 3-2, LSRM, RAC.

(80)　妥協の例としては、当初の七つの女子大学に加え、二つの中国の連合女子大学（上海と広東）をこのキャンペーンに入れようとしたが、財団のアドバイスで、その提案は引き下げている。この間の事情は、一九二〇年九月、一〇月に交わされたピーボディとリチャードソンの間の往復書簡等による（Folder 85, Box 7, Series3-2, LSRM, RCA）。

（81）Letter from W. S. Richardson to Russell Carter（Feb. 18, 1921）in Folder 86, Box 7, Series 3-2, LSRM, RAC; 一般紙での報道の切り抜きが、Folder 86, Box 7, Series3-2, LSRM, RAC にある。

（82）*Report of the Building Fund Committee*, p. 33.

（83）Letter from Lucy Peabody to W. S. Richardson（Jun. 28, 1921）in Folder 86, Box 7, Series 3-2, LSRM, RAC.

（84）*Report of the Building Fund Committee*, pp. 35, 74-75, the chart between p. 100 and p. 101; Mrs. Henry W. Peabody, *Story of the College Campaign*（c. 1923）, Leaflet in Special Collection, BLA.

（85）たとえば、フィラデルフィアには親日家のクエーカー、モリス家があり、新渡戸稲造の妻メアリの実家もあった。また、フィラデルフィアの長老派の婦人伝道局は、東京女子大学の最初のキャンパスを提供した女子学院を長期にわたり支援していた。また津田梅子は、ブリンマ女子大学在学中、モリス夫人のリーダーシップにより「日本婦人米国奨学金」のための基金集めに成功した。こうした縁があって、ペンシルヴァニアでは日本への献金が多かったのではないだろうか。

（86）*Report of the Building Fund Committee*, pp. 11-28. なお、「セヴン・シスターズ」と呼ばれるアメリカ東部名門女子大学七校のまとまりはピーボディ主導のこのキャンペーンの終了後、一九二六年から使われるようになったという（"The Founding of the Seven Sisters," Vassar Encyclopedia, http://vcencyclopedia.vassar.edu/notable-events/the-seven-sisters.html accessed Dec. 3, 2018）。

（87）*Report of the Building Fund Committee*, p. 36; ツルーと東京女子大学の仮キャンパスとなった土地については、小檜山「日本でのキリスト教主義女子高等教育の成立過程」、一〇七―一四〇頁。矢島のワシントンでの「大学の日」昼餐会出席については、久布白『矢嶋楫子伝』と『日本キリスト教婦人矯風会百年史』で確認したが、「大学の日」への言及はない。

（88）コモドア・ホテルでの昼餐会の出席者リストとテーブルリストは、Folder 89, Box 7, Series 3-2, LSRM, RAC; 一九二一年一二月にルーシィ・ピーボディを含む様々な人がロックフェラーに送った招待の手紙は、Folder 87, Box 7, Series 3–2, LSRM, RAC; プラット夫人と二世がファースト・ネームで書いた手紙は、Letters from John D. Rockefeller, Jr. to Mrs. Pratt（Jan. 16, 1922）and from Mrs. Pratt to John D. Rockefeller, Jr.（Jan. 23, 1922）in Folder 88, Box 7, Series 3–2, LSRM, RAC; 集まった金額等については、*Report of the Building Fund Committee*, p. 37. なお、プラット夫人は、初期の石油王の一人で、スタンダード・オイルに参加したチャールズ・プラット（一八三〇―一八九一）の係累か？

（89）Abby Gunn Baker, "Woman's Union Christian Colleges of the Orient," *Watchman Examiner*（Nov. 30, 1922）: 1526. 「国際的な友情」という言葉は、一九二〇年代のFCCのプロジェクトでよく使われるようになる（次章参照）。

（90）Peabody, *Story of the College Campaign*; Voucher No. 291 from the Laura Spelman Rockefeller Memorial to Joint Committee of the Women's Union Christian Colleges in the Orient（Jul. 16, 1923）in Folder 88, Box 7, Series 3–2, LSRM, RAC.

（91）*Report of the Building Fund Committee*, pp. 100, 102,106–108.

（92）*Ibid*.

（93）*Ibid*., p. 36.

（94）Letter from Lucy Peabody to W. S. Richardson（Feb. 5, 1923）in Folder 88, Box 7, Series 3–2, LSRM, RAC.

（95）*Report of the Building Fund Committee*, p. 105.

（96）Peabody, *Story of the College Campaign*.

（97）*Report of the Building Fund Committee*, pp. 30–31.

（98）*Ibid*., p. 63.

（99）Letter from Martha H. Macleish to John D. Rockefeller（Sep. 18, 1919）in Folder 84, Box7, Series 3–2, LSRM, RAC.

（100）Safford, *Golden Jubilee*, pp. 222–224, 236–238; 五〇周年で集めた資金の一部は、日本では大阪の「基督教ミード福祉館」の建築費用に使われたと考えられる。なお、ローラ・スペルマン・ロックフェラー記念財団は五〇周年のために二万五〇〇〇ドル献金した（Letter from W. S. Richardson to Alice E. Stedman（Jan. 15, 1920）in Folder 85, Box 7, Series 3–2, LSRM, RAC.

（101）Lucy Peabody, "Statement of the Laura Spelman Rockefeller Legacy from September 1915 to September 1920" and Letter from Lucy Peabody to W. S. Richardson（Sep. 27, 1920）in Folder 85, Box 7, Series 3–2, LSRM, RAC.

（102）Letter from Lucy Peabody to W. S. Richardson（Nov. 17, 1920）in Folder 85, Box 7, Series 3–2, LSRM, RAC.

（103）一九一三年、WABFMSがWABFMS-Wと合併したとき、海外担当の副会長に当選したのはM・グラント・エドマンズ夫人であった。彼女が辞退したので、次点のピーボディが副会長に選任された（Safford, *Golden Jubilee*, p. 174）。WABFMSでのピーボディの権力基盤はそれほど強くなかったと考えられる。

（104）Letters from Lucy Peabody to W. S. Richardson（Jul. 21, 1921 and Jul. 26, 1921）in Folder 86, Box 7, Series 3–2, LSRM, RAC.

（105）Letter from Lucy Peabody to W. S. Richardson（Jun. 21, 1921）in Folder 86, Box 7, Series 3–2, LSRM, RAC; Letter from Helen Montgomery to W. S. Richardson（Sep. 23, 1921）in Folder 87, Box 7, Series 3–2, LSRM, RAC.

（106）*Annual of the Northern Baptist Convention 1921*, pp. 24, 35.

（107）Letter from Lucy Peabody to W. S. Richardson（Jun. 28, 1921）in Folder 86, Box 7, Series 3–2, LSRM, RAC.

（108）*A Statement to the Denomination*（c. 1921）in Folder 89, Box 7, Series 3–2, LSRM, RAC. この文書ではマクレイシュがWABFMSの会長になっている。モンゴメリがWABFMSの会長でなかったのは、彼女がNBC会長であった一年間だけなので、この文書は一九二一年または二二年のものと推定できる。

（109）*Fifty-Second Annual Report of the Woman's American Baptist Foreign Mission Society*（1922–1923）, p. 670. ABHS

所蔵

(110) *Report of the Building Fund Committee*, p. 37. なお、このプレートは、現在東京女子大学の新渡戸稲造記念室に保存展示されている。元々はすでに取り壊された旧寮の一室にあった。

(111) *Ibid.*, p. 5.

(112) Peabody, *Story of the College Campaign*.

第六章　リベラリズムとファンダメンタリズム

1925 年のワシントン海外伝道会議でのスピーカー. *The Missionary Review of the World* 48 (1925): 164 より

ルーシィ・ピーボディの盟友ヘレン・モンゴメリは、一五歳で父の教会――ロチェスタのレイク・アヴェニュ・バプテスト教会――の一員となったとき、執事から回心の経験について質問を受けた。「罪の重荷が取り去られるのを感じたか」と。

クリスチャン・ホームに育った一五歳の子どもにこう質問したのです！　震えながら、私は「はい」と答えましたが、教会に入るために、嘘をついたことにすぐ気づきました。寛大な父が私を信仰の家に迎え入れてくれた、まさにその瞬間、私は苦々しい思いをかみしめていました。

とモンゴメリは述懐した(1)。

すでに第一章で紹介したように、大学での教育は、こうして「堅苦しい、小さなバプテスト」として育ったヘレン・モンゴメリの視野を広げ、絶妙な道徳的バランス感覚を養った。科学的思考と異質なものを受け入れ、極度な律法主義を回避しながら、科学のために嘘の宣誓をしてまでズニ族の秘密の儀式に入り込み、その詳細を暴露した文化人類学者フランク・ハミルトン・クッシングの偽善に疑問を抱くような、「見せびらかしの消費」と「心地よい消費」の違いを見極めるような、絶妙なバランスである(2)。それは、ルーシィ・ピーボディも含め、一九世紀後半を生きた多くの福音主義者が共有したものではなかったろうか。彼／女らにおいては、古めかしい堅固な信仰と新しい科学的知見および豊かさが共存し、危うい均衡を保っていた。それは、自分たちの優越性の確信となり、その確信が、他者への関心――「助け手」になろうという――を支えていた。

だが、第一次世界大戦以降の世界で、そのような共存、そのような絶妙なバランス、そのような確信を保つことは、困難を極めるようになった。

ファンダメンタリスト

高等批評や進化論の流通、それに伴う「聖書の無謬性」をめぐる神学的論争については、英語では多くの研究があり、その一端はすでに日本語でも紹介されている[3]。アメリカのキリスト教界において、この問題は一九世紀後半には存在していた。たとえば、一八八〇年代までには、前千年王国説とディスペンセーショナリズムを掲げるグループが毎年集まる「ナイアガラ聖書会議」や、聖書学院――高等教育の世俗化に対抗する、既成の神学校や教派にとらわれない、保守的な信仰と神学に基づく教育機関――を設立する運動が始まっていた。シカゴにムーディ聖書学院が開学したのは、一八八六年である[4]。

しかし、運動として明確に「ファンダメンタリスト」が顕在化したのは二〇世紀初頭、特に第一次世界大戦後の一九二〇年代である。「ファンダメンタリスト」とは、一九一〇年から一九一五年の間に一二冊出版され、教会、神学校、宣教師等に三〇〇万部ほど無料で配布された『ファンダメンタルズ――真実の証言』という一連の冊子の名前から取られたという[5]。このシリーズには九〇本の論説が収録され、リベラルな神学に対してオーソドックスなキリスト教信仰を擁護した。スコットランドの長老教会のジェイムス・オール（一八四四―一九一三）、イギリスのダラムの主教H・C・G・モウル（一八四一―一九二〇）、南部バプテスト神学校校長のE・Y・マリンズ（一八六〇―一九二八）といった著名な寄稿者をそろえ、「威厳と、取り扱う問題の幅の広さ、穏健な言葉使い、明快な説得力、知的能力」を以てその立場を提示することに成功した。寄稿者には、相容れないことの多い、各教派と神学校をベースとするグループと前千年王国説とディスペンセーショナリズムに依って立つ聖書学院系のグループの両方が含まれていたが、聖書の無謬性を基軸にかろうじて連携が成り立っていた。海外伝道関係者で言えば、北部長老派海外伝道局上級主事ロバート・スピアのような中道派が寄稿している。(6) しかし、運動が展開されるなかでファンダメンタリストは次第に硬直化した。一九二四年の「モンキー裁判」でジャーナリズムにより焼き付けられた「時代遅れの頑固者」という悪名は、彼等にまとわりつくようになる。(7)

ファンダメンタリストとモダニストの間の論争と亀裂が最も激しかったのは、長老派とバプテストにおいてであった。ここでの関心は主にバプテストのそれであるが、その主たる舞台はＮＢＣであった。バプテストは、「良心の自由」を特別に尊重してきたから、各個教会は基本的に独立していた。ＮＢＣは各個教会の上にたつ教義調整機関というより、基本的に年に一度の親睦会であるはずだった。したがって、そこには、保守からリベラルまで、信条的には大きな幅を持つ「バプテスト」たちが集った。そもそも、著名なリベラル神学者の多くはバプテストであった。ウィリアム・ニュートン・クラーク（一八四〇―一九一二）、ウォルター・ラシェンブッシュ、ハリ・エマソン・フォスディック、シェイラ・マシューズ（一八六三―一九四一）、ダグラス・クライド・マキントッシュ（一八七七―一九四八）などである。二〇世紀初頭、ニュートン、コルゲイト、ロチェスタ、クロウザ、そして、シカゴ大学神学部といったバプテストの神学校は、学問的水準が高く、リベラリズムの温床となっていた。その一方で、バプテストにおいては、エスタブリッシュメントへの反逆の伝統に由来する反知性主義とリヴァイヴァリズム重視が、一般の聖職者にも信徒にも深く根付いていた。(8) 右に紹介したように、ヘレン・モンゴメリの父親が司牧したレイク・アヴェニュ・バプテスト教会でも、その傾向は明らかであった。(9)

一方、すでに言及したように、ＮＢＣの出発点は、一八一四年にバプテスト海外伝道総会（後、ＡＢＭＵ）が形成されたところにあった。この総会は「三年に一度の総会」とも呼ばれ、海外伝道に協力するバプテストが、文字通り三年に一度集まった。この伝統を引き継ぐバプテストが、一九〇七年に形成したのがＮＢＣであり、アメリカ・バプテスト海外伝道協会（ＡＢＦＭＳ、ＡＢＭＵの後身）はその傘下にあった。(10)

したがって、NBCにおけるファンダメンタリストのリベラリズム批判が海外伝道を発端として起こったのは、当然ありうる事態であった。一九五〇年に『一九一九年から一九二〇年にいたるNBCにおける海外伝道問題』という本が、ファンダメンタリストの側から出版されていることからしても、[11]海外伝道が問題の焦点であったことがわかる。かつてウィリアム・マクラフリンは、大著『一六三〇年から一八三三年に至るニューイングランドにおける異議申し立て――バプテストと政教分離』において、政教分離は「良心の自由」を軸とする思想的転回のなかで進んでいったのではなく、むしろ、課税問題を中心とするミクロなレベルでの個別的状況に関する実際的判断と交渉の積み重ね――良心の自由の戦いは、まずもって隣近所の出来事――として起こったと論じた。[12]似たようなことは、ファンダメンタリストたちの反逆についても言えるのではないか。海外伝道には莫大な金がからんでいる。バプテストらしい実利志向は、金銭の問題を放置しない。そして、ルーシィ・ピーボディは問題の渦中にあった。

前章で、一九一八年年末に立ち上がったIWMにルーシィ・ピーボディが深く関わっていたことを示した。東洋の七校の女子大学のための資金調達キャンペーン自体、一面ではIWMの失敗を補うもので、だからこそローラ・スペルマン・ロックフェラー記念財団の援助が得られたとも考えられる。

一九一九年五月にコロラド州デンヴァで開かれたNBC年次大会では、バプテストの独自性が守られるよう、八つの条件を付けた上でIWMへの参加が正式に決議された。同時に「一般促進局」が作られ、NBC傘下のさまざまな組織――国内外の伝道局や婦人伝道局を含む――の、主に集金活動を統括しつつ、IWMとの調整を行うことになった(前章を参照)。NBC傘下の団体の募金キャンペーンは一般促進局が統括し、集まった資金の分配が一般促進局を通じて決定されるのである。そのために、団体間の意思疎通が重要になり、ばらばらに事務所を構えていた各団体は、マンハッタン五番街の二七六番にあるオランダ・ビルの四階に集結させられることになった。婦人伝道局が長年の拠点ボストンを去ったのはそのためである。そして、この募金キャンペーン方式の下で、NBCは一九二四年四月三〇日までに一億ドルを集めることを目標とし、これが「新世界運動」と呼ばれた[13]。その決議が成されたデンヴァの年次大会では、リベラリズムの旗手ハリ・エマソン・フォスディック――弟レイモンドがロックフェラー二世の顧問弁護士であることは前章で述べた――が「ゆるぎないキリスト」という題で日曜日の説教を担当、国際関係等においてキリスト教徒が果たすべき役割を強調した[14]。第一次世界大戦終結後、初めて開かれたこのNBC年次大会では、「これまでにない霊的一致の感覚」が醸成されたという[15]。

しかし、実際には、保守派はこの年次大会に大いに不満であった。保守派は、一、巨大企業の例に倣ってプロモーション方式を採択したIWMへの参加、二、リベラリストが主導して教派の雑誌として『バプテスト』を発行すると決めたこと、三、IWMに協力すべく、「一般促進局」が設立され、各個教会の権威を飛び越して中央集権化が図られたこと、四、NBCが採択した「世界のキリスト教化」の決議の内容は、個人の「生まれ変わり」を重視せず、社会的、経済的、政治的な目的を国内・国際的なレベルで掲げ、それらすべてを教会の仕事とする、つまりは、社会的福音のアジェンダであったことを問題とした[16]。

翌一九二〇年、バッファロで開催されたNBC年次大会の直前に、保守派の呼びかけで集会が開かれ、「NBCファンダメンタリスト親睦会」が立ち上がった。親睦会に集まったのは一五六人、開会の式辞に続いて演壇に立ったのは、一二人であった。バプテストが歴史的に築いてきた信仰――神の言葉としての聖書、イエスの神性、霊性（祈禱）の重視など――を確認した後、モダニズム、合理主義の席捲への懸念が表明され（それほど激しい言葉使いではないが）、世界伝道におけるバプテストの使命が語られて終わった。演説は『バプテストのファンダメンタルズ』にまとめられ、九月には出版された。この本の序文を書いたのは、『ウォッチマン・イグザミナ』誌の編集者カーティス・リー・ローズで、保守派の憤懣を次のように表現している。

何世紀も真理のために勇敢に戦ってきたのに、今になって、寛容と友愛とキリスト教徒の隣人愛の名のもとで、過ちと妥協するのか？　バプテストの父祖たちは、戦場で過ちに打ち勝った。その息子たちは居間集会で過ちと妥協するのか？……ＩＷＭは、その発表や訴えから信条を取り除いて、キリスト教を去勢した。……ＩＷＭは皆を代表しているから、誰の怒りも買わないように細心の注意をはらわなければならない。この運動は、妥協的時代精神を反映しており、しかも、北部バプテストは、そのプロモーターの中でもっとも重要な位置を占めている[17]！（強調は筆者）

バプテストのファンダメンタリストたちに根付く、ミソジニ（女嫌い）が漏れ伝わる書きぶりである。「居間集会」は、女性たちの運動の最重要ツールの一つであった。バプテストのファンダメンタリストたちはＩＷＭをはじめとするリベラルなキリスト教の運動の背後に明らかに女性の存在を見ていた。ＩＷＭに期待し、とりわけ、東洋の七校の女子大学のプロジェクトをその中に入れ込んだルーシィ・ピーボディは、その女性たちの力を代表する存在であった。

親睦会の直後に開かれたＮＢＣ年次大会の二日目、元来ＩＷＭとの関係で設立されたはずの一般促進委員会の報告の中で、一九二〇年六月三〇日を以てＩＷＭとの縁を切ることが提案され、採択された。関係をつなぎ止めようとする別案も出されたが、審議は途中で打ち切られた。記録はその時の緊迫感をかろうじて伝えるのみだが、激しいやりとりがあったと想像される。ルーシィ・ピーボディはこの年次大会に参加しており、五日目の「若者のセッション」で演説に立ったが、この成り行きを愕然として見守ったことであろう[18]。

モンゴメリのリーダーシップと包摂策

翌一九二一年のＮＢＣ年次大会は、インディアナ州ウィオナ湖で開催予定であったものが[19]、アイオワ州のデモインに変わった。変更はＮＢＣ内の対立と混乱の結果かもしれない。前章で述べたように、この年は婦人伝道局の五〇周年に当たっていたから、六月二二日の大会初日の数日前からＷＡＢＦＭＳは祝賀行事を行い、その最終日が、ＮＢＣ年次大会初日に当たるように工夫された。そこでＷＡＢＦＭＳ会長のモンゴメリは、結局四五万ドル以上集まった五〇周年記念献金を教派に対して示し、女性たちの集金能力が確認された。そのことを認めたのか、あるいは、ほとんど収拾不能のファンダメンタリストの反逆を女性の力でなだめようとリベラリストたちが画策したのか、あるいは、女性を会長にすることで、リベラリストの力を誇示しようとしたのか、モンゴメリはＮＢＣ会長に選ばれ、一九二一年から二二年の任期を務めることになった。アメリカのキリスト教世界で、これほどの大きな団体のトップの座についた女性はそれまでに例がなく、リベラル派の『バプテスト』誌は、「この民主的原理の実行において、バプテストは世界と時代をリードしている」と自画自賛するとともに、モンゴメリの能力の高さを書き立てた[20]。

しかし、前章で指摘したように、ＩＷＭ推進に尽力し、そのあまりにも早い崩壊の中で、東洋の七校の女子大学の建築基金調達運動を進めるルーシィ・ピーボディは、デモインの会議でＷＡＢＦＭＳ海外担当副会長の座から正式に退いた。ＷＡＢＦＭＳは、ピーボディの四〇年にわたる同会での活躍、超教派の多くの事業への貢献、幅広く多彩な経験を認め、「彼女は、ＷＡＢＦＭＳの五〇年間にわたる驚異的な成功を導いた原理を代弁する人だ」との決議を採択した[21]。けれども、ＮＢＣの中での彼女に対する風当たりは、当然参加すべき五〇周年の祝賀さえ欠席せざるを得ないほどのものだったと推察される。

ＮＢＣは、デモインでの会合までに、ＩＷＭがつくり、銀行への返済を要する約七〇〇万ドルの借金のうち、責任分の二五〇万ドルとその利子四万三七六六ドル余りを完済した。そのうち一〇〇万ドルは、おそらくロックフェラー二世と考えられる匿名の大規模寄付と「新世界運動」で得た使途が特定されていない献金でまかない、残りは傘下の組織と銀行から借り入れた[22]。ＩＷＭの失敗は、主導したリベラリストたちの信用を傷つけ、ファンダメンタリストたちを勢いづけた。彼らは、バプテストの神学校におけるリベラリズムとそこから輩出される聖職者、とりわけ宣教師のリベラリズムを批判した。前章で紹介した通り、モンゴメリはその任期中に、バプテストの男女宣教師が、バプテストの信条と異なるものを海外で伝えることはないし、宣教師のための信託基金がＩＷＭの借金返済に使われることはないとする声明を出さなければならなかった。

一九二二年六月、インディアナ州インディアナポリスで開かれたＮＢＣ年次大会で、ヘレン・モンゴメリは会長講演を行った。彼女は、バプテストの伝統である、良心の自由と各個教会の独立と寛容を呼びかけ、ＮＢＣは「信仰についてのバプテスト声明」を出すべきだという意見に反対した。それこそ、バプテストの基本的原理を破ることだと。長老派では、一八九二年に五つのポイント――イエスの神性、処女懐胎、贖罪、イエスのよみがえり、聖書の無謬性――を正統な信仰の要件とすることを正しい意見だと総会が認め、一八九三年、一八九四年、一八九九年にこれを再確認、一九一〇年には、五つのポイントは本質的かつ必要な長老教会の信条だとの決定を下した。[23]しかし、「正統な信仰」を定義づけるのは、バプテストの伝統に馴染まない、というわけである。さらに、モンゴメリは「新世界運動は宗教を商業化している」という批判に対し、それはデンヴァで採決されたものであり、民主主義においては少数者が多数者に従い、チームワークを行うことが重要だと述べた。そして、数年来の批判で、平信徒の運動や女性の組織等の多くの仕事が廃棄処分にあってきたことを指摘し、民主主義が視野狭窄になるのは情けないと批判、大きなヴィジョンをもって協力することを呼びかけた。要するに「包摂策」と呼ばれる、保守もリベラルも互いの差異を棚上げし、福音の伝播という基本線で協力することを呼びかけたのである。もっとも、モンゴメリが掲げた目標は、世界平和、禁酒法の維持、産業関係の改善であり、保守派も容易に同意できる禁酒法を除くと、リベラリストのアジェンダではあった。[24]

一九二二年の記録を見ると、ルーシィ・ピーボディは、教会連合協議会（ＦＣＣ）――ＮＢＣは、ＩＷＭの失敗の後もこの種の教派間協力には継続して参加していた――へのバプテスト代議員の一人に任命された。また、ＮＢＣの中の「国際正義と親善局」のメンバーとなり、翌一九二三年のＮＢＣ年次大会での報告の義務を負った。さらに、エディンバラの継続委員会の代わりに一九二一年に設立された国際宣教協議会（ＩＭＣ）のメンバーとして名前が載っている。[25] これは、次節で説明するように、ルーシィが継続委員会のメンバーであったことに由来するものである。いずれにしても、婦人伝道局の副会長を辞任したものの、おそらくモンゴメリの願いもあったのだろう、ピーボディの活力は、ＮＢＣの中の、エキュメニカルでリベラルな部門において引き続き生かされるはずであった。

エキュメニズムを足場に

東洋の七校の女子大学建築基金募集運動の傍ら、ルーシィ・ピーボディは、第一次世界大戦で中断したエディンバラの継続委員会の再編に関わった。一九二一年九月三〇日から一〇月六日までニューヨーク州のモホンクで継続委員会の後身として初めてＩＭＣが集まった際、彼女はそこに居た。[26] さらに、一九二二年七月二二日から八月一日までカンタベリの古城で開かれたＩＭＣの執行委員会、一九二三年の七月九日から一六日にオックスフォードで開かれたＩＭＣの会議にも出席した。大西洋を二度往復したことになる。そこでは、大戦後の新しい国際秩序の中での信教（良心）の自由、国際法、国際協力、ナショナリズムの台頭と現地人教会のイニシャティヴと責任といった時事問題が話題となった。[27] 一九二三年の会議の終わりには、ファンダメンタリストからの批判によって白日の下にさらされた信条の違いについてのＩＭＣの立場が表明された。ＩＭＣは独自の信条を提示する立場にはなく、メンバーが持ち込むさまざまな信条がそのままＩＭＣの信条となる、というものであった。ただし、それは、対立する意見の曖昧な集積を意味するのではなく、キリストの福音を世界に伝えるという義務と神の子イエス、人類の友・神授の助け手としてのイエスへの忠誠を共有して、共に働くということだと説明された。これは、リベラルよりの中道の立場であり、実際、この声明の背後にはロバート・スピアの報告があった。ルーシィ・ピーボディもこの立場に共感していたからこそ、婦人伝道局連合（FWBFM）の『会報』にこの声明をのせたのである。[28]

一九一〇年代、二〇年代、ルーシィ・ピーボディは、IMCのような男性中心の海外伝道関連のトップレベルの組織に食い込んだ少数の女性の一人であった。一九二五年一月末から二月はじめにかけて「ワシントン海外伝道会議」が三五〇〇人ほどの登録者を得て、盛大に開かれた。一九〇〇年のエキュメニカル大会（ニューヨーク）、一九一〇年のエディンバラの会議ほど大きな国際会議ではなかったが、それぞれの会議から二五年、一五年の節目を記念する意味があった。クーリッジ大統領の挨拶に始まり、ロバート・スピアの演説で終わった会議は「知的かつ霊的」であったという。しかし、エディンバラの時のように、出席者が議論に参加し、決議を出すということはなく、現行のホームベースでの仕事に刺激を与えるという姿勢に留まった。[29]大戦以降の海外伝道の不調を反映していたのである。一九〇〇年の大会と一九二五年の大会の両方で演説をしたのは四人のみで、ピーボディはその中の一人であった。彼女が賀川豊彦と同じように特別なスピーカーであったことは、本章扉に掲載した写真から知ることができる（本章扉の写真を参照）。

しかし、この写真は、ピーボディが、こうした男性主導の会議ではあくまで客であったことも示しており、彼女自身、そのことをはっきりと自覚していた。彼女は、大戦後も相変わらず、女性が主導する組織に愛着と信頼を置き、自らのアイデンティティの核としていた。いや、男性と共に働いたからこそ、女性の組織の重要性を再認識したと言ってもよい。

教会での女性の立場や東洋における女子教育が男性のそれと同じになるまで、また、アメリカ国内と伝道地の両方で、男性が運営する協議会や伝道局に関わる女性たちにより十分な発言の機会が与えられるようになるまで、女性の組織は必要だと私たちは考えます……。というのは、……八〇人の男性の集団の中に、五―六人の女性がいたとしても、検討中の巨大な問題を前にして、重要だけれども、小さな女性の仕事に注意を振り向けるのは不可能だからです。[30]

一九二五年のワシントンでも、ピーボディの主力は、男性主導の会議と並行して開かれた「第二〇回超教派北米婦人伝道局会議」の方に振り向けられていた。FWBFMの集会はこの中で持たれ、それまでもっとも多い参加者を得た。というのも、この年は一九〇二年以来ピーボディがずっと委員長を務めてきたCCUSFMの二五周年記念にあたっており、祝賀の夕べの宴がホテル・ワシントンで開かれたからである。宴に参加したのは、主に、CCUSFMが出版した本の著者、CCUSFMの活動から派生した伝道夏期学校、伝道地におけるキリスト教文書の出版、子ども向け雑誌『すべての国々』等に関わる女性たち、FWBFMに参加するさまざまな教派の婦人伝道局の代表などであった。ピーボディはそこで司会を務め、「CCUSFMのために教科書を執筆することは、生命保険になるようです。二五年間に亡くなった著者は一人もいませんから」と冗談を飛ばした。[31] CCUSFMは、二五年間で三五〇万部の本を売り、その利益は、FWBFMの運営資金、伝道地での出版事業、『すべての国々』の出版等も支えていた。[32] まさに、教派を超えた女性たちの協力の要にCCUSFMはあり、ルーシィ・ピーボディはその組織を牽引してきたのである。

一九二三年、「東洋の七校の女子大学」キャンペーン成功の後、ピーボディは、翌年までのごく短期間FWBFMの会長になった。その間、女性キリスト教徒世界連盟の形成を発案した。彼女は、アメリカだけでなく、ヨーロッパや「オリエント」のクリスチャンの女性たちとも連携することを目指したのである。そのための第一歩として、一九二四年一月三日のCCUSFMの委員会で、一九二四年六月に一〇日間にわたってヴァッサー女子大学でキリスト教を礎とする国際関係研修会を開くことと、年に四回の『会報』を提案し、後者に対してCCUSFMが二五〇〇ドルを用意することに承認を得た。ヴァッサーの件は、同月のFWBFMの年次大会でも承認され、広報用の文章も用意された。この研修会は、ヴァッサー女子大学とすべての福音主義の教派の国内外婦人伝道局、全米ＹＷＣＡ、大学女性協会、学生ヴォランティア運動の共催で、ＣＣＵＳＦＭがプログラムの素案を作り、三月一日頃、ヴァッサー女子大学学長から発表するという計画であった[33]。つまり、ヴァッサーの国際関係研修会は、ノースフィールドでピーボディが長年主導してきた伝道夏期学校をモデルとしつつ、東洋の女子大学のキャンペーンで切り開いた新しい人脈を使い、伝道を「国際関係」の枠組みに接合させ、キリスト教に基づく世界平和の可能性を探ろうというものであった。

この発想の流れの中で、一九二五年、ＦＷＢＦＭは、キャリ・チャップマン・キャットが主導する「戦争の原因と根治についての会議」（ＣＣＣＷ）に参加するようになり、それに伴ってこの年の伝道夏期学校では、平和について勉強することになり、ＦＷＢＦＭの要請でＣＣＵＳＦＭは『地上に、平和を』（*On Earth, Peace*）という冊子を出版した。ピーボディはその中に「教会の女性たちの成すべき明確な仕事」という論説を載せた。冊子の付録には、ＣＣＣＷが支持する国際連盟と国際司法裁判所の情報、ＣＣＣＷの所見が収録されていた[34]。参政権取得後、アメリカの幅広い立場の女性たちの多くがほとんど唯一、一致して取り組むことのできたのが平和運動であった。女性たちの目指した平和は、素朴な道徳感覚に根ざしていたが、第一次世界大戦の経験に鑑み、切実な願いであり、古くさくなかった。ピーボディも海外伝道に関わる女性たちを積極的にその方向に牽引しようとした。

「青い目の人形」への協力

翌一九二六年、ピーボディは、さらにＦＣＣのイニシャティヴに協力することになった。一九二四年、新しい移民法――いわゆる排日移民法――が施行され、日米関係が悪化したことはよく知られている。日露戦争以降、日米は互いを仮想敵国とし、カリフォルニアにおける日系移民排斥運動も激しくなった。一九〇七―〇八年の日米紳士協定でいったんは収束に向かったものの、「写真結婚」が問題視されるようになった。一九二一年までにカリフォルニアでは日系人の土地所有がほとんど不可能になった。一九二四年の移民法のターゲットは日本人だけではなかったし、それ以前に日系移民の権利はすでに大きく制限されていたのだが、この法律が日本人を中国人等のアジア系同様「帰化不能外国人」と定義したことは、西洋列強に伍する帝国を自負する日本人のプライドを甚《いた》く傷つけた。それは、太平洋戦争の一因となったとも言われる。

アメリカン・ボードの宣教師として長く日本で教え、帰国してFCCの対日関係委員会（NCAJR）で働くようになったシドニ・ギュリック（一八六〇―一九四五）は、日系移民排斥運動に反対する活動に心血を注ぎ、一九二四年以降は、日米関係の改善に尽力した。一九二六年年初、ギュリックは前年にFCCの中に設立された世界児童友好委員会（CWFC）に対し、アメリカの人形を三月三日のひな祭りに合わせて日本の子供達に贈るというアイデアを出した。それは、日米の子供達の間に交流の機会を与え、「親善（good will）」の感覚を養うことが、将来の平和につながるという発想に根ざすものであるとともに、「帰化不能外国人」と定義されたことに大いに傷ついた日本人の自尊心の回復を図るための働きかけでもあった。したがって、人形を与えるという行為が「慈善」に見られないように細心の注意が払われた。CWFCは、一体三ドルのやや高価な、「ママ」と声を出す人形を標準人形に選び、参加者が購入できるようにした。そして、人形は、「新しく、適切な装いを施され、どこから見ても、友好親善のメッセンジャとして日本に行くに相応しく」なければならないとした。人形は、「魅力的で典型的なアメリカの女の子に見えるべきだ」とも広報して、暗に黒人の人形を贈らないように示唆した。さらに、人形は単なる「贈り物」ではなく、アメリカの子供達の代表なのだと説明した。このプロジェクトの実質的な業務の責任者は、ギュリックが一九二五年にFCCの中の全米国際正義親善委員会（NCIJG）の業務拡大のために雇用にこぎつけたジャネット・エムリーチであった。(35)

一九二六年四月までに、ルーシィ・ピーボディは、この件について相談を受けた。ピーボディが一九一〇年以来、女性による海外伝道五〇周年、ＣＣＵＳＦＭ、ＦＷＢＦＭ、伝道夏期学校、東洋の七校の女子大学建築基金募集運動等で築き上げた女性たちのネットワークを起動させたいとＦＣＣ側は考えたのだろう。当時、ある女性は、「長年にわたる根気の良い努力の結果、教会の女性たちが全米レベルの婦人伝道局本部から末端の各個教会にいたるコミュニケーション・システムを築きあげたこと」を、女性による海外伝道の成功の秘訣の一つに数えたが[36]、ルーシィ・ピーボディは間違いなく、そのネットワークの頂点に立つ女性の一人であり、ネットワークの動かし方をおそらく同時代の誰よりもよく把握していた。しかも、先に指摘したように、ピーボディは一九二二年には、ＦＣＣへのＮＢＣ選出代議員かつ、ＮＢＣの「国際正義と親善局」のメンバーであった。

すでに指摘したように、彼女は戦中から「世界的友好（World Friendship）」を唱道し（前章を参照）、戦後も平和運動の一端を担っていた。一九一七年には、国際友好世界同盟から、「栄光のクリスマス」というクリスマスのメッセージ・カードを売り出した。それは、リベラリストの旗手ハリ・エマソン・フォスディックの「世界的友好のための祈り」というカードと共によく売れ、一九一八年にも再販された[37]。そして、第一次世界大戦後、ルーシィ・ピーボディが再度子供向けの雑誌『すべての国々』の編集長を務めるようになると、「世界的友好」という言葉は、この雑誌の副題になった。『すべての国々――少女・少年のための世界的友好のための雑誌』というわけである[38]。要するに、ルーシィ・ピーボディは、ＦＣＣがＣＷＦＣを設立するずっと前から、世界の子供達の友好関係を増進し、将来的に平和を実現しようと考えていた。ピーボディにとっては、そのような友好関係の核になるのが海外伝道であり、宣教師であった[39]。

ＦＣＣからの相談を受け止めたピーボディは、一九二六年四月号の『すべての国々』から、「世界的友好」というセクションを設け、ＦＣＣのエムリーチにこのセクションの編集を任せた。はじめてこのセクションが登場したとき、エムリーチは世界的友好の理想を一〇箇条あげた。一、国々は、神の正しい法に従う、二、国々は公正で利己的でないことによってのみ、偉大になる、三、キリスト教国は他国に対して特別な義務を負っている、四、キリスト教徒の友愛は、異なる人種、宗教間の悪感情を乗り越えることができる、五、自国を愛するキリスト教徒は、国際間の親善のために働くことができる、六、あらゆる人種、あらゆる宗教の人々は、互いに対し、公正・公平でなければならない、七、すべての国は世界平和のために協力しなければいけない、八、すべての国は、紛争を国際司法裁判所、あるいは、他の平和的な方法を使って解決しなければならない、九、すべての国は軍縮し、戦争を起こしてはいけない、一〇、すべての人は戦争を廃絶するためにできることをしなければならない、というものである。[40]ピーボディは、こうした信仰深さ、優越感、国際政治が入り交じった理想主義に全面的に賛成し、子供たちにそれらを植え付ける努力に協力することになった。それは、『すべての国々』にとっても利益があるはずだった。購読者獲得にFCCの協力が期待できたからである。[41]実際、一九二五年七月には廃刊という議論も出ていた『すべての国々』が、一九二八年一二月号まで何とか続いたのは、「友好人形」の賑やかなプロモーション記事があったためのようにも見える。[42]

一方、日本へ人形を贈るプロジェクトは、ルーシィ・ピーボディが持つあらゆる動員のノウハウから多大な恩恵を受けた。すでに指摘したように、各地の女性リーダーへの働きかけ、女性たちの動員に力を貸したであろうことはもちろん、人形に擬似的なパスポートを持たせたり、船の模造切符を発行したり、男の子は人形本体を買うお金を集め、女の子——実際にはその母親が熱中することになったのだが——は人形の服や持ち物を作成するという男女役割分担を設定したり、人形のさよならパーティを開いたりといった、ピーボディが資金集めに長年使ってきた想像力を喚起して関心を高める方策が、大いに使われた。[43]人形の服を作って着せて送り出すとは、海外伝道の世界で長年女性たちが女性宣教師の渡航準備に行っていたこと（アウトフィットと言った）のアナロジーである。そして、作成された人形の多くは、参加者たちの想像力を豊かに反映する魅力的なものとなった。マサチューセッツ州ブラッドフォードの第一会衆派教会は、アン・ハッセルティン・ジャドソン（一八一二年にアメリカが海外に派遣した最初の宣教師の一人アドニラム・ジャドソンの最初の妻）の人形を作り、「青い目の人形」に海外伝道の記憶を刻み込んだ。[44] このノウハウなしには、約一万三〇〇〇体もの人形は、到底集まらなかったであろう。実際、この運動にもっとも良く反応したのは、教会、YWCAの少女予備軍、キャンプファイア・ガールズといったキリスト教の組織であった。ルーシィ・ピーボディは結局CWFCの委員長、エムリーチはその事務局長となった。CWFCの構成員の九〇パーセントは女性で占められた。[45]

シドニ・ギュリックは、こうして教会の女性たちが築き上げてきたネットワークに乗りつつ、キリスト教的言説を「国際親善・友好」という、より世俗的な言説に置き換えて運動全体を進めていった。それは、アメリカ国内的には、教会以外のグループ——公立学校やPTAのような——の参加を一層促し、運動に広がりを持たせるためであったし、海外伝道の資源を奪うという印象を教派の伝道局に持たせないためであった。一方、対日的には、教会と海外伝道のコネクションでは日本国内で十分な広がりを得ることは期待できないと考えたのであろう。ギュリックは、このプロジェクトに日米関係の改善に関心を抱く日本政府と財界の協力を得るべく、一九二六年二月初頭には駐米日本大使松平恒雄を訪ねていた。[46] 彼は長年の日本経験から、政府こそが、人々の大規模動員の鍵だと考えたのだ。

人形交流は大成功であった。約一万三〇〇〇体の人形は、天皇家も巻き込む大礼を以て迎えられ、文部省と主に渋沢栄一の財政的、人的支援により、植民地を含む日本帝国全土の公立・私立小学校と幼稚園に配られた。それのみならず、文部省と渋沢栄一は一九二七年四月末、一九二七年のクリスマス・シーズンに「答礼人形」をアメリカに贈ることを決め、「青い目の人形」をもらい受けた学校の生徒に募金を呼びかけて、二万九〇〇〇円を集めた。そしてデパートから最高級の和服生地の供給を得て、プロの人形師が作成した、一体三五〇円ほどの最高級の日本人形五八体をアメリカの子供達に贈った。日本人にとって贈答の政治学は馴染み深いものであり、「答礼人形」は一万三〇〇〇体のアメリカ人形に引けを取らない、日本の文明度の高さを示すものであるはずだった。天皇の長女照宮成子（満二

日本大使館でのピーボディとエムリーチ．*Everyland*, Vol. 18, No. 2 (Feb., 1928): 7 より

歳）が下賜した「ミス日本」を先頭に、人形一行は文部省の役人に付き添われ、全米を周遊、賑々しいレセプションが各地で開かれた。一九二七年一二月二七日にワシントンD．C．のナショナル・シアターで開かれた歓迎式には、現職大統領夫人こそ出席しなかったが、バルコニー席に前・元大統領夫人たち——ハーヴァート・フーヴァ夫人、ウッドロウ・ウィルソン夫人、ウィリアム・ハワード・タフト夫人——を迎え、CWFCの委員長としてルーシィ・ピーボディが司会を務めた(47)。そこに居たのは、女性による海外伝道五〇周年、東洋の七校の女子大学建築基金募集運動等々のための昼餐会において、ピーボディが何度も参加を得ることに成功してきたのと同じレベルの著名女性たちであった。その後、答礼人形は、基本的に一州に一体ずつ配られた。多くの場合、人形には日本の小学生が書いた日本語の手紙がついており、それらは今でも多くの州の博物館に保存されている(48)。

「宗教不況」と男女分離主義の危機

しかし、太平洋をまたいでの人形狂想曲は、いかにも一九二〇年代らしい冗談——あるいは、ユーモア——にも見える。

約一万三〇〇〇体の人形は消費主義の台頭を象徴していた。ＦＣＣの対日関係委員会（ＮＣＡＪＲ）でのギュリックの同僚ヘンリ・Ａ・アトキンソンは、一九二六年六月、日米関係が危機にあるのに、人形のキャンペーンは、「すでに傷ついたものに侮辱を加え、私たちの仕事を矮小化するもの」であり、「こんなキャンペーンに関係するレターヘッドのなかに私の名前があるのを恥ずかしく思う」と、ギュリックに書き送った[49]。アトキンソンの憤慨は、理解できなくもない。海外伝道を長年支えてきた女性たちのネットワークは、伝道地に人間を送り、学校や病院を作ってきた。それが、人形を送ることになったのは、いくら予想以上の日本側の好反応で華やかな成功を収めたとはいえ、伝道事業の衰弱の表れでなくして何であったろうか。ＩＷＭの失敗以降、ピーボディは、教派としてのバプテストにおけるリーダーシップからは距離を置き、エキュメニカルな運動にコミットした。東洋の女子大学のための運動でも「青い目の人形」でも、彼女が掌握し、また新たに開拓した女性のネットワークは健在ぶりを示した。しかし、その表面上の大成功にもかかわらず、彼女は海外伝道をめぐる情勢の困難を実感していたに違いない。

ロバート・ハンディの指摘に従えば、一九二五年から一九三五年のアメリカは「宗教不況」の時代であり、アメリカのプロテスタンティズム――特に主流教派のそれ――は、文化的ヘゲモニーを失った。その理由は、宗教が科学的知見の進歩やヒューマニズムに圧倒され、古くさいものになったからだけではない。宗教史学者シドニ・ミードに言わせれば、一九世紀後半、多教派の最大公約数としてのプロテスタンティズムは、アメリカニズム、あるいは、アメリカ的生活様式とほぼ重ね合わされていた。第一次世界大戦中とその直後は、この合体が特に強まり、「キリスト教によるアメリカ化」ということが言われた。アメリカの教会は、諸民族の民主主義的、霊的理想にむけての成長のための最良の守護者とされた。だからこそ、アメリカが参戦すると、キリスト教会はそれに最大限の協力をした。しかし、こうした理想のための戦争の結果が失望に終わり、一九二〇年代に幻滅の気分が吹き荒れると、急速に教会への関心が薄れ、批判は高まった[50]。

アメリカは聖化された商業主義に過ぎない宗教にどうしようもなく侵されている。今日、この国では、宗教的情熱と商売繁盛を区別するのは難しくなっている。我々にとって、神とは、ロータリー・クラブ会員を大きくしたようなものである。……効率がもっとも偉大なキリスト教の徳となった。[51]

一九二九年に監督派教会の主教チャールズ・フィスクは、このように述べて、リベラリズムに大きく傾斜したアメリカの主流教会を批判した。一九二〇年代にキリスト教界でファンダメンタリストの反逆が勢いを得たのは、それがこうした批判の一翼をなしていたからである。

「宗教不況」の時代、教会員と献金が減り、教会関連のさまざまなプロジェクトは縮小を余儀なくされた。海外伝道はその最たるものであった。NBCの例を取ってみると、一九二〇会計年度には一二〇〇万ドルにも届こうとしていた海外伝道事業への献金は、以後、毎年平均して一二五万ドルずつ減り、一九二五会計年度の収入は四九〇万四〇〇〇ドルになった。これは、その年の運営予算に七二万ドル足りないものであった。[52]収入の減少は、宣教師数の削減や海外でのプロジェクトの縮小につながった。エキュメニカルなプロジェクトの資金難は言わずもがなで、それは、IWMの瓦解が見事に物語っていよう。

海外伝道に献身する若者の減少も顕著であった。一九二九年に出たある報告によれば、一九二〇年には海外伝道に志願する学生が二七〇〇人あったが、一九二八年には一〇分の一にも満たない二五二人になった。[53]学生ヴォランティア運動がその最高潮に達したかに見えた一九一九年クリスマス直後のアイオワ州デモインでの大会には、六八九〇人が集まったが、[54]すでに運動凋落の兆しが見えていた。ジョン・R・モットはこの時、大戦を挟んで時代が一変したことを指摘しながら、従来通り、「非キリスト教世界に西洋文明が与える影響をキリスト教化する」必要を語った。しかし、シャーウッド・エディ（一八七一―一九六三）が同じ調子で演壇に立つと、何人かの学生が率直に質問した。「なぜ、こんな戯言、陳腐な、使い古された文句を聞かせるのか。なぜ、生ける神とか、神性のキリストについて私たちに話すのか」と。[55]

この状況の中で、ルーシィ・ピーボディが率いるCCUSFMの教科書販売は健闘した方であった。一九二〇年代を通じて、毎年の成人向け教科書はそれぞれほぼ一〇万部強売れ、黒字分をFWBFMの運営費（二〇〇〇ドル程度）、伝道地での子供と女性向け現地語雑誌出版費（一〇〇〇ドル程度）、『すべての国々』出版費用の赤字分補填（五〇〇〇ドル程度）に回していた。子供向けの本についても、毎年二万五〇〇〇部程度の売上は確保していた。[56] ピーボディによれば、教科書の販売が鈍り始めたのは、一九二七年度、メアリ・プラット著『明日に向けてのまっすぐな道』からである。[57] 一九二八年度の成人向け教科書はジーン・K・マッケンジ等の共著の『アフリカの友』であったが、通常年末までには一〇万部が売れるところが、七万部に留まった。教科書販売と連動していた夏期学校の初期のリーダーたちが引退するにつれ、その目的があいまいになり、新しいリーダーがCCUSFMの教科書を使わなくなったことが原因だと分析された。[58] その一九二八年年末に、『すべての国々』は廃刊になった。CCUSFMは、毎年二五〇〇ドルの出版の補填を数年間約束して、別の関連団体にその出版を引き継ごうとしたが、頓挫した。一九二九年五月を以て、ルーシィ・ピーボディが約二八年にわたるCCUSFMの委員長を正式に降りたとき、[59] CCUSFMの出版事業は本格的縮小過程にあった。

「宗教不況」の結果、多くの教派で、海外伝道局の再編が模索され、婦人伝道局を男性が運営する海外伝道局本部に統合せよという圧力が強まった。献金募集の重複をさけ、海外での仕事を効率的に進めるという意味もあったが、主には、集金能力の高い女性たちの組織を、男性の目的のために利用し易くするためである。この圧力は、すでに指摘したように、一九一〇年のエディンバラの宣教会議の準備段階ですでに存在した。一九二〇年代、資金難が現実問題となり、また、女性が参政権を獲得して、男女の領域の区別が曖昧化し、「男女が共に」が時代の風潮となると、多くの教派で実際に婦人伝道局は男性が主導する伝道局本部に合併された。「男女が共に」とは、事実上、男性のリーダーシップと方法論に女性が従うことを意味したから、それは実質的吸収であり、結果として海外伝道のさらなる衰退を招いた(60)。

すでに言及したように、ピーボディは、ヘレン・モンゴメリ同様、この動きに大反対であった。他教派では、次々と吸収合併が進むなか、北部バプテストの女性たちは、一九一五年頃からNBC傘下組織の編成変えに直面し、様々な合併の圧力を受けたが（前章に言及した「一般促進局」等の問題を参照）、第二次世界大戦後まで何とか独自性・自立性を維持した(61)。ピーボディ世代の女性たちは、決して圧力に屈しなかったということである。一九四一年になっても、ピーボディは、「私はいくつかの男性の伝道局と一緒に働いたことがあり、男性が親切で礼儀正しいことを知った。しかし、その協同の中で、私は、パートナーというより、聞き手にまわっていると感じた」と述べ、世俗の活動のなかで女性の団体が必要とされているように、教会の中でも女性が独自の活動をすることが許され、また、奨励されるべきだと力説した。バプテスト教会の会員の三分の二は女性なのだと(62)。ルーシィ・ピーボディにとって、男性とは異なる、女性の間の特異な絆は、活動の基盤であっただけでなく、彼女の人生の土台であった（第三章参照）。その弱体化は、彼女にとって認めがたいものであった。

「ネイティヴ」の自己主張――東京女子大学と金陵女子大学

伝道事業の衰退局面にあって、ルーシィ・ピーボディにとってさらなる失望の種だったのは、彼女の助けた諸事業が、結果として彼女の理想とする信仰を必ずしも反映しないことが多々あったことであろう。東洋の七校の女子大学には、それぞれの大学ごとに在米の「協力委員会」が形成されており、ピーボディも複数の協力委員会に所属していた[63]。各大学に多大な資金を供与するこのアメリカの委員会は、当初大きな権限を持つものと想定されていた。各大学の設立をプロモートする段階では、そのキリスト教的性格を維持すべく、カリキュラムを作成し、教員の募集と派遣を行うことも視野に入れていた。

ところが、実際には「協力委員会」が伝道地にできる（そして、できた）大学をコントロールするのは、至難の業であった。中国の大学は、ニューヨーク州評議会の認可を得た、実質的にアメリカの大学だったので、当初は比較的強い支配力を行使できたが、インドの大学はイギリス植民地政府の法律に従う必要があり、日本の大学は日本の法律に従わなければならなかった。特に日本では、当初から日本人の主導権が強かった。ルーシィ・ピーボディは東京女子大学（英語では"Woman's Union Christian College of Japan"などと通称され、正式にはTokyo Woman's Christian Collegeに決まった）の協力委員会にも入っていたので、その例を紹介してみよう[64]。

まず、初代学長が新渡戸稲造であった点は、アメリカ側から見れば、今ひとつ納得できないところであった。というのは、学長にはアメリカ人女性宣教師が立つことが望まれていたからである[65]。インドや中国では、ほとんどの場合、アメリカ人女性宣教師が初代学長となり、在米の女性たちと現地女性の間の国境を越えた繋がりと、アメリカの教会の女性たちのリーダーシップを示す象徴的存在となった[66]。その最たる例は、インドのヴェロールのキリスト教女子医学校のアイダ・スカダで、ピーボディの建築基金募金キャンペーンの最中にアメリカに来て、おおいに運動を盛り上げた[67]。日本でも、開学の前の構想では、学長にアメリカ人女性、学監（Dean）に日本人女性を想定していた[68]。

ところが、日本では、一八八〇年代末以降、ナショナリズムが高揚し、キリスト教への反感が強まり、ミッション・スクールの生徒が減ったことから、一般的に、新しい宣教師の派遣がしばらく控えられた。結果、大卒アメリカ人女性の第一、第二世代を十分取り込むことができず、一九一〇年代に、少なくとも学士号を持ち、日本語ができ、日本経験が豊富な女性宣教師の数は少なかった。最終的に東京女子大学の設立に協力した北米六教派――長老派、メソジスト、バプテスト、オランダ改革派、ディサイプル、カナダ・メソジスト——の女性宣教師の中に、学長になるにふさわしく、かつ、各教派の仕事を離れられる者はなく、開学後、理事会のメンバーに入り、また、英語を教えた女性宣教師はいたが、比較的地味な存在に止まった。日本人が宣教師に期待したのは、英語を教えることだけだったということもあった。(69)

唯一具体的に学長候補に挙がった女性宣教師シャーロット・デフォレストは、アメリカン・ボードの在日宣教師夫妻の娘で、一八七九年に日本で生まれ、一四歳でアメリカに戻り、スミス女子大学を卒業し、一九〇三年にアメリカン・ボードの宣教師となって神戸女学院（アメリカン・ボードの婦人伝道局経営）の教師となった人であった。しかし、アメリカン・ボードは東京女子大学の設立に参加していなかったから、デフォレストを手放すはずもなかった。(70)ルーシィ・ピーボディは「候補者委員会」の長となり、アメリカから東京女子大学に相応しい学歴の女性を直接送り込むことに乗り気だった。人材は容易には上がってこなかったにもかかわらず、(71)彼女は、資金を出す在米協力委員会が大きな権限を持つことを主張したらしい。(72)在米協力委員会は、大学経営に経験を持つ協力委員会が、大学にふさわしい女性教員の任命に主導権を発動することを東京女子大学側に提案した。(73)それは受け入れられず、最終的には、第一高等学校校長、東京帝国大学教授を歴任し、文部省との折衝に明るく、かつ、『武士道』の著者としてアメリカでもある程度知られるクリスチャン新渡戸稲造（一八六二—一九三三）に開学時の学長を引き受けてもらうことになった。彼は男性で、しかも、協力六教派に所属しない、クエーカーであった。

学監になったのは、安井哲（一八七〇—一九四五）である。日本人女性クリスチャンの学監という点では、アメリカ側の希望を満たしていた。しかし、アメリカ側にしてみれば、第二代目学長候補と想定されたこのポジションにつくのは、ミッション・スクール生え抜きの女性が本来望ましかった。たとえば、イザベラ・ソバン女子大学のリラヴァティ・シン（第三章参照）や金陵女子大学の呉貽芳のように、アメリカ人女性宣教師が育てた優秀な現地人クリスチャン女性が据えられるべきであった。ところが、安井は、東京女子高等師範学校の出身、文部省からイギリスに派遣されて学び、母校に奉職してきた女性で、北米出自の宣教師とは縁がなかった。それどころか、イギリス留学に同道したイギリス人宣教師の「福音主義」のスタイル――やかましい伝道等――に辟易して、宣教師嫌いを公言していた（むろん、このことはアメリカには伝えられなかったが）。イギリスでより静かな、高教会派的クリスチャンに感化され、安井はキリスト教徒となったが、帰国して所属した教会は海老名弾正牧する本郷教会（会衆派）であった(74)。海老名の立場は、ユニテリアンやドイツ自由主義神学に相対的に近いことが知られていた(75)。

アメリカ側は、東京女子大学の教員として配置されたアメリカ人女性の少なさについて、意見を述べた。人種を問題にするつもりは毛頭ないが、アメリカの支援者たちは、彼女たちの優秀な代表を送り込むことで、経済以外の、良い貢献ができるという強い意見を持っていると。そうした「代表」なしに、東京女子大学がキリスト教を維持できるか、懸念していた(76)。

二人の日本人指導者をたてながら、アメリカの協力委員会との間を取り持ったのは、東京女子大学の設立に最大の尽力をした若き長老派男性宣教師オーガスト・K・ライシャワー（一八七九―一九七一）であった（女性宣教師の人材不足をここにもうかがうことができる）。一九〇五年に来日したライシャワーは、もともと日本に教派連合の男子キリスト教大学――帝国大学に匹敵するような――を設立する運動に熱心であったが、実現に至らず、見込みがより明るい教派連合の女子大学設立に尽力するようになった。仏教（真宗）の研究者でもあるライシャワーは、筋金入りのリベラルであり、多様な宗教や文化に寛容で、西洋の傲慢に批判的であった(77)。一九二五年に行ったプリンストン神学校での一連の講義では、「目覚めた東洋では、……「クリスチャンの」白人があまりに多くの世界の土地と富を得ていることに対して不満が高まっており、有色人種に対して白人がとる「優越的」態度に対しての苦々しい憤懣は強い（括弧は原文通り）」と語った。その状況を正すには、宣教師は、日本で、あるいは、日本のために事を為すのではなく、日本と共に事を行う必要がある、というのがライシャワーの見解であった[78]（強調は筆者）。ライシャワーは、キリスト教の、そして、西洋の優位を信じて、地獄に落ちる異教徒を助けるつもりで伝道地に赴き、そこで現地人のエイジェンシーに出会った良心的宣教師の立場の一方を代弁していた（かえって保守化するもう片方もあったが）。キリスト教のリベラリズムは、高等批評や合理主義、科学的知見の進歩からだけではなく、こうして、伝道地からももたらされた。宗教的・文化的相対主義の傾向は、皮肉にも、異教徒との接触がもたらす、避けがたい「リフレックス・インフルエンス」[79]であった。新渡戸、安井、ライシャワーが主導した東京女子大学が立脚するキリスト教は、言うまでもなく、リベラルであった。礼拝は自由参加、大学構内でキリスト教への改宗が勧められることはまずなかったのはもちろん[80]、教員の多くはキリスト教徒ではなく、東京帝国大学に関係する非常勤講師であった。学生も多くがキリスト教徒ではなかった。在米協力委員会の懸念はこの状況に起因していたであろう。

そもそも、東京女子大学に協力した六教派の宣教師団は、それぞれが運営してきた女子ミッション・スクールの現存する高等科や専門部を廃止して、その分の資金を東京女子大学に分担金として拠出し、自校の中等教育修了者を東京女子大学に送ることになっていた[81]。中にはメソジストの青山女学院高等科のように、いち早く最高レベルの女子教育機関＝専門学校の資格を政府から取得していたにもかかわらず、これを廃止し、東京女子大学に協力したところも含まれていた。東京女子大学は、ミッション・スクールが輩出するクリスチャンに仕上げの教育をする機関として構想されたのだ[82]。にもかかわらず、一九一八年に開学した東京女子大学への入学希望者は当初から多く、試験で選抜したため、入学を許可された者の多くは、公立高等女学校の卒業生であった。一八九九年の高等女学校令以降、各県に一校の設置を義務づけられ、日露戦争以後、急速に数を増やした公立高等女学校は、女子中等教育の主流の座を獲得、このレベルの女子教育を一八七〇年代から展開していたミッション・スクールを劣勢に追いやった。各県でもっとも優秀な少女は、公立の「ナンバー・スクール」に通うようになった。東京女子大学に合格した者の多くは、そのような優秀な学生であった。

キリスト教教育を受けていない公立高等女学校卒業生が東京女子大学の学生の多数を占めることに、むろんアメリカ側は不満であった。ライシャワーはそれに対し、ミッション・スクールの卒業生を試験結果にかかわらず優先的に入学させれば、大学の評判が落ち、将来性が損なわれると応じた[83]。彼は、日本において、東京女子大学を一流の教育機関にすることが、結局はキリスト教の伝道にも利すると考えていた。

したがって、英語では、Tokyo Woman's Christian College（東京女子キリスト教大学）という正式名称を採用し、アメリカの教会の支援者にアピールしながら、日本語の大学名から、アメリカ側にとってもっとも大事な「キリスト教」を落とすことも辞さなかった。ライシャワーは次のように説明した。「東京女子大学[84]」という名称は、あたかも、ラドクリフとハーヴァードのように、この大学が東京帝国大学と何らかの関係があるような良い印象を日本人に与える。ところが、「キリスト教」を名前に入れると、「大学は単にキリスト教を教える、聖書学院のようなものだという印象を日本人一般は持つでしょう。それに、「キリスト教」をそのまま使うのは良い日本語とは言えません」と[85]。

東京女子大学のリベラルなキリスト教は、社会的福音のメッセージを含んでいた。それは、当時の大学生の間で関心が高かった共産主義と共振し、非合法の組織だった共産党に入る東京女子大学学生が出たのは、一九二〇年代後半のことである。一九二九年、そのうちの何人かが逮捕され、大きく報道されて、東京女子大学は「アカ」のレッテルを貼られさえした[86]。

アメリカの協力委員会は、一九二二年には早くも東京女子大学には十分なキリスト教的雰囲気がないとの苦情をアメリカの支援者から受けていた[87]。つまり、第一次世界大戦後、一般のアメリカ人にとってアジアへの旅が、手の届くものになるにつれ、伝道事業の支援者が訪日する機会も増え[88]、ついでに東京女子大学を見学する場合もあったのである。見学に訪れた保守的な信仰を持つ支援者の一部にとって、東京女子大学のリベラルなキリスト教は忌々しいものであった。

他方、ピーボディの建築基金募集キャンペーンに対しては、安井哲からの依頼でキャンペーンに協力しようとした在米の有力日本人から批判が寄せられた。キャンペーンが、「異教徒＝野蛮人」言説を用い、日本をインドや中国と同列に置くことに彼等は不快感と違和感を覚えたのである。そして安井に「こんなふうにして集められた金によって支えられる学校の長でいることにどうして耐えられるのか」と書き送ってきた。そしてこの情報はアメリカ側に伝えられた(89)。

建築基金募集キャンペーンの最中、ピーボディは特に安井哲と直接会い、信頼関係を深めることを望んでいた(90)。彼女は、安井が二代目の学長になることが提案されると、それを支持した(91)。在米協力委員会の招きで安井がついにアメリカを訪問したのは、ピーボディのキャンペーンが成功を収めた直後の一九二三年初夏であった。ヴァッサー、ウェルズリ、マウントホリヨーク、スミス等を訪問し、ルーシィ・ピーボディとも会い、協力委員会にも出席した(92)。六月一二日、マウントホリヨーク女子大学から名誉博士号を受けた。これはライシャワーの画策で、学長としての箔を整えようとしたものらしい(93)。しかし、静かで地味な安井が、かつてのリラヴァティ・シンのようにアメリカ人を魅了し(第三章参照)、熱烈な東京女子大学支援者を得た形跡はない。彼女は断じてアメリカの支援者に媚びなかったろうし、その後名誉博士号について言及することはほとんどなかった。無用の称号と感じていたのではないか。

このような「ネイティヴ」の自己主張は、一九二〇年代半ばになると中国でも激しくなった。周知のように、パリ講和会議でウィルソンの提示した民族自決の原則は、エジプト、インド、中国、韓国における連鎖的な独立運動を誘発した(94)。アメリカが直接支配していた地域は限られていたとはいえ、その間接的だが圧倒的な力に対して、アジアで反発が起こるのにそう時間はかからなかった。中国では一九二〇年代中盤以降、教育権回収運動が起こって、ニューヨーク州評議会に認可された在中のアメリカの大学にも、中国の主権が及ぶようになる。一九二七年には南京国民政府が外人学校注冊立案条例を出し、学長を中国人にし、宗教を必修から外すことを求めた。これに従い、金陵女子大学の学長がアメリカ人マティルダ・サーストン（一八七五―一九五八）から呉貽芳に替わったのは一九二八年であった。[95]

若い女性教員・宣教師の問題

一方、東京女子大学や金陵女子大学においては、アメリカから送られた若い女性教員・宣教師が問題になることもあった。アメリカの女子大生のモダニズムが「伝道地の女子大学」というキャンヴァスに大写しにされ、批判されたのである。

少し話を前に戻すと、ＦＷＢＦＭは、第一次世界大戦直後の一九一九年一月から三月にかけ、「虹のキャンペーン」と銘打って、戦時労働から解放される（つまり、失職する）はずの大量の若い女性たちを「キリストのための海外での仕事」にリクルートする運動を行った。[96]医師、看護師、教師、ソーシャル・ワーカー等々として海外で活躍できる、平均以上の能力を持つ、二三歳から四〇歳までの健康な女性をＦＷＢＦＭの幹部はリクルートしたかった。その際、これまで伝道事業を視野に入れていなかった女性たちを取り込むことは、この運動の主眼でもあった。ボストンを中心とする各地で相応しいと考えられる女性の名前と住所を新たに収集し、夕食に続く集会に招待し、伝道事業への参加を求めた。[97]この運動は長続きせず、はかばかしい成果は挙がらなかったようだ。しかし、ＦＷＢＦＭが、女性宣教師として、信仰はまずおき、職業的能力を重視する姿勢を打ち出していたことははっきりしている。この時期以降、そうしてリクルートされた新任の女性たちに、古くから伝道地で働く先任女性宣教師たちと同じような「篤い信仰」を求めるのは、そもそも難しかったのかもしれない。（第5章扉の「虹のキャンペーン」のポスターを参照）

一九二〇年末、ルーシィ・ピーボディの斡旋により、東京女子大学はヴァッサー女子大学と姉妹関係を結んだ。[98]太平洋戦争勃発まで、ヴァッサー女子大学学生は、毎年一〇〇〇ドルから一五〇〇ドルの献金を寄せ、東京女子大学で一～二年教える代表者を送ってきた(99)。

一九二九年から一年間東京女子大学に派遣され、英語とホッケーを教えたメアリ・ブッチャは、宣教師の道徳水準を守ることができなかった。東京からヴァッサー女子大学に送られた苦情によれば、彼女は、「本物の野心家で……東京には公使館や大使館の社会があり、迅速に動くビジネス関係者もいるので、そのような野心を満たすにはうってつけの機会がたくさんあるのです。彼女は三晩、四晩、五晩とキャンパスを離れてダンスやトランプのパーティに興じ、しばしば翌日疲れすぎて、きちんと働くことができません。……私たちのところに滞在している女の子に、自分はキリスト教徒などではなく、宗教に優劣はない云々と言いました(100)。」

金陵女子大学では、同様の問題が早くも一九一七年に起こっている。メアリ・ノースという金陵女子大学の教員が、ダンス等の娯楽に参加し、日曜日にピクニックに行き、キリスト教の仕事に共感していない男性たちの関心を引いて、大学構内に招き入れ、学長――長老派宣教師マティルダ・サーストン――に相談しないで、もう一人の同僚女性宣教師も交え、食事を共にしたというのである。アメリカの金陵女子大学協力委員会は、ノースへの批難を伝道地から受け取った。メアリ・ノースは、バプテストの婦人伝道局から金陵女子大学に派遣されたので、ルーシィ・ピーボディは直接彼女に手紙を書いて、問題の処理にあたった。彼女は「姉」として、そのような社交を楽しむことは、個人の自由とはいえ、大学で教え、クリスチャンとして中国人に接する立場を考えれば、正しくないと説得を試みた。

私にとって、それは本質的に悪いことだとは思えない……けれども、あなた立場を考えると、やや低俗だと思います……私自身はもう何年も前に、もしそうした娯楽がだれかの躓きの元になり、私自身の霊的な向上の邪魔をするなら、決して参加しないと決め、以来参加したことはありません。あなたは、自分の同僚の一部が狭量だと思っているかもしれませんが……。〔金陵女子〕大学は一般社会ではなく、伝道局によって支えられています。本国伝道局および伝道地の宣教師団は、〔そのような行動は許されないとの」見解を強く持ち、また持つ権利を持っています。

　さて、あなたは私たちが見るように物を見ることができるようになるでしょうか。私は、単にあなたの行動を変えなさいと言っているのではありません。あなたの見解が変わることを期待しています。(101)


　単に行動を変えるのではなく、「私たちが見るように物を見る」ことを期待するとは、高い要求である。ピーボディの書きぶりは面倒見の良い「ビッグ・シスター」のそれであり、パストラル権力の発動を感じさせるとともに金を出しているのは誰かをしっかり認識させようとしている。しばしば、宣教師はこの種の権力を非キリスト教徒現地人に対して及ぼそうとしたが、宣教師自身も、そのような権力を被る側に立つこともあった。

　だが、若い女性宣教師ノースは、自分の行動はそれほど常軌を逸したものでないと弁解した。この手紙を受けた頃、彼女は恩師休暇でアメリカに居た。その間にウィスコンシン大学で歴史学を専攻しており、休暇を半年延ばし、修士号を取り、金陵女子大学に戻ることを希望していた。もし、それが適わず、宣教師の立場を失うなら、恩師休暇中に支払われている給与を貸与してほしいと願い出た。(102)バプテストの婦人伝道局がどのように対応したかは不明だが、ノースの見解まで変えることは難しかったようだ。二〇世紀の女子大生、大卒女性は、自らの野心と人生を楽しむ権利を放棄することと、キリストに従うことを同一視するようには、もはや規範化されてはいなかった。

新しいスタイル

メアリ・ノースの例に見られるように、ルーシィ・ピーボディは若い世代の女性に対して説得力を失いつつあった。この頃、彼女が馴染んだ集会の方法も時代遅れになりつつあった。先に、彼女が一九二四年にヴァッサー女子大学で「キリスト教に基づく国際関係研修会」を開催することを発案したと紹介した。だが、その開催の実際は、ピーボディが思い描いたものとはかなり違うものになった。

まず、一〇〇〇人集めるつもりが、一五〇人～二〇〇人に縮小され、期日も一週間になった。それは、参加者を大学生ではなく、各種団体の代表者など、成人女性にしたことが原因の一つだろうが、単純に人が集まらなかったのかもしれない。諮問委員会には、「教会を通じての国際友好のための世界同盟」、大学女性協会、対外政策協会、ヴァッサー大学同窓会、ヴァッサー大学、女性有権者連盟、「（禁酒）法執行女性委員会」（後述）、FWBFM、婦人キリスト教禁酒同盟（WCTU）、YWCAからの代表が入った。ほぼ、ルーシィ・ピーボディの関心と人脈の範囲内に収まっている[103]。しかし、当初FWBFM＝CCUSFMがプログラム案を作成することになっていたのに（前述）、FWBFM＝CCUSFMのこの研修会での存在感は、名目上のものに留まった。FWBFMを代表して諮問委員会に名を連ねたのは、F・H・ワーナ夫人で、ピーボディはこのイベントの発案者として新聞に名前が載るにとどまった[104]。

イベントの名称は、文字通りの翻訳では、「世界的事象にキリスト教的基盤を与えるための研修会」（ICBWA）となった。そして、教科書や講師は用いずに、参加者が討議の主題を選んだ。事前のアンケートでは、アメリカ国内の人種問題、アメリカの移民政策、国連に対するアメリカの立場、平和への方策としての戦争の非合法化、世界の人道問題に関心が集まった。二日間の討議で、結局、国際協力をはばむ、人種、経済、政治的要因について検討することになった。話し合い、問題を抽出し、実際の行動計画をたてる過程で各分野の専門家が情報提供したが、そのほとんどは大学に所属する男性の国際関係専門家で、ジュネーヴ、ヴェルサイユ、ハーグ等で開かれた第一次世界大戦後の世界秩序を話し合う国際会議に参加した経験を持っていた。明らかに、ここでの国際関係専門家とは、海外伝道関係者ではなかった。

こうした会議のフォーマットや議題の選択、議事進行を仕切ったのは、YWCAのローダ・マクロウチ（一八八四―一九四四）、E・C・カータであった。二人は、一九二二年から一九二七年まで、「キリスト教的生活様式についての会議」――のちに「探求」として知られるようになった全国的組織――の主事を務め、「近代的なキリスト教的生活様式というものがあるかどうかを見極めるために、産業、人種、国際上の問題」についての議論を深めようとしていた。ヴァッサー女子大学のＩＣＢＷＡは、ほぼこの関心にそって進められた。マクロウチは、ＹＷＣＡの出版部門に所属し、『女の新聞』[105]を発行していた。[106]出版と夏期学校を手がけたルーシィ・ピーボディと経歴は似ているが、少なくとも一世代若く、その信仰は、社会的福音の延長線上にある、明確にリベラルなものであったことが、関心のあり様から推察できる。

そして、ヴァッサー女子大学でのキリスト教のトーンを決めたのもマクロウチであった。ＩＣＢＷＡの締めの挨拶で、彼女は参加者それぞれが、世の中の生活に自分の人格（personality）と有用性（serviceability）を与えるようにと話し、「深い宗教性を持ち込んだ」[107]。だが、その言葉使いは、いかにもモダニスト的ではないか。一方、ヴァッサー大学学長のヘンリ・ノーブル・マクラッケンの締めの挨拶は、海外伝道を意識したものではあったが、国際親善、民主主義、平和の構築におけるその役割、宗教の政治学を称揚するものであった。[108]つまり、キリスト教伝道は、国際政治、国際関係向上の手段として語られた。キリスト教的隣人愛を国際関係に適用しようというＩＣＢＷＡの努力は、結局アメリカ的人権外交構築の道程に位置づけられるのかもしれない。ピーボディが育てたＦＷＢＦＭ＝ＣＣＵＳＦＭは、その動きの中で主導権を失っていた。

「国際親善・友好」とキリストの喪失

一九二六年、友好と親善のメッセージ携えた人形を日本に贈るプロジェクトに関わりながら、ルーシィ・ピーボディは、キリストの福音――それはおそらく「友好と親善」では表しきれないものだったはずである――を伝えるべく、海外伝道を支えてきた教会の女性たちの偉大なネットワークが世俗化の波に飲み込まれ、国際政治の道具となる事態に複雑な思いを抱いていただろう。

一九二七年、キリスト教色抜きの「青い目の人形」は、日本で大歓迎を受け、天皇家の承認と日米友好関係に熱心な財界人渋沢栄一の援助を得、国家（文部省）の偉大なネットワーク（公立学校）を使って植民地を含む帝国全土に配布された。小学校・幼稚園への人形配布の原則は、一、各県の師範学校附属、二、県庁所在地の公立・私立、三、各県の主要都市の公立・私立、四、外国人が住んだり、訪れたりすることの多い地域の公立・私立、五、県知事が適当と判断する他の公立・私立という優先順位が定められた。台湾では日本人と一部のエリート台湾人が通う幼稚園に、関東州では日本人学校に、朝鮮では、日本人の小学校と朝鮮人の普通学校に平等に分配された。支配が安定せず、「武断統治」を放棄し、「文化統治期」にあった朝鮮では、日本帝国臣民としての意識を特に朝鮮人の子供達に植え付けることを重視したのだろう。朝鮮の子供達は、人形歓迎会で、日本の国歌を斉唱し、日本語が上手な総代の少女がお礼の言葉を述べるのを聞き、日米の国旗と菓子をもらった。大阪朝日新聞が主催した「青い目の人形」を歓迎する歌詞のコンテストで優勝したのは朝鮮の少女であった。彼女は大阪に招かれて、その地の「青い目の人形」歓迎会で流暢な日本語で挨拶した(109)。

アメリカからの贈り物は、このように、日本帝国内の天皇を頂点とし、メリトクラシーを基本とする（つまり、日本の基準で良い学校の良い生徒が最上位に立つ）統合秩序の確認と強化のために用いられた。さらに、朝鮮については、日本帝国の一員としての意識の涵養に力点が置かれた。一方、日本人学校に人形が配られた大連では、盛大に人形歓迎のパレードが行われたが、「排日移民法」を制定したアメリカからのプレゼントにお祭り騒ぎすることへの批判が巻き起こった。「偽善の国から送つて来た青い目の人形の歓迎で日本内地到る所の津々浦々から遂に遠く満州の果まで大騒ぎです……高野某の歓迎歌を合唱したりなどして大に日米親善振りを発揮したと聞いて不快に思ひました……人類愛を看板にして内心毒牙を研いでいる大多数の米人との親善を幼い頭に無条件で鼓吹するとは危険至極だと思はれます云々」と。[110] ＣＷＦＣは、ナイーヴな善意が通用しなくなった国際関係における権力の攻防に鈍感であった。後にアメリカで出した人形交流の始末記は、朝鮮人の少女が歌詞のコンテストで一位になったことに触れて、「韓国と日本の間の親善（goodwill）が強化された」と誇らしげに報告した。[111]

一九二七年、玄人職人が丹精込めて作った「答礼人形」は、日本人の「文明人」としての誇りと「帰化不能外国人」への編入に対する無言の抗議を携えて全米を練り歩いた。蒔絵の箪笥や化粧道具も含め、現代のあるアメリカ人骨董人形研究者がいみじくも「大使となった芸術」と呼ぶ五八体の人形は、[112] 国家の威信を背負う国家のメッセンジャであった。[113] それぞれの人形は、ミス日本を筆頭に、各県を代表しており、ミス関東州、ミス台湾、ミス朝鮮も含まれていた。日本の子供達のメッセージは、流麗な筆で透かし模様の和紙に格式に則った丁寧な日本語でしたためられていた。判読不能の大量の手紙は、アメリカの子供達に、謎めいた神秘の異国としての日本を印象づけたのではなかろうか。[114]

答礼人形を熱烈に歓迎したのは、主に日系移民であった。[115] カリフォルニアで差別と具体的迫害を受ける彼らは、人形の到来に日本政府の後ろ盾——いかに微弱なものであったにせよ——を見たのであろう。カリフォルニアのリヴァサイドで「ミッション・イン」というホテルを経営するフランク・オーガスタス・ミラーは、日系移民に同情的な親日家で、サンフランシスコに上陸した人形の一部をホテルに展示して、賑やかなレセプションを開き、一九二九年に日本政府から旭日小綬章を得た。[116] 政府関係の貴顕が出席してのワシントンでの歓迎会をルーシィ・ピーボディが仕切ったことはすでに紹介したが、その時までに、リベラルなキリスト教は「国際友好・親善」にすっかり置き換えられ、人形は国際政治まみれになっていた。アメリカを旅するうちに、汚れ、着崩れてしまった答礼人形は、[117] それを象徴していた。そして、後に太平洋戦争中「青い目の人形」には敵国アメリカへの憎しみが転嫁され、その多くが破壊されたことはあまりにも有名である。

一九二七年一二月二七日、ワシントンD．C．のナショナル・シアターで答礼人形歓迎会のホステス役を務めながら、ピーボディの気持ちはもはやそこにはなかったはずである。彼女は、信心深い女性であった。他者への寛容、親切は、彼女の信仰に基づく良心であった。リベラリズムへの賛同は、信仰から出たものである。しかし、リベラリズムの行き着いた先で、キリスト教が相対化され、ほとんど見えなくなったとき、彼女は反対の極に動き、保守化した。

それは突然起こったのではない。たとえば、一九二三年、東京女子大学の在米協力委員会の一員で長老派海外伝道局所属のY・H・P・セイラのライシャワー宛のマル秘の手紙には次のようにある。

今日の会議ではピーボディ夫人が強力に議論を支配しました。東洋の女子大学のための資金集めで彼女は予想を遥かに上回る成果を挙げました。彼女は猛烈に働き、これ以上ないほど注意深くキャンペーンを組織しましたから、それに対して多大な評価を受けるのは当然のことです。最近、彼女は少し年を取ったようですが、年を取るにつれて、より消極的になるということはありません。〔長老派のロバート・〕スピアが出席しているときは、彼がしばしば彼女を牽制することに成功しますが、〔メソジストのフランク・メイソン・〕ノース博士はそれをしないのです。

彼女は今日、教会の問題から取り上げ始めました。…ピーボディ夫人はファンダメンタリストではありませんが、現在の神学的議論のなかでは、保守に属しています。彼女は東京女子大学の宗教的雰囲気について懸念を抱いていると話しました。今あるものを批判するわけではないが、強い宗教的トーンを維持したいと考えているのです。もちろん、これは私たち全員が望んでいるところです。ピーボディ夫人はチャペルが極めて大事だと感じており、資金の一部をこの方向に是非とも使いたいと考えています。……

もう一つ彼女が強く主張したのは、大学の運営において、もっとアメリカ人の支配力を強めることです。もし、ミス安井が学長になるなら、学監、あるいは、類似の地位にアメリカ人を入れるべきだと彼女は考えています。ノース博士はこれに賛成しています。個人的に、私は、そうすることで、日本人との交渉においてあなたが得たい結果が得られるという確信は持てないのですが、明らかにピーボディ夫人はそう思っています。(118)

そして、ピーボディには、娘夫婦の問題があった。一九一六年の結婚後、フィリピンに赴いた娘夫婦は、パナイ島イロイロの拠点に落ち着いた。夫ラファエル・C・トマスは、そこにあるバプテストと長老派の海外伝道局が共同経営する病院で宣教医として働いたのだが、同僚との折り合いが悪く、孤立し、宣教師団の方針と対立するようになった。トマスは、義母ルーシィ・ピーボディに盛んに手紙を送り、自らの伝道の理想を実現すべく、働きかけた。それは、医療や教育事業に対し、福音伝道を優先するはずの、保守主義者の理想と見えるものであった。

（1）Montgomery, *Helen Barrett Montgomery*, pp. 28–29.

（2）*Ibid*., p. 58.

（3）たとえば、青木『アメリカ福音派の歴史』。

（4）Ahlstrom, *Religious History*, Vol. 2, pp. 277–282; 青木『アメリカ福音派の歴史』八二、九三頁。また、Ralph Enloe, "The History of the Bible College Movement," https://www.abhe.org/the-history-of-the-bible-college-movement accessed on Sep. 30, 2016.

（5）"Fundamentalism," http://www.wheaton.edu/ISAE/Defining-Evangelicalism/Fundamentalism accessed on Sept. 29, 2016.

（6）『ファンダメンタルズ』の寄稿者については、Ahlstrom, *Religious History*, Vol. 2, pp. 286–287;『ファンダメンタルズ』一—七のテキストは、https://archive.org/details/fundamentalstest17chic accessed on Sep. 29, 2016 ロバート・スピアの論

説は第三巻の六一頁。“God in Christ The Only Revelation of the Fatherhood of God”というタイトルである。

（7）「モンキー裁判」＝スコープス裁判については、森『宗教からよむ「アメリカ」』を参照。

（8）Ahlstrom, *Religious History*, Vol. 2, p. 401

（9）ただし、すでに言及したが、今では、貧困地区の中に立つこの教会は、社会的福音の（つまりリベラルな）伝統に立っている。ホームページを見ると、現在、多言語使用の試み、ＬＧＢＴ支援などもっとも進歩的な取り組みを行っている。“Lake Avenue Memorial Baptist Church,” http://www.lakeavebaptist.org accessed on Oct. 2, 2016.

（10）“American Baptists: A Brief History,” American Baptist Historical Society, http://www.abc-usa.org/what_we_believe/our-history/ accessed on Oct. 2, 2016.

（11）Tulga, *Foreign Missions Controversy*.

（12）McLoughlin, *New England Dissent*.

（13）*Annual of the Northern Baptist Convention 1920*, pp. 64–73.

（14）*Annual of the Northern Baptist Convention 1919*, pp. 13, 233, 236–247.

（15）Tulga, *Foreign Missions Controversy*, p. 9.

（16）*Ibid*., pp. 9–11.

（17）*Baptist Fundamentals*, introduction.

（18）*Annuls of the Northern Baptist Convention 1920*, pp. 121–123, 211.

（19）*Ibid*., p. 4.

（20）“A Woman Leads the Baptists,” *The Baptist*（Jul. 9, 1921）: 718–719.

（21）“Mrs. Peabody Resigns,” *Ibid*., 842.

（22）*Annual of the Northern Baptist Convention 1921*, pp. 155, 537–539.

（23）Ahlstrom, *Religious History*, Vol. 2, p. 285.

（24）*Annual of the Northern Baptist Convention 1922*, pp. 37–44.

（25）*Ibid.*, pp. 147, 268, 560.

（26）"With One Accord, In One Place," *Missionary Review of the World*, Vol. 44（1921）: 963.

（27）"Notes from a Canterbury Pilgrim," *Missionary Review of the World*, Vol. 45（1922）: 827.

（28）Mrs. Henry W. Peabody, "International Missionary Council at Oxford," *Missionary Review of the World*, Vol. 46（1923）: 840.

（29）"The Washington Convention," *Missionary Review of the World*, Vol. 48（1925）: 165–168.

（30）Mrs. Henry W. Peabody, "International Missionary Council at Oxford," 837.

（31）Alice M. Kyle, "Notable Occasions in Washington, D. C.," *Missionary Review of the World*, Vol. 48（1925）: 316–317.

（32）"Twenty-Five Years of United Mission Study," *Ibid.*, 85–86.

（33）"Minutes of CCUSFM"（Jan. 3, 1924）, p.3 and（Apr. 30, 1924）, attachment in Folder 11, Box 2, RG NCC 27, PHS; "World Federation of Christian Women," *Missionary Review of the World*, Vol. 47（1924）: 140.

（34）*Missionary Review of the World*, Vol. 48（1925）: 472. ＣＣＣＷの一回目の会議は一九二五年一月に開かれ、合衆国が国際司法裁判所に参加すべくロビー活動をすることと、一年に一回会議を開くことを決めた。この会議は、一九四一年まで毎年開かれた。会議に連なる連合体が、戦争の原因と根治についての全米委員会（ＮＣＣＣＷ）と呼ばれ、キャットはその会長となった。委員会に参加した女性団体は、American Association of University Women, Council of Women for Home Missions, Federation of Woman's Boards of Foreign Missions of North America, General Federation of Women's Clubs, National Board of the Young Women's Christian Associations, National Council of Jewish Women, National Federation of Business and Professional Women's Clubs, National League of Women Voters, National Woman's Christian

Temperance Union, National Women's Trade Union League, National Women's Conference of American Ethical Union である。宗教系の団体も多数参加していた。"The National Committee on the Cause and Cure of War Collected Records, 1924–1943," https://www.swarthmore.edu/library/peace/CDGA.M-R/ncccw.html accessed on Oct. 10, 2016.

（35） Rui Kohiyama, "To Clear up a Cloud Hanging on the Pacific Ocean: The 1927 Japan-U.S. Doll Exchange, " *The Japanese Journal of American Studies*, No.16（2005）: 57.

（36） Mrs. Charles Kirkland Roys, "Woman's Place in the Missionary Enterprise," *Missionary Review of the World*, Vol. 48（1925）: 454–455.

（37） "International Friendship," *Missionary Review of the World*, Vol. 41（1918）: 860.

（38） 筆者は、一九〇九年の第一号から、途中抜けている号はあるが、コピーを持っている。たとえば、*Everyland: A Magazine of World Friendship for Girls and Boys*, Vol. 12, No. 2（Feb., 1922）.

（39） Lucy W. Peabody, "Why is *Everyland*?" *Everyland*, Vol. 12, No. 3（Mar., 1922）, head page.

（40） *Everyland*, Vol. 16, No. 4（Apr., 1926）: 23.

（41） "Minutes of CCUSFM"（Oct. 1, 1927）, p. 1 in Folder 11, Box 2, RG NCC 27, PHS.

（42） "Miniutes of CCUSFM"（Jan. 3, 1924）, p. 2; *Everyland*, Vol. 18, No. 11（Dec., 1928）: head page.

（43） Kohiyama, "To Clear Up a Cloud," 60–61.

（44） *Ibid*., 61.

（45） *Ibid*., 60–61.

（46） 是沢「日米文化交流――日米人形交流を中心として」、一八七頁。

（47） Kohiyama, "To Clear Up a Cloud," 70.

（48） *Ibid*., 68.

（49）*Ibid.*, 58.
（50）Robert T. Handy, "The American Religious Depression, 1925–1935," *Church History*, Vol. 29, No. 1（Mar., 1960）: 7.
（51）Handy, "American Religious Depression," 8 に引用されたものを使用。
（52）"At the Bar of Conscience," *Annual of the Northern Baptist Convention 1926*, pp. 94–95.
（53）Handy, "American Religious Depression," 4.
（54）St. John, *North American Students*, p. 624.
（55）Handy, *Christian America*, pp. 192–193.
（56）一九二四年の成人向け教科書、ヘレン・モンゴメリ著『祈りと伝道』は一九二五年初頭までに一二五〇〇〇部を売り上げた（"Minutes of Annual Meeting of CCUSFM"（Jan. 2, 1926）, attachment in Folder 11, Box 2 RG NCC 27, PHS）。ＣＣＵＳＦＭの教科書の売り上げ金額は、一九二三年が四万ドル、一九二四年が四万五五〇〇ドル、一九二五年が四万七〇〇〇ドル、一九二六年が四万九〇〇〇ドル、一九二七年が四万二〇〇〇ドル、一九二八年が三万四〇〇〇ドルである（"Minutes of CCUSFM"（Feb. 19, 1929）, p. 1 in Folder 11, Box 2, RG NCC 27, PHS）。『祈りと伝道』の売りあげは一九二五年に反映されているだろうから、一九二七年までは、一〇万部程度売れていたとの推測が成り立つ。次に記すように、ピーボディは一九二七年から "falling off" と認識していたことは、一九二八年の売り上げ三万四〇〇〇ドルに反映されている。
（57）通常図書館のカタログ等では、本書の出版は一九二六年頃となっているが、日本語版や中国語版は一九二七年に出ている。ルーシィは一九二七年度の本と記憶していた。
（58）Mrs. Henry W. Peabody, "Annual Report, CCUSFM"（c. Jan., 1929）, pp. 2-3 in Folder 11, Box 2, RG NCC 27, PHS.
（59）一九二九年五月、ピーボディの正式引退にあたって、ＣＣＵＳＦＭは著者全員がサインをしたネーム・プレートを用意すること、全教科書をセットで贈ること、著者と友人からの手紙を本の形にして贈ること、昼餐会を開くことにした。"For Central Committee Members Only"（c. Feb. 19, 1929）in Folder 11, Box 2, RG NCC 27, PHS.

（60）Beaver, *American Protestant Women*, pp. 84–190.

（61）最終的な合併は一九五五年であったが女性は合併後の組織で重要なポジションを占めた。詳しくは、Beaver, *American Protestant Women*, pp. 186–187. なお南部バプテストの婦人伝道局については、別途考察が必要。

（62）Mrs. Henry W. Peabody, "To Merge or Not to Merge," *Watchman Examiner*（Apr. 10, 1941）: 362.

（63）前章で説明したように、これらとは別に、「東洋におけるキリスト教連合女子大学共同委員会」が形成されており、ピーボディの建築基金募集運動は、この組織から一時的に張り出して作られた「建築基金特別委員会」の案件として展開された。なお、東京女子大学の場合、大学が設立される以前には在米の「協力委員会」の名称として、「促進委員会」（promoting committee）など、様々なものが使われていた。

（64）以下は、Kohiyama, "'No Nation'," pp. 218–239 を参照。各大学の法的根拠については、Letter from Lucy Peabody to W. S. Richardson（Oct. 25, 1920）in Folder 85, Box 7, Series 3–2, LSRM, RAC.

（65）"Report of the Promoting Committee of the Woman's Christian Union College of Japan"（Jul., 1915）in Woman's Christian Union College of Japan（Tokyo）File, Missionary Research Library Collection（MRLC hereafter）, BLA.

（66）ただし、前章で言及したように、マドラスのキリスト教女子大学は、イギリス人女性が学長に立った。財政的支援の多くはアメリカから出たものの、最初にこの大学の設立を提案したのは、イギリスの女性たちであったことからである（第五章参照）。北京の女子医科大学は、実際にはロックフェラーの反対で建築資金募集キャンペーンの対象から外されたので、学長についての議論はあまりなされなかった。

（67）スカダについては、前章を参照。次に説明するように、東京女子大学に女性宣教師の学長が不在ということは、アメリカでの献金が集まりにくいことを意味した（A letter to A. K. Reischauer（Apr. 18, 1918）in WCCR, PHS。

（68）"Report of the Promoting Committee of the Woman's Christian Union College of Japan"（Jul., 1915）, p. 8.

（69）"English Translations of Individual Replies from Japanese Educators to the First Educational Questionnaire" in

"ED. Miss.――Japan College" File, MRLC, BLA. このアンケートは一九二〇年代に日本人クリスチャンの教育者を対象に行われたもの。ほとんどの回答者が教務における日本人のリーダーシップを支持し、宣教師には英語教育のみを期待していた。バプテストの日本ミッションには、スミス大学卒のクララ・A・カンヴァース（一八五七―一九二五）がおり、開学前には東京女子大学の設立運動に関わっていたが、教派の事業から離れることはなかった。

（70）Letter by Isabelle Blackmore（Feb. 10, 1916）in WCCR, PHS. アメリカン・ボードの女性宣教師たちの反応については、Ishii, *American Women Missionaries at Kobe College*, p. 62.

（71）"Fourth Meeting of the Cooperating Committee of the Woman's Christian College of Japan, Sep. 19, 1917" in WCCR, PHS.

（72）Letter from Alice M. Davison to Robert Speer（Oct. 2, 1917）in WCCR, PHS. デイヴィソンは、「ピーボディ夫人は協力委員会に大きな権威を求めすぎると私は感じますが、あなたはいかがですか」とスピアに書いている。

（73）Letter from Robert Speer to A. K. Reishauer（Oct. 19, 1917）in WCCR, PHS.

（74）青山『安井てつ伝』。宣教師嫌いの件は、四二一―四二三頁。なお、イギリス行きの安井に同道したイギリス人女性宣教師は低教会派のCMSから派遣されたのではないか。CMSの宣教師は、高教会派SPGとの対抗関係もあり、福音主義の反知性主義的側面をアメリカの諸婦人伝道局派遣宣教師に比べ、より強く打ち出したのではないだろうか。

（75）海老名については、吉馴『海老名弾正の政治思想』を参照。

（76）Letter from Robert Speer to A. K. Reischaure（Apr. 18, 1918）in WCCR, PHS.

（77）ライシャワーの自伝に、エー・ケー・ライシャワー博士伝刊行会編『準縄は楽しき地に落ちたり』がある。

（78）Reischauer, *Task in Japan*, pp. 29–30.

（79）「影響の反射」。伝道の世界でブーメラン現象を指す。序論を参照。また、第五章でも言及した。

（80）青山『安井てつ伝』、三四九―三七一頁に安井の宗教上のスタイルと東京女子大学の雰囲気が述べられている。

（81）毎年の分担金は各教派が日本で経営する女子中等教育機関の数で決まった。一口七〇〇ドルであった。東京女子大学設立に実際に協力したのは、北部バプテスト（三口）、カナダ・メソジスト（三口）、北部メソジスト（四口）、北部長老派（四・五口）、アメリカ・オランダ改革派（一・五口）、チャーチ・オヴ・クライスト（ディサイプル、一口）であった（Letter from Florence I. Nichols to Robert Speer（Apr. 25, 1916）in WCCR, PHS）。なお、一九一七年一一月に新渡戸稲造と安井哲が理事会に提出した開学当初四年間に見込まれた収支予測によれば、総支出は一一万八五三四円、授業料収入は四万一二〇〇円で、差額七万七三三四円のほとんどをミッションからの援助でまかなう予定であった。経費の六五パーセント以上である（"Meeting of the Board of Trustees of Woman's Christian College of Japan"（Nov. 24, 1917）in WCCR, PHS）。

（82）Letter from T. H. Sailer to Robert Speer（Aug. 14, 1922）in WCCR, PHS; "Statistics for September 1922" in Box 129-2649, RG 11, UBCHEA, Divinity Library, Yale University.

（83）Letters from T. H. P. Sailer to Robert Speer（Aug. 14, 1922）; from A. K. Reischauer to Robert Speer（May 23, 1921）and from E. W. Ross to Robert Speer（May 4, 1920）in WCCR, PHS.

（84）実際は女子専門学校であった。にもかかわらず「大学」の名称を文部省から戦前に認可されたのは、東京女子大学だけである。その理由は解明されていないが、一九一七年設置の臨時教育会議で、女子の大学を認めることが議論されていたという（結局、専門学校で足りるという結論が出た）。海後『臨時教育会議の研究』、七三五―七三九頁。

（85）Letter from A. K. Reischauer to Robert E. Speer（Nov. 30, 1917）in WCCR, PHS.

（86）詳しくは、東京女子大学女性学研究所『創設期における東京女子大学学生の思想的傾向』を参照。

（87）Letters from Robert Speer to A. K. Reischauer（Sep. 13, 1922）and from Florence Hooper to Robert Speer（Jan. 17, 1923）in WCCR, PHS.

（88）例えば、一九二四年に、ルーシィ・ピーボディは「世界を知るツアー」（"World Acquaintance Tour"）の推薦文を *Missionary Review of the World* に書いている。これは、ガイド付きの旅で、冬には中近東、パレスチナ、エジプト、パナマ等を巡るツアーとオリエントを巡るツアー、夏にはヨーロッパ、秋には世界一周、レヴァントとインドを巡るツアーなどがあった（*Missionary Review of the World*, 47（1924）: 992）。

(89) Letter from A. K. Reischaure to Charlotte H. Conant（Dec. 29, 1922）in TWCU（理事会・協力委員会往復書簡）.

(90) Letter from Lucy Peabody to Friend（Jul. 11, 1922）in *Ibid*.

(91) Letter from Lucy Peabody to A. K. Reischauer（Mar. 8, 1923）in *Ibid*.

(92) Letter from Charlotte H. Conant to A. K. Reischauer（May 17, 1923）in *Ibid*.; "Minutes of the Cooperating Committee, Woman's Christian College of Japan"（May 28, 1923）in *Ibid*.

(93) Letter from A. K. Reischauer to Charlotte H. Conant（Apr. 23, 1923）in *Ibid*.

(94) Manela, *Wilsonian Moment*.

(95) Danielle Ryan, "Matilda S. Calder Thurston," http://divinity-adhoc.library.yale.edu/ChinaCollegesProject/MtHolyoke/biographies/Thurston.htm accessed on Oct. 20, 2016. 金陵女子学院歴史沿革 http://ginling.njnu.edu.cn/xygk/ls.html accessed on Nov. 5. 2018.

(96) Letter from Grace T. Colburn, Mrs. Charles F. Young, et al. to Friend（Feb. 10, 1919）in Folder 34, Box 4, RG NCC 27, PHS.

(97) Letter draft（Jan. 31, 1919）in Folder 34, Box 4, RG NCC 27, PHS.

(98) Letter form E. Hill to Robert Speer（Nov. 5, 1920）in WCCR, PHS.

(99) Reischauer, *Tokyo Woman's Christian College*, p. 32.

(100) Letter to Mrs. Bancroft Hill（Jun. 13, 1930）in TWCU（理事会・協力委員会往復書簡）. この手紙には発信元が記されていないが、東京女子大学に住む宣教師が書いたものと推察される。なお、ブッチャが指導したホッケー部は、現存している。

(101) Letter from Lucy Peabody to Mary Nourse（Dec. 10, 1917）in Box 133-2689, RG 11 IV, UBCHEA, Divinity Library,

Yale University.

(102) Letter from Mary Nourse to Bender (Jun. 15, 1918) in *Ibid*.

(103) 第八章で扱うように、ピーボディは一九二〇年代に禁酒法維持のための政治運動を開始した。女性の参政権が実現する以前、ピーボディは参政権運動には同調していなかったので、女性有権者連盟とは遠い立ち位置にあったと推定されるが、二〇年代の運動では、有権者としての女性に訴える必要があった。

(104) "Vassar Entertains Women Delegates," *New York Times* (Jun. 15, 1924), p. E3; "Women Bring Their Minds to Bear on World's Needs," *New York Times* (Jun. 29, 1924), p. 22.

(105) *The Womans Press* という Woman の後にアポストロフィの付かない雑誌名は、マクロウチの引退まで使われた。女性の多様性、複数性を示そうとした表記と考えられる。韓国の梨花女子大学を英語で Ewha Womans University と表記しているのは、ＹＷＣＡの影響ではないか。

(106) 以上、マクロウチについては、https://asteria.fivecolleges.edu/findaids/sophiasmith/mnsss271.html accessed Oct. 20, 2016.

(107) "Some Types of Conference," *The Inquiry*, Vol. 1, No. 3 (May, 1925): 17–19 in Folder 26.0001/3, World Council of Churches Archives, Geneva, Switzerland.

(108) "Women Bring Their Minds to Bear on World's Needs."

(109) 以上、人形の行き先等については、竜門社『渋沢栄一伝記資料』三八巻、四四頁。游「青い目の人形と台湾」、九三―一二一頁。是沢博昭「青い目の人形――朝鮮半島・関東州を中心として」『日本人形玩具学会誌』第一巻（一九九〇年四月）、八八―九三頁。同「一九二七年日米人形交流にみられる国民意識」『渋沢研究』第八巻（一九九五年）、三―二三頁。同『青い目の人形と近代日本』。なお、朝鮮では、日本人の子供は小学校に行き、それは義務教育であった。朝鮮人の子供に日本帝国が用意したのは、日本語で教える「普通学校」で、義務教育ではなく、有料であった。一九二七年の時点で、六歳の子供のうち、公立普通学校に通っていたのは、一七・八パーセントで、同じ年齢の女子の数字は六・六パーセントであった。一九二〇年代初頭、公立普通学校に通った朝鮮人の子供は、ほとんどが地主、自営農であったという（金「植民地期朝鮮における普通学校」、三四一、三四三頁）。つまり、公立普通学校に通う子供たちは、将来的エリートであった。

（110）『満州日日新聞』一九二七年六月二一日。是沢『青い目の人形と近代日本』、一四六頁に引用されたものを使用。

（111）CWFC, *Adventures in World Friendship* (New York: CWFC, n.d.), p. 11 in Folder "Committee on World Friendship among Children Publications," CDGA, Peace Collection, McCabe Library, Swathmore College.

（112）Alan Scott Pate, "Antique Japanese Dolls," http://www.antiquejapanesedolls.com/pub_friendshipdolls/ADC_Friendshipdolls.html accessed on Oct. 21, 2016; Pate, *Art as Ambassador*.

（113）*Ibid.*, pp. 71-75.

（114）筆者は、二〇〇三年頃、人形交流について集中的に調べた際、ボストンとロチェスタの博物館に人形を見に行った。ロチェスタでは倉庫にしまってあった人形を手に取れる距離で見たが、経年劣化にもかかわらず、高級品であることは一目瞭然であった。また、オハイオとサウスカロライナの博物館と連絡を取って、日本の子供達の手紙のコピーを大量に送って頂いた。

（115）是沢博昭「在米日本人移民から見た日米人形交流」『渋沢研究』第一四巻（二〇〇一年一〇月）、三―二五頁。

（116）筆者は、二〇〇五年にミッション・インを訪ね、答礼人形に関係するいくつかの品と勲章が展示されているのを見た。勲章の授与年、種類については、ミッション・イン博物館の歴史部門学芸員カレン・レインズ（Karen Raines）氏にご教示いただいた（二〇一七年二月一五日）。

（117）関屋『壺中七〇年』、二一〇頁。同『社会教育事始め』、七四―七五頁。

（118）Letter from Y. H. P. Sailer to A. K. Reischauer（Dec. 7, 1923）in TWCU（理事会・協力委員会往復書簡）.

第七章　「信仰の冒険」へ

パール・バック（前列中央）のスピーチの後，唖然とする長老派海外伝道関係者．*The New York Herald Tribune*（Nov. 3, 1932）に掲載されたもの．©AFLO

あなたは私たちを戦いに向かわせます。戦う私たちを見守るのはあなた。あなたに鍛えられ、私たちは公論に訴えます。争いの詳細に目を塞がれて、あなたの目的が見失われることがありませんように。(1)

娘夫婦

ルーシィ・ピーボディにとって、フィリピンはなかなか縁の深いところであった。自身は一度も訪れることはなかったが、二番目の夫ヘンリ・ピーボディは商売でフィリピンを訪れたことがあった。その経験から、彼は、フィリピン併合に反対し、新聞に投稿したり、連邦議会の委員会で諮問に応じたりした。ヘンリ・ピーボディの死後には、初代フィリピン民政長官を務めたウィリアム・H・タフトが、大統領時代（一九〇九―一九一三）に、ルーシィがヘンリと住んだビヴァリの家（パラマッタ）を二度ほど夏の家とした。そして、ルーシィ・ピーボディの愛娘ノーマの結婚相手ラファエル・C・トマスは一九〇四年にフィリピンに渡ったABMUの宣教師であった。トマスは、妻を赤痢で失った後、帰国し、子どもを妻の実家に預けていた。ノーマとラファエルは、一九一六年に結婚後すぐフィリピンに向かった。

すでに紹介したように、ルーシィの息子ハワード・アーネスト・ウォータベリは早く結婚し、オレゴン州で仕事につき、自立していた。ヘンリ・ピーボディの死後ルーシィがビヴァリに建てた家には、未亡人となった実母（サラ）と実妹（ヘレン）、さらに、実弟のエドガ・マギルが住んでいた。エドガは、第一次世界大戦後、ルーシィ所有のビヴァリの不動産（ヘンリ・ピーボディの遺産）の販売等を手伝っていたというが、ルーシィは一八九〇年代にもエドガと同居しており、長く弟の面倒をみていたと考えられる。(2) エドガは、一九二〇年二月に屋根から落ちてきた雪に埋もれて死んだ。ルーシィは、この悲劇的な事故の起きた家を売り、モントセラト駅により近い場所に、「緑の壁」（Greenwalls）という新しい家を建てた。一九二〇年の国勢調査の時点では、二人のアイルランド出身の住み込み使用人がいた。[3]

一方、フィリピンで伝道する娘夫婦には、一九一九年に娘が、一九二〇年に息子が生まれたが、娘は一九二三年に赤痢で亡くなった。トマス夫妻は、息子のバージスも失うことを恐れ、一九二四年年末頃、ルーシィの元に彼を送り出した。かくして齢六〇歳を越えたルーシィは、孫の面倒もみることになった。ノースフィールドでの夏期学校や冬のフロリダ滞在（後述）にバージスを伴い、七歳までは学校に定期的に通わせることはなく、主に大叔母のヘレンがディケンズの小説等を読み聞かせて教育した。「ヘレン叔母さんは、バージスにとって完璧な喜びです。彼女には彼を楽しませる時間がありますから。……幼稚園での経験があり、バージスを愛している。これほどの人は、いくらお金を出しても、どこにもいません」というのがルーシィの弁である。[4]ルーシィは、ＣＣＵＳＦＭ発行の教科書や『すべての国々』のゲラ刷りをバージスに読ませたりもした。そして、その幅広い交際の輪に孫を招き入れた。在インド宣教師アイダ・スカダは、ルーシィの自宅でバージスに会って、その蝶のコレクションを目にし、後にカシミール製の紙の蝶を贈った。ルーシィは必ず一等車で旅をし、父親のラファエル・トマスは、バージスが祖母に預けられている間、プルマンの列車（豪華な内装で有名だった）での旅しか経験していないことに驚愕した。かつて、バージスは「私は本当の子どもであったことがない」と回想したという。バージスは利口な子で、後にハーヴァード大学を卒業したが、筆者が話を聞いたルーシィ・ピーボディのかつての自動車運転手メルヴィン・デヴォ氏は、「頭は良いが、変わり者（nut）」だったと回想した。[5]それは、父親のラファエル譲りだったのではないか――。

要するに、ルーシィ・ピーボディは家族に対する愛情・愛着の深い人であった。そして経済的にも大黒柱であった。娘夫婦の株式投資の管理やアメリカで発生する細かい支払い等も代行していた。[6]トマス夫妻にとってさらに重要だったのは、ルーシィが長年にわたって築いてきたアメリカ国内における人脈であったと思われる。それは、ラファエル・トマスのフィリピンでの仕事を支えていたからである。より詳しく見てみよう。

植民地フィリピンでのプロテスタント伝道

フィリピンにおけるプロテスタント伝道は基本的に一八九八年の米西戦争以降に始まったと言ってよい。まず、軍隊付きのYMCA、英米の聖書協会等々の活動が戦中に始まった。フィリピンへの到着が最も早かったのは、メソジスト監督派であり、一九一六年までに少なくとも五〇人の宣教師を送り込み、四万五〇〇〇人の信徒数を数え、同地で最大勢力となった。長老派は、一八九九年四月に最も早く正式な専従宣教師を派遣し、フィリピンで二番目に大きなプロテスタント教派となった。一八九九年から一九一六年までに少なくとも六五人の宣教師が活動し、一九二五年までに一万五七〇〇人の信徒を獲得したと報告した。監督派は、一八九九年に最初の宣教師を送ったが、長続きせず、一九〇一年一一月になって二人の専従宣教師を送り込んだ。一九〇二年八月、チャールズ・ヘンリ・ブレント（一八六二―一九二九）がフィリピンの宣教師兼主教としてマニラに到着した。ブレントは植民地政府と最も近しかったが、監督派の伝道規模は小さく、アメリカ人とヨーロッパ人のコミュニティ、中国人、山岳地帯の非カトリックのフィリピン人にその布教活動対象を限定していた。バプテストは、最初の宣教師エリック・ランドを一九〇〇年春に送り込んだ。ランドはスウェーデン人のバプテストで長くスペインのバルセロナに居り、そこでフィリピンのカピス出身のブローリオ・マニカンに洗礼を授けた。ランドはマニカンを伴ってフィリピンに着任し、マニカンの出身地に近いヴィサヤ地域パナイ島イロイロ郊外のハロを拠点とし、マニカンの助けで現地語への聖書翻訳と出版をまず手がけた。

主流教派では他にアメリカン・ボードが、一九〇二年に専従宣教師夫妻をミンダナオ島のダヴァオに送ったものの、その後の増員はごくわずかであった。その他、アライアンス教団、キリスト同胞団、セヴンスディ・アドヴェンティスト、自由メソジスト、モルモン教などが小規模の伝道を展開した。(7)

スペイン統治下でカトリック化したフィリピンでの伝道は容易なことではなかったし、アメリカの支配下に入ったことで、他の伝道地とは異なる特殊な状況が生まれた。すなわち、アメリカ合衆国は、フィリピン人を教育し、アメリカをモデルとする自治ができるようにした上で独立させるという目標を達成すべく、まず英語で行う無償公立学校を整備することに力を注ぎ、当初多くのアメリカ人教員を送り込んだ。一九一〇年には、小学校七年、高校四年という教育課程がほぼ確定した。(8) 二〇世紀初頭のアメリカ本国では、公立学校における聖書朗読や祈りの問題に関する議論が再燃していた。(9) 一方、フィリピンでは、伝統的にカトリック教会による道徳教育は、少なくとも初等教育における要であって、宗教教育なしの公立学校はフィリピン社会に受け入れられにくいという判断があり、限定的に宗教教育が導入された。すなわち、事前に親が手続きした上で、週三回各三〇分を限度とする宗教教育を選択することができた。担当教員は教会等が派遣した（任意選択制度）。むろん、宗教教育はカトリックと決まっていたわけではないが、市川誠が示す一九三〇年代の統計によれば、圧倒的にカトリック教育を受ける生徒が多かった。(10)

アメリカ発の海外伝道は、多くの場合、教会、学校、病院を設立して展開されたが、フィリピンでは、アメリカ植民地政府が公教育にコミットしたことから、学校設立の役割は縮小した。アメリカ人宣教師は、それを否定的に受け止めるのではなく、(11) 公教育が十分カバーできない分野——幼稚園、職業教育、中等教育など——に資源を注ぐとともに、医療の提供を定石としたようだ。また、一九二〇年代までに、公立高校の近所に寮を経営することが増えた。つまり、数少ない公立高校（公立学校の一〜二パーセント）には、各地から優秀な人材（往々にして上流階級出身者）が集まってくるので、彼等に宿舎を提供して、福音を伝えるという方法である。当然、高校段階で洗礼にこぎつけた生徒の一部にさらに教育を施して牧師にするという道筋が構想され、ミッションは高等教育、神学教育をも指向することになる。長老派は、当初私立の男子初等教育機関として始めた事業を、このシステムのなかでシリマン大学に育て上げた。(12)

ところで、少なくとも、クライマの研究に描かれる在フィリピン初期宣教師間の関係を見る限り、彼等の間の不協和音は、かなり激しいものだった[13]。個々の宣教師の個性等に起因する衝突はどこでも見られるが、フィリピンという伝道地には特に軋轢を生みやすい構造的な原因があったと推察される。

伝道開始が遅かったフィリピンでは、他の伝道地での経験を容易に参照できたので、異なる教派間の調整や協力が早い段階で目指され、伝道開始間もない一九〇一年四月に、七つの伝道局と聖書協会が参加して福音同盟が形成された。これによって、全面的は実現には至らなかったが、プロテスタントの合同教会の設立が議論され、礼譲による伝道地域の分割取り決めがなされ、教派間協力によるマニラの神学校の設立が実現した（一九〇七年）[14]。それは、エキュメニカルな協力が二〇世紀初頭の海外伝道界における最先端の潮流であったことを反映するものでもあった。ルーシィ・ピーボディがまさにこの潮流の中で頭角を現したことは、すでに十分見てきた通りである。礼譲によれば、メソジストはルソン島の低地とマニラの北部、長老派はビコル地域（ルソン島南部）、タガログ地域南部、ヴィサヤ諸島の中央および西部、バプテストはヴィサヤ諸島の西部、アメリカン・ボードは南端を除くミンダナオを割り当てられ、都市としてのマニラは解放区（どの教派も拠点を設けられる）となった（ただし、監督派は礼譲に参加しなかった）。

しかし、割り当てを守るのは容易ではなく、現地における異なる教派の宣教師間の苦々しい軋轢を生んだ。特に、長老派とバプテストは割り当て地域が重なっており[15]、二教派の間での調整は難航した。こうした軋轢の原因は、伝道が十分進行していない時点で定められた礼譲が、必ずしも実際の伝道の展開にそぐわないということもあったようである。

クライマの研究によれば、同じ伝道局の中の宣教師関係も往々にして険悪で、特にメソジスト、監督派、バプテストにおいてそうであった[16]。あの宣教師が居るから、休暇が終わってもフィリピンには帰らないとか、「彼がここで何の役に立つのかわからない」といった個々の宣教師に対するあからさまな批評が行われた[17]。フィリピンでこうした険悪な人間関係が起こりがちだったのは、逆説的だが、宣教師間の協力が促されたからではなかろうか。つまり、すでに指摘したように、後発伝道地のフィリピンでは、協力体制が最初から形式として定められた。それは、個々の宣教師の裁量権を限定した。

二〇世紀初頭、各教派の伝道局内部では、指令系統が確定していた。個々の宣教師が展開する伝道プロジェクトは、まずその妥当性が予算割り当てという形で現地宣教師団（ミッション）によって検討される。承認されると、本国伝道局に上げて、その認可を得る。この承認プロセスは伝統的なものだが、二〇世紀初頭までにその適用はより厳格になったように見える。特に、二〇世紀に入ると、伝道局本部の通信主事等が、より頻繁に現地視察に訪れるようになり、実際の仕事の認可のプロセスへの介入度を増した。さらに、大口の献金者の意向が事業認可のプロセスを複雑にした。彼等の要求は無視できず、しかも二〇世紀に入ると海外伝道は大口献金への依存度を高めた。ロックフェラー家の海外伝道における役割はその最たるものである。このような指令系統にからめとられ、裁量権が縮んだ現場の宣教師は、あちらこちらに仕事の報告を頻繁に行い、かつ、自分の立場と仕事の必要を、現地ミッションはもとより、本国伝道局に強く訴えなければならなかった。したがって、他の宣教師の仕事への予算割り当てにも敏感にならざるを得ない。同僚への批判の弁が伝道局宛の手紙に目立つのは、こうした事情からだと推察できる。

さらに二〇世紀に入って、宣教師間の関係を難しくした背景に、キリスト教界における保守主義とリベラリズム、あるいは、より激烈な対立としての、ファンダメンタリズムとモダニズムの対立があった。二〇世紀初頭、ファンダメンタリストの自己認識が組織化されはじめたことに伴い、福音主義の中の分断が顕在化したことはすでに述べた。フィリピン伝道は、まさにその頃、始まったのである。クライマの研究によれば、一八九八年から一九一六年というフィリピン伝道初期においては、その分断は未だぼんやりしたものだったようだが、伝道目的における社会的福音の強調が、伝統的な「魂の救済」の影を薄くするという傾向はすでに見られた。また、クライマは、フィリピンの人々

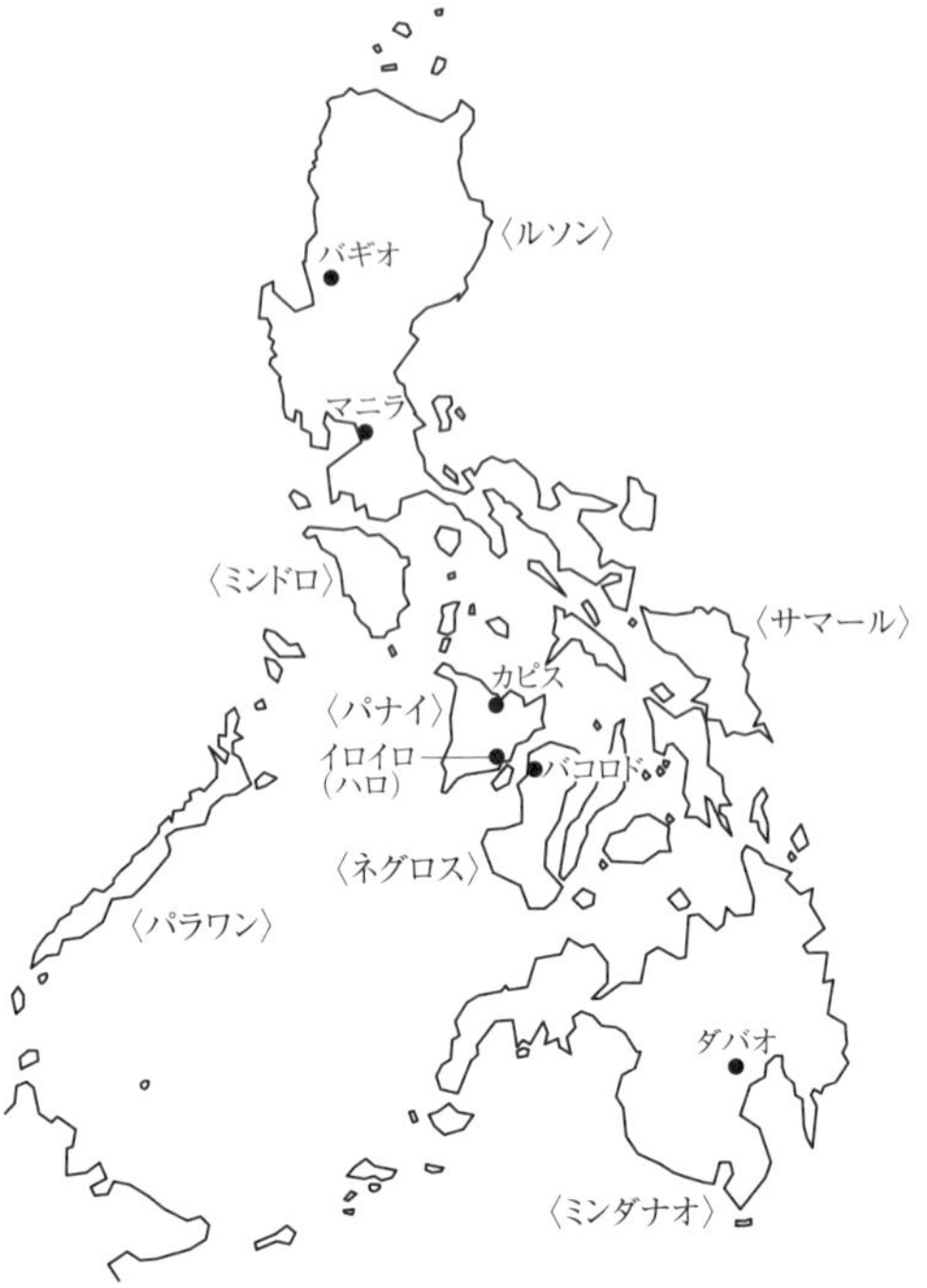

フィリピン地図
筆者作成

による権限委譲の要求も問題であったと主張している。[18] 自己主張する現地人は、宣教師や西洋文明の優位性に疑問を投げかけたのはもちろん、その扱いをめぐって宣教師間の意見の相違を際立たせる要因であった。

ラファエル・トマスがフィリピンで起こした問題は、この一般的構造の縮図であった。

ラファエル・C・トマス

すでに述べたように、ラファエル・C・トマスは、一九〇四年にABMU所属の宣教師医としてヴィサヤ西部地域のカピスに一年駐在後、イロイロでバプテストが長老派と共同経営していた「合同ミッション病院」で働いた。[19] 一九一三年に妻を失って帰国。一九一六年一一月にノーマ・ウォータベリと再婚し、すぐに同じ伝道局所属宣教医として再びイロイロに赴任した。その時点で、フィリピンにおけるABMUは、ハロとイロイロに男子職業学校と女子アカデミ、女性のための聖書訓練学校、印刷所、合同ミッション病院と付属看護師養成学校、西ネグロスのバコロドに寮、幼稚園、アカデミ等、カピスに孤児院、男子寮、女子アカデミ、エマヌエル病院等を運営していた。宣教師は、ハロ＝イロイロ、バコロド、カピス等の拠点から巡回伝道を行って、出張所を作り、現地人を使って学校や教

会を設立していった。バプテストは農民の搾取にもっとも声高に反対したという[20]。

トマスの第二期目の活動は、「他の宣教師とは異なる立場で」推進された。その意味は、トマスは、自らの活動を、現地ミッションの「付託委員会」(個々の宣教師の活動の妥当性を判断し予算を認める委員会)に報告せず、形式的な報告書を本国アメリカの伝道局に送り、詳細な報告を事業に対しての出資者に送っていたということである。つまり、トマスは、伝道局本部と現地宣教師団の頭越しに出資者との了解のみで活動していた。このような特別な指定献金の問題は、アピールの上手い宣教師がしばしば起こしたものである(後述)。

トマスが働いていたイロイロの合同ミッション病院からバプテストの拠点のあるハロまでは約三マイルであったが、その路程には、長老派とバプテストの事業がいくつも立ち並んでいた。病院を左手にアイズナート通りを北上すると、数ブロック先左手にバプテスト・ミッション出版所があった。さらに行くと右手に地方政府の建物、その隣に監獄があった。そしてイロイロ川を渡ると、そこはラパスという場所で、商店街の先に長老派とバプテストが共同経営するダンウッディ男子寮がある。その先の右手に公立高校があり、公立商業学校、公立女子寮が続く。水田を見ながら少し行くと女子修道院の高い壁があり、隣にバプテスト運営の女子アカデミがある。その先はハロの広場で、近くのカトリック教会が所有する鐘塔がある。広場の手前を右折して、主教の邸宅を過ぎ、再び右折すると、バプテストの女性宣教師アナ・ジョンソンが運営する女性のための聖書訓練学校がある。そこでバプテストは礼拝を守り、日曜学校も行っていた。この訓練学校はラパスにも小さなチャペルを持っていて、幼稚園と日曜学校を開いていた。ハロの広場から一マイル先にハロ職業学校(後に中央フィリピン大学に発展)があった[21]。つまり、トマスの勤務先はハロからやや離れていたけれども、伝道空間としては連続していた。にもかかわらず、トマスの活動はハロの宣教師たちから隔絶して進められたのである。

義母ルーシィ・ピーボディの説明によれば、そのような特異な孤立は、トマスが長老派との合同病院に勤務しており、エキュメニカルなプロジェクトにおいては、報告書は現地の教派宣教師団ではなく、伝道局本部に送るのが通例だったために生じたという。また、孤立の背景には、トマスの二回目の着任前に、バプテストの宣教医H・H・スタインメッツをめぐって問題が起こり（スタインメッツのリベラリズムに関するものだったと推察される）、スタインメッツは結局辞任に至るという事件があった。トマスが着任し、ミッションの会議に参加すると、そこには険悪なムードが流れていたため、トマスは会議で投票しないことに決め、バプテスト宣教師団――特にその付託委員会――と距離を置いて仕事を遂行したというのである(22)。

また、古参宣教師のウィリアム・オルソン・ヴァレンタインが、自身が設立したハロの職業学校の将来像をめぐって、リベラリズムを掲げる若い宣教師と対立し、一九一四―一五年度に職業学校を若い宣教師に託し、西ネグロスのバコロドに移るという事件もあった。リベラルな宣教師は、職業学校を高等教育機関に転換する必要を説き、最終的には福音主義の諸学校を統合し、合同キリスト教総合大学を実現することを想い描いたのである(23)。まさに、ルーシィ・ピーボディは「東洋の七校の女子大学」に同様の夢を託して協力したのであり、このようなリベラリズムは二〇世紀初頭の伝道事業における大きな流れであった。だが、トマスはヴァレンタインのネグロスの事業に協力し(24)、ヴァレンタインと対立したハロの宣教師たちとは、協働を拒んでいた。

マーガリート・ドーンの支援

ただし、そのような孤立は、ノーマ・ウォータベリと結婚したラファエル・トマスが、義母ルーシィ・ピーボディの献金人脈に直接アクセスできたことで初めて可能になったと考えられる。トマスが献金のアピールに長けていたわけではない。

すなわち、ABMUを通じてトマス夫妻の給与を請け負ったのは、マーガリート・ドーン（一八六八―一九五四）であった。彼女は、ビジネスマン、発明家、賛美歌作曲家として知られたウィリアム・ハワード・ドーン（一八三二―一九一五）の娘で、母、姉とともに、父の莫大な財産を受け継いだ。ウィリアム・ドーンは、成人後に母親の実家の信仰であるバプテスト教会会員となり、オハイオ州シンシナティの自宅近くのマウント・アーバン・バプテスト教会で日曜学校校長を二五年間務めた。また、作曲で得た利益のすべてを博愛事業に投じ、シンシナティ美術館、YMCA、デニソン大学、ムーディ聖書学院等に寄附を行った。[25]ドーンはデニソン大学から音楽学の名誉博士号を得、同大学やムーディ聖書学院にはドーンの名を冠する建物がある。[26]娘たちは、このような父の博愛主義を受け継ぎ、マーガリートは特に海外伝道に関心を持っていた。若い頃、自ら宣教師となることを望んだが、糖尿病のため、適わなかったという。[26]

ドーン家は、一八九〇年代にロードアイランド州のウォッチ・ヒル（富裕層の海沿い別荘地）に夏の家を購入し、家族は多くの時間をそこで過ごすようになった。マーガリートは、父の最期の願いを叶えるべく、従兄弟のジョージと結婚したというが、それはもう五〇代に入ってからのことであり、結婚による特別な変化はなかったらしい。姉のアイダ（一八五八―一九四二）は生涯独身であった。[27]姉妹は莫大な収入をバプテストの伝道事業に使うことに人生の意味を見いだすようになったのであろう。

ルーシィ・ピーボディとマーガリート・ドーンは「生涯の友」だった。[28]その関係がいつから始まったかは特定できていないが、ルーシィによれば、ドーンはWABFMSのゴッド・マザーのような存在で、経済的に躓きかけたプロジェクトを何度も救ったという。[29]マーガリート・ドーンは、女性による海外伝道における資金調達人としての仕事のなかで、ルーシィ・ピーボディが特別の理解と親交を得た大口献金者・後援者の一人であった。一九二〇年代、ドーンは、ニュージャージのヴェントナ（Ventnor）に帰国中の宣教師が無料で滞在できる施設、フィリピンのバギオ（日本の軽井沢のような高原避暑地）には宣教師のための休息所を建て、伝道事業にユニークな貢献をした。こうしたアイデアは、ピーボディに依るところが大きいだろう。ピーボディはヴェントナの施設の初代副代表を務めている[30]。

さて、再婚後のラファエル・トマスは、イロイロで再び合同ミッション病院に勤務したが、ほどなく、イロイロ高校のあるラパスで、主に生徒を対象に伝道活動を開始した。

トマスは、高校時代、ほとんどの運動チームに参加し、ハーヴァード大学ではテニス・チームに所属、ダブルスの全国チャンピオンと共に闘ったというスポーツマンであった。また、ハーヴァード時代、ウェンデル・フィリップス弁論部副部長、大学YMCA会長、ボストンYMCAの大学連合主事を務めた。「高校では、私はほんとうに輝いていて、高校歩兵隊長を務めていた時には、女の子たちが真鍮のボタンやぴかぴかのエポレット〔肩飾り〕を求めて殺到した」と自分で回想している[31]。つまり、トマスは、学生相手のリーダーシップに経験と自信を持っていた。彼は、また伝道に主眼を置いており、医療はあくまで手段と位置づけていた[32]。

トマスは、ほどなく公立高校の目の前に学生センターを開設した。ドーン・ホールと名付けられたその施設では、バスケット・ボールなどを楽しむことができ、祈禱会や聖書の勉強会が開かれた。一九二〇年には学生たちの教会が組織され、レンフロヴィル教会と名付けられた。一九二三年には、読書室やカフェテリアを設え、共学の聖書学校を始めた。活動を宣伝するために、トマスは二週間に一度、『真実の使者』という小新聞を出した[33]。この学校は、ドーン福音主義学院と名付けられ、当初、訓練期間一年、カピスやネグロスなども含む各地に学生を送り込み、実践的な訓練を積ませ、伝道師や牧師を養成して、教会を組織していった。「通常の〔いわゆる神学校出の〕教育過剰の牧師を我々は待っていることはできません。私たちは今牧師を必要としており、高校を卒業して、二―三年私たちのところに来れば、良く準備のできた人」を得ることができると、トマスは主張した[34]。やがてトマスは、イロイロ市に大きな建物を借り、そこでドーン福音主義学院を運営するようになった[35]。

施設や学校の名称が示すとおり、これらのプロジェクトは、マーガリート・ドーンの寄附で成り立っていた。トマスが「マル秘」でピーボディに送った手紙を見ると、一九二三年七月までにトマスは給与の他に五〇〇〇ドルのチェックをドーンから受け取り、そのことを現地宣教師団にも、伝道局本部にも黙っていた。全額を報告すれば、「自分の仕事に金を必要としている人たちの間に悪感情をよぶ」と考えたからであった。ルーシィ・ピーボディは五〇〇ドルの「ギフト」があったと申告するようにアドバイスしたが、トマスはさらに少なめに、八〇〇ペソを申告することを提案している(36)。トマスは、ほぼ毎週ドーンに（そして義母ルーシィにも）報告を送り、そこに個人的な問題も書き綴った。トマスの活動は、ドーンの意向に従って展開されているとトマスもピーボディも理解していたが、実際にはトマス自身の願望が反映されていたことは言うまでもない(37)。彼は、聖書学校を、ボストン校外のゴードン聖書大学（現ゴードン大学）やシカゴのムーディ聖書学院のように育てあげることを計画していた(38)。

献金者が特定の宣教師個人に直接資金を渡して、その宣教師が現地ミッションの認定外のプロジェクトを推進することは、一九世紀以来あることで、しばしば軋轢の種になった。アメリカの献金者へのアピールが上手な宣教師と下手な宣教師の間に差が出てしまうし、このような「認定外の仕事」が増えれば、ミッションの統制がとれなくなる。かといって、直接献金を禁じれば、海外伝道の財源の縮小につながりかねない(39)。ルーシィ・ピーボディは、この種の献金の問題点は熟知していたはずだが、ドーンとの特別な関係をとりもったのは、娘夫婦を応援したいという親心だろうか。

一九二五年には、長老派がイロイロから撤退することになり、トマスが働いていた合同ミッション病院とダンウッディ男子寮建物を売りに出した。この時、買い取りに必要な資金二万一八七五ドル余りのうち、一万八七五一ドルを出したのは「トマス医師の友人たち」で、匿名献金としていったんルーシィ・ピーボディの手に渡り、ピーボディからＡＢＦＭＳ（ＡＢＭＵの後身）に渡された(40)。病院に派遣される宣教師は保守的な立場の者に限るという条件付きでの資金供与であったが、これは、バプテストにとって、願ってもない話であった(41)。イロイロにすでにある長老派の教会を排除することはできないものの、バプテストはイロイロの主たる事業を比較的安価に掌握できた。それを可能にしたのは、匿名献金を引き出したトマスの義母としてのルーシィ・ピーボディであったわけで、トマスは、イロイロの病院長となり、発言力を拡大できるはずであった。しかも、この頃、ドーン福音主義学院がその一翼を担った伝道努力は、大きな成功を収めていた。一九二五―一九二六年度に公表された女性宣教師アナ・ジョンソンの報告によれば、イロイロには六人のフィリピン人牧師と五人のフィリピン人説教者が居り、四三の教会と二二の出張所があった。一二〇〇人の回心候補者のうち四〇〇人が洗礼を受けていた。七一を数える日曜学校に六〇〇〇人の生徒がいて、六〇人の教員が二八の学校で教えており、二五〇〇人の生徒を収容していた。[42] すべてがドーン福音主義学院の成果ではないだろうが、同学院が活気づいていたことは間違いない。

しかし、イロイロ・ラパス・ハロと連続する伝道空間で、トマスが圧倒的権力を掌握するのは困難であった。そもそも、トマスは、ラパスで働く女性宣教師の支援を得て、ドーン・ホールを運営していた。ラパスにもともとあった女性を対象とする聖書学校（アナ・ジョンソンの主導による）とドーン福音主義学院との関係は明確でないが、後者は前者の延長線上にあったようだ。ただ、後者は、共学化を試み、教会の形成において、より積極的な役割を果たそうとした。そのような事情から、おそらくルーシィ・ピーボディは婦人伝道局の仲間と図って、トマスの仕事をWABFMSのものとする合意を得た。トマスがドーンの献金を自由に使って「認定外の仕事」を展開することは、伝道局全体の秩序を保つ上で好ましくないが、WABFMSの仕事として位置づければ、伝道局本部や付託委員会は口を出しにくくなり、伝道事業の秩序の枠組みの中で、トマスの自由がある程度確保されるからである。一九一四年にボストンのWABFMSとシカゴのWABFMS‐Wが合併して以降、WABFMSは男性の牛耳る伝道局本部の下部組織ではなく、対等な協力組織として、一方で合併の圧力があったにもかかわらず、独自性を獲得していた。[43] トマスは渋々、この提案に従い、ヘレン・モンゴメリをはじめとする婦人伝道局の重鎮にも形式的な事業報告を送ることに同意した[44]。

ところが、ラパスの女性宣教師たちは、トマスだけを手伝っていたのではなく、ハロの男性宣教師とも協力関係にあった。象徴的なのは、ある有力女性宣教師がハロの職業学校に尽力する、アルトン・ビゲロウと婚約したことである。トマスはこの影響で、女性宣教師の多くがハロの男性宣教師寄りになることを予見し、ラパスのレンフロヴィル教会とハロの職業学校の結びつきが強化されると懸念した[45]。ドーン・ホールの活動から生まれたドーン福音主義学院をラパスではなく、イロイロに置いたのは、ハロとラパスから距離をおくためだと考えられる[40]。

トマスの孤高への願望は、多分に彼の性格によるものだったように見える。彼は頭が良く、器用で、精力的、勤勉で正直な働き手であったが、独占欲と猜疑心が強く、敵と味方を峻別する傾向があった。意見の異なる人と妥協や協調ができなかった。ＡＢＷＥ（注1を参照）に残るルーシィ・ピーボディあての手紙には、そうした性格が表れている。また、ドーンの特別な指定献金はトマスに協調のモメントを失わせたともいえる。

ファンダメンタリストという自認

この傾向に輪をかけ、さらに、バプテストの伝道事業全体を震撼とさせたのは、トマスの保守、あるいは、「ファンダメンタリスト」としての自認の高まりであり、それは、ハロのグループをリベラル、あるいは、モダニストとして敵対視することにつながった。

ハロでは、ロックフェラーからの二〇〇〇ドルの援助によって土地と最初の建物を得て[47]、一九〇五年以来、職業学校が運営されていた。その意図は、貧しい子どもたちに勤労の徳と自治を教えることであった[48]。また、同じく一九〇五年以降、最初のバプテスト宣教師エリック・ランドが「バプテスト伝道訓練学校」を運営し、宣教師が代わる代わる教鞭を執った。トマスもその第一期の活動においては、ここで教えることもあった。伝道訓練学校はランドの退任で一九一二年に一時閉鎖となったが、一九一三年にアルトン・ビゲロウが再開させ、職業学校の一部となった。また、この年、女子も受け入れるようになった。一九一五年には高校を併設した。先に言及したように、職業学校に責任を持ってきたヴァレンタインは、このような教育の高度化の指針に賛成できず、離任し、バコロドに移った。その後、ハロではビゲロウと新任のフランシス・ローズなどが主導権を握り、一九二三年には、高卒者のために短期大学を開設、職業学校の名称を中央フィリピン大学に改めた。(49) 同じ年に、トマスは、ドーン福音主義学院をイロイロで始めたわけで、中央フィリピン大学とドーン福音主義学院は、特に牧師や伝道師の養成において、競合関係にあるとみなされてもおかしくなかった。

トマスはドーン福音主義学院を、バプテストの原理(ファンダメンタルズ)に依って立ち、その原理にしたがってフィリピン人牧師、伝道師、説教者を養成する場所と位置づけた。それに対して、中央フィリピン大学は、他教派との協力を模索するリベラリストだと理解していた。トマスに従えば、一九二六年当時、マニラは「神学的に疑わしい状態」になっていた。アメリカン・ボードの宣教師でマニラのユニオン神学校の教員であったフランク・チャールズ・ローバック(一八八四—一九七〇)が、フィリピン人の教会を教派によらないユニオンで作っていくという運動を始めていたのである。二月、福音同盟で話し合いが行われ、アルトン・ビゲロウはそこに参加していた。トマスはビゲロウやローズが教派合同のフィリピン人教会に賛同して、バプテストの根本原理を守らないなら、自分は反逆し、「フィリピン独立福音主義教会」を設立する運動を起こすことも考えていた。「ローバック等が使う福音主義という言葉は、普通の教派主義からユニテリアニズムまで何でも含むので、(「独立」という言葉をつけることで)それとは区別したい」とし、「この運動は本質的にフィリピン人が熱中しているナショナリズムの方向に同調するものだ」とした。そして、このような問題は「異端」を持ち出すことになるので、「今のところ秘密にしてください」とドーンあての手紙にある。(50)

トマスの言う、バプテストの根本原理とは、幼児洗礼を否定し、浸礼を守ること、各個教会の独立、教会における多数決――すなわち、民主主義――の支配を指していた(51)。トマスは、「ファンダメンタリスト」と自称するフィリピン人クリスチャンを自分の仲間としているが(52)、筆者が入手した範囲の手紙のなかでは、聖書の無謬性、処女懐胎、イエスの神聖、贖罪、イエスのよみがえりという、当時のアメリカでファンダメンタリストが基準とするファンダメンタルズを信条として明記している箇所はない。トマスは、同僚宣教師のハーランド・ステュアートが神学的な議論を持ちかけても、「罠にはかからない」として、応じなかった。「異端狩りを彼が持ち出すなら、その責任は彼が取るべきです。私はそれがどれほどダメージになるか知っています。私は私の確信を持っており、彼等の神学校に人を送ることを約束できません。……もし、彼等が学校〔中央フィリピン大学のこと〕は健全であることを私に十分示すことができるなら、私が自分で判断します。しかし、彼等は学校の健全性と〔判読不能〕についての私の見解を表明させる権利はない」と(53)。トマスは、保守とリベラル、あるいは、ファンダメンタリズムとモダニズムといった神学論争をすることが大きなダメージをもたらすから、その問題には踏み込まないとしているわけだが、そもそもトマスと中央フィリピン大学の提示する神学に、ファンダメンタリズムとモダニズムほどの差異があったかどうかは疑わしい。トマスの言う、「ファンダメンタルズ〔根本原理〕」が右に挙げたもの――幼児洗礼の否定、浸礼、各個教会の独立、教会における多数決――であるなら、極めてオーソドックスなバプテストの信条である。これらの信条は、一般的に、バプテストと長老派や会衆派との連合や協力を困難にしていたものであり、トマスが目の敵とするハロのグループがこの点について在フィリピンの他教派と妥協するかどうかは、一九二六年の時点では未確定であった(54)。

この状況のなかで、中央フィリピン大学の宣教師たちは、両方の学校の代表者からなる委員会を形成して、調整を図ろうとした。そもそも、先に言及したように、一九二五年に、長老派と共同運営していた病院と男子寮がバプテストのものになり、トマスが病院長になると、皮肉にも、長老派宣教師がいなくなったことで、病院も完全にバプテストのミッションの管轄下に入ることになった。そのため、トマスは現地宣教師団の協議に参加せざるを得なくなったはずなのである。トマスは、ドーン福音主義学院と中央フィリピン大学の代表一人ずつで委員会を構成し、両者がライバル関係にならないように工夫することには同意した。しかし、ハロの宣教師が、ドーン福音主義学院での教育を一年に限定し、あくまで平信徒の働き手の養成に特化すべし――つまり聖職者の養成はしない――と提案し、また、委員会の人数を増やすことを再提案すると、大反発した。ドーン福音主義学院での教育の将来的拡大のため、つまり、「フィリピンで唯一健全な教育が保証される学校」にならざるを得ない状況が生じたら、そうなるために、教育の期間や目的の限定の約束はできないとした。そして、委員会の人数を増やして、ハロの側の宣教師の人数が増えてしまうことは受け入れ難いとした。(55) 中央フィリピン大学の方では、トマスに対し、厳粛な様子で、そこでの教育はオーソドックスなものだと保証したというが、トマスは納得しなかった。「我々は「ミズーリ出身」〔証拠を見せなければ信じないという意味〕であって、自分たちの意見を持つ権利がある」と。結局、トマスは、同僚宣教師からの協力要請を「干渉」ととらえ、断固として応じなかった。(56)

伝道局本部への波及

一九二六年二月以降、トマスをめぐって、多くの手紙が宣教師間、および、本国伝道局の主事ジェイムス・H・フランクリンとの間を行き来した。トマス自身は、現地の付託委員会の要請や同僚宣教師をほとんど無視しつつ、本国伝道局に対し、イロイロを自分の担当地区と指定して欲しいと要求したらしい。つまり、付託委員会の頭越しに、伝道局本部から担当伝道地区の割り当てを受け、自分のやりたいように仕事を進めることを求めたのである。(57) その手紙は一九二六年三月二四日付けであった。(58) 一方、付託委員会や他の宣教師たちは、トマスの頑なな態度に業を煮やしたのか、病院で働く看護師の証言などを集め、トマスが、伝道に時間と精力を使い、病院での仕事をおろそかにしているという批判を展開した。トマスは、妻ノーマと共に、そうした批判を笑い飛ばし、病院の仕事に遺漏はないと主張した。[59]彼はフィリピン人医師ロレンゾ・ポラスに出来る限り病院を任せ、自身は、毎日個人の訪問患者用の診察時間を定め、定期的に病棟を訪れ、大きな手術などを受け持っていた。それは、「フィリピン化という発想に適合的な」ものであった。しかも、実際には、トマスは病院で多くの時間を過ごしていたという。それでも看護師がトマスを批判するのは、フィリピン人医師の指図を受けることを嫌うためだとトマスは指摘した。[60]現地人のナショナリズムを受け入れることが伝道事業全般の良識になりつつある時代にあって、現地人の中になお残る「西洋人崇拝」をトマスの手紙は示唆している。彼はこの構図を利用して看護師たちの不満を説明した。

トマスは、伝道局のフランクリンあてに送った三月二四日付けの手紙の返事を、六月になって受け取ったようだが、それは、在フィリピンの付託委員会の方針をほぼ踏襲したものであった。五月一一日の理事会で、本国伝道局は、平信徒の働き手養成という限度内でのトマスの伝道活動は認めたが、トマスが他の宣教師から独立して担当地区（イロイロ）を持つことを、実質的に否定した。伝道局理事会は、バプテストの単独経営となったイロイロの病院に新しい宣教医を早晩派遣することを決めており、トマスに他の宣教師とは異なる特別の待遇（付託委員会の決定によらず、割り当て地域で独自に伝道を展開するという意味）を与えるわけにはいかないと。そして、トマスには付託委員会の問い合わせに応じることが求められた。「これらすべてに、私は心底から反逆する〔強調は原文通り〕」とトマスは書いた。トマスに言わせれば、「根も葉もない批判」――病院の件――に、伝道局が半ば合意していた担当地区の割り当ての約束を翻したというのである。トマスは、病院とダンウッディ男子寮のみについて伝道局との公式な関係のなかで行い、他の仕事については独立を望むとルーシィ・ピーボディに電報を打った。そして、すべてを無視して、ドーン福音主義学院の学生を、イロイロ、ラパス、病院で使うとともに、ネグロスにも派遣して、活動範囲を拡大することを計画した。[61]

ルーシィ・ピーボディは、実際のところ、トマスに手を焼いていたはずである。すでに十分紹介したとおり、彼女は、バプテストの海外伝道において、そのエキュメニカルな部分を代表する事業で顕著な働きをしてきた。WABFMSの重鎮であり、フランクリンをはじめ、ABFMSの指導者たちとも共に仕事をしてきた。先にも指摘したように、WABFMSの副会長を降りたのは、エキュメニカルな活動をリードするためであった。エキュメニカルな事業では、浸礼へのバプテスト的こだわり等を前面に出すことはできないのだから、そうした点についてピーボディは基本的に柔軟だったはずである。

一九二六年五月二一日付けのトマスあての手紙で、ルーシィ・ピーボディは、伝道活動は、ドーン福音主義学院の仕事に限定するように——つまり、伝道局の指令に従うように——アドバイスした（手紙の日付から考えて、伝道局理事会の五月二一日付けの決定を踏まえてのアドバイスであろう）。しかし、トマスは、フィリピン人の門弟に仕事を任せることで、自分には時間があるとして、右に挙げた、ネグロス等への新たな伝道範囲の拡大を計画、義母にも理解を求めた。(62)

トマス夫妻は、ルーシィ・ピーボディが伝道局との交渉を行うことを期待していた。(63) ピーボディは、ドーンとの関係を取り持ち、孫のバージスも預かって、娘夫婦を助けていた。加えて、エキュメニストとしてのルーシィの過去の業績をほとんど勘案しないで、トマスの「保守主義」に与することを求めたのは、いかにもトマス夫妻の身勝手に見える。しかし、ルーシィ・ピーボディは娘夫婦を応援した。それは、肉親への愛情と責任感の強い彼女の性格によるのだろう。

だが、同時に、前章にも記したように、エキュメニカルなプロジェクトを遂行する中で、信仰が見失われるような状況が現出したことに、ルーシィ・ピーボディは戸惑い、苛立っていた。一九二六年といえば、FCCの要請で日本に「青い目の人形」を贈るプロジェクトが進行中で、ピーボディは、信仰が「国際友好・親善」に置き換わっていく

ノーマとラファエル．*Report of Association for Evangelism in the Orient, Inc., 1928–29*, pp. 22, 23 より．ABWE 所蔵

過程を目の当たりにしていたはずである。大学については——東洋における女子大学の設立にあれほど熱心に取り組んだルーシィが——後に次のように書いている。

> 多くの宣教師と多くの献金を使う〔学校〕施設の問題が一部の伝道地にある。そうした施設が完全にキリスト教的で、活発な伝道の働き手を数多く輩出するなら、問題はあまりない。〔しかし〕、アメリカでも伝道地でも、大学や神学校の歴史を見れば、事実はそうでない。アメリカでキリスト教徒として大学に入学する多くの人が、近代的な学校生活と教えに染まってしまう。アメリカでは、キリスト教の大学に入学する人の九〇パーセントがキリスト教徒だという。しかし、卒業時もキリスト教徒である人は四五パーセント以下で、その多くはモダニストだ。海外の伝道地の調査でも同じような結果が出ている。そして、アメリカに高等教育を受けにやってくる多くの東洋人が、キリスト教ではない元の信仰に戻ってしまう(64)。

一九二六年九月一七日、ルーシィ・ピーボディはＡＢＦＭＳの理事会に現れ、フィリピンでの仕事に関する、トマスと伝道局理事会の関係についての陳述書（トマスの手紙に基づいてピーボディが作成したもの）を読み上げ、その中で、トマスの辞表を提出した。そして、その後の議論に加わることなく、立ち去った。その時、伝道局のフランクリンは、読み上げた陳述書を置いていくように求めたが、ルーシィは拒絶した。何度もこの問題についてフランクリンにかけあったが、解決しなかったので、理事会に直接後で送る、と返答した。その後、フランクリンではなく、理事会の記録係を通して陳述書のコピーを要求されて初めて提出に応じた。フランクリンへの不信を表明したこの行為は、ピーボディへの偏見を強めたという。辞任の件は、妥協点を見いだすべく努力してから決めることになった[65]。

この年、ルーシィ・ピーボディにとっていかにトマスの問題が大きかったかは、一九二〇年代の『世界伝道評論』誌を見ると推察できる。この雑誌には、大戦後ＦＷＢＦＭの「会報」が掲載されるようになったことから、毎年ルーシィ・ピーボディの名が必ず登場していた。ところが、一九二六年には、例年のように、ＦＷＢＦＭ、東洋の七校の女子大学、そして、日本との人形交流など、ルーシィ・ピーボディが深く関わったエキュメニカルな事業に関する記事が多々あるにもかかわらず、ピーボディの名は登場しない[66]。

一九二七年春、トマス夫妻は延期していた恩賜休暇を取って、アメリカに戻って来た。七月、トマスはシカゴでＡＢＦＭＳの理事会に出席、自分に対する批難について弁明し、また、伝道地区の割り当てを受けて自由に活動する権利を主張したようである。しかし、トマスの思うように話は進まず、「執行部を支持できない」として、再度辞任を申し入れ、受理された。辞任は七月一日付けであった[67]。

トマスに味方したルーシィ・ピーボディは、非難された。それについて、彼女は次のように説明している。

> 事実を知っている人で、彼のために弁明する人は他にいませんでした。また、私は伝道局のような、中心人物に支配される集団の危うさを知っています。皆忙しく、細事に心配りすることの少ない男の伝道局より婦人伝道局の方が、そうした危険の度

合いは少ないのですが。そして、私が学んだのは、男というのは、政治的にも教会組織の上でも、公式の代表者に絶対的に従うということです。改革のために何かをしようとすれば、大騒ぎになります。トマス医師との特別な関係は別にしても、もし男でも女でも、不当な攻撃をたった一人で受けていて、彼が正しいと私が確信を持てば、私は彼を弁護します。新約聖書は、そのような弁護の正当性を認めています。主は、すべてを経験されました。ペテロは主を知らないと言い、ユダは裏切り、使徒たちは主が彼らを必要としているときに寝ていました。ほんの少数の女性たちだけが主とともにありました。私は、たぶん男性が見損なう隠れた事実を見ることができると女性たちに期待しました。しかし、女性のなかには、分裂につながる正義を行うことより、納得済みの機械的協力の計画により熱心な人がいることを思い知りつつあります。

……この手紙は、トマス医師ではなく、私自身の権能によって書かれたものとして使っていただいて結構です。私は自分の足で立ち、バプテストとしての正義と自由に基づいて言いたいことを言いました。……婦人伝道局は、一八八一年に〔インドに〕出発したときから私を知っています。私を名誉ある職務に相応しいとしてきました。愛する婦人伝道局が苦しい状況の中で、権利のために立ち上がることができるだろうか、と思っています。組織を運営するための議論、圧力、形式的な理由があることはよく分かっています。しかし、長いこと奉仕してきて、聖霊の導きよりこうしたことを優先すること、また、人々の魂に触れようとする男女の手を縛ること、つまり、領分を越えて、キリストの福音をある程度の自由に述べる権利を持つバプテストの男女を拘束することの危険も知っています。…伝道局が超人的な権力と権威をまとえば、神が介入して、伝道局を制限します。(68)

このレトリックは、バプテストの「異議申し立て」の伝統に正しく則ったものである。だが、婦人伝道局からも大きな支持は得られなかったようだ。ルーシィ・ピーボディは、トマスの一件で、NBCにかかわる役職のほとんどから降りた。(69)伝承では、一九二七年のNBC大会でこの案件を持ち出し敗北し、衆目の中、立ち去ったというが、(70)それを記録した一次資料を今のところ見つけていない。

東洋におけるバプテスト福音伝道協会、Ｉｎｃ．

一九二七年夏、マーガリート・ドーンはロードアイランド州ウォッチ・ヒルの海を見下ろす邸宅にルーシィ・ピーボディ、トマス夫妻、『ウォッチマン・イグザミナ』の編集者カーティス・リー・ローズ等を招いて、フィリピン伝道の行く末を話し合った。そこで生まれたのが、新しい伝道団体、東洋におけるバプテスト福音伝道協会、Ｉｎｃ．（ＡＢＥＯ）であった。ピーボディはその会長となり、ドーンは財政委員会の長を引き受け、トマス夫妻の旅費、給与、その他の必要経費を裏書きした。ボストンの弁護士フレデリック・Ｌ・クロフォードは、事務長を引き受け、法人化に必要な書類を作ることになった。さらに、「東洋の七校の女子大学」のキャンペーンでピーボディを助けたヒルダ・Ｌ・オルソンが初代会計となった（翌年度に交代）。ローズは、『ウォッチマン・イグザミナ』誌でこの協会の情報を流し、宣伝することを約束した。この団体の宣教師として、一九二八年初頭、トマス夫妻は再びフィリピンに旅立った。ドーン・ホールの責任者で、トマスに同調してＷＡＢＦＭＳを辞任したエレン・マシアンもいっしょであった[71]。

トマス夫妻とマシアンが辞任すると、ＷＡＢＦＭＳは、ドーン・ホールという不動産は受け継いだものの、ドーン福音主義学院は廃止することにした[72]。ＷＡＢＦＭＳは、ピーボディの願いに反して、付託委員会と伝道局本部の方針に従って活動することにしたのである。フィリピンでは、トマス夫妻とマシアンの不在中、トマスに共感する自給女性宣教師ベシ・トレイバがドーン・ホールとドーン福音主義学院を運営していたが、トマス辞任に伴うＷＡＢＦＭＳの決定を受け、イロイロ市内の別の場所に借家をし、（旧）ドーン福音主義学院の現地スタッフと生徒をそこに集め、（新）ドーン福音主義学院を継続した。そこに、自給のヴォランティアとして、アリス・ドレイクが手伝いに来て、トマス夫妻とマシアンの到着を待った[73]。

ABEOは、奇跡のような急成長を遂げた。わずか一年の活動の後に出した報告書には、一二人のアメリカ人宣教師と三人のフィリピン人の働き手が紹介されている。そして、今日まで、この団体は続いているのである。現在の名称はアメリカ・バプテスト世界福音伝道協会（ABWE）という。そして、当初の急成長の理由のうち、第一に挙げられるのは、やはりルーシィ・ピーボディの存在であろう。

NBCの重鎮ルーシィ・ピーボディの反逆は、少なくともバプテストの海外伝道のサークルに、大きな波紋を投げかけたのは間違いない。彼女は『ウォッチマン・イグザミナ』誌や『世界伝道評論』誌に発言の機会を持っていたし、自身で『メッセージ』と題する四―五頁ほどのニューズレターを初年度は三回作って、知り合いに送った。NBCに属する教会や組織ではABEOのためのアピールをしないと強調しているが、ピーボディがそれまでに築いた「知り合い」のネットワークは非常に幅広いものであったから、『メッセージ』は多くの人々のもとに届けられたはずである。(74)

そして、ルーシィ・ピーボディによるABEOの性格づけはよく考えられたものであった。「使徒伝承の方法とメッセージが、聖霊の力により、世界に福音をもたらす」というのがこの協会の標語であった。福音をのべ伝え、教会を形成することが、この伝道団体の目標であり、「神の国」を求めれば、教育の向上や社会事業など、その他のことは後からついてくる、というのであった。これは、巨大化したNBCの伝道事業への批判であった。アメリカの教育システムを伝道地に移植することに多大な資金と人材を投じても、現地人キリスト教徒を得ることはできない、と。中国のあるバプテストの大学には八五〇人の生徒がいるが、その中でクリスチャンは少数派であり、しかも、新しい法律によれば、聖書教育と礼拝を必修にはできないのである。(75)「これは、伝道の資金の賢い使用法に見えるでしょうか」とルーシィは書いた。教育事業等の多大な支出を支えるため、NBCの中には一〇の団体ができ、予算を管理し、公平を担保するための工夫がなされ、より緊密な協力関係が築かれた。伝道事業は、大量生産と経済的成功を目指すビッグ・ビジネスのようになり、少数派は多数派の意見に従って、自らの確信を抑えることが求められる。このシステムには、良い点もあるが、教会や伝道局のように、目に見えないものを扱う場合は、大きな問題がある、少なくとも、バプテストの仕事においては、そうしたシステムは霊的な結果を得ることに失敗したというのが、ピーボディの判断であった。その失敗に鑑みて、各人の確信、信仰に基づく、よりシンプルな福音伝道を信仰上の立場が類似する者だけが集まって自由に行う、というのがABEOのプランであった。

財政的には、ピーボディ得意のアピールや派手なキャンペーンは封印し、先にも述べたように、ABFMSやWABFMSの献金地盤を荒らさないように気を配った。借金は一切しない方針であった。「メッセージ」を発信し、それに応じて静かに集まった資金の範囲で宣教師を派遣し、事業を行う。必要なら、神が金を与えてくれる、と信じて。これを、「信仰の冒険」と名付けた。もっともマーガリート・ドーンの助け船を常にあてにできたわけだが。(76)

この構図のなかで、ABEO立ち上げのきっかけとなったNBCとトマスの対立の一件は、福音伝道を行うことを第一課題とし、その随伴として医療を位置づけた、「古参の保守的な宣教師」（少数派）が、病院という組織における仕事を重視する、「若いリベラルな——教育や医療を与えれば信仰が後からついてくると考える——宣教師」と彼等を支持する伝道局本部スタッフ（多数派）によって否定され、ハラスメントを受けた物語として提示された。ピーボディはトマスの伝道の多大な成果を報告すると同時に、病院も多くの患者を得て、「自給運営」の軌道に乗せたことを強調した。また、ハロの職業学校を始めたヴァレンタインがネグロスに移った件も含めることで、この問題がトマス個人の問題ではないことを示そうとした。さらに、ハロの中央フィリピン大学には、当時（一九二八年頃）、五家族と二人の独身女性宣教師が配置されていたが、神学校をその年卒業したのはたったの一名であることを指摘し、そのようなペースでは、フィリピンの必要は満たせない、とした。牧師がいないために、死につつある教会がたくさんあるのに、と。(77)

ルーシィ・ピーボディによるこのような批判は、彼女がエキュメニカルな巨大事業を支えてきた人であっただけに、説得力があったのみならず、保守派にとっては、「リベラリストの回心」のようにも見えたことだろう。

ただし、ルーシィ・ピーボディは、決してリベラリズムやモダニズムを全面否定したわけではなかった。一九二五年の『ウォッチマン・イグザミナ』誌に、彼女は、「モダニストの宣教師のリコール」という論説を寄稿していた。それによれば、現在バプテストの中には、ファンダメンタリストとモダニスト、そして、この二派が出現する前に主流だった、ただの福音主義のバプテストという三種類の立場がある。そして、『クリスチャン・イグザミナ』誌掲載のある記事が提案したように、モダニストだけをリコールするとなれば、NBCが決定した包摂策は守られないことになる。つまり、この方針のもとでは、モダニストも自身の確信をのべ伝える権利を有するのである。加えて、モダニストの宣教師を見分けるのは簡単ではない。同じ人でも時によってトーンは異なるし、本当の信仰を持っている人が、近代的見解や破壊的な批評、唯物主義的な進化論と何とか折り合いをつけている場合もあるからである。また、モダニストの教会、指導者、宣教師、候補者、モダニストの神学校がある以上、モダニストを排除することはできないのである[78]。

したがって、問題は、狭い伝道地で、古き福音主義の信仰に立つ保守的な宣教師が、モダニストといっしょに働くことなのだ、というのがピーボディの意見であった。彼女は、バプテストの伝道局が、神学的立場によって宣教師をグループ分けし、伝道地を各グループに割り当てる方法を試すべきだとした。そして、モダニストの宣教師だけで、伝道地に教会を育てることができるかを実験するとともに、保守的な宣教師には、組織にとらわれずに福音をのべ伝える自由を確保すべきだと考えていた[79]。

トマスの一件について、ピーボディはまさにこれを求めたのである。ABFMSの宣教師の手がまわらない場所を、トマスの自由な、組織的拘束を受けない伝道地として割り当てて欲しいと。ピーボディは、各個教会の自立というオーソドックスなバプテストの政治学に立てば、それは全く、バプテストの枠組みのなかで許容できるはずだと考えていた。そして、モダニストにもその自由はあると考えていたのである。ルーシィ・ピーボディは、NBC、ABFMS、WABFMSと袂を分かち、新しい伝道団体を立ち上げたけれども、バプテストとして海外伝道を進める限り、ABFMSやWABFMSとも協力関係にあるし、和解は可能だと考えていたようだ。

しかし、ABEOを支持したのは、当然、保守的な信仰を持つ人々であり、ピーボディのNBCからの離反は、ファンダメンタリストとモダニストの対立の構図のなかで意味づけられた。従来、徹底した保守主義者は、「信仰ミッション」と呼ばれる托鉢伝道を基本とする伝道団体に参加することも多かった。「信仰の冒険」を標榜するABEOは、まさにバプテストの「信仰ミッション」であった[80]。実際、ABEOの宣教師の多くは、ムーディ聖書学院、ノースウェスタン聖書学校、ニューヨークの聖書セミナリ、フィラデルフィアの東部神学校、ケンタッキー州ルイスヴィルの南部バプテスト神学校、ゴードン聖書大学といった、明らかに保守派の教育機関出身であった[81]。

大恐慌とフロリダ連環伝道集会

先にも言及したが、ルーシィ・ピーボディには、投資の手腕があった。最初の夫が亡くなったときも、保険金を投資して、収入の足しにした。「東洋の七校の女子大学」のキャンペーンで得た献金も投資して、利益で運動経費をまかなった。ヘンリ・ピーボディの遺産を得て、経済的安定を得た後も、不動産の売買の他に、株式投資をしていた。トマスの手紙を見ると、電話会社（Ｔｅｌ＆Ｔｅｌ、現在のＡＴ&Ｔ）やユナイテド・フルーツ（チキータ・バナナの会社）に娘夫婦の分も投資していたことがわかる[82]。大恐慌で「ピーボディ夫人の資産は大打撃を受けた[83]」というのは、あり得る事態である。彼女自身が損失に言及した資料は見つけていないし、それまでのライフスタイルや活動を縮小した様子も見られないが、多くの人が損害を被り、教会や伝道事業への献金が大幅に減ったという[84]。ピーボディは、この状況で、海外伝道のプロモーションに再び乗り出した。
それは、一九三〇年の冬に始めた「フロリダ連環伝道集会」という活動であった。ルーシィ・ピーボディは、一九二〇年代中頃に、冬の間フロリダ州オーランドに住むようになった。その間、一月から二月にかけ、フロリダのいくつかの都市で連続してヘレン・モンゴメリやロバート・スピアのような伝道局の重鎮、帰米中の宣教師等を招いて講演会を開き、CCUSFMのテキストを使って海外伝道について学ぶとともに、祈禱会や音楽会を開くようになった。基本的には、ノースフィールド等での夏期学校の手法を応用したものであった。いくつかの都市で連続して同じプログラムを開くことで、同じ講師を使い回し、招聘の経費を節約するのが特徴であった。経費は登録料でまかなった。一九三〇年の初回の「連環伝道集会」は四都市で一四日間にわたって開かれ、登録者は約二五〇〇人、夕べの集会への参加者は二万人ほど、講師招聘の経費は約二〇〇〇ドルであった。連環伝道集会は、毎年開催都市を増やしながら続いていった。ピーボディは、その会長顧問（advisory chairman）として、人脈を駆使してこの催しを支えた。[85]
フロリダの集会は、一、国内外伝道は、実際に福音をのべ伝えることによってのみ推進しえ、二、そのような伝道は、キリストと新約聖書に記録されているメッセージを信じ、伝道の精神を体現する男女によってのみ実行され、三、そのような伝道の精神は実際の伝道の情報と経験を広く行き渡らせることによってのみ、育てることができる、という信念に基づいていた。[86] つまり、ピーボディは、南部を舞台に霊性に基づく福音伝道のプロモーションを一からやり直そうとした。文明の伝播ではなく、福音の伝播を前面に掲げて、沈滞する伝道熱を鼓舞しようとしたのである。それは、必ずしもファンダメンタリスト的とは言えず（創造説を含む旧約聖書のメッセージを信じるとは宣言されていない）、バプテストのためだけに開かれたのではないし、ましてやABEOのプロモーションでもなかった。しかし、ABEOの『メッセージ』等が配られた可能性は大きい。南部という、NBCの勢力圏外で行われたのだから、ピーボディは気兼ねする必要もなかったことだろう。

一方、ＡＢＥＯの性格付けは、一九三〇年代に入るとより融通の利かないファンダメンタリスト寄りになっていった。一九三一—三二年度の年次報告には、それまで掲げていなかった「信条の表明」が掲載された。その概要は、一、神の言葉としての聖書、二、処女懐胎と奇跡の存在とイエスの神性、三、イエスの血による贖罪、イエスのよみがえり、四、イエスの再臨、五、聖霊による再生、六、聖霊の導きによる福音伝道、七、信仰告白による浸礼、八、言葉と行いによるキリストの証であり、ファンダメンタリストが掲げた五つのポイントに、バプテストの基本的信条と伝道に望む姿勢を加えたものであった(87)。

『伝道再考』の波紋

そこに起こったのが、一九三二年の『伝道再考』の出版であった。海外伝道への一般的懐疑、伝道事業内部での分派的対立が深まり、伝道局の収入が激減し、加えて大恐慌で、海外伝道の存続さえ危ぶむ声が高まるなかで、一九三〇年から三二年にかけ、平信徒海外伝道調査会が組織され、ロックフェラー二世の財政的支援を受けて、調査団がインド、ビルマ、中国、日本に派遣された。これまでの伝道のあり方を評価し、改革の方向性を示し、平信徒の伝道理解に指針を与えようという動機からであった。評価委員会は海外伝道関係者以外から選ばれた一五名、協力したのは七教派（主要教派をすべて含む）で、委員長はハーヴァード大学の哲学科教授ウィリアム・アーネスト・ホッキングであった。この調査の下調べは、ＩＷＭの落とし子、社会・宗教調査研究所が担当したので、『伝道再考』はＩＷＭの鬼子であったとも言える(88)。

一九三二年に出版された報告書、『伝道再考』は、委員長のホッキングが会衆派リベラルであったことから当然予想されたように、モダニストのマニフェストであった。報告は、海外伝道継続の重要性を謳ったものの、他宗教との対決ではなく、協力を呼びかけ、さらに、キリスト教の特別な優位性を否定した。宣教師には、仕事を遂行するための専門的訓練を受けた人を厳選すべきだとした。超教派的伝道局間の協力を推賞し、教派間で重複し、名前だけ存在するような弱小拠点は、伝道局の強権を発動して統合し、効率化をはかるべきだとした。宣教師が伝道地で持つ権限は徐々に現地人に移譲すべきことも提唱された。既存の伝道局がこのような提言に応じられない場合は、全体を統合する新しい組織を作るべきだとも主張した[89]。

『伝道再考』は、モダニストに歓迎され、ファンダメンタリストを怒らせ、中道の福音主義者を窮地に陥れた。一九世紀末から二〇世紀初めの、最も輝かしい伝道事業指導者の一人、長老派海外伝道局上級主事ロバート・スピアは、絶対的真理としてのイエスを報告書が相対化したこと、調査がごく短期間に限られた範囲で、分派的立場（モダニズム）に立って書かれたことを批判した。が、同時に現地人への権力移譲をはじめとする、報告書のなかで評価すべき提言に触れ、報告書作成の労をねぎらった。二〇世紀初頭の伝道事業への最大の資金提供者、ロックフェラーが支援した調査を、スピアがどうして全面否定できただろうか[90]。しかし、このスピアの態度について、J・G・メイチェン（一八八一―一九三七）は、そのどっちつかずの中間性は、保守主義者の金もリベラリストの事業に引き込もうという企みだと、厳しく批難した[91]。

パール・バック（一八九二―一九七三）は、『伝道再考』の波紋をさらに大きくした重要人物である。彼女は、南長老派海外伝道局から中国に派遣された宣教師の娘で、中国語と英語をあやつるバイリンガルであった。大学教育をアメリカで終えた後、北長老派の宣教師で農業技術指導を仕事としたジョン・ロッシング・バックと結婚、宣教師の妻として再び中国に赴任、夫の仕事を手伝って、中国農村地帯をよく知るようになった。彼女が『大地』の材料としたのは、この頃の経験だと言われる。その『大地』がピューリッツァ賞を取って注目を集めた直後、恩賜休暇で夫とともに帰国したバックは、『伝道再考』を賞賛する書評を『クリスチャン・センチュリ』誌に発表、さらに、一九三二年一一月二日、ニューヨーク市のホテルで、長老派の海外伝道に関係する女性たち約二〇〇〇人を前に、「海外伝道に言い分はあるか」と題するスピーチを行った[92]。

このスピーチが、原罪やイエスの神性を否定する、徹底したモダニストの見解であり、名声あるバックの見解は上述のスピアを非常に悩ましたこと、バックが結局長老派の宣教師を辞任したことはあまりにも有名である[93]。ここで強調したいのは、一つには、このスピーチが、中国人の宣教師批判の目を、バックが嫌ったマルキシズムの観点は除くとしても、取り込んで内面化し、自己批判した、その道程を雄弁に語ったものである点である。たとえば、中国人のインテリは伝道が中国の生活に何の役にもたたないばかりでなく、とんでもない迷信が吹き込まれるのを、それがいくつかの病院、学校、洪水時の救済といった良い仕事を伴うにしても、不快に思っている、と。あるいは、キリストを知らずに死んだ父親が地獄に落ちているなら、自分も父親と同じところへ行った方が良いとあるインテリ中国人がつぶやいた、と。数千年の歴史を持ち、生きる知恵にずっとたけている中国人にいったい何を教えられるのか、と。

そして、宣教師は、「狭量で、情け容赦なく、洞察力がなく、無知で……自身の信念について傲慢で、確信を持ち過ぎており、全ての真理は彼、唯一彼とともにのみある」（八頁）と考えているとバックは（自己）評価した。アメリカに来てみると、宣教師として送られる男女は、優秀な人材ではなく、凡人であることがわかる、自分たちでは耐えられないほど退屈な説教をする人を喜んで宣教師として差し出している、とたたみかけた。こうした凡人がアメリカで養った資力は、伝道地ではすぐ枯渇してしまい、かつ、現地語が十分できないために、現地の文明から資力を補うこともできず、「空っぽ」になり、狭量になり、だから、定式に頼って生きようとする。「膨大な数の人間、悠久の歴史、測り知れない人種の差異、そして、大いなる機会を前にしているのに、自身に成功の見込みがないのが明らかなこと――これらの事態が宣教師を飲み込んでしまう。……険しい崖と底なしの谷の間に立つ小さな人間という哀れな光景を昔も今も〔宣教師は〕提示している」（一三―一四頁）。恥ずかしい、とバックは述べた[94]。「親切なキリストの名を以ってこういう人々を中国に送ったことは、謝っても謝りきれない」（八頁）と。

バックのスピーチが終わったとき、聴衆は一瞬拍手も忘れて静まりかえったという[95]（本章扉のスピーチ直後の写真を参照）。その後、嵐のような批判がわき起こり、翌年五月にバックは長老派の宣教師をやめた[96]。しかし、スピーチは『ハーパーズ』誌に掲載され、さらに、冊子の形で出版されて、多くの読者を獲得した。

ただし、ほとんど注目されなかったが、「伝道に言い分はあるか」という疑問に、バックは、最終的に「ある」という答えを出している。「たとえどんなにぼんやりとでも、キリストという人物が認識されてきた国には、そうでない国に見つけることができない何かがある。ある程度、病人は看護され、弱者や障害者には居場所といたわりをもった看護が与えられ、女性はより威厳を持ち、人々は善のために少し努力する。どういうわけか、貧乏人は少し手助けを得る。これはほんとうにわずかなもので、やり方もひどくまずい。多くの失敗と苦難がある。しかし――ここにこそポイントがあるのだが――キリストという人物が全く知られて来なかったところよりまだマシなのである[97]」とバックは述べ、そのわずかな人間の努力を促すがゆえに、キリストをのべ伝えることの意義を肯定した。バックは、説教だけの伝道を無意味だと断言したが、キリストを知ることがもたらすはずの社会的効用ゆえに伝道事業にかすかな希望を見いだしていた。

「一人の女による平信徒報告への批判」

バックの事件の後、一九三三年一月にルーシィ・ピーボディは『世界伝道評論』誌に「一人の女による平信徒報告への批判」を発表した。まず、ピーボディは、ホッキングを始めとする平信徒海外伝道調査団のメンバーが、ハーヴァード大学、シカゴ大学、ブラウン大学、ハヴァフォード大学等に所属するエリートではあったが、伝道にはほとんど関わって来なかった人々であり、ほんの数ヶ月の表面的な調査で、「神によって生命を吹き込まれた」伝道事業を評価したことを批判した。そして、インドで伝道した経験に基づき、ヒンドゥ教がいかに女性を不当に扱うか、仏教が女性に無関心であるかを指摘し、キリスト教の絶対的優位性を否定する平信徒報告の評価に疑問を投じた。そこには、パール・バックも小説の中で中国の酷い状況を描いているとの指摘が含まれる。そして、東洋の七校の女子大学をプロモートした経験を挙げながら、キリスト教を教えない教育や医療は、献金者の意図に合わないとし、人道主義やモダニズムに従う教育機関は、ミッションが使った基金を返還すべきだと主張した。さらに、宣教師の九五パーセントはアメリカを代表するに値しない人物だとした『伝道再考』を批判し、イエスは大工で、使徒たちは名もない漁師だったことを挙げながら、「世俗的な評価では問題にもされないけれども、能力と学識に優れる男女が今日もいる」と主張、自分の経験では、九五パーセントの宣教師は合格だが、相応しくない五パーセントには、合理主義者、モダニスト、不可知論者、人道主義者といった、東洋の人々に伝えるべきキリスト教のメッセージを持たない人々が含まれると主張した。平信徒報告によれば、宣教師はできるだけ早く引き上げて、訓練された東洋人に仕事を渡すべきだとしているが、これを熱心に求める東洋人は、多くの場合、福音伝道のリーダーとしてもっとも相応しくない人々だとした。さらに、現地人の説教者やバイブル・ウーマンは能力がないので、アメリカの教会から「補助」を受けるべきではない、との『伝道再考』の指摘に噛み付いた。「補助」を与えるのではなく、若い教会を助けるのが、新約聖書にある伝道の方式なのだと。そして、ニューヨーク、シカゴ、ボストン、フィラデルフィア、プロヴィデンスの偉大な教会の牧師達も「補助」を受けているが、彼等が霊的、社会的に満足のいく結果をいつも出しているわけではないと皮肉った。結論として、伝道を評価する者は、霊性と神の仕事を見る能力を備える必要があるのであって、近代的な人道主義の哲学の精神だけでは十分ではないと書いた[98]。

一九三三年五月四日、ブルックリンの音楽アカデミで開かれた「新約聖書に基づく伝道を再強調する協会」の大衆集会で、ピーボディは、「アメリカの女性は平信徒委員会〔平信徒海外伝道調査会の評価委員会のこと〕が勧めるような伝道を支持するか?」という主題で、有名な演説をした。右に紹介した論説と同じ立場だが、この演説では、世界に知られた宗教のなかで、女性に正当な評価を与えているのは、キリスト教だけだという主張が情熱的に展開された。ピーボディがビヴァリの自宅に招き入れた、中国や日本の女性たちは素晴らしいキリスト教徒だったが、彼女たちは、パール・バックの言う、「狭量で、無知で、迷信に満ちた」宣教師が育てたのだと指摘した。ピーボディは、長年にわたる伝道の経験を披露しながら、平信徒委員会が補助しようとしているのは、伝道ではなく、近代文明だと批判した。「紳士諸君、評価報告を破り捨てなさい。それは福音をけなし、宣教師を誹っています。もし、宣教師を支援する伝道局や教会が平信徒委員会の勧告を受け入れるなら、彼等の仕事は終わりです。そして、キリストは無駄に死んだことになる」と痛烈な言葉で演説を締めくくった。(99) ピーボディほど海外伝道事業一般を知悉している人で、『伝道再考』を遠慮無く批判できる人はあまりいなかったのではないか。彼女が、少し前のようにロックフェラー家の資金に助けられて仕事をしていたら、とてもできない批判である。「信仰の冒険」にすでに乗り出していたからこそ、歯に衣着せぬ批判ができた。この演説の要約は『ウォッチマン・イグザミナ』誌でも紹介された。(100)

さらに、ピーボディは、ニューヨーク州ジョンソン・シティの第一バプテスト教会で開かれた「第四回ファンダメンタリスト年次集会及び預言者会議」に出席し、「『伝道再考』は、使徒言行録の再考を意味する」という演説を行った。その論点は前の二つに重なるが、ファンダメンタリストが聴衆なので、『伝道再考』を批判しつつ、イエスの使徒たちが、聖霊の導きによって福音を伝えたことを確認し、現代においても、その方法を踏襲することができると主張している。モダニストが席捲する伝道局から分かれる道を選んでも、彼等に対しても愛と思いやりにおいてキリストの精神を維持できるなら、分離は本当の意味での害にはならず、むしろ利益をもたらす、と述べた。バプテストとは本来個人の良心に立ち、各個教会は自立しており、強固に組織された団体に上から支配されるものではないからである。最後にＡＢＥＯの立場の表明、連絡先の紹介が成されており、ファンダメンタリストに対しては、ＡＢＥＯのプロモーションを行ったことがわかる。この演説は、州際福音主義協会によって小さな冊子として出版された。(101) ファンダメンタリストの間に配られたものと考えられる。

『伝道再考』に伴う騒動は、海外伝道の世界で、保守派としてのルーシィ・ピーボディの発言が注目される機会となった。その過程で、ＡＢＥＯのファンダメンタリストとしての性格付けは強まったようである。一方で、ロバート・スピアのような、元来海外伝道の中心に位置してきた、中道の福音主義者とピーボディとの間の距離も再び近づいたはずである。ルーシィ・ピーボディその人の信仰の立場は、スピアやヘレン・モンゴメリと大きく隔たっていたのではない。実際、フロリダ連環伝道集会の講師として、ピーボディは二人を招聘していた。一九二〇年代、モンゴメリは、聖書と祈りに改めて関心を寄せた。(102) モンゴメリもまた、巨大化した海外伝道の組織と、一方で急速に萎んでいった伝道熱にとまどい、失望し、信仰の基本に戻ろうとしていた。

ミソジニ

フィリピンにおけるＡＢＥＯの活動は、ＡＢＦＭＳが他教派の伝道局と結んだ礼譲を尊重し、マニラ（解放区であったが、バプテストはまだ拠点を作っていなかった）とイロイロで始まった。一九三〇年には長老派からパラワン地方を譲り受けた。ＡＢＥＯは、日本の瀬戸内海でＡＢＦＭＳが使っていた福音丸を獲得し、(103) 一九三二年には島々を巡る伝道を始めた。アメリカでは、一九三二年秋、フィラデルフィアに事務所を開設した。一九二五年のスコープス裁判で、ファンダメンタリストは、その「時代遅れ」を広くアメリカ社会に印象づけ、やがて沈黙の時代に入ったと言われる。しかし、主流の海外伝道局が献金の縮小に苦しむなか、ＡＢＥＯは静かに、しかし、順調に事業を拡大していった。

その中で、再びルーシィにとって問題となったのはマニラで活動していたラファエル・トマスである。読むことのできた書簡は限られているが、ＡＢＥＯの活動が拡大していく一九三二年までに、フィリピンでは、宣教医のポール・カレイと自給宣教師のベシ・トレイバの発言力が増し、トマスが孤立する状況が生じたようだ。「誰ともいっしょに働けない」という以前からのトマスの評判は、ＡＢＥＯでも確認された。トマスは、この事態に気づいており、何とか思い通りの運営をするために、「シニア宣教師」として相応の地位を得ることを望んだ。一九三二年には「執行部代表（executive representative）」という地位を与えられたものの、権力を掌握できなかった。彼は、執行部主事（executive secretary）となって、かつてトマスとピーボディの敵であったＡＢＦＭＳ主事フランクリンと少なくとも同じ位の信任と権力が欲しいとピーボディに書き送った[104]。トマスは、ＡＢＦＭＳを辞任したときの、上からの規制や指令への自らの反逆を忘れたかのようであった。これに対し、義母ピーボディは、彼女自身が会長職を退かなければ、トマスがＡＢＥＯの主事となることはできないと書き送った。会長と主事が母と義理の息子で占められれば、組織の私物化と受け止められる。しかし、トマスは義母の辞職には反対であった[105]。

一方、ファンダメンタリストが支えるＡＢＥＯのホームベースで、ルーシィ・ピーボディは、別の居心地の悪さを経験していた。ＡＢＥＯは、バプテストの牧師たちの間で、「ピーボディ夫人のフィリピンでの仕事」として知られていた。その貢献は絶大だった。しかし、二代目の会長となったハロルド・コモンズは次のようなエピソードを紹介している。

在日ＡＢＦＭＳミッションから買い取った福音丸の維持・運用費をまかなうために、ピーボディは一枚二五セントで福音丸の架空の乗船券を売り出すことを発案した。ＡＢＥＯの宣教師や役員が教会等でスピーチを行うときに、印刷した切符を持って行き、福音丸の話をして、聴衆をフィリピンの海での航海に誘うという形で、献金を募るというわけである。これは、日本との人形交流の時にも使われた手法である。人形にパスポートや乗船切符を持たせたのだが、それらを売ることで経費の一部を捻出した。ピーボディは、こうした手法を編み出すことで、海外伝道の世界の著名な資金調達人に上り詰めたのだった。彼女は福音丸の切符を実際印刷したという。

しかし、この商売めいた手法にＡＢＥＯの役員や宣教師は大反発した。信仰ミッションの原理に反するというわけである。ファンダメンタリストの牧師たちは、クッキー・セールやバザーで教会の女性たちが資金集めをすることさえ、嫌った。ABEOからの辞任をちらつかせる同僚達の怒りを前に、ピーボディは乗船券を破り捨て、撤退したという。[106]ピーボディの慣れ親しんだ資金集めの方法は、ファンダメンタリストの組織、ABEOでは全面否定された。それは、ピーボディの経歴の否定でもあったろう。

さらに、ファンダメンタリストが集結するにつれ、女のリーダーシップへの批判も出てきた。たとえば、ABEOが雇用したアレクサンダ・サザランドという、スコットランド人の宣教師は、バプテストというより、プリマス・ブレズレンに近く、ディスペンセーショナリズムを始め、いくつかの強固な信念を抱いていた。そのうちの一つが、女性の長というものの否定であった。サザランドは結局退会したものの、ABEOに対し、なぜ会長が女性なのかという疑問が投げかけられることは他にもあった。ファンダメンタリストは、教会における女性の地位について、いわゆるパウロの教えを字義通りにとらえた。だから、男は女の頭であり、教会では女性は黙っているべきなのである。ファンダメンタリズムは、一九世紀アメリカにおいて、キリスト教がもっぱら女性の権力基盤になったことに対抗する流れの一つであった「男らしいキリスト教」と一脈通じる感性を持っていたが、そのミソジニは、より徹底したものであった。[107]ルーシィ・ピーボディは、女性の参政権を推し進めたフェミニストとは異なっていたが、海外伝道の世界における有能なリーダーの一人であった。彼女は、新約聖書に登場する女性たちの例から、そのような役割は神により是認されていると考えており、現代のフェミニスト神学に近似する議論を展開した。[108]しかし、ファンダメンタリストは、同じ新約聖書を掲げて、女性のリーダーシップを否定するのであった。

トマスは一九三三年にアメリカに戻り、NBCの年次大会を含む、さまざまな集会に参加し、ファンダメンタリストの牧師に働きかけ、ABEOの支援者を拡大する活動に従事した。彼は、悪性貧血を発症し、フィリピンに戻ることを断念した。ABEOの「執行部主事」となる願いもかなわず、ホームベースでの会議における投票権も与えられなかった。[109] ルーシィは一貫してトマスの判断を尊重し、投票権を与えられなかったトマスの意志を代弁しようとしたが、ＡＢＥＯとの溝は深まっていったようだ。一九三五年四月、ニューヨーク州ジョンソン・シティの第一バプテスト教会で開かれた会議で、ルーシィ・ピーボディは、ＡＢＥＯに辞表を提出した。[110] 慰留されたため、実際の辞任は翌年のことである。[111] 後継者は、プリンストン神学校で学び、ウェストミンスタ神学校を卒業した[112]――つまり、ファンダメンタリストの神学的リーダー、Ｊ・グレシャム・メイチェンに学んだ――ハロルド・コモンズであった。

コモンズは、後に、ＡＢＥＯとの関係で、ラファエル・トマスとルーシィ・ピーボディにとっての躓きになったのは、二人がポスト・ミレニアリストだと判明したことだと書いている。ＡＢＥＯのなかで、ピーボディだけが確信的なポスト・ミレニアリストだったという。マーガリート・ドーンは、この問題について特別な見解は持っていなかった。[113] 人間の手の及ばない、キリストの再臨が差し迫っているという感覚の保持は、ファンダメンタリストの特徴である。管見の限りでは、トマスやピーボディの書いたものに千年王国に言及したものはない。しかし、中道の福音主義者ルーシィ・ピーボディは、モダニズムに与し難かったが、ファンダメンタリズムにも与し難かったことは確かである。とりわけ、彼女は、ファンダメンタリストのミソジニを意識していた。『メッセージ』に寄せられた辞任の弁に次のようにある。

> 辞任の主たる理由は、この重要な役職には男性が就くのが適切で賢いことだと考えたからです。会長は、教会と牧師を相手にし、また、教会において男性が主導権を握るべき問題を扱わなければならないからです。[114]

一方で、ピーボディの手紙を見ると、辞任の理由は、マニラにトマスと対立する宣教医カリイを再派遣したこと、そこで経営する聖書学校（マニラ福音主義学院と名付けられていた）が、ピーボディ、トマス、二人のために資金を出した支援者の意図に沿わないことなどが挙げられている。そして、「私は、これまで多くの事業を行いましたが、これほど傷つけられたことはありません。現在のやり方には失望しました。去年五月に辞表を提出したときの〔神の〕導きに従います。即座に辞表を有効にしてください」とコモンズに要求した。[115]ある関係者にあてた手紙には、「辞任の理由は言いませんが、たくさんあります。……とても難しい状況があって、私はキリスト教徒らしくそれに立ち向かおうとしました。しかし率直さや公平さを保つ見込みがないと思ったので、責任から解放されるべきだ」と考えたとある。[116]

ピーボディは、その後も彼女が斡旋した献金がどのように使われているかを支援者に知らせるため、定期的に福音丸等の活動報告を受け、ABEOとその宣教師に注文をつけ続けた。[117]その頃のピーボディは、献金者こそが海外での事業を支配する当然の権利を持つという感覚を強くしていた。金を出すこと、集金の苦労を痛いほど知るゆえに、出資者の権利にこだわらざるを得なかったのだ。しかし、それは、ファンダメンタリストであれ、リベラリストであれ、伝道団体にとって、また、宣教師や現地人にとって、悩ましい介入であったろう。

一九三五年、東京女子大学の創立一五周年記念に際し、学長の安井哲は、大学の敷地と建築の費用約一五一万円の九割が北米の「婦人の寄附に依る」と指摘し、続けて、

其寄付者の姓名は私共には不明で御座います。彼等は吾国の若き女性の幸福のために、延いては吾国将来の発展のために、喜んで是等の浄財を捧げた者と信ずるので御座います。

と感謝の辞を述べた。[118]しかし、先に紹介したように、大口寄付者のネームプレートは、アメリカで作られ、大学の建物のあちらこちらに据えられるよう、日本にも送られていた。安井は、ルーシィ・ピーボディにアメリカで会ったし、

もちろん、ロックフェラーのことも知っていただろう[119]。安井は、献金を「無名者の善意」として神の領域に引き上げることで、「金を与えること」が当然伴うこの世の権力を封印する言説を巧みに用いたのである[120]。神を媒介とすることで、容赦ない世俗の権力関係を乗り超える――この根本原理を失えば、「福音」とされるものは単なる権力者の道具に転じてしまう。ルーシィ・ピーボディは、この点を見失うほど、ＡＢＥＯに憤りを感じていたということだろうか。

（1）"Our Prayer," *Report of Association of Baptists for Evangelism in the Orient, Inc. 1928–29* in Association of Baptists for World Evangelism, Inc.（ABWE hereafter), New Cumberland, Pennsylvania. ＡＢＷＥはルーシィ・ピーボディが初代会長を務めた東洋におけるバプテスト福音伝道協会（Association of Baptists for Evangelism in the Orient, Inc., 以下ＡＢＥＯと表記）の後身で、現存する。

（2）Cattan, *Lamps are for Lighting*, p. 109. 本書第三章、四章も参照。エドガは、一九一〇年の国勢調査時もルーシィと同居していた（*1910 United States Federal Census* through Ancestry.com）。

（3）Cattan, *Lamps are for Lighting*, p. 109. 二〇〇四年三月二五日にビヴァリでメルヴィン・デヴォ氏に話を聞いたときも、エドガの事故死に言及していた。ルーシィが事故の後に移った家にもその際案内して頂いた。モントセラト駅のすぐ近くであった。*1920 United States Federal Census* through Ancestry.com.

（4）Letter from Lucy Peabody to R. C. Thomas（Jan. 9, 1925）in ABWE.

（5）Cattan, *Lamps are for Lighting*, pp. 110–111. カッタンはバージスに直接インタヴューしたと記している（一一七頁）。デヴォ氏とのインタヴューについては、注3を参照。なお、父親のラファエルの手紙には、「小さなバージスは年齢にそぐわないほど賢い。あまりにも早く進歩するのを見ると怖くなる」とある（Letter from Raphael Thomas to Lucy Peabody

(Jun. 4, 1923) in ABWE)。
(6) Letter from Raphael Thomas to Lucy Peabody (Jun. 4, 1923) in ABWE.
(7) 以上は、Clymer, *Protestant Missionaries*, pp. 4-7.
(8) 岡田泰平「ナショナリズムとアメリカ植民地期のフィリピン人教育層」『成蹊大学文学部紀要』第四七号(二〇一二年三月)、一三七頁。
(9) 信教の自由を確保するために、学校での聖書や祈りをどのように扱うかをめぐる闘争は植民地時代からあった。特に公立学校においての聖書朗読や祈りについては、規制されたり、逆に奨励されたりを繰り返しながら、一九六二年のEngel v. Vitale最高裁判所判決でまず祈りを強制することが憲法違反とされ、翌年の二件の判決で、聖書朗読の強制も違反となった。しかし、現在に至るも議論や訴追は続いている。Dierenfield, *The Battle Over School Prayer*; Green, *The Bible, the School, and the Constitution*. 特に前者三五―四〇頁。
(10) 市川『フィリピンの公教育と宗教』、七六頁。ここでは成立過程の説明を省くが、任意選択制度については、本書が詳しい。
(11) アメリカの植民地支配への好意的受け止めは、ルーシィ・ピーボディの娘ノーマの著作にも見られる。Thomas, *Jack and Janet in the Philippines*, pp. 109-110.
(12) Clymer, *Protestant Missionaries*, pp. 20-21.
(13) *Ibid.*, Chapter 3を参照。
(14) *Ibid.*, pp. 34, 36.
(15) ランドがヴィサヤ出身のマニカンを伴い、翻訳しかけの現地語新約聖書を携えてイロイロに至ったとき、すでに長老派の宣教師が着任していた(Kennedy, *Baptist Centennial History*, pp. 27-28)。ケネディの本は、筆者が二〇〇三年にＡＢＷＥ本部を訪ねたとき、そこで購入したものである。不正確な部分が散見されるが、ＡＢＨＳ所蔵資料等を用いた真摯な書物ではある。

(16) Clymer, *Protestant Missionaries*, pp. 27–31.

(17) *Ibid*., pp. 27, 29.

(18) *Ibid*., pp. 22–23.

(19) Kennedy, *Baptist Centennial History*, p. 72.

(20) *Ibid*., pp. 21–50; Clymer, *Protestant Missionaries*, p. 20.

(21) Thomas, *Jack and Janet*, pp. 79–84.

(22) Letter from Lucy Peabody to Mrs. Goodman (Jul. 11, 1927) in ABWE.

(23) Kennedy, *Baptist Centennial History*, p. 51.

(24) *Ibid*.

(25) "Doane, William Howard," *American National Biography Online*, http://www.anb.org/articles/18/18-03878.html accessed on Nov. 23, 2016; Campus Buildings, Moody Bible Institute, https://www.moody.edu/moody-bible-institute-chicago/campus-info/campus-buildings/ accessed on Nov. 23, 2016; "Doane Administration Building," Denison University, http://denison.edu/get-to-know-denison/doane-administration accessed on Nov. 23, 2016.

(26) Commons, *Heritage & Harvest*, p. 7.

(27) *Ibid*.

(28) *Ibid*.

(29) Cattan, *Lamps are for Lighting*, p. 112.

(30) Robert T. Coote, "Ministry to Missionaries on Furlough: The Overseas Ministries Study Center, 1922–1983," *International Bulletin of Missionary Research* (Apr., 1983): 54. なお、バギオの施設は現在「ドーン休息所」としてＡＢＷＥが

運営している（http://www.doanerest.com accessed on Aug. 12, 2017）。ヴェントナの施設は、海外司牧学習センター（Overseas Ministries Study Center）となっている。

（31）Raphael Thomas, "A Philippine Medical Missionary Harks Back," Typescript（1948）in ABWE.

（32）Letter from Raphael Thomas to Lucy Peabody（Jun. 4, 1923）in ABWE.

（33）Kennedy, *Baptist Centennial History*, p. 53; "Our History," Baptist Center Church, http://bcciloilo.tripod.com/id4.html accessed on Nov. 24, 2016; Letter from Raphael Thomas to Lucy Peabody（Jul. 3, 1923）in ABWE.

（34）Letter from Raphael Thomas to Lucy Peabody（Jul. 27, 1923）in ABWE.

（35）Kennedy, *Baptist Centennial History*, pp. 54–55.

（36）Letter from Raphael Thomas to Lucy Peabody（Jul. 3, 1923）in ABWE.

（37）Letter from Lucy Peabody to Raphael Thomas（Jan. 9, 1925）, p. 3 in ABWE. ここでピーボディは「もしドーン夫人の大きな投資と彼女があなたの仕事を楽しんでいるという状況がなければ、まだ若いうちにあなたはアメリカに戻って仕事をすべきだと提案したいと時に思う」とある。ルーシィは義理の息子が宣教師をやめることを半ば望んでいたようだ。

（38）Letter from Raphael Thomas to Lucy Peabody（Jul. 3, 1923）in ABWE.

（39）小檜山『アメリカ婦人宣教師』、二三八―二三九頁。

（40）Letter from Lucy Peabody to Mrs. H. E. Goodman（Jul. 11, 1927）in ABWE. 「トマス医師の友人たち」が誰かはっきり書かれていないが、資金の多くはドーンから出ていたのではなかろうか。

（41）Letter from J. H. Franklin to Lucy Peabody（Apr. 8, 1925）in ABWE. ＡＢＦＭＳの海外通信主事のフランクリンは、合同ミッション病院等の買収を報告している。

（42）Kennedy, *Baptist Centennial History*, p. 56.

（43）"Basis of Cooperation between American Baptist Foreign Mission Society and Woman's American Baptist Foreign mission Society," Typescript（1928）in FM-264, WABFMS 1921–1929, ABFMS Records 1817–1959, ABHS. 一九二〇年代に伝道局本部の主事が婦人伝道局の主事にあてた手紙には、婦人伝道局担当の仕事は、伝道局本部とは別に意志決定されている様子が表れている（たとえば、本資料群に含まれる上海バプテスト大学の共学化をめぐる一連の手紙（Letter from Lucy Peabody to J. H. Franklin（Jun. 2, 1921); Letter from J. H. Franklin to Nellie Prescott（Sep 15, 1921）など）。

（44）Letter from Raphael Thomas to Lucy Peabody（Jun. 4, 1923）in ABWE.

（45）Letter from Raphael Thomas to Lucy Peabody（Jul. 27, 1923）in ABWE.

（46）Kennedy, *Baptist Centennial History*, p. 54. トマスは一九二六年四月ごろ、ラパスからイロイロに住居を移したようなので（手紙に記された住所から判断）、当初ラパスのドーン・ホールにあったドーン福音主義学院が、イロイロに移されたのはこの頃かもしれない。

（47）Kennedy, *Baptist Centennial History*, p. 36.

（48）フィリピンでは、被支配層が支配層の恩顧に依頼する慣行が根付いていた。自助努力の徳を植え付け、自治の習慣をつけることは、フィリピンの近代化と独立にとって必須とアメリカ植民地政府は考えた（市川『フィリピンの公教育と宗教』、第一章）。ハロの職業学校はそのような政府の指針に副うもので、「リパブリック」と呼ばれる学生自治会を備えていた（"History," Central Philippine University, http://www.cpu.edu.ph/cpucmsv2/?p=54 accessed on Nov. 25, 2016）.

（49）*Ibid.*; Kennedy, *Baptist Centennial History*, p. 37.

（50）Letter from Raphael Thomas to Marguerite Doane（Feb. 5, 1926）in ABWE.

（51）*Ibid.*

（52）*Ibid.*

（53）Letter from Raphael Thomas to Lucy Peabody（Feb. 15, 1926）in ABWE.

（54）Letter from Raphael Thomas to Marguerite Doane（Feb. 5, 1926）in ABWE.

（55）委員会の人数増に反対した理由は明確ではない。トマスは、自分は委員会に出ず、彼を支える独身女性宣教師エレン・マシアンを出席させるとしていた。トマスへの賛同者は少なかったので、委員会の人数が増えればトマス自身が委員会に出席するか、空席をハロの宣教師に譲ることになると考えたと思われる。トマスは自分が主導権を握れない会議には出たくなかったようだ。Letter from Raphael Thomas to Lucy Peabody（Feb. 15, 1926）in ABWE.

（56）*Ibid.*

（57）Letter from Raphael Thomas to Lucy Peabody（Apr. 11, 1926）in ABWE. この担当地区を割り当てるという発想は、フィリピンにおけるバプテストの初期の伝道において、イロイロを三つの地域に分け、個々の宣教師に担当させたこと（Kennedy, *Baptist Centennial History*, p. 38）に由来するのではないか。その当時、トマスはイロイロ中央地区を担当していた。

（58）Letter from Raphael Thomas to Lucy Peabody（Jun. 22, 1926）in ABWE.

（59）Letter from Raphael Thomas to Lucy Peabody（Apr. 11, 1926）in ABWE.

（60）Letter from Raphael Thomas to Lucy Peabody（Apr. 14, 1926）in ABWE. なお、ポラスはフィリピン独立戦争時に孤児となり、ラファエル・トマスが病院で世話をした。ポラスは優秀な生徒で、農業労働を割り当てられた生徒の監督をした（おそらくハロの職業学校でのことだろう。トマスが最初の妻を亡くす前のことと考えられる）。彼は、トマスの援助でアメリカで法律と医学の学位を得たという（Kennedy, *Baptist Centennial History*, p. 39）。

（61）Letter from Raphael Thomas to Lucy Peabody（Jun. 22, 1926）in ABWE.

（62）*Ibid.*

（63）トマスは、「母さんは私たちよりこのような状況をどう扱えば良いか良く知っていると思う」と書いている（Letter from Raphael Thomas to Lucy Peabody（Apr. 11, 1926）in ABWE）。

（64）*Report of Association of Baptists for Evangelism in the Orient, Inc., 1928–1929*（Beverly, Mass.: Mrs. Henry W. Peabody, 1929）, p. 6 in ABWE. 本資料は、ルーシィ・ピーボディがＡＢＥＯ（現ＡＢＷＥ）のために出版していたもので、

ＡＢＷＥより、資料提供を受けた。

（65） Letters from J. H. Franklin to Raphael Thomas (Sep. 23, 1926) and from Lucy Peabody to Mrs. H. E. Goodman (Jul. 11, 1927) in ABWE.

（66） *Missionary Review of the World*, Vol. 49 (1926): 379–381, 628–629, 712–714, and index.

（67） *Report of Association of Baptists for Evangelism in the Orient, Inc., 1928–1929*, p. 7.

（68） Letter from Lucy Peabody to Mrs. H. E. Goodman (Jul. 11, 1927) in ABWE.

（69） エキュメニカルな委員会でも、ＮＢＣから任命され、バプテストの代表として入っているものは、辞任したようだ。ただし、ピーボディが特に関心を抱いていたインドの女子大学と、北京にあった女子医学校へのロックフェラーの援助が適わなかった後に、ピーボディの熱意で婦人一致海外伝道協会（ＷＵＭＳ）から譲り受けた上海の女子医学校の協力委員会には参加し続けた（*Missionary Review of the World*, Vol. 56 (1933): 39）。なお、ＣＣＵＳＦＭの会長からの辞任は第六章で述べたように一九二九年である。

（70） James, *Notable American Women*, Vol. 3, p. 37; "Peabody, Lucy Whitehead [McGill] Waterbury" http://www.bu.edu/missiology/missionary-biography/n-o-p-q/peabody-lucy-whitehead-mcgill-waterbury-1861-1949 accessed on Aug. 12, 2017.

（71） Cattan, *Lamps are for Lighting*, pp. 112–113; *Report of Association of Baptists for Evangelism in the Orient, Inc., 1928–1929*, p. 12. なお、マシアンは、フロリダのステットソン大学の女子学生部長を一三年間務めた女性であった。

（72） フィリピンにおけるトマス問題の根源は、婦人伝道局が伝道局本部と対等な自立性を持つ点にある、特に、伝道局本部が知らないところで、指定献金が婦人伝道局を通じて宣教師個人に渡るところにあると、伝道局本部は判断したらしい。一九二八年には、ＡＢＦＭＳとＷＡＢＦＭＳとの間で協議が進められ、献金については、その用途の指定は各伝道局が独自に行えるが、献金があったことについて、ＷＡＢＦＭＳの会計係は、ＡＢＦＭＳ会計係に報告することが提案された。トマスとピーボディの一件を契機に、男女両伝道局は、調整関係を強め、それはひいては、婦人伝道局の自立性の縮小へと向かいかねなかった（前掲 "Basis of Cooperation between American Baptist Foreign Mission Society and Woman's American Baptist Foreign mission Society"）。ピーボディが男女分離主義を強く主張していただけに、このトマス事件の余波は皮肉であった。

（73） *Report of Association of Baptists for Evangelism in the Orient, Inc., 1928–1929*, pp. 13–15. トレイバは、ヴァッサー女子大学とニューヨークの聖書神学校を出た人。ドレイクはムーディ聖書学院の出身で、ＷＡＢＦＭＳ傘下の青少年相手の仕事をしており、ＷＡＢＦＭＳのグッドマンと共に世界旅行をしている途中、フィリピンに立ち寄り、トマスの仕事に感心し、エジプトから引き返して、トレイバを助けた。

（74） *Report of Association of Baptists for Evangelism in the Orient, Inc., 1928–1929*, pp. 19–20. 筆者は初期の『メッセージ』を保有しているが、当初は『メッセージ』というタイトルはつけられておらず、冒頭に、ＡＢＥＯの名称を冠するか、"A Message from ABEO" と書いてある。ＡＢＥＯが正式に『メッセージ』を発行しはじめたのは一九三二年（Commons, *Heritage & Harvest*, p. 15）。

（75） 前章で紹介した教育権回収運動の結果を指す。それは、一八九九年に日本で発令された訓令一二号に類似していたため、在中宣教師は、一八九九年以降の日本の経験に学ぼうと、日本におけるキリスト教教育を特集した冊子を出している（R. C. Armstrong and C. J. L. Bates, *Christian Education in Japan*（Shanghai: China Christian Educational Association, 1925）in "Ed. Miss.――Japan College" File, MRLC, BLA.

（76） 以上は、*Report of Association of Baptists for Evangelism in the Orient, Inc., 1928–1929*, p. 19.

（77） *Ibid.*, pp. 5, 9–10.

（78） Lucy W. Peabody, "Recall of Modernist Missionaries," *Watchman Examiner*（Sep. 17, 1925）: 1217.

（79） *Ibid.* 同じ主張をＡＢＥＯを立ち上げた後にもしている（*Report of Association of Baptists for Evangelism in the Orient, Inc., 1928–1929*, p. 11）。

（80） 信仰ミッションは、中国内陸伝道団（China Inland Mission）のように、教派を問わないことが多かったが、ABEOはバプテストの基本的な信条を維持した。

（81） *Report of Association of Baptists for Evangelism in the Orient, Inc., 1928–1929*, p. 18. 例外的に、ラファエル・トマスは、ハーヴァード大学、ハーヴァード大学医学部、ニュートン神学校出身、ノーマ・トマスとベン・トレイバは、ヴァッサー女子大学を出ていた。後に言及する新任の宣教医ポール・カレイは、コーネル大学、ジョンズ・ホプキンズ大学医学部の出身であった。

（82） Letters from Raphael Thomas to Lucy Peabody（Jun. 4, 1923 and Apr. 11, 1926）in ABWE.

（83） Commons, *Heritage and Harvest*, pp. 29–30.

（84） *Ibid.*, p. 30.

（85） Mrs. Henry W. Peabody, “Florida Chain of Missionary Assemblies,” *Missionary Review of the World*, Vol. 53（1930）: 369–371; “Florida Missionary Assemblies,” *Missionary Review of the World*, Vol. 55（1932）: 177. この集会は、ディーランド（一九〇九年から）とセント・ピーターズバーク（一九一八年から）で開かれていた女性たちの伝道勉強集会のチームにピーボディが一九二八年から加わり、ピーボディがイニシャティヴをとって一九三〇年に両者を統合し、「フロリダ連環伝道集会」と名付けたものである。第二次世界大戦後まで続き、二五周年記念誌が出ている（Florida Chain of Missionary Assemblies, *25th Anniversary*, p. 3）。

（86） “The Florida Missionary Assemblies,” *Missionary Review of the World*, Vol. 56（1933）: 171.

（87） “Doctrinal Statement of Association of Baptists for Evangelism in the Orient, Inc.,” *Report of Association of Baptists for Evangelism in the Orient, Inc., 1931–1932*（Marblehead, Mass.: N. A. Lindsey & Co., 1932）, p. 4, in ABWE.

（88） “Laymen’s Foreign Missions Inquiry Records, 1879–1940,” http://library.columbia.edu/content/dam/libraryweb/locations/burke/fa/mrl/ldpd_4492660.pdf accessed on Feb. 17, 2017.

（89）The Commission of Appraisal, *Re-thinking Missions*, pp. ix–xv, 325–329. なお、この平信徒による調査は、一九〇六年に男性の組織として設立され、伝道事業の調査研究、情報の伝達、会議の開催などを援助した（ピーボディが主導したCCUSFMに似ている）平信徒伝道運動と関連しているのかもしれない。生前のヘンリ・ピーボディ、ロックフェラー二世も関わっており、ビジネスマンが中心の運動であった。"Laymen's Missionary Movement Records, 1906–1956," http://library.columbia.edu/content/dam/libraryweb/locations/burke/fa/mrl/ldpd_4492661.pdf accessed Dec. 3, 2016 を参照。

（90）ファンダメンタリストの知的リーダーでウェストミンスタ神学校教授。

（91）Hutchison, *Errand to the World*, pp.158–175; Longfield, *Presbyterian Controversy*, pp. 200–202.

（92）バックの経歴等については、Conn, *Pearl S. Buck*.

（93）Hutchison, *Errand to the World*, pp. 166–175; Longfield, *Presbyterian Controversy*, pp. 201–202. パール・バックの宗教的変節については、Wacker, "Waning of the Missionary Impulse," pp. 191–205 を参照。

（94）Buck, *Is There a Case for Foreign Missions?* 本文中の直接引用の後カッコ内に示した数字は、この資料の該当ページである。

（95）Hutchison, *Errand to the World*, p. 169. バックの回想による。

（96）"Mrs. Buck Resigns Her Mission Post," *The New York Times*（May 2, 1933), p. 15.

（97）Buck, *Is There a Case for Foreign Missions?*, p. 23.

（98）Mrs. Henry W. Peabody, "A Woman's Criticism of the Laymen's Report," *Missionary Review of the World*, Vol. 56（1933）: 39–42.

（99）"Mrs. Henry W. Peabody's Famous Address on the Appraisal Committee," *The New York Christian*, Vol. 2, No.3（May 18, 1933).

（100）Mrs. Henry W. Peabody, "Womanhood and the Layman's Commission," *Watchman Examiner*（May 18, 1933）: 483–

484.

(101) Mrs. Henry W. Peabody, *"Re-Thinking Missions" Implies Re-Thinking the Acts of the Apostles* (Rochester, N.Y.: Interstate Evangelistic Association Inc., c. 1933) in ABWE. なお、この講演が前の二つの意見表明の後に行われたことは、本文に記載されているところから明らかである。

(102) これはモンゴメリの著作に現れている。Montgomery, *The Bible and Missions* ; _____, *Prayer and Missions*; _____, *Centenary Translation of the New Testament*.

(103) Commons, *Heritage & Harvest*, pp. 14–24.

(104) ABEOでは上下関係をつくらないために、様々な役職は一年任期としていた。

(105) Letter from Raphael Thomas to Lucy Peabody in ABWE. 本書簡は、三頁目以降しか入手できなかったため、日付が不明である。内容から、一九三三年三月より少し前の時期に書かれたと考えられる。

(106) Commons, *Heritage and Harvest*, pp. 32–33.

(107) 「男らしいキリスト教」と福音主義の関係については、Ladd and Mathisen, *Muscular Christianity*. ファンダメンタリズムのミソジニについては、Deberg, *Ungodly Women*; Bendroth, *Fundamentalism and Gender*.

(108) たとえば、注99に挙げた"Mrs. Henry W. Peabody's Famous Address on the Appraisal Committee"でも、イエスにしたがってリーダシップを発揮した何人かの女性が挙げられている。一九三二年のこの演説は、ピーボディのリーダーシップを批判するファンダメンタリストを意識したものとも読める。

(109) Letters from Raphael Thomas to Lucy Peabody (c. 1933; Jan. 24, 1934 and March 16, 1934) in ABWE; Commons, *Heritage and Harvest*, p. 35. なお、トマスはマサチューセッツ州ジョージタウンに居を定め、一九五六年に亡くなった (http://person.ancestry.com/tree/3356634/person/-1744858094/facts accessed on Dec. 6, 2016)。ルーシィの運転手だったメルヴィン・デヴォ氏より、ジョージタウンのトマスの家はとても大きかったと聞いた。

(110)　Commons, *Heritage and Harvest*, pp. 35-36.

(111)　Letter from Lucy Peabody to Harold Commons（Oct. 9, 1936）in ABWE.

(112)　"Dr. Harold T. Commons," http://www.abwe.org/aboutus/harold_commons.htm accessed on Oct. 27, 2003. このサイトは現在削除されてしまった。筆者は二〇〇三年に存在したサイトのコピーを持っている。

(113)　Commons, *Heritage and Harvest*, p. 34.

(114)　*The Message*（May, 1935）as quoted in Commons, *Heritage and Harvest*, p. 36.

(115)　Letter from Lucy Peabody to Harold Commons（Oct. 9, 1936）in ABWE.

(116)　Letter from Lucy Peabody to Norman S. McPherson（Oct. 9, 1936）in ABWE.

(117)　Letters from Lucy Peabody to Norman S. McPherson（Oct. 9, 1936; Jul. 5 and Oct. 11, 1937）and from Lucy Peabody to Edward C. Bomm in Manila（Oct. 11, 1937）in ABWE.

(118)　青山『安井てつ伝』、二二一頁。

(119)　本書第五章、六章を参照。『創立十五周年回想録』には、一部のプレートと「ローラ・スペルマン・ロックフェラー資金」、何人かの多額寄付者の名前が言及されている（長尾『創立十五周年回想録』、三五一頁）。また、A・K・ライシャワーは創立三五周年時に執筆した「東京女子大学——その創立と初期の歩み」という文章の中で、ヘンリ・W・ピーボディやヘレン・モンゴメリに一度だけ言及している（Reischauer, *Tokyo Woman's Christian College*, p. 20）。

(120)　この種のレトリックは日本人クリスチャンがかなり古くから使ったものである。たとえば、一八八〇年代の例について、小檜山ルイ「エリザベス・プールボーの日本経験」、『歴史評論』七五六号（二〇一三年四月）、一二頁。同じような言説がマドラスのキリスト教女子大学でも使われたことを、同校チャペルの入口に床にはめこまれた記念碑に確認できる。そこには"TO THE GLORY OF GOD/THIS CHAPEL THE GIFT OF AN/UNKNOWN AMERICAN FRIEND/WAS BUILT A.D. 1923"と刻まれている。以上は、二〇一五年二月に筆者が現地で確認。

第八章　女の政治

THEY'LL STILL FIGHT THE DEMON RUM

Led by Mrs. Henry Peabody, a delegation of women drys visited Lincoln Memorial in Washington yesterday to pledge themselves to fight liquor. With arms upraised, they pledged the fight. Front row, in center, are, left to right: Mrs. Peabody, Mrs. A. Haines Lippincott of Camden, N. J., and Mrs. Jesse Nicholson of Maryland.

女性の禁酒主義者を引き連れて，ワシントンのリンカーン・メモリアルを訪れ，酒と戦うことを誓うルーシィ・ピーボディ（前列中央）．*The Brooklyn Daily Eagle*（April 15, 1933）より．Brooklyn Public Library 所蔵．

プロパガンダ、脅し。一九二二年に攻撃が始まって以来、恥ずべきことに法の執行がなされなかったこと。フーヴァ大統領とローズヴェルト大統領が、シカゴにおける狂った党大会に屈し、酒の運搬と州権を要求するマシーンの説得に乗って、憲法を放棄したこと。アメリカの人々はこれらに惑わされ、怒り、騙されたのだ！(1)

禁酒法をめぐって

一九二三年、東洋の七校の女子大学建築基金募集キャンペーンを大勝利で終えたルーシィ・ピーボディは、これまで一度も関わったことのなかった国内問題――禁酒法――に関心を向けた。海外伝道にかかる多くの委員会に所属しながら、娘夫婦を援助し、結局NBCを飛び出して、ABEOを起こして会長になるという波瀾万丈のこの時期、実はピーボディが最大の力を尽くしたのは、禁酒法問題であった。

周知の通り、一九一九年に成立した憲法修正第一八条第一節は、「この修正条項の承認から一年を経た後は、合衆国とその管轄に服するすべての領土において、飲用の目的で酒類を製造、販売、輸送し、またはそれを輸入、もしくは、輸出することは、これを禁止する」というものである。一九三三年に憲法修正第二一条によって廃止されるまでの十数年間憲法に書き込まれたこの法は、禁酒法と通称され、アメリカ史における特異な逸脱、あるいは、ばからしい実験として片付けられることが多い。特に、一九二〇年代に禁酒法を擁護し続けた人々や運動は、顧みられることが少ない。

二〇一六年に出たリサ・マギル著『アルコールをめぐる戦争』は、一九二〇年代における禁酒法をめぐる攻防を真正面から採り上げ、禁酒法こそが、民主党と共和党の支持層の再編という意味でも、連邦権力の強大化という意味でも、ニューディール時代の構造基盤をつくったと論じている。(2)ただし、禁酒法をめぐる攻防に参加した女性たちについてはあまり取り上げていないのは残念である。南北戦争以降、憲法修正第一八条成立に至るまでの禁酒運動における女性の役割は非常に大きかった。この運動は、参政権獲得以前の女性の政治力を端的に示した最も重要な例の一つであったことがマギルの著作からはあまり見えてこない。

ケネス・D・ローズの『アメリカの女性たちと禁酒法廃止』やキャサリン・G・マードックの『飲酒を手なづける』といった著作は、マギルとは異なり、禁酒法と女性をテーマとしている。しかし、WCTUと「禁酒法改正のための全米女性団」（WONPR）の戦いを中心とするローズの著作には、ルーシィ・ピーボディはほとんど登場せず、また、その経歴も間違って記されている。一方、マードックの視野にはピーボディが確かに入っているが、彼女のここに至る経歴などは扱われていない。(3) 本章では、ピーボディを軸に禁酒法擁護運動を検討する。彼女の経験を通じ、禁酒法をとりまく政治構造、選挙権獲得後に女性たちが一九世紀的な女性の政治文化に依って立ち政治参加した際の、無残な敗北の様相、さらには、政界の再編の兆しがよりはっきりと見えてくるはずである。

ルーシィ・ピーボディの最初の夫ノーマン・ウォータベリが、一八七八年にインドに向かう船上でワインを注文して注目を集めたこと、マドラスでは、宣教師同士の食事会でドイツ人の同僚女性宣教師が酔って醜態を演じたことなどは第二章で紹介した。ヨーロッパの影響が強い国際航路やインドの一大植民地＝近代都市では、禁酒は、アメリカ人の田舎者丸出しの慣行で、歯牙にも掛けられなかったようだ。ウォータベリ夫妻は、そうした空間で精一杯の洗練を心がけていたのだから、若い頃のルーシィは、飲酒にある程度寛容だったと考えられる。しかし、すでに紹介したように、一九〇六年、禁酒を厳格に守るヘンリ・ピーボディと再婚するときには、「敬虔な女で、熱心な禁酒運動家」になっていた。(4) そして、その頃までに、アメリカでは、禁酒は敬虔なキリスト教徒——とりわけ女性——の印となっていた。禁酒法成立に大いに寄与した反サルーン連盟（ASL）やWCTUは、牧師や教会員によってリードされ、支えられていた。(5) ただし、ピーボディがWCTUで活動したという記録はない。一九一八年に、アフリカにアメリカからラム酒が輸出されていることを問題とし、「負けか勝ちか」という文章を公表して、憲法修正第一八条の成立を応援したことはあったが。(6)

そのルーシィ・ピーボディが禁酒法の修正や廃止を求める運動に反対する運動を一九二三年に始めたのは、愛国心のため、つまり憲法が守られないという事態への懸念からだという。「私の主な関心は国際主義にあります。なぜなら、私は人生の大部分を海外伝道に捧げて来たからです。法律の施行を求める私の仕事は、全くの愛国心によるものです。合衆国憲法と私たちの愛する国旗が否定され、侮辱されるのを見たら、女性たちを鼓舞して義務を果たさせることに、労をとらずにはいられないのです」とフーヴァ大統領の秘書宛の手紙にある。(7)

憲法修正第一八条に伴い可決されたヴォルステッド法は、〇・五パーセント以上のアルコールを含有する飲料の製造、販売、物々交換、輸送、輸入、輸出、配達、提供を禁じた。しかし、施行まで一年の猶予があり、購入や飲酒をはっきりと禁止していなかった。また、一年に七五〇リットルの「酔わない程度の」ワインやリンゴ酒を国内の果物から家庭内で作ることや医療用のウィスキー販売・購入は認められていた。金持ちは施行前に酒を買いだめし、それほど豊かでない家庭ではワインを造る人が増えた。家内製造の酒を密かに販売すれば、稼ぎになる。医師の処方を利用する人もいた。メリーランドのように、州として禁酒法の施行を拒絶する場合もあり、その数は増えていった。また、より組織化された強い酒の密造、運搬も横行した。男の空間としての酒場（サルーン）は姿を消したが、スピークイージと呼ばれる、潜り酒場が増えた。それは、食事が中心に見える、明るく、女性も入りやすい空間であり、密かに酒を出した。女性たちが、このような空間、また、家庭内で酒に親しむことはかえって増えたと言われる。カクテルは禁酒法時代に女性的な飲み物として広まっていった。一方で、酒の移動や販売は違法行為であったことから、売買春や博打で違法行為の経験を積んできた暴力団がこの分野に入り込み、特に当局の飲酒取締の対象となりやすかった移民居住区等で用心棒となって根を降ろし、直接の密売に関わり、また、用心棒代金を巻き上げて、大きな利益をあげた。アル・カポネの暗躍はその代表的なものである。同時に、ヤクザの間の暴力沙汰も頻発した。密造酒は品質が悪く、健康被害も懸念された。取締官への賄賂等が問題となり、また、予算不足もあって違反は摘発しきれず、したとしても陪審で無罪になることも多かった。(8)

冒頭の引用にあるように、ルーシィ・ピーボディは、禁酒法への攻撃が始まったのは、一九二二年としている。ヴォルステッド法の施行が始まってわずか二年ほどで、禁酒熱は冷め、その弊害は大きいという感覚が広まったことになる。禁酒法に問題を見る人々は、まず「酔いを誘うアルコール」の定義を緩くすること、ビールやワインを合法化すること等を求めた。禁酒法を維持すると、「法の軽視」——特に憲法——の風潮を高めるという議論も出てきた。一九一八年には、禁酒修正条項反対協会（AAPA）が組織されていた。兵器産業で財を成し、アメリカの三大財閥の一つともされるデュポン家の一員、ピエール・デュポン等の富豪が参加するこの協会は資金潤沢で、一九二〇年代に急成長した。(9)一九二〇年代の大統領選挙では、禁酒法が大きな争点となった。

法執行のための婦人全米委員会の設立

ルーシィ・ピーボディは、一九二三年五月までに、禁酒法擁護のための女性の組織を立ち上げる活動を始めた。主たる協力者の一人は、ケンブリッジ在住のエリザベス・ティルトン（一八六九—一九五〇）であった。当初は、この組織の長としてハーヴァート・フーヴァの妻を考えていたようだが、断られたのだろう、ルーシィ自身が会長となり、団体の名前は、法執行のための婦人全米委員会（WNCLE）となった。(10)WNCLEは、「憲法への忠誠と遵法」を標語とし、複数の女性団体の代表を副会長に配した連合体であった。当初参加したのは、女性クラブ総連合、婦人伝道局連合（FWBFM）、教会女性連合および協議会、YWCA、キングス・ドーターズ、全米母親会議とPTA、アメリカ独立革命の娘たち（DAR）、WCTU、婦人国内伝道協議会などであった。当初、一〇〇〇万人の女性を代弁しているど主張した[11]。最初の事務所は、ピーボディが東洋の七校の女子大学のキャンペーンで使っていたボストンのフォード・ビルの一室（三〇二号）であり、参加団体の多くはピーボディが親しんできたキリスト教関係の諸団体であった。しかし、女性クラブ、母親会議とPTA、DARなど、連携に拡大が見られたのも確かで、一九二六―二七年の人形交流の際に動員されたネットワークの一部がここで先行して準備されたようにも見える。

主要協力者の一人、エリザベス・ティルトンは、セイラム生まれ、ラドクリフ女子大学で学んだ。一九一一年にケンブリッジのウィリアム・F・ティルトンと結婚して以降、終生を女性参政権、平和、教育、禁酒の運動に捧げた人である。彼女はユニテリアンで、禁酒法成立以前には、飲酒の健康への影響調査等を行い、マサチューセッツ婦人参政権協会会長、ASL女性部会会長を務め、一九二〇年代以降は、親と教員の全米会議立法委員会委員長、反アルコール教育全米女性委員会委員長等を務めた[12]。つまり、ティルトンは、ピーボディが影響力を持った福音主義のキリスト教のサークルとは、距離のある女性であった。ピーボディは、ケンブリッジ政治平等協会会長を一九一〇年から一五年まで務めた教育者・国際主義者のグレイス・A・ジョンソン（一八七一―一九五二）とも、以下に紹介するようにWNCLEの活動をめぐり、多くのやりとりを行っている。禁酒法擁護運動への参入は、宗教を媒介としない、ボストン周辺の新たな人脈にピーボディを結びつけたと言えよう。

設立時、WNCLEの運動の主要な方法と目的は、教育と広報によって禁酒法の執行を確保することにあったが、女性が参政権を得た以上、実際には選挙政治に関わらざるをえなかった。ピーボディは共和党支持者であったが、WNCLEは、政党を問わずに、禁酒法施行強化に賛成する大統領や議員を当選させるべく、運動を行った。民主党の女性たちが禁酒法維持に向けて奮闘すれば、歓迎した[13]。一九二三年にエリザベス・ティルトンを編者として出版された『アメリカを救え』は、CCUSFMの教科書によく似たもので、ルーシィ・ピーボディが序論を書いている。それによれば、現状認識としては、法律違反に責任があるのは、一、「アメリカニズム」の何たるかを知らない、市民権を持たない移民、二、ボルシェヴィキ的な思想を持ち、違法行為を助長するような言動を行う自分勝手な市民、三、「個人の自由」を主張する無思慮なグループであった。WNCLEへの参加団体を代表する女性たちは、「狂信者や偏執狂」ではなく、多くは、「教会、学校、政府で大きな責任を負う、非常に忙しい」人々であった。彼女たちのより具体的な敵は、一、密造で違法に大儲けをする男達、二、政治を操り、酒を扱うヤクザに味方して昇進をねらう男たち、三、国家、家庭、若者の福祉より自分勝手な欲望を優先する男女（個人の自由を主張するグループ）、四、人気のない目的を支持して「狭量」だと批判されることを恐れる男女、五、善悪をわきまえない俗物（ファッショナブルな社交界に多い）、六、暗黒世界、七、プロパガンダに惑わされている男女、八、法を犯すことを面白がる若者、または、成長しきっていない大人たちとなっている。

WNCLEは、まず、一九二四年の選挙での勝利——禁酒法施行を約束する大統領や議員の当選——を目指し、各州にWNCLEの委員会を作り、活動を展開しようとした。一九二三年一〇月には『アメリカを救え』を各地のリーダーとなるべき人が入手する。一一月には委員会を作り始め、『アメリカを救え』をできるだけ広く売る。一二月には、『アメリカを救え』をクリスマス・プレゼントとして政治指導者、ロータリー・クラブ会員、指導的な男女に送る。一九二四年一月には『アメリカを救え』を使って勉強会やイベントを開き、地元新聞に報道させる。二月は愛国主義の月で、リンカーンやワシントンの誕生日に魅力的なイベントを行う。三月には禁酒支持の候補者を確認、確保する。四月には選挙登録促進のイベントを行う、五月にはページェントを企画し、四月と同じ活動を続ける。六月には大学や高校の卒業式で法の執行を主張するスピーカーを立て、ピクニックやページェントを行う。七月には広場でパーティを開いて演劇を行い、ホテルで集会を持ち、旅行センターにパンフレットを置き、独立記念日には愛国的な集会を行う。八月には活動はないが、秋の準備をする。九月には委員会を招集し、広報活動を始める。一〇月には、禁酒を支持する人を投票に向かわせるために、州都で「忠誠の行進」を行い、町では「アメリカを救う集会」を行う。

一一月には禁酒支持の立場で投票する。『アメリカを救え』は、このようなプログラムを展開するにあたっての情報を提供した。そこには、女性と禁酒の関係、遵法についての議論、反禁酒主義者への論駁の論点、集会でのプログラム、ページェントや劇のシナリオ、決議のひな形等が収録された[14]。

要するに、ルーシィ・ピーボディが海外伝道のプロモーションと資金調達で養ったノウハウや人脈を、禁酒法をめぐる政治過程に応用しようとしたのである。不思議なのは、「市民権を持たない移民」を禁酒法破りの筆頭に挙げながら、「敵」の中には入れていないことである。ピーボディの中で移民――彼女が長年助けようとしてきた「異教徒・野蛮人」に類似しているが、すぐ近くに住む――をどう理解するか迷いがあったのだろう。また、移民社会――特に一八八〇年代以降急激に増えた南欧・東欧等からの移民――とのコンタクトを持っておらず、働きかけをする術を思いつかなかったからではないか。「……禁酒法のもとで皆がひいきにしているというスピークイージに、私は一度も行ったことがない。飲むことを勧められたことも、頼まれたこともない。実際、私が接触するサークルは非常にえり抜きで上品なので、違法な飲み物が出されたことは一度もない。宣伝は見るけれども、密売人に会ったことは一度もない」とルーシィ・ピーボディは述べている[15]。

ピーボディ自身が主張したことだが、海外伝道事業は、異民族・異人種に「隣人として」接することを理想としていた。ピーボディは、かつては宣教師として実際にそうした「他者」に直接関わろうとした。しかし、伝道事業の牽引者として長く主にアメリカ国内の教会の女性たちを相手にするうちに、異民族・異人種との直接的折衝の機会は縮小した。伝道地からあがってくる「ネイティヴ」の自己主張の報告に頭を悩ませたこともあったが、ルーシィの中に生きていたのは、インドに住んだ一八八〇年代前半の、キリスト教徒・白人優位の確信――それは、特に当時の夫ノーマンにとって、常に揺らぎ、その度に再構築しようと努めたものであったとはいえ――であった。歳を重ねるにつれ、その確信は、異民族・異教徒の現状や意見を勘案しないで、自らの信じるところに従って突き進む、独善の危険を生まなかったろうか。禁酒問題において、ルーシィは、暴力団を排除したくてもできない移民居住区での実際を見たこともなかったようだが、絶対禁酒という、自分の信じる絶対善のために闘おうとした。キャンペーンは、彼女が長年組織してきた信心深い白人女性たちを中心に、より世俗的な白人女性たちとの連帯のなかに展開され、その視野の中に移民社会の現実が明確に入っていたとはいえない。彼女の行動範囲は非常に広かったが、それは平面的な広がりで、民族・人種、階級的には、アングロサクソン・プロテスタントの白人の中流の範囲に閉じられていた。従って禁酒というアメリカニズムの信奉と愛国主義が容易に排外主義に転化する可能性さえあった。ルーシィが生涯を捧げた国際主義とは、最終的に矮小化し、アメリカニズムの押しつけになりかねなかったということだろうか。

周知の如く、禁酒法は、一九二四年、一九二八年の選挙を通じて生き延びたものの、一九三二年の選挙での敗北の結果、翌年憲法修正第二一条によって廃棄された。憲法修正条項で廃棄されたのは、今日に至るまでこの例だけである。この間、ピーボディは、特に一九二八年のハーヴァート・フーヴァ対アル・スミスの大統領選挙における前者の大勝利に貢献した[16]。年々、ルーシィ・ピーボディの活動への風当たりが強くなったことは、言うまでもない。一九二六年には「シラキュースに来たら殺す」という脅しの手紙を受け取ったこともあった[17]。

選挙政治への介入

右に紹介した文書や集会による教育・啓蒙活動は一九二二年から約一〇年間の運動期間中、一貫して維持された。前章で紹介した「フロリダ連環伝道集会」のプログラムには、禁酒法維持のためのセッションが組み込まれていた。ルーシィ・ピーボディが長年関わったノースフィールドやショトーカの夏期学校にも、禁酒法のプログラムを差し込んだ[18]。パンフレットやリーフレットは何種類も出したようである。たとえば、「それはいったい何を意味するか?」、「醸造業者と億万長者」といったタイトルがあり、前者は一二版までいった[19]。

集会は、『アメリカを救え』にあるように、各地で独自に開かれることが想定されていた。女性による海外伝道五〇周年の時も、東洋の七校の女子大学の時も、ピーボディは各地の女性たちが委員会を組織し、独自に集会を開くことを期待し、促した。ピーボディら中央の役員は、そうした集会のノウハウを提供し、それらを訪れて、スピーチをし、花をそえた。伝道のための集会と異なるのは、集会で献金の約束ではなく、「決議」を採択することを重視していた点である。『アメリカを救え』にそのひな形が準備されている。ピーボディは、あらゆる集会で決議を通すことで、主張を明確にし、一般に知らしめようとした。[20]

ＷＮＣＬＥが奨励した禁酒法集会がローカル・レベルでどのくらい、どのような形で開かれたかは把握できない。中には、ピーボディのあずかり知らぬところで、クー・クラックス・クランの女性部会（ＷＫＫＫ）がリードしたものもあったかもしれない。[21] ＫＫＫがこの時期に活動を活発化させ、ネイティヴィズム、愛国主義、禁酒法支持を唱え、女性も巻き込みながら南部だけではなく西部にも運動を広げたことはすでに指摘されている。そして、ピーボディが東洋の七校の女子大学のための運動でしばしば使った「国はその国の女性以上にはならない」という言い回しが、ＷＫＫＫの口吻に上っていたことを確認できる。[22] ＷＫＫＫと結びつくなど、兄や妹が解放奴隷の教育事業にかつて従事していたピーボディにとっては心外であったろうが、地方レベルで見れば、ＷＮＣＬＥとＷＫＫＫの差異は紙一重だったと考えられる。

一方、運動の過程で、ピーボディは選挙政治に否応なく関わっていった。一九二六年四月、彼女は上院の司法委員会の禁酒公聴会で自らの立場を証言した。

　今日、私たちは女性の諸団体だけではなく、総体としてのホーム、学校、教会を代表して申し上げます。私たちは、憲法修正第一八条の如何なる修正にも断固反対いたします。合衆国憲法は神聖なものです。ヴォルステッド法の修正はあり得ません。

むしろ、私たちは法の執行を厳しく行い、それを行わないすべての男性を〔議会から〕排除すべきだと主張します。（中略）女性として、私たちは、昔のサルーン、家庭や少年、男女の人生の〔酒による〕破滅を知っています。修正第一八条は男性の投票で成立しました――しかし、それは、この古くからの悪から〔人々を〕守るために祈り、働いてきた女性たちの票でもあったのです。……私たちは良い法律――正義の法――が合衆国憲法に書き込まれており、それは、善良な人々――国と、大多数の人々の最高の利益に忠実な人々――の個人的自由に悪影響を与えることはないと確信しています。

……規律正しいホームでは、法と躾けによって完全な従順が得られることを前提に、母親は忠実に、我慢強く働きます。良い母親や教師は、子どもたちは従順でないなどとは決して言いません。――ですから、母親と教師に任せて、彼女たちの思うようにさせようではありませんか。(23)

「ホーム、学校、教会」が母親を主軸に一体になり、善と正義を守るという、一九世紀の「道徳の守護者」としての女性の立場の主張である。

一九三〇年三月には下院司法委員会で大規模なパフォーマンスを行った。この時までに、右のようなピーボディ一人の証言では十分な説得力が得られないと考えるようになったのだろう。ピーボディが率いる一二の女性団体の代表が「一二〇〇万人」の女性を代弁して三分間の証言を次々と行った。女性クラブ総連合会長のジョン・F・シッペル夫人が最初の証言者で、ピーボディは、当日出席できなかったヘンリ・フォードの妻の声明を読み上げた。「禁酒法は国をより豊かにしている」と。(24)

この公聴会では、さらに、WNCLEに連なる一二〇〇万人の女性の総意としての「一四箇条」の信条を〔ウィルソンの一四ヶ条に倣って〕発表した。最上位の法としての憲法、憲法修正第一八条の正当性、ヴォルステッド法の有効性等を「信じる」としたのはもちろんだが、特に次の論点が注目される。まず、第七条で、個々の市民は、この法により、道徳的諸案件を義務として守ることが要求されている、としている点。これは、禁酒法が「道徳の守護者」としての女性の役割を法律に翻訳し、強制力を持たせようとしたものであったことを表していよう。第八条では、「個人の自由」は、アルコール中毒の夫の奴隷となってきた女性たちに与えられるべきだとし、「個人の自由」は男性だけのものではないと主張し、女は酒を飲まないことを前提とした。第九条では、生命、財産、ホーム、人権を保護するために、法の遵守が必要なのであり、そのために教育とともに「規律」が必要だとした。独立宣言にある「自由」を省き、「幸福の追求」をジョン・ロックに倣い「財産」に置きかえ、「ホーム」と「人権」を入れている。第一三条では、報道とは、道徳的、市民的財産であり、新聞所有者や編集者の恣意で偏った報道がなされるのは許されない、とした。禁酒法維持派が、メディアで散々叩かれたことへの抗議である。第一四条では、富豪の男女の「不忠で危険な態度」を非難し、一般市民男女が無償で法の遵守のために働いていることを政府は認識すべきだとした。(25)

ピーボディは、首都ワシントンやマンハッタンでの禁酒法擁護のための多くの政治色の濃い大集会や昼餐会に関わった。たとえば、一九二八年二月二八日にワシントンのメイフラワ・ホテルで開かれた「政党と候補者が禁酒法施行の綱領を採択するための一九二八年全米会議」がある。この集会は、WNCLE主導ではなく、男女混淆のもので、ピーボディは、四人のプログラム委員会のうちのただ一人の女性であった。エリザベス・ティルトンは立法委員会に入っていた。三分間スピーチを行った二四人の陣容を見ると、南北メソジスト、南北バプテスト、長老派、会衆派、ディサイプルから七人、ユニヴァーサリスト、ユニテリアン、カトリックから三人、クリスチャン・エンデヴァ、ASL、WCTUから三人であり、教会系の勢力が半数以上を占め、信条を問わずに禁酒で結びついていたことがわかる。(26)一方で、WNCLEに当初参加していたより世俗的なグループ（女性クラブやPTA）の代表がいないところに、禁酒法維持で幅広い立場の女性たちをまとめることの難しさが露呈しているようにも見える。

別の例は、一九三〇年一〇月にニューヨークで開かれた昼餐会で、二〇〇〇人ほどの女性が参加し、最初に演壇に立ったのは女性参政権運動のまとめ役だったキャリ・チャップマン・キャットであった。ニューヨーク州を中心に一七の新聞社を傘下に持つ会社経営者フランク・ガネット（一八七六―一九五七）――熱心な共和党員――がこれを非常に肯定的に評価したという。[27] 一九三二年四月一七日から一九日には、六月の共和党と民主党の党大会を目前に、WNCLEがワシントンD.C.のワシントン講堂で「女性たちの憲法会議」を主催した。これは、同じ場所で四月一七日から二三日まで開かれていた「禁酒祭り」に連動して開かれたもので、「ポール・レヴィア・プログラム」では憲法憲法の危機が警報で知らされ、著名スピーカーの登壇、有声映画「ボールルームでの一〇夜」が上映され、別の日には「ワシントン、憲法について語る」という「愛国主義のプログラム」が提供された。[28]

こうした政治活動に参加する過程で、ルーシィ・ピーボディは、憲法や建国の父祖たち、また、リンカーンなどの文章に権威を見いだすようになっていった。二〇世紀前半、すでに見てきたように聖書の絶対的権威は揺らいでおり、特に政治の世界では十分な説得力を発揮しなかったのだろう。彼女は、その状況に適応し、禁酒法擁護を憲法擁護に読み替え、リーフレット等でワシントンやリンカーンの演説を繰り返し引用し、禁酒法をアメリカの政治的伝統に接続することに努めた。以下にも説明するように、禁酒法を、奴隷解放（憲法修正第一三条）と同列に位置づけようと試みた。一九三二年七月四日付けで、独立宣言の文言をなぞって、WNCLEの「独立宣言」も出した。[29]

さらに、ピーボディは一九二九年ころから主にハーヴァート・フーヴァの秘書ウォルタ・ニュートンに頻繁に手紙を送り、一種のロビー活動を展開した。それは、かつてローラ・スペルマン・ロックフェラー記念財団のW・S・リチャードソンに東洋の七校の女子大学やWABFMSのために頻繁に手紙を送り、また面会して親交を深めた経験に基づいていたのだろう。自分の活動について報告し、関連のリーフレット類や新聞記事を送付するとともに、政府が任命する禁酒法関連の人事に不満を述べた。禁酒法違反の取締を担っていたメイベル・ウォーカ・ウィルブラントが司法長官補をやめた後に、ワインの原料を販売するカリフォルニア・フルーツ会社の顧問弁護士となったことも批判した。さらに、ニュートンに会い、込み入った話をしたこともあった[30]。禁酒法に関する意見だけでなく、飢饉にある中国にクリスマス・プレゼントとして小麦を送ったらどうかといった提案もした[31]。いかにも伝道関係者らしい。

フーヴァの秘書は、手紙が来るたびに短い返事を送った。また、下院議員のルイス・C・クラムトンは、ピーボディは「たぶん他の人ほど新聞で取り上げられていないが、過去数年、彼女ほど多くを成し遂げた個人を知らない」ので、ぜひとも知るべきだという手紙をニュートンに送っている。これに対しニュートンは、「彼女はこの件で素晴らしい仕事をしています。特に一九二八年には活躍しました」と返事をした[32]。つまり、ピーボディは、フーヴァ大統領の周辺である程度認知されていた。

一九二八年に禁酒法維持を誓って当選したフーヴァは、世論を受け、禁酒法の下での刑事裁判制度を調査し、政策を提言する委員会（通称ウィカーシャム委員会）を一九二九年五月に立ち上げた。WNCLEのニューヨーク支部は、その委員としてピーボディを押したが、実現しなかった。ウィカーシャム委員会の調査内容は、一九三〇年六月頃、一部がリークされた。それは、法の違反が広範囲で行われており、アメリカ社会に様々な悪影響を与えていることを示唆していた。新聞は委員会が禁酒法に否定的だと書き立てた。ピーボディは、このような途中経過の発表は、禁酒法擁護派の運動に大きなマイナスだとニュートンに書き送っている。そして、一九三一年一月に出たウィカーシャム委員会の最終報告（通称ウィカーシャム報告）は、結論として執行力の強化を勧告した。ピーボディは、この結論に満足したが、さらに、報告が禁酒法に否定的だという、かねてメディアが一般に刷り込んだ印象を打ち消したかったようだ。WNCLEは、一九三一年四月にワシントンで会議を開き、ウィカーシャム報告に対する「女性による補遺」として、「法の執行と遵守のための女性全米委員会報告」を出した。その中の「ニグロ《ママ》の二回目の解放」という章には、キャリ・チャップマン・キャット、シカゴの弁護士キャサリン・マクラウ、救世軍のエヴァンジェリン・ブース、黒人指導者メアリ・ベスーンの禁酒法擁護論が並んだ。憲法修正第一八条は、修正第一三条に並ぶ偉大な条項だという主張はルーシィ・ピーボディのものである。[33] この会議の最中一九三一年四月一二日には、「政府のための祈りの日」が設けられ、全米の女性に祈禱の呼びかけが行われた。[34]

「女性の政治文化」の機能不全

こうした諸々の活動には資金が必要である。WNCLEでも、ルーシィ・ピーボディの卓越した集金能力に期待が集まったはずである。WNCLEの会計は、東洋の七校の女子大学でも活躍したヒルダ・L・オルソンだった。会計報告を見つけていないので、詳細はわからないが、ピーボディは資金不足をうかがわせる手紙をいくつか書いている。たとえば、一九二九年一〇月には、一〇〇ドルのポケットマネーでWNCLEの声明の印刷代金を支払った。「新聞が私たちのメッセージを掲載しないので、なんとか自分たちでこの状況を埋め合わせなければいけません」と書き、「今、もう少し資金が必要です……一月にはバーンハムさんの給料五〇〇ドルを支払わないといけません。彼女には、月二五ドルを払う予定です。……〔会計の〕オルソンさんの負担を減らすためです」とWNCLEの仲間に書き送った。[35] 一九三二年二月、エリザベス・ティルトンは、「今、これ以上資金を集められません。死んだような時期です。ASLは禁酒派の議員を選ぶために州に入り込む資金を必要としていますが、実際、全く資金がありません」とピーボディに書き送っている。[36] 一九三二年四月、グレイス・ジョンソンに対し禁酒祭りや禁酒法廃止派の公聴会参加のためにワシントンに来てくれないかと頼んだ手紙には、「経費は支払えません。私もここでの費用をすべて自分で支払っています」とある。[37] 恐慌は資金集めをほとんど不可能にしたが、WNCLEのための資金調達は特に芳しくなかったようだ。ティルトン、ジョンソン、フーヴァの資料群に残るWNCLEのリーフレット類は簡素で、安上がりなものである。禁酒法維持は人気のあるテーマとは言えなかったということもある。運動の最終局面は大不況の時期でもあった。しかし、それ以上に、ことピーボディに関して言えば、禁酒法は政治的な争点となっており、選挙政治そのものであったから、「私心のない博愛」を表看板に掲げる海外伝道事業で献金を募る方法論は、あまり機能しなかったのではないか。彼女は、WNCLEの運動にかなりの私財を投じたと想像される。

このことは、女性たちの一九世紀以来の政治力が、選挙権獲得後に通用しなくなったという観点からも説明することが可能であろう。繰り返しになるが、アメリカで選挙権を与えられず、かつ、家の外での職業機会も限定的だった女性たちは、政治・経済的に疎外された存在であることから、私利私欲の闘争から一歩距離を措いた、中立的、道徳的存在として構築された。一九世紀のアメリカ共和国において、同じように非政治的存在として構築されたキリスト教会に結びつくことで、女性たちは、宗教性をまとい、その中立的・道徳的立場を強化した。だから、私利私欲にまみれがちな男たちは、女性たちの道徳的主張に、ある程度屈して従わざるをえなかった。確かに、間接的ではあったが、こうして女性たちは、社会に於ける発言力・影響力＝政治力を獲得したのである。女性参政権実現以前に、WCTUが持った権力とは、この種のものであった。

海外伝道事業における女性たちについて考えてみると、その特異な成功は、一九世紀の大半において伝道地がアメリカ合衆国の政治的利害関係に密接に関わっていないという状況とも関係していたであろう。海外の「異教徒＝野蛮人」のために献金を捧げ、また、宣教師となって福音を伝えるということは、国内西部の開発に経済的関心が集中していた一九世紀においては、究極の宗教的善意、正しく「私心なき博愛」として構築し得た（実際どうだったかは別として）。だからこそ、女性たちは、はばかることなく献金を求め、その資金力は、伝道事業における発言力に直結した。ルーシィ・ピーボディが海外伝道の世界で得た名声と権力は、この構図の中で成就したものであった。

二〇世紀に入り、特に第一次世界大戦を境に、この構築は一変した。女性が参政権を取る前、女性の参政権は、政治や行政を女性化＝道徳化するとまことしやかに言われたものであった。しかし結果は逆で、参政権獲得（一九二〇年）とともに、女性は道徳的権威とそれに伴う権力を手放したのである。参政権を持つ女は、政治的に男と区別できない。彼女たちは超越的立場を失い、権益をめぐる政治闘争のただ中に放り出された。その結果、ピーボディは、「女性が政治を向上させるどころか、政治が女性を腐敗させる例をあまりに多く目に」したのであった[38]。政治闘争の直中で、道徳的言説を振りかざすことが、いかに無力なことか――。憲法の遵守と法の執行を求めたルーシィ・ピーボディは、身を以てそれを体験した。

たとえば、WNCLEを立ち上げてから初めて迎えた一九二四年の大統領選挙の際、共和党は、その綱領で禁酒法について「法の施行」を支持するというあいまいな表現しか採用しなかった。ピーボディは怒りを爆発させ、ティルトンに手紙を書いた[39]。「ルイーズ《ママ》・クーリッジやヘンリ・カボット・ロッジやニコラス・マレイ・バトラが口にする法の施行には何の意味もない」のに、WCTUの全米立法委員長リナ・ヨストとASLのウェイン・ウィーラが妥協し、「酔いをもたらす飲み物」の定義――アルコール分〇・五パーセント以上――の維持について明確な記述を綱領に入れなかった、と。

私は〔共和党大会が開かれる〕クリーヴランドに行って、チャンスがあれば、私たちの大会決議を提出します。……もしそれが受け入れられなければ、意味のない勝利を得て、自尊心を失うより、正直に、誠実に闘って、見捨てられた希望を抱いて負けた方がまだ良い。共和党が正直なゲームをしないのなら、カータ・グラス[40]のような人が民主党を勝利に導くことを切に祈ります。……共和党は正義のために勇敢に行うべきです。そうでなければ、党は負けるし、負けて当然です。……私は法の施行について妥協した綱領に満足しないし、この目的を弱める人たちに対して、はっきりと私の考えを言うつもりです。……あなたの手紙にはショックを受けました。私はその手のごまかしが嫌いです。だから政治家としては稚拙です。でも、私は、闘士としてはちょっと優れています。

この手紙の返事に、ティルトンは次のように書いた。

> 私たちが皆学ばなければならないのは、政党とは倫理を守るための装置ではなく、単に票を獲得するための装置だということです〔強調は筆者〕。誰も不正直ではありませんでした。ウィーラ氏は、権力の座にある党を代表するカルヴィン・クーリッジに寄り添いながら、何とか土壇場で勝利を得ようと努めました。ヨスト夫人は、全米共和党委員会の一員でした。彼女は法の施行としか書いていない綱領を嫌いましたが、共和党はそれが安全だと決定したので、譲歩するしかありませんでした。
>
> ……あなたが党大会ですべきことは、国の女性たちは「法の施行」だけでは我慢できず、〇・五パーセントをはっきり示す綱領を支持する、ということに、世間の大きな注目を向けさせることです。幸運を祈ります！……党大会では、団結して行動しないと望みなしです。土壇場での〔内部〕分裂は、敵に資するだけです[41]。

ティルトンやフーヴァ大統領あての手紙を通読する限り、政治の世界でいくらか経験を積んでも、ピーボディのアプローチはあまり変わらなかった。彼女は、禁酒——それも一滴の酒も飲むべきではないという厳しいもの——という、彼女にとっての絶対的善を主張し続けた[42]。一九三二年の綱領で共和党が再び禁酒法に関するあいまいな記述を採択すると、一九二四年と同じように怒りを爆発させ、女性はもう共和党を支持しないし、共和党は負けると、ハーヴァート・フーヴァに手紙を送った[43]。さらに、禁酒法廃止決定後の一九三三年五月の時点でも、ティルトンとの連名で、予算局長に次のように質問している。一、人々の放蕩から得た歳入で、起債を賄うことを承認する時、政府は、健全な経済理論に基づいて行動していると言えるのか、二、貧困、犯罪、病、家庭破壊の原因となる酒の運搬から得るそのような歳入は、社会的に間違ってはいないか、三、そのような歳入の必要を主張する政党は、果たして先見の明があると言えるのか、四、そのような主張は、パンを求める恵まれない人々の叫びより、ビールとウィスキーを求める暗黒世界の叫びを優先させるものではないのか、と。[44] 実にシンプルな道徳的主張である。

ＷＮＣＬＥに参加した女性団体の多くは、ピーボディの良く知る宗教系の団体であった。したがって、集会で彼女が宗教色を出すこともあったようである。ティルトンや大統領秘書への手紙には、その傾向はないが、たとえば、次のような例がある。ルーシィ・ピーボディとの関わりが深いロックフェラー二世は、禁酒主義者で、修正第一八条成立の過程では、ＡＳＬの大口支援者であった。ロックフェラー二世夫人も、ＷＮＣＬＥ設立当初は、ニューヨーク支部の名誉副会長を引き受けていた。[45] しかし、ロックフェラー二世はやがて禁酒法廃止支持に転向し、一九三二年六月一四日の共和党大会で、禁酒法の廃止は「法に対する一般の敬意を回復するために」また、「憲法によって打ち立てられた原則に従い、州と国とに権力を分散させるために」必要だと主張して、禁酒法擁護派を震撼とさせた。ピーボディもこの党大会に参加していた。「私の委員会のメンバーは夜中の一時過ぎまで座っていました。希望がないのに、希望をもちながら」[46]。この後、禁酒法の帰趨について世論が大騒ぎする中、ピーボディは、ロックフェラー二世の魂の救済のために祈禱会を開いたという。一八七三年の禁酒十字軍を彷彿させるような、神の権威を以て禁酒の価値を訴えるこの振る舞いは、しかし、一九三二年にあって、その神通力を失っていた。報道は、ピーボディを「狂信者」の一人に数えたのである。[47]

ワシントンの共和党サークルの中でやりとりされた手紙には、ピーボディに手を焼いた痕跡が残る。一九三二年の共和党大会の後、共和党全米委員会委員長エヴェレット・サンダースの手紙には「それ〔ピーボディの手紙〕は、ひどく極端な言葉で書かれているので、重視すべきでない」とある。これに対して、大統領秘書のニュートンは、「彼女のことをあなたが思い出せるかどうかわからないけれど……七六から八〇歳くらいの人です。過去一年、時々私は彼女と話をしてきました。だから、彼女が自分の考えにそぐわない綱領にはどんなものでもひどく失望するのは分かっています。何らかの方法で、彼女を引き戻せたら良いと思いますが、とても難しい仕事になると思います」と返信している。[48] ワシントン当局は、一九三二年秋の大統領選挙でピーボディ率いる女性たちの票を意識していたものの、その頑固な道徳主義は持て余されこそすれ、説得力を持つことはあまりなかった。

ピーボディは、政党や政党組織がどのようなものか、一〇年近くにわたる活動を通じて学習しなかったわけではない。ロックフェラー二世が禁酒法廃棄に転じた一九三二年の共和党大会の後、七月四日の独立記念日に、WNCLEはインディアナポリスで役員会を開き、今後の指針についてメッセージを発信しようとした。ピーボディは、「女性と政府」という題の公開書簡を会員向けに書いた。それによれば、現在、有権者の半分を占めながら、女性は政府に参加できていない、というのである。「私たちは党組織が選んだ候補をおとなしく受け入れ、彼等に投票するだけです。当該の候補者たちは、憲法に反対しているのに。私たちは憲法を守るために組織化し、これからも闘い続けるというのに」と。彼女は、政党の中に入り込まなければ、望ましい候補者を得る事はできない、つまり、禁酒の効用について教育し、禁酒法擁護を公言する候補者に投票するよう呼びかけるWNCLEの基本路線では、政治は動かないことを知ったのだった。ピーボディは、三二年の大統領選挙に際し「個人として私たち女性は、安全に対する我々の侵すべからざる権利を要求するチャンスを持っています。神が私たちを導き、我々がいかなる危機に直面しているかを皆さんが自覚し、それに立ち向かうことを助けてくださいますよう」と書いて、WNCLE会長としてのこの公開書簡を締めくくった。[49]

女たちの分断

憲法修正第一九条、すなわち、女性の参政権が十全に機能すれば、禁酒法は維持できるというピーボディの主張は、まず、女性はごく少数の例外を除き、禁酒法を支持していると前提していた。彼女は、WNCLEは一〇〇〇万人、あるいは、一二〇〇万人の女性を代表していると何度も発言した。「WCTUは私たちのグループの小さな勢力にすぎない」と言い切っている。[50]この数字は、傘下の女性団体の総会員数から重複人数を引いたもので、根拠がないものではなかった。しかし、憲法修正第一八条をめぐって、女性たちは決して一枚岩であったのではない。女性内部の分裂は、平等権修正（ERA）についてのそれに比肩するものだったが、[51]おそらく一般的関心はERA以上に高かったであろう。ルーシィ・ピーボディは、一九世紀にwomanと単数形で表現された、均質的な一枚岩の女性の存在を信じていた。しかし、二〇世紀にはwomenという、女性の複数性――女性の間の差異――を前提とする表現が一般的になる。憲法修正第一八条廃棄（憲法修正第二一条の成立）の過程において、この傾向は鮮明に表現された。

ルーシィ・ピーボディが禁酒法への攻撃が始まったと認識した一九二二年、男性が組織したAAPAの女性だけの下部組織としてモリ・ピッチャ・クラブが立ち上がった。中心人物は、民主党のM・ルイーズ・グロス。独立革命時に戦場で兵士たちに水を運んだことで有名な女傑の名前を冠したこの団体は、「個人の自由」に国家権力が介入することに反対し、主にニューヨーク州とペンシルヴァニア州で活動したが、全国区にはならなかった。[52]

この団体よりはるかに大きな影響力を持ったのは、一九二九年にポーリン・セイビン（一八八七―一九五五）が組織した禁酒法改正のための全米女性団（WONPR）である。セイビンは、ネブラスカ州知事と農務長官を務めた祖父、さらに、セオドア・ローズヴェルト政権のときに海軍長官を務めた父を持ち、自身も一九二〇年代に共和党で女性としてパイオニア的な活躍をした、共和党インサイダーであった。禁酒法には当初賛成であったが、意見を変え、法の軽視を生んで、かえって子どもたちに悪影響を与えると論じた。そして、絶対禁酒ではなく「節制（Temperance の文字通りの意味）」を奨励する方が現実的で望ましいとした。連邦法ではなく州法でそのように人々を方向付けることは可能だと。「適度の飲酒」というこの立場は、一九世紀後半以来、一滴でも飲むと酒の虜になって人生と家族を台無しにすると喧伝してきた禁酒運動――ピーボディは明らかにこの立場に立っていた――と一線を画すものであった。[53]

それでいてＷＯＮＰＲは、ＷＣＴＵの題目だった「家庭保護」やピーボディが大切にした「子どものため」という題目を積極的に利用した。そして、一九世紀的「女性の政治文化」の肝であった道徳的言説を宗教的絶対善からは切り離し、合理的判断と結合させて積極的に使ったのである。憲法や法の遵守を子どもたちに教えるために、守れない法は積極的に廃止した方が良いし、酒が全くない社会を作るのではなく、酒とうまく共存する術を子どもたちに教えることが、母親の新しい役目だというのが、ＷＯＮＰＲの主張であった。このような女性と母親の伝統的役割に副った主張をすることで、ＷＯＮＰＲは、禁酒法成立過程でそれを支持してきた多くの女性たちにとって受け入れやすい運動になった。ＷＯＮＰＲのあるリーフレットには、「あなたの子どものために、スピークイージを閉じ、ジン工場と郊外幹線道路沿いの酒場を閉じ、密売人を廃業に追い込み、犯罪者から利益を取りあげ、法への敬意を回復させるのを助けてくれますか。禁酒法廃止のために働き、投票することで、それが実現します！」とあった[54]。

だが、ルーシィ・ピーボディに言わせれば、モリ・ピッチャ・クラブのように「個人の自由」を主張するのは、「ジャングルのような無法地帯の主張、金と特権を持つ人々が、欲しいときに欲しいものを得る自由を得るための主張であり、彼等は自分たちを拘束する法律に憤慨している」のであった[55]。ピーボディは、彼等に対して、「自己犠牲」を旨として社会のため、善のために働く「道徳の守護者」としての女性の立場から批判した。ＷＯＮＰＲに対しては、「酒が戻って来て欲しくない女性」が「正常」なのに対して、禁酒法廃止を求める女性たちは「異常、または、超常」という、感情的な評価をしつつ、「私はセイビン一派の運動をそれほど警戒していない」とした。「私は女性たちの考え方がどんなものかをある程度知っています……セイビン一派は一方ではＡＡＰＡと酒の利権によって支えられ、他方では飲酒を支持するジャーナリズムによって支えられています。そして女性たちはこれを見て、セイビン一派を信用しません。それに、彼女たちは女性たちの大きな団体と連携していません。幸運なことに、特権階級に属す女性の数は多くはありませんので、セイビン夫人のようなタイプは信用されないのです」と[56]。

だが、その見込みは間違っていた。セイビン率いるＷＯＮＰＲは、ＷＮＣＬＥを含め、禁酒法擁護派の女性たちに大きな衝撃を与えた。政治に通じたセイビンらは、戦略巧者であった。右に挙げたように、伝統的「女性の政治文化」的な言説を利用するのみならず、組織形態は、各地、各都市等で独自に組織化と運動を行う、地方分権型であり、ＷＮＣＬＥやＷＣＴＵの方式をほとんどそのまま取り入れたものであった。禁酒法だけに焦点を絞り、政党支持にこだわらない点もＷＮＣＬＥに似ていた。セイビンは、“General Chairman”という、ピーボディがＷＮＣＬＥで使ったものと同じタイトルを称した。さらに、ＷＯＮＰＲの第一回年次大会は、一八七〇年代に禁酒十字軍が発祥した地、オハイオで開かれた。つまり、禁酒十字軍の伝統への接合が主張されたのである。そして、禁酒法擁護派の出る集会やラジオ放送にＷＯＮＰＲ会員も出て、積極的に対決した[57]。道徳的言質の正当性の領有をＷＮＣＬＥと真っ向から争ったのである。ＷＯＮＰＲの会員数はそのピークには一〇〇万人近くに上ったという[58]。ＷＮＣＬＥが代表すると主張した一〇〇〇万から一二〇〇万の女性たちの多くは、各所属団体を通じてＷＮＣＬＥに参加する、いわば「消極的多数」であったが、ＷＯＮＰＲの一〇〇万人は直接の会員であり、より積極的であったはずである。

ルーシィ・ピーボディは、マサチューセッツにおけるＷＯＮＰＲメンバーの様子を、次のようにフーヴァの秘書に書き送っている。

……憲法を擁護する何百万人ものアメリカの女性がいます。そして、彼女たちは、現在のワシントン、全米に見られる一部の人々の態度は、単に共和党だけでなく、政府全体に、自殺的な影響をもたらすと思っています。たとえば、私はここマサチューセッツで言葉にできないほどの苦労を経験してきました。私たちとともにある女性たちは大丈夫です。先週の日曜日、〔ボストン・〕ガーデンで開かれた集会には二万人が集いました。ステイトラ・ホテルでの昼餐会では、入りきれない人々の入場をお断りしました。私たちの仲間は、力を尽くしてこれらの集会を助けてくれました。問題は、マサチューセッツの共和党のリーダーたちです。……〔やっとのことでピーボディは共和党決議委員会に招かれたものの、禁酒派はほとんどおらず〕共和党の決議委員会では、禁酒法廃止論者からの証言ばかりでした。最悪だったのは、ムアフィールド・ストーリの娘、ラヴェット夫人でした。彼女はセイビン夫人の廃止論グループの一員です。……私は、マサチューセッツの共和党大会が全国共和党の綱領を支持し、フーヴァ氏を支持するようにと、ごく簡単に発言しました。……しかし、ラヴェット夫人は、私の話の後、立ち上がって言いました。「私はフーヴァ氏に会ってきました。とても温かく迎えてもらいました。彼は、私が禁酒法に反対して立ち上がったのは全く正しいことだと言いました。……私は、このキャンペーンにおいて、宗教が重要でないのと同じように禁酒法は重要でないと申し上げました」と。この発言は、フーヴァ大統領の支持を呼びかけてきた私たちには、大打撃になりました。(59)

WONPRの主導権は、いわゆる上流「社交会」の華やかな女性たちによって掌握されていた。セイビンは相続した自分の財産を持っていただけでなく、二番目の夫は、ギャランティ信託会社の理事長で、AAPAの会計係であった。ロングアイランドの海辺の近くの高級住宅地に住み、パーティを開くのが上手だったという。自宅には、特別に細工された本棚の裏に酒の貯蔵庫があった。(60) 副会長は、ニューヨークの弁護士で、州上院議員を務めたコートランド・ニコルの妻であった。その他のメンバーに、シカゴのデパート王マーシャル・フィールドの妻、ニューヨークの融資家・会社役員の娘ルイーズ・イズリン、セオドア・ローズヴェルトの息子アーチボールドの妻、鉄道王ハリマンの息子で、ニューヨークの融資家のE・ローランド・ハリマンの妻などの名前が確認できる。(61) AAPAと大金持ちを後ろ盾に持つWONPRのリーダーたちには、活動資金も潤沢に流れ込んだ。WNCLEやWCTUには経済的に不可能な、自動車を使ってのパレードを行ったり、女性飛行士の操縦する飛行機を飛ばしたりと、派手な演出をした。(62)

当然、マスコミの関心は、WONPRに集中した。ルーシィ・ピーボディに言わせれば、彼女たちは「異常」また

『ヴォーグ』(1932年8月1日) に掲載されたWONPRのメンバー，マーシャル・フィールド夫人とルイーズ・イズリン　©GettyImages

は「超常」な女なので、「異常」なことに関心を持つ新聞・雑誌の取材が殺到するのであった[63]。その「異常」は、ピーボディが考えたように、単に禁酒法に反対するということだけではなかった。WONPRのリーダーたちの並外れた富、それが可能にする優雅な生活と「社交会」も普通ではなかった。『ヴォーグ』誌に掲載されたWONPRリーダーたちは、ショート・ヘアに膝丈のワンピースという流行の最先端の服をまとい、豪華だが品良く飾り付けられた居間の、ゆったりとしたソファに足を組んで座り、煙草をくわえている。その若々しく、挑発的でかつエレガントな近代性は、当時の女性たちの多くを引きつけるに十分であった。『上手な家事』や『レイディズ・ホーム・ジャーナル』のような、伝統的女性雑誌はどちらかというと禁酒法を応援していたが、『ヴォーグ』掲載の写真は、一目で、禁酒法廃棄こそが、最先端でファッショナブルな女性にふさわしい運動だと納得させる種類のものであった(上の写真を参照)。そこでは、新しい女性像と禁酒法反対が結びついていた。WONPRが禁酒法廃止運動で大きな影響力を持ったことは、一九三二年七月一七日に『タイム』誌の表紙をポーリン・セイビンが飾ったことか

Ella Boole. *The Brooklyn Daily Eagle* (Dec. 13, 1932) より.
Brooklyn Public Library 所蔵

らもわかる。共和党の彼女はその年の大統領選挙で、禁酒法廃止を約束した民主党のローズヴェルトを支持することを公にしたのである。[64]

一方で、時折新聞に掲載されたルーシィ・ピーボディやWCTUのエラ・ブールの写真は、どう見ても老女のそれであった[65]（上の写真を参照）。禁酒法支持派は、一九三三年一月の『ヴァニティ・フェア』誌に掲載された「エラ・ブール夫人とテキサス・ギナン嬢」という有名な風刺画が表現するように、笑いの対象であった[66]。ピーボディを笑いのネタにした「神を知らない、俗物の人々」に対し、ピーボディはキリストの僕は迫害を受けるものだと言って、果敢に活動を続けたという[67]。新聞・雑誌の偏った、また、禁酒法反対派の発言ばかり取りあげる報道は、ルーシィ・ピーボディの悩みの種であった[68]。WNCLEは、全米の禁酒法を擁護する新聞、二〇万人以上の人口を抱える都市の新聞をリストアップし、声明等を送り、記事として採用されることを期待したが、はかばかしい効果があった証拠はない[69]。ルーシィはラジオにも出演したが、どの程度効果があったかは不明である[70]。

ルーシィ・ピーボディとポーリン・セイビンは、年齢にして四半世紀の差があった。つまり、WNCLEやWCTUに対するWONPRの圧倒的勝利は、世代交代を端的に表現していた。同時に四半世紀の間に幅広い中流から上流または特権階級が分離していき、後者が「目立つこと」で権力を持つようになった状況を反映していたのかもしれない。セイビンがそうであったように、WONPRをリードする若い世代の多くは、産業資本家としてならした初代が築いた莫大な富が金融資本に転換された、その恩恵を受けた人々であった。資産によって豊かな生活を送ることができた彼女たちは、一九世紀中流階級的な勤勉や節約といった徳目が活きる生活感覚からは、遠のいていたであろう。セイビンは室内装飾に関心を持ち、それでビジネスも行っていた。「退屈なパーティには我慢ならない」女性だったとの孫の証言もある。[71]彼女は消費に長けており、その能力がビジネスにもなり、また、マスコミがWONPRに関心を寄せる要因になっていた。

一方、ルーシィ・ピーボディもセイラムの名門ピーボディ一族の一員であり、ヘンリ・ピーボディの遺産で生活できた。株式投資もしたし、不動産の売買も手がけた。しかし、ルーシィは、慎ましいニューヨーク州北西部中流階級の出身で、前半生、働いて家族を支えてきた女性であった。彼女は、「心地よい生活」を享受したが、その財産規模は限られており、「目立つための消費」を楽しむには、あまりにも中流的であった。[72]勤勉、節約、そして余裕の時間と資金は宗教――海外伝道――のために使用するという、禁欲的生活態度が身についていた。

ピーボディは、女性による海外伝道五〇周年の頃――一九一〇―一一年――には、大統領夫人に招かれてホワイトハウスを訪れ、ワシントンの「社交会」で歓待された。その頃までは、まだワシントンの政治家にとって、信仰深い中流の女性たちは、選挙権を持たないにせよ、到底無視できない勢力だった。ピーボディは、民主主義の政治において主要勢力に対して払われる敬意を享受した。一九二二年、ピーボディがリードする東洋の七校の女子大学の建築基金募集のニューヨークでの昼餐会には、ロックフェラー二世が姿を見せた。そのころまではまだ、ルーシィ・ピーボディのような中流の女性と富裕層の間にかろうじて価値観の共有があり、連続性があった。しかし、WNCLEの運動においては、ワシントンはピーボディの働きかけにおざなりの反応をし、ロックフェラー二世のリベラリズムは、ピーボディとむしろ敵対するようになった。選挙政治の世界は海外伝道の世界とは大きく異なっていた。それ以上に大きな問題は、女性の参政権が成立し、「参政権を持たない」という一般的共通項がなくなったとき、女性の間の価値観の多様性も表面化し、女性たちが一丸となってキリスト教や道徳を支持している、つまり、多数派の意見を左右しうるという幻想を打ち砕いたことであった(73)。一九世紀的女性の政治文化が前提としていた女性たちが一枚岩的にキリスト教道徳を共有するという状況は、実は、女性たちが一律的に政治権力へのアクセスを制限されていたことと表裏一体の関係にあったのである。道徳的言説を有効にする中立的かつ超越的立場を女性が失った状況の中でも、WNCLEとWONPRは共に道徳的言説を使い続けた。しかし、それは選挙政治の中での使用であり、その力学に飲みこまれ、結局は選挙政治を繰る力量と資金力がなければ木っ端微塵に粉砕される程度のものであった。

ルーシィ・ピーボディが慣れ親しんできた運動方法も以前のような効果を発揮しなかった。教会のネットワークをベースに、勉強会や夏期学校を開き、そこで使うテキストやパンフレットを販売、配布することで、広報するという方式である。講演とページェントを織り交ぜる集会もピーボディの得意としたところであった。そうした勉強会、夏期学校、大集会には、右にもいくつか紹介したように多くの人——少なくとも数千の——が集まった。けれども、新しい時代にあっては、新しいメディア——新聞、雑誌に加え、ラジオ、映像等——がそれを報道しなければ、影響力は限られた。対面参加型の情報伝達は、労多くして、成果が少ないものになった。そうした方法では、情報を同質的な人々を越えて広げることができなかった。先に引用したように、ピーボディは、その精力的、広範囲な活動にもかかわらず、「非常にえり抜きで上品」な人々の間だけで活動しており、「違法な飲み物が出されたことは一度もな」く、「密売人に会ったことは一度もな」かったのである。したがって、新しいメディアの注目を集められない状況では、人種・民族的にも階級的にも多様化したアメリカ大衆社会に十分なインパクトを与えることは困難であった。

新しい政治的連携

一九三〇年一一月初頭、マサチューセッツ州民発案（イニシャティヴ）によって、同州の禁酒法が廃止になった。ルーシィ・ピーボディはこの州民発案が通らないように、長い間奮闘し——ボストンの町を行進したこともあった——、一九二五年五月には「もうこれ以上積極的な活動を続けられない」とジョンソンに書き送るほど疲れきっていた。[74] 一九三〇年の敗北の後、彼女がビヴァリの自宅「緑の壁」を閉めて売りに出し、フロリダのオーランドに移住することが発表された。「個人的に、私は、法益を剝奪する州の市民になりたくない」と。新聞記事が出た翌日にはビヴァリを出た。先にも述べたように、ピーボディは一九二五年頃から冬期はオーランドで過ごすようになっていたから、出発は元々計画されていたことだったろう。ただ、州民発案で敗北し、その時点ではマサチューセッツを捨てると決心したほどの衝撃を受けたのだ。[75]

ピーボディは、マイアミでの飲酒習慣はあるものの、「フロリダ中央部で五回の冬を過ごした経験からすると、非常に効力のある、強力な州法によって〔人々は〕守られている。フロリダには、知事、議員等、禁酒主義の公職者がいる。マイアミとパームビーチでの飲酒は、北部から来る特権的な人々がやっていることだ」と『グローブ』誌に書き送っている。[76] 前章で紹介したように、一九三〇年一月、ピーボディはフロリダ連環伝道集会で成功を収めていた。つまり、ピーボディにとって心地よい、同質的なコミュニティは、もはや移民が流入し、多様性が増したマサチューセッツではなく、フロリダにあった。雑ぱくな言い方をすると、ピーボディは、かつて北部に見いだしていたもの――海外伝道や禁酒を支持するような信心深さ――を、南部に見いだしていた。

一九三二年六月一四日のシカゴの党大会で、共和党は明確な禁酒法支持の綱領を出さず、ピーボディが大いに失望したことにはすでに言及した。彼女はハーヴァート・フーヴァに手紙を書き、一一月の選挙での共和党の敗北を断言するとともに将来「新しい提携」が生まれると予言した。[77] そして、「金持ちと大衆の結託――私たちは新党を必要としているか？」というＷＮＣＬＥのリーフレットを出した。[78] その中でピーボディは、禁酒法をめぐる政治闘争は、実は禁酒法を問題にしているのではなく、政治権力をめぐる「東部の資本家の利害」対「来るべき南部と不満渦巻く西部」の「巨大な闘争」なのだと述べた。共和党内部におけるその構図をピーボディは次のように説明した。近年、東部は政治権力を西部に奪われ、上院ではウィリアム・ボラ（一八六五―一九四〇、アイダホ出身の共和党員）のようなタイプが増え、ヘンリ・カボット・ロッジ（一八五〇―一九二四、マサチューセッツ出身の共和党員。ハーヴァード大学卒）のようなタイプが減った。東部の巨大なトラストは、金融取引に議会の保守派の助けを必要としている。そこで、大金持ちの共和党員は、共和党は金融を支配する東部の保守政党であり、禁酒主義者や西部の政党ではないとし、その性格を維持するには、禁酒法に反対しなければいけないと主張する。なぜなら、この一派が勝利するためには、北部の都市の票が必要だからである。都市票は、地下組織とつながる、酒を肯定するマシーンを使って獲得される。だから、反禁酒法でなければいけない、というわけだ。

ピーボディは、この共和党内の闘争を「メイン・ストリート」対「ウォール・ストリート」の戦いと表現している。アメリカの田舎の小さな町に必ずあるささやかな繁華街「メイン・ストリート」がウォール街の権益によって侵されようとしているというイメージである。勝つために、金融権益は、「国のバックボーンである偉大な中流階級の政治力」を押さえつけ、あらゆる破壊的な力に頼ろうとしていると。シカゴでの共和党大会でピーボディが目撃したのは、上流階級の「禁酒法反対派」と「大衆」が禁酒法を台無しにする綱領に歓声をあげる様子であった。「西部と南部から政治的支配力を取りあげようとする金融権益は、巨大都市の反禁酒法マシーンに頭を下げることで、手に負えないフランケンシュタインを作り上げようとしている」と彼女は警告した。

ピーボディは、禁酒法以外の問題への関心を土台とする、新たな連携が必要だと主張した。それは、農家の救済、失業、不況等に関心を持ち、また、「人は向上できるという、私たちの祖先たちの信念のようなものがまだ残っている、つまり、文明を新しい高みに導くことができる自制心と自己犠牲を身に纏うことのできる、広大な田舎」、すなわち、「南部、西部、大都会から遠い地域」の間の連携であった。そして、共和党の資本家たちは、現状では深刻な不況で正気を失っているが、「この金融上の嵐が終わって、正気が禁酒法廃止を唱える狂気に取って代われば」、「資本は偉大な中流階級、田舎の票に譲歩する方がより安全な土台を得る」ことを理解するだろう、と予想した。それは、一九三二年六月の党大会の後、「西部、南部、女性から……反発の声」(79)が寄せられた経験に基づいていた。

ルーシィ・ピーボディはボストン中心部で長く働き、セイラムの名門ピーボディ一族の一員となった都会人であったが、カンザスのベルモントで生まれ、ニューヨーク州北西部の田舎に囲まれた町（あるいは「大都会から遠い地域」）に育った。その芯にあったのは秩序ある田舎あるいは郊外の感性と信仰であった。彼女が親しんだのは、アメリカ生まれの白人のユートピアであって、遠い異国の地にある「異教徒＝野蛮人」に手を差し伸べることで、自らの「白人優位者」としてのアイデンティティを確保できる環境であった。大量の異質な移民が流れ込み、定住し、白人ユートピアを台無しにする大都会は、悪の巣窟にしか見えなかったのであろう。ピーボディは、一九三二年の共和党大会直後から、党派によらない教育活動を主とするＷＮＣＬＥの会長を女性クラブ総連合のシッペル夫人に譲り、新党の結成というより過激な運動に参入することを思案していた。「私はまっすぐで正直な試合をする」と。(80)

周知の如く、一九三二年一一月、禁酒法廃止に積極的な支持を表明していた民主党のフランクリン・ローズヴェルトが大統領選挙に勝利した(81)。ローズヴェルトは、ピーボディの言うところの、「都市の大衆」の票を獲得し、マスコミを味方につけた。実は、そうすることで、「一枚岩の南部」――南部の堅牢な民主党への支持――に楔を入れたのである。勝利の後、夫の大統領就任を目前にして、エレノア・ローズヴェルトはワシントンのコモドア・ホテルで開かれたＷＣＴＵの昼餐会に出席、「すべての少女は、人生の早い段階で、どのくらい酒が飲めるのか知る必要がある」と発言し、昼餐会に出席した節制を旨とするＷＣＴＵ会員からは拍手喝采されたが、絶対禁酒主義者から猛反発を受けた。この時、ピーボディは、憲法修正第一八条へのいかなる修正にも反対する新しい組織を作るつもりだと発言した(82)。一九三三年四月、ＷＮＣＬＥは大会を開き、会長としてのルーシィ・ピーボディは基調講演のなかで、新しい「禁酒の党」の出現を予見し、禁酒法を維持するために厳密に女性だけの政党を追求することはないが、「アメリカ護憲党」を設立するための男女の連携は必須であろうと述べた[83]。この時の報道写真は、ほとんどＫＫＫを彷彿させるもので、敗北した白人中流層の無念と自らの目標への執念、そして社会的孤立を伝えている（第八章扉写真参照）。

ルーシィ・ピーボディが想い描いたような連携をベースにした新しい政党は結局実現しなかった。しかし、彼女は諦めず、前向きであった。一九三六年には、エリザベス・ティルトン、エラ・ブールとともに「かつて勢力があった三執政」として新聞に載った。記事では、一九四〇年までには若者が立ち上がるだろうから、禁酒法の灯火を維持するとのブールの決意が伝えられ、それはピーボディのものでもあったと考えられる[84]。

一九四〇年にティルトンに宛てた手紙には、彼女が、禁酒法復活を目指し、禁酒党事務局長や多くの禁酒運動家と情報交換していた様子が記されている[85]。その頃も、ピーボディは相変わらず、冬はオーランドで過ごし、春になると北部に移動した。一九四〇年は、移動の途中でワシントンに寄り、四月はボストンのホテルに二―三週間滞在し、ニューヨークやフィラデルフィアで複数の会議に出席し、五月の半ばにビヴァリに移る予定であった。ビヴァリでは書類や書籍の整理を始めており、できれば家を売りたいと考えていた。ハーパー社やレヴェル社[86]といった出版関係の人々とも往来があった[87]。

ルーシィ・ピーボディが想い描いた南部・西部・田舎（大都会から遠い地域）の連携は新党としては実現しなかったが、ずっと後になって、一九八〇年代以降、共和党がこれらの地域の、特に信心深い中流の人々と連携を深めたことを私たちは知っている。資本家・大金持ちの党であるはずの共和党とこれらの地域の連携は、二〇一六年の大統領選挙におけるドナルド・トランプの勝利においてもその一端を担った。一九三〇年代初頭、ピーボディは、「資本は、偉大な中流階級、田舎の票に譲歩する方がより安全な土台を得る」とやがては理解すると指摘した。彼女は、約半世紀先に顕在化する共和党と南部・西部・田舎との連携に向けての胎動を、禁酒法をめぐる攻防の中に見ていた。

（1）Peabody, *Kidnapping*, p. 4.
（2）McGirr, *War on Alcohol*.
（3）Rose, *American Women*; Murdock, *Domesticating Drink*.
（4）Peabody, *Henry Wayland Peabody*, p. 181.
（5）一九世紀における女性と禁酒の強力な結びつきについては、Bordin, *Woman and Temperance*; Parsons, *Manhood Lost* など。
（6）Lucy W. Peabody, "Defeat or Victory," *Woman's Work*, Vol. 33（Apr., 1918）: 82–88.
（7）Letter from Lucy Peabody to Walter H. Newton（Nov. 12, 1929）in Peabody, Lucy 1929–1933, Box 799, Files of Presidential Secretarys, 1915–1933, Herbert Hoover Papers（HHP hereafter）, Herbert Hoover Presidential Library（HHPL hereafter）, West Branch, Iowa.
（8）Murdock, *Domesticating Drink*, Chapters 3 and 4; McGirr, *War on Alcohol*, Chapters 2 and 3. 常松『ヴィクトリアン・アメリカの社会と政治』、第八章。
（9）一九三一年には約八二万ドルを支出したという指摘がある。Dobyns, *Amazing Story of Repeal*, p. 9. この本は、禁酒法廃止には反対の立場で書かれており、デュポン家の面々を始めとするこの協会の富豪たちは、酒税を復活させて、連邦所得税を廃止しようという意図があったと議論している。
（10）Letter from Lucy Peabody to Elizabeth Tilton（May 4, 1923）in Folder 271, Box 10, Elizabeth Tilton Papers（ETP, hereafter）, Schlesinger Library（SL, hereafter）, Harvard University.
（11）Tilton, *Save America*, pp. 1–2.
（12）"Tilton, Elizabeth, 1869–1950," http://oasis.lib.harvard.edu/oasis/deliver/~sch00942 accessed on Dec. 15, 2016.
（13）Letter from Lucy Peabody to Walter Newton（Jan. 16, 1932）in Hildreth, Charies N., Endorsements, U.S. Mar-

shall, Box 975, Files of State Offices, 1920–33, HHP, HHPL.

（14）以上は、Tilton, *Save America*, pp. 3–12.

（15）Peabody, *Kidnapping*, p. 70.

（16）Letter from Walter H. Newton to Louis C. Cramton（Feb. 12, 1930）in Peabody, Lucy 1929–1933, Box 799, Files of Presidential Secretarys, 1915–1933, HHP, HHPL.

（17）“Anonymous Threat in Notes is Defied by Mrs. Peabody,” *The Scranton Republican*（Apr. 26, 1926）, p. 1.

（18）Letter from Lucy Peabody to Herbert Hoover（Feb. 7, 1931）in Peabody, Lucy 1929–1933, Box 799, Files of Presidential Secretarys, 1915–1933, HHP, HHPL; Letter from Lucy Peabody to Elizabeth Tilton（Jun. 27, 1927）in Folder 274, Box 10, ETP, SL.

（19）Letter from Lucy Peabody to Walter Newton（Jul. 7, 1930）in Peabody, Lucy 1929–1933, Box 799, Files of Presidential Secretarys, 1915–1933, HHP, HHPL.

（20）Tilton, *Save America*, p. 120.

（21）マードックは、ＷＣＴＵに長年属した人がＷＫＫＫに入ったことなどを指摘している（Murdock, *Domesticating Drink*, p.128）。マギルは一九二〇年代にＫＫＫの会員数が増えたことに禁酒法擁護の運動が大きく貢献したこと、メンバーが重なっていたこともあって、ＡＳＬやＷＣＴＵがＫＫＫの暴力に沈黙したことなどを指摘している（McGirr, *War on Alcohol*, pp.132–142）。

（22）Kohiyama, “‘No Nation,” p. 220; Blee, *Women of the Klan*, p. 46.

（23）U.S. Senate, *The National Prohibition Law Hearings before the Committee on the Judiciary, U. S. Senate*, 69th Congress, 1st Session, 1926, pp. 666–667 as quoted in “Women’s National Committee for Law Enforcement,” https://prohibition.osu.edu/american-prohibition-1920/womens-national-committee-law-enforcement accessed on Sept. 11, 2018.

(24)“Women to Back Dry Defense at Congress Hearing,” *The Brooklyn Daily Eagle*(Mar. 10, 1930), p. 13; “Mrs. Peabody Assails Andrews,” *The Brooklyn Daily Eagle*(Apr. 15, 1926), p. 2; “Women Assert Beer Will Cut Taxable Wealth,” *The Brooklyn Daily Eagle*(Dec. 12, 1932), p. 1.

(25)“Women Drys Subscribe to 14-Point Creed; Term Liquor Buyer as Guilty as Seller,” *New York Times*(Mar. 12, 1930), p. 18.

(26)“A National Conference to Call for 1928 Prohibition Enforcement Planks in Party Platforms and Dry Candidates at Mayflower Hotel, Washington, D. C., Feb. 28, 1928” in Folder 341, Box 12, ETP, SL.

(27)Letter from Lucy Peabody to Walter Newton(Oct. 28, 1930)in Peaboy, Lucy 1929–1933, Box 799, Files of Presidential Secretarys, 1915–1933, HHP, HHPL.

(28)Letter from Lucy Peabody to Walter Newton(Mar. 29, 1932)in Peabody, Lucy 1929–1933, Box 799, Files of Presidential Secretarys, 1915–1933, HHP, HHPL.

(29)注33を参照。“Declaration of Independency by the Women's National Committee for Law Enforcement”(Jul. 4, 1932)in Box 268, President's Subject Files, 1915–1967, HHP, HHPL.

(30)ごく一部の手紙の例は、Letter from Lucy Peabody to Walter Newton(Jan. 21, 1930)(人事への不満)in Box 263, President's Subject Files, 1915–1967, HHP, HHPL; Letters from Lucy Peabody to Walter Newton(Jan. 29, 1931)(活動報告と資料送付);(May 6, 1931)(ウィルブラント批判)and(Nov. 13, 1930)(直接会ったこと)in Peabody, Lucy 1929–1933, Box 799, Files of Presidential Secretarys, 1915–1933, HHP, HHPL.

(31)Letter from Lucy Peabody to Walter Newton(Dec. 13, 1930)in Box 997, Foreign Affairs Files, 1923–1933, HHP, HHPL.

(32)Letters from Louis C. Cramton to Walter Newton(Feb. 10, 1930)and from Newton to Cramton(Feb. 12, 1930)in

Peabody, Lucy 1929–1933, Box 799, Files of Presidential Secretarys, 1915–1933, HHP, HHPL.

（33） Murdock, *Domesticating Drink*, pp. 119–120; Letters from Grace van Braam Roberts to Herbert Hoover（Feb. 21, 1929）and from Lucy Peabody to Walter Newton（Jun. 10, 1930）in Box 236, President's Subject Files, 1915–1967, HH, HHPL; Letter from Lucy Peabody to Herbert Hoover（Feb. 7, 1931）in Peabody, Lucy 1929–1933, Box 799, Files of Presidential Secretarys, 1915–1933, HHP, HHPL. この手紙で、ピーボディは、ウィカーシャム報告の結論に満足していることを述べ、さらに、「私はワシントンの告別演説を何度も読み返しています。……南北戦争以後で最も重要なこの戦争のために、あなたがまっすぐに立ち向かうことを女性たちは祈っています」と書いている。

（34） Nellora Clough Martin, "An Appreciation of Mrs. Lucy Waterbury Peabody," *Baptist Missionary Review*（Oct. 1931）: 468 in Lucy Peabody File, ABHS.

（35） Letter from Lucy Peabody to Friend（Oct. 28, 1929）in Jo-233 1917–1929 Correspondence, Grace A. Johnson Papers（GAJP hereafter）in the Woman's Rights Collection（WRC hereafter）, SL.

（36） Letter from Elizabeth Tilton to Lucy Peabody（Feb. 18, 1932）in Folder 294, Box 11, ETP, SL.

（37） Letter from Lucy Peabody to Grace A. Johnson（Apr. 12, 1932）in Jo-234, 1930–1933 Correspondence in GAJP, WRC, SL.

（38） Peabody, *Wider World*, p. 7.

（39） 一八六二―一九四七年。コロンビア大学学長で禁酒法に反対した。

（40） 一八五八―一九四六年。ヴァージニア出身の上院議員。もとは新聞発行人で連邦準備制度の制定に参加したことで知られる。禁酒法維持派と考えられる。

（41） Letters from Lucy Peabody to Elizabeth Tilton（Jun. 2, 1924）and from Elizabeth Tilton to Lucy Peabody（Jun. 3, 1924）in Folder 272, Box 10, ETP, SL.

（42） 一滴でも酒を飲めば、それが飲んだ人を支配し、破滅への道を準備するという言説は、一九世紀には小説、説教等で繰り返されたので、これは彼女だけの信念ではない。Parsons, *Manhood Lost*, p. 111を参照。

（43） Letter from Lucy Peabody to Herbert Hoover（Jul. 22, 1932）in Box 268, President's Subject Files, 1915–1967, HHP, HHPL.

（44） Letter from Lucy Peabody and Elizabeth Tilton to Lewis W. Douglas（May 24, 1933）in Folder 299, Box 11, ETP, SL.

（45） Letter from Grace Van Braam Roberts to Herbert Hoover（Feb. 21, 1929）in Box 236, President's Subject Files, 1915–1967, HHP, HHPL.

（46） McGirr, *War on Alcohol*, pp. 237–238; Letter from Lucy Peabody to Herbert Hoover（Jul. 22, 1932）.

（47） *The Brooklyn Daily Eagle*（Oct. 2, 1932）, p. 73.

（48） Letters from Everett Sanders to Walter Newton（Jul. 24, 1932）and from Walter Newton to Everett Sanders（Jul. 27, 1932）in Box 268, President's Subject Files, 1915–1967, HHP, HHPL.

（49） Letter from Lucy Peabody to Friend（Jun. 20, 1932）in Folder 297, Box 11, ETP, SL.

（50） Letter from Lucy Peabody to Herbert Hoover（Jul. 22, 1932）.

（51） ＥＲＡをめぐる女性たちの分断——女性の「保護」か「平等」か——については、エヴァンズ『アメリカの女性の歴史』、二九九—三一〇頁。

（52） グロスは、ニューヨーク出身。法律事務所で働いた後、アル・スミスに近しいタマニ・ホールの地区リーダーの秘書となった女性（Rose, American Women, p. 67）。ローズの著作は、禁酒法廃棄をめぐる女性たちの攻防を描いたパイオニア的な著作だが、ルーシィ・ピーボディについては誤記をしている。たとえば、ＷＮＣＬＥをＷＣＴＵの「支流」とし（六六頁）、ピーボディはＷＣＴＵのエヴァンジェリン・ブールと同じように、牧師の妻だ（八三頁）としている。ピーボディ個人については情報を集めなかったようである。

（53）一九世紀の禁酒運動で飲酒がどのように描かれたかについては、Parsons, *Manhood Lost*; Rose, *American Women*, pp. 75–89.

（54）*Ibid.*, pp. 75–78 and inset 21.

（55）Mrs. Henry Peabody, "The Tiger Purrs," n.d., p. 2 as quoted in Rose, *American Women*, p. 72.

（56）Letter from Lucy Peabody to Walter Newton（Feb. 10, 1932）in Peabody, Lucy 1929–1933, Box 799, Files of Presidential Secretarys, 1915–1933, HHP, HHPL.

（57）Rose, *American Women*, p. 100, inset 16.

（58）*Ibid.*, p. 86.

（59）Letter from Lucy Peabody to Walter Newton（Oct. 28, 1930）in Peabody, Lucy 1929–1933, Box 799, Files of Presidential Secretarys, 1915–1933, HHP, HHPL. なお、ムアフィールド・ストーリ（一八四五―一九二九）とはボストンの著名弁護士で、反帝国主義者、公民権運動活動家であった。

（60）"Prohibition," http://www.pbs.org/kenburns/prohibition/media_detail/2082534271-sabin/ accessed on Dec. 20, 2016.

（61）Rose, *American Women*, insets 16, 17.

（62）"Prohibition."

（63）U.S. House of Representatives, Ways and Means Committee, *Modification of Volstead Act, Hearings*, 72nd Cong., 2d sess., 1932, p. 399 as quoted in Rose, *American Women*, p. 67.

（64）Rose, *American Women*, pp. 110–111, insets 16, 17, 26.

（65）たとえば、*Oakland Tribune*（Nov. 29, 1927）, p. 28; *Brooklyn Daily Eagle*（Dec. 13, 1932）, p. 1 など。

（66）"Mrs. Ella Boole and Miss Texas Guinan," Library of Congress, https://www.loc.gov/item/acd1996002245/PP accessed on Dec. 22, 2016.

（67）Martin, "An Appreciation," 469.

（68）たとえば、議会における禁酒法に賛成するスピーチはほとんど新聞に載らないのに、禁酒法反対の演説は全文が大都市の新聞に取りあげられるといった問題があった（Letter from Louis G. Cramton to Lucy Peabody（Feb. 10, 1930）in Peabody, Lucy 1929–1933, Box 799, Files of Presidential Secretarys, 1915–1933, HHP, HHPL）。ＷＮＣＬＥが決議を発表してもＡＰ通信がそれを配信するということは期待薄であった（Letter from Lucy Peabody to Walter Newton（Feb. 7, 1930）in Box 263, President's Subject Files 1915–1967, HHP, HHPL）。

（69）"List of Prohibition Papers" and "Class 'A' Newspaper List" in Folder 328, Box 12, ETP, SL.

（70）*The Brooklyn Daily Eagle*（Dec. 13, 1932）, p. 3 にラジオで話すルーシィの写真が掲載されている。

（71）"Prohibition."

（72）第一章に紹介したヘレン・モンゴメリの主張を参照。

（73）ロックフェラー二世の妻は、連邦議会上院の共和党院内総務を務めたネルソン・アルドリッチの娘であった。彼女はロックフェラー家の宗教的伝統になじめず、朝の祈禱会に参加しないで、その間、ベッドの中で、新聞を読んだり、手紙を書いたりしていたという（Rockefeller, *Memoirs*, p. 17）。二人が結婚したのは、一九〇一年で、回想録を書いたデイヴィッドが生まれたのは一九一五年である。ロックフェラー二世の妻がいつから朝の祈禱会に出なくなったかは不明だが、デイヴィッドの記憶にあるのは、一九二〇年代の様子と推測される。

（74）Letter from Lucy Peabody to Grace A. Johnson（May 7, 1929）in Jo-233 1917–1929 Correspondence, GAJP, WRC, SL.

（75）"Mrs. Peabody Quits Wet Massachusetts," *The Brooklyn Daily Eagle*（Nov. 6, 1930）, p. 3. その後のピーボディのティルトンや大統領秘書宛の手紙を見ると、夏はビヴァリに住み続けたことがわかる。

（76）“Bay State's Wet Vote Causes Dry Leader to Adopt Florida,” *The Brooklyn Daily Eagle*（Nov. 8, 1930）, p. 1.

（77）Letter from Lucy Peabody to Herbert Hoover（Jul. 22, 1932）.

（78）*Rich and the Rabble Combine: Are We Driven To A New Party?*（WNCLE, c. 1932）in Folder 341, Box 12, ETP, SL. このリーフレットに著者名はないが、一九三二年七月二二日付けのフーヴァ宛のピーボディ書簡に符合する内容なので、ピーボディが書いたことに間違いはないと考えられる。以下の議論と注のない引用はすべてこの小さなリーフレットから取った。

（79）Letter from Lucy Peabody to Herbert Hoover（Jul. 22, 1932）.

（80）Letter from Lucy Peabody to Friend（Jun. 20, 1932）.

（81）このときの大きな争点の一つが禁酒法であり、ローズヴェルトがよりはっきりと禁酒法廃止派にまわったことで勝利を確実にしたことは、長く忘れられてきた。すでに紹介したマギルの著作はこの点に光を当てている。

（82）“Pastor Assails Mrs. Roosevelt For Wet Talk,” *The Brooklyn Daily Eagle*（Jan. 15, 1933）, p. 3; なお、ＷＣＴＵ会長のエラ・ブールは、ピーボディの認識によれば、一九三二年七月までに禁酒法修正論に妥協していた（Letter from Lucy Peabody to Herbert Hoover（Jul. 22, 1932））。

（83）“Women Drys Seek New Political Unit,” *The Brooklyn Daily Eagle*（Apr. 13, 1933）, p. 10.

（84）“Sees ‘Revolt’,” *Boston Traveler*（Apr. 2, 1936）in ABWE.

（85）The Prohibition Party. 一八六九年に設立されたアメリカ合衆国で最初の第三政党。

（86）ドワイト・ムーディの義兄弟フレミング・H・レヴェル（Revell）が起こした出版社。

（87）Letter from Lucy Peabody to Elizabeth Tilton（Mar. 27, 1940）in Folder 305, Box 11, ETP, SL.

エピローグ

「キリスト教徒の大使，ヘンリ・W・ピーボディ夫人」*The Watchman Examiner*（Nov. 11, 1937）より

人生は七〇歳でも面白い。私たちは、この先それほど活動的ではないかもしれない。しかし、瞑想、読書、祈りが記憶と経験に加われば、使わない時間はほとんどない。(1)

一九三〇年代後半、七〇代後半を迎えたルーシィ・ピーボディは、相変わらずエネルギッシュであったが、禁酒法のための運動にも、ABEOとの関係にも一区切りがついた。一九三四年には、長年の友ヘレン・モンゴメリが亡くなっていた。

晩年のルーシィ・ピーボディは、過去の仕事によって顕彰されるようになった。(2)明るく、「まっすぐで正直な仕事」をするルーシィ・ピーボディは、たとえ意見を異にして袂を分かつような時期があっても、信頼や友情を失うことはあまりなかったようである。一九三七年には、インドのヴェロール女子医科大学の二〇周年記念(一九三八年)に招かれ、インドに旅立った。東洋の七校の女子大学のなかでも、インドの三校はピーボディが特別の愛着を持ったものであったし、彼女はヴェロールの創立者の女性宣教医アイダ・スカダと特に親しかった。(3)その歳で一人長旅することに不安はないのかと尋ねられると、「気持ちは、七六年〔自分の年齢にかけて、一八七六年を意味する〕」と答えたという。(4)この時、酒が合法化されて四年、アメリカの状況を嘆いて、インドに移住することになったと報じた新聞もあった。(5)

翌年帰国したとき、ピーボディがインドから持ち帰ったのは、新たな心配事であった。インド植民地政府は、インドにおける医学教育のレベルを引き上げることを決め、ヴェロール女子医科大学は教育期間を五年から六年にし、スタッフと設備を増強しないと医師のライセンスを出せなくなった。しかも、政府は、教員の学位は、イギリスのものでなければならないというのである。政府の方針に副うためには、莫大な資金が必要だった。スカダがインドにピーボディを招いたのは、この問題への対処を相談する目的もあったのだろう。インドからの帰り、ピーボディはロンドンに一ヶ月滞在し、イギリスの関係者がこの問題を積極的に取りあげるよう働きかけたが、芳しい成果はなかったようだ。イギリス側は、アメリカ側に比べ、はるかに少ない貢献しかしてこなかった、とピーボディは指摘している。帰国後、ジョン・R・モットに手紙を書いて、助けを求めた。「イギリスでもアメリカでも、私がキリスト教の国際主義と呼んでいるものの外にいる人々に関心を持ってもらうというのが私の考えです。……多少の資金を獲得するために、私は、一〇月には働いているでしょう」とも書いている。ピーボディは、ヴェロール女子医科大学のアメリカ側理事会――会計はピーボディの腹心オルソン――の中の「促進委員会会長」を引き受けていた(6)。「多少の資金」を集める運動は、冬の間、フロリダを中心とする南部で展開するつもりだったと考えられる。

老齢のルーシィ・ピーボディが奮起したことには、背景があった。実は、一九三〇年代半ばにはヴェロール女子医科大学を共学化しようという動きが起こっていた(7)。植民地政府が打ち出したインドにおける医学教育の高度化の方針に素早く対応するために、その可能性が再び模索され始めた。そして、共学化に反対したのは、アメリカ側理事会、特に、ルーシィ・ピーボディその人であったようだ。

歳を重ねるにつれ、ルーシィ・ピーボディは、女性たちの絆への思いをさらに強くしていった。エキュメニズムに基づく世界的な共同作業の中で、男性の中に混じるごく少数の女性委員として働いた経験、ABEOに集うファンダメンタリストたちのミソジニに直面した経験、禁酒法を守る運動で男性牛耳る選挙政治に挑んだ経験等を通じ、ピーボディは、女性が男性とは別に活動すること、団結することの大きな意味をますます堅く信じるようになった。

ピーボディが精魂込めて資金調達を行った東洋の七校の女子大学のうち、北部中国共立女子医科大学は、ローラ・スペルマン・ロックフェラー財団の支援対象から外された(第五章参照)。共学の北京協和医学院にロックフェラー財団が多大の援助をしていたことがその理由であった。女性だけの医学校に資金をつぎ込む意味はない、と。ピーボディは奮起し、七校の女子大学のためのキャンペーンでは、マッチングの対象にならないことを前提に、北部中国共立女子医科大学への特定献金を維持した。そして、紆余曲折を経て、上海で婦人一致海外伝道協会（WUMS）が一八八五年から経営してきたマーガレット・ウィリアムソン病院を譲り受け、メソジスト、バプテストを始めとする複数の教派の協力を得、一九二四年に上海キリスト教女子医学校の開校にこぎつけた。ピーボディは、一九二〇年以降、この案件を担当する委員会の長を務めており、北部中国共立女子医科大学のプランを上海で実現させた。彼女はこの医学校は女性だけのものであることと、伝道を目的とする福音主義のアメリカ人・中国人の女性クリスチャンが教員であることを強調して資金集めを行なった。一九三五年頃出たマーガレット・ウィリアムソン病院の五〇周年記念誌に掲載されている女子医学校の「創立理事会」のメンバーにピーボディの名前はないが、財務担当はマーガリート・ドーン、会計はヒルダ・オルソンであったから、彼女の影響力が保持されたことは疑いない(8)。

この例からもわかるように、ピーボディは、女性を男性から分離して医学教育を施すことに執着した。そして、ヴェロール女子医科大学の共学化に最後まで断固反対した。「私はヴェロール女子医科大学なら喜んでスポンサーを務めますが、共学の医科大学のスポンサーにはなれません。……私が確保した資金は、男女共学の大学のためではなく、女子キリスト教医科大学のためだったのです」（強調は原文通り）と一九四四年に、健康が衰えるなか、書き残している(9)。ヴェロールの共学化が完了したのは、一九四七年、ピーボディの死の二年前であった。現在、同校は、ヴェロール・キリスト教医科大学という(10)。

ノースフィールドの夏期学校のために書いたと考えられる「もし私が牧師だったら」という原稿で、ピーボディは次のように述べている(11)。

私たちは、何度も何度も、教会の女性の組織で活動してきた女性が、組織の「合併」で居場所をなくすか、心意気を失うのを見てきました。……女性たちは、自分たちのアイデアに基づいて、あまり指令を受けずに、いっしょに働くのが好きなのです。

……教会の外の方が、女性たちは望めば自由を得られます。市民的、政治的路線、クラブや福祉の仕事で、女性たちの団体は増え、力を増しています。もし、教会の中で女性が足かせをはめられ、男性に支配され、自由やイニシャティヴや自発性を失うなら、徐々に女性たちが教会の仕事を離れ、直接的な意味で宗教的な仕事ではないけれども、他の女性たちがやっている素晴らしい仕事に入っていくというのは、驚くべきことではありません[12]。

ピーボディは、「若い世代の牧師より、昔の牧師の方が、女性を信頼し、女性たちの責任やイニシャティヴへの欲望――それなしには、どんな仕事も不快な労役になりがちな――を評価した」とし、女性が過半数を占める教会を牧する聖職者を育てる神学校に、「ある種の女性的な影響力」が及ぶのは良いことではないか、と考えていた[13]。一九世紀的福音主義の分裂の後、かつてあれほどの活躍の場を女性に与えた教会は、女性にとってかえって窮屈な場になった。晩年のルーシィ・ピーボディは、「もし私が牧師だったら」と夢想し、ほとんど女性聖職者の到来を期し、その意味で先進的フェミニストになっていた[14]。

ルーシィ・ピーボディは、一九三五年、『女性にとってのより広い世界』という本を出版している。時々に書いた文章を集めたもので、あまりまとまりはないが、聖書に登場する女性たち――特に新約聖書――を通じ、ホームと子どもの擁護者、道徳の守護者としての女性の役割を把握した上で、歴史的にそれがどのように果たされてきたのかを考察し、さらに、女性の役割が適用される範囲は、限りなく広いと論じたものである。それは国際関係、国際平和の構築にまで及ぶものである、と。なぜなら、「政治には希望がなく」、人間の霊的性質を変えることによってのみ、平和は実現され、女性は、「男＝人間（man）の性質」を理想に見合うよう変える手助けをするはずだからであった[15]。男女の役割分担を前提とし、個人の回心を重視する一九世紀的、保守的クリスチャンの論理である。しかし、同時にその中には、現代のフェミニスト神学に通じるような聖書理解の芽も宿っていた。

ルーシィ・ピーボディは一九四九年二月二六日、マサチューセッツ州ダンヴァースの老人ホームで亡くなった。最晩年、あれほど気にかけた娘とはあまりうまくいっていなかったようだ。(16)『ウォッチマン・イグザミナ』誌は、「キリスト教徒の大使」そして「道を切り開いた人」とルーシィ・ピーボディを呼んで、追悼した。三月二日、ルーシィの八十八回目の誕生日に、遺体は実母の故郷、幼少時を過ごしたニューヨーク州ピッツフォードにある実家マギル家の墓地に埋葬された。(17)墓石に「ルーシィ・マギル・ウォータベリ」、「ヘンリ・W・ピーボディの妻」とあり、父、母、兄弟姉妹と同じ敷地に眠る。豊かで、清廉、秩序正しい、ロチェスタ郊外、白人の町の「メイン・ストリート」の外れである。(18)

(1) Lucy W. Peabody, "The Life Beyond May Begin at Seventy," *The Watchman Examiner* (Mar. 5, 1936): 254.

(2) ヴェロールの女子医科大学に招かれたのは一例だが、一九四〇年には金陵女子大学の二五周年のニューヨークでの式典に招かれたり(注3を参照)、同年、東部バプテスト神学校(保守派の神学校の一つ)で挨拶をしたり(注14を参照)一九四一年、WABFMSの七〇周年記念にメッセージを送ったりした(Mrs. Henry W. Peabody, "My Message to the W.A.B.F.M.S. on Its 70th Birthday," Typescript (n.d.) in Lucy Peabody File, ABHS)ことがわかっている。

(3) 一九四〇年一一月に南京の金陵女子大学の在米協力委員会がニューヨークで二五周年記念会を企画、ピーボディを招待したが、アメリカ国内であるにもかかわらず、彼女は謝絶した(Letter from Lucy Peabody to Mrs. George T. Scott (Nov. 14, 1940) in Folder 2800, Box 140, Series TV, RG 11, UBCHEA, Divinity Library, Yale University)。

(4) Susan T. Laws, "Lucy W. Peabody," *Watchman Examiner* (Mar. 17, 1949): 252.

(5) "Mrs. Peabody, Fugitive from Liquor, Now Deserts U.S.A. to Sail for India," *Boston Herald* (Nov. 12, 1937) in ABWE.

（6） Letter from Lucy Peabody to John R. Mott（Sep. 1, 1938）in Folder 1262, Box 69, Series 1, RG 45, John R. Mott Papers, Divinity. Library, Yale University. なお、一九四二年までに、ピーボディは促進委員会を退き、指名委員会委員長となった。そして、在米理事会の副理事長にＡＢＥＯの後援者マーガリート・ドーンを据えた。セットにも理事会に入るよう要請したが、実現しなかった（Letter from Lucy Peabody to John R. Mott（Apr. 17, 1942）in *Ibid*. また、*Building Women Leaders*（New York: Foreign Missions Conference of North America, c. 1942）in BLA）.

（7） "Belle Chone Oliver," Christian Medical College Vellore, www.cmch-vellore.edu/WeeklyNews/OTHERNEWS/2018/Women%20pioneers accessed Dec. 8, 2018.

（8） ピーボディの資金集めについては、Lucy W. Peabody, "Dear Friend," *Margaret Williamson Hospital 1885–1935*（Shanghai, c. 1935）, p. 32 in Folder 6, Box 45, RG 379, Billy Graham Center Library, Wheaton College; "Minutes of the Committee for the Shanghai Union Medical Training School for Women" and *Margaret Williamson Hospital 1885–1935*（Shanghai, c. 1935）, p. 38 in Folder 1, Box 4, RG 379, *Ibid*. タイトルと出版年が同じの右の二つの医学校に関する冊子は内容が少し異なる別のものである。

（9） Letter from Lucy Peabody to Dr. Potter（Aug. 3, 1944）in ABWE. レターヘッドはマサチューセッツ州ジョージタウンになっているので、この頃娘の家に住んでいたと考えられる。

（10） "Christian Medical College Vellore," http://www.cmch-vellore.edu/Default.aspx?url=./sites/common/CMC%20Background%20updated%20Aug%202016.pdf accessed Dec. 28, 2016.

（11） Mrs. Henry W. Peabody, "If I were a Minister," Typescript in ABWE. 手書きで "Northfield. Internationalism" と書き込みがある。

（12） *Ibid*., p. 5.

（13） *Ibid*., pp. 3, 5.

（14）ピーボディは、東部バプテスト神学校（保守派の神学校の一つ）での挨拶で、この神学校が女性も受け入れていることに言及し、「もっとも進歩的な」神学校であると評価した。Mrs. Henry W. Peabody, "To Serve the Present Age," Address before Eastern Baptist Theological Seminary, Philadelphia（Apr. 27, 1940）in ABWE.

（15）Lucy W. Peabody, *Wider World*, pp. 8, 59.

（16）メルヴィン・デヴォ氏とのインタヴュー（二〇〇四年三月二五日）による。デヴォ氏は「娘とは仲が悪く、口論していた」と証言した。また、ルーシィは、自分が死んだ後、自宅（緑の壁）にあった家具を遺贈する人々を指定し、残りの家具は皆デヴォ氏が持って行ってよいとデヴォ氏に話していたが、ルーシィの死後、娘のノーマがすべての家具を持ち去ったと話していた。

（17）Laws, "Lucy W. Peabody," 251–252.

（18）筆者は、二〇〇三年にピッツフォードを訪れ、ピーボディの墓を確認した。

あとがき

日本にベースを置く研究者として、アメリカのプロテスタント・キリスト教について学んできた私がしばしばとまどったのは、日米における「福音主義」という言葉の受け止め方の違いであった。日本キリスト教史では、「福音主義」はしばしば植村正久と結び付けられ、日本のプロテスタント教会の本流ととらえられる。海老名弾正との有名な論争においても、海老名の知的、高等批評的、ユニテリアン的立場に対し、植村の「福音主義」は、神の言葉としての聖書を土台とする正統的、かつ、海老名に負けない知的思索を備えた立場と評価されてきた。

ところが、アメリカで「福音主義」、すなわち、英語で「エヴァンジェリカル」というと、まず想起されるのは、感情の爆発を伴うリヴァイヴァルであり、大声で叫んで回心を迫る牧師であり、進化論を否定し、創造説を唱える狭量な田舎者である。それは、かつてリチャード・ホフスタッターが『アメリカの反知性主義』のなかで槍玉にあげた「反知性主義者」の代表格であり、植村正久とは似ても似つかない。

著名な福音主義の説教師の一人、ビリ・グラハム（一九一八―二〇一八）の博物館が彼の母校、シカゴ近郊のウィートン大学にある。グラハムへの評価は一般的に高く、第三三代大統領トルーマン以降、濃淡はあるが、歴代大統領に霊的な助言を与えてきた。その彼の生涯に関する展示――しかも、「福音主義のハーヴァード」と言われる大学にある――でさえ、天井にモクモクとした虹色の雲が描かれた部屋や雷鳴鳴り響く部屋、闇を表すトンネルなどがあり、その、遊園地のアトラクションさながらの大衆的演出にたじろいでしまう。

現代のアメリカでは、「エヴァンジェリカル＝福音主義」は、一般的には、ほとんどファンダメンタリスト、あるいは、宗教右翼と同じ意味で使われ、受け取られる。それは、妥協不能な、政治的かつ感情的対立を呼ぶ立場だが、アメリカで教会を訪ねればすぐに気づくように、日曜日に千人、二千人といった会衆を集め、活気づくのはこうした保守派の教会である。一方で、リベラルな教会は、かつて立ち上げた壮麗な教会堂に数十人の会衆が集うばかりということが少なくない。二〇一六年春にたまたま訪ねた、かのロジャ・ウィリアムズゆかりのロードアイランド州プロヴィデンスの第一バプテスト教会もその状態だった。礼拝堂の補修費をかつてロックフェラーが寄せた大口献金を切り崩しながら捻出していると聞いた。「エヴァンジェリカル＝福音主義」という言葉をもっぱら保守派が領有するようになったのは、こうした勢力の差異によるのだろう。

「日本のキリスト教右翼ってどうなの」と、ある親しい、フェミニストのアメリカ労働史家に質問されたことがある。日本のキリスト教徒は、圧倒的マイノリティであり、政治的には大方リベラルな左翼である（独特の保守性はあるが）。日本では、キリスト教と右翼は結びつき難い。納得してもらうために、長い説明をした。こういうキリスト教の置かれた位相の違いが日米間にあるのは、当然のことではある。しかし、日本のプロテスタント・キリスト教は主に北米出自の宣教師によって伝えられたのだ。私自身、アメリカ人宣教師が始めた「福音主義」の私立ミッション・スクールに通い、プロテスタント・キリスト教系の大学で学位を取ったが、そこでの教育は極めてリベラルなものだったと思っている。自由に考え、発言し、批判する環境、また、女であることがとうてい足かせと感じられない雰囲気があった。それがなぜ、本国アメリカでかくも硬直したもの、「右翼」と呼ばれるものになったのか。

ルーシィ・ピーボディの足跡を追いながら、この日米の乖離の問題は、「はしがき」に記した帝国主義と宣教師の問題とともに、常に私の念頭にあった。

シカゴのマコーミック神学校——リベラル・ウィングの神学校である——を訪ねたおり、アメリカの「エヴァンジェリカル＝福音主義者」は、「かつて幅広いものだったのに」と、教会史を講じるケン・ソウヤは私に嘆いてみせた。

一九世紀、「エヴァンジェリカリズム＝福音主義」は、アメリカ主流教会の立場であり、アメリカの中流階級の良識であった。それは、第二次大覚醒（一七九〇年代から一八四〇年代）に起源を持ち、民衆の――特に女性の――平等への希求を受け止めつつ、新しく興りつつあった「中流階級」の輪郭を定める働きをした。幅の広い神学的立場を包摂していた。日本のプロテスタント・キリスト教会主流の伝統は、その中のリベラルなウィングの「福音主義」を引き継ぎ、今日に至る（最近の伝道は保守派が主に行っているが）。だが、アメリカのプロテスタント教会は、二〇世紀を通じて大きく変化した。一九世紀的福音主義の大同団結は、リベラルと保守、あるいは、モダニズムとファンダメンタリズムに分裂し、現代では両者の間の対話は難しい。

こうした「福音主義」の変容はどのように起こったのか。とりわけ、教会と結びついて「道徳の守護者」として権力を構築してきた女性たちは、その崩壊にどう関わり、また、どのような影響を受けたのか――。ルーシィ・ピーボディを通じ、私が明らかにしたかったことの一つである。「エヴァンジェリカル」を任じ、アメリカを背負い、帝国主義たけなわの世界に飛び込み、「異教徒」という「他者」と関わろうとした女性たちの経験の内側からアメリカ社会の大きな変容をとらえたかった。そして、本書が提示した新しい知見の一つは、アメリカのキリスト教界における保守とリベラルの分断に国際的文脈があると指摘したことだと思っている。それが成功したか否か、読者の判断に委ねたい。

ともあれ、私自身は、ルーシィに誘われて、現代の保守的なキリスト教の現場のいくつかを訪ね、彼らを多少なりとも理解できたような気になった。たとえば、ニューヨーク州ジョンソン・シティの第一バプテスト教会。ルーシィ・ピーボディが一九三三年頃、『「伝道再考』は、使徒言行録の再考を意味する」という演説を行い、また、自らが会長となって設立した「信仰ミッション」、ABEOに一九三五年四月、辞表を提出した現場である。聖書の無謬性等を前面に押し出す保守派の教会であって、現在、日曜日には一〇〇〇人以上入れると思われる礼拝堂がほぼいっぱいになる。献金は二〇一八年一一月四日の日曜日一日で約一万七二〇〇ドル集まったとホームページにあった。ジョンソン・シティの近隣地域は、かつて靴工場で栄え、ＩＢＭ発祥の地でもあるが、現在は隣町ビンガムトンに所在するニューヨーク州立大学が目立つ程度で、一口で言えば、さびれた田舎町である。そこにあって第一バプテスト教会は、いくつもの教会の中で群を抜く求心力を持つ。

二〇〇三年に隣町のビンガムトンに住んでいたので、たまたま――当時はピーボディとの縁に気づかず――そこの礼拝に参加した。新しい来会者を迎える係の女性が、「よく来たね」とばかり接待してくれた。日本人だと言うと、ちょうど良かったと、一時帰国中の、熊本で（当時）伝道する若い宣教師家族の隣の席に案内した。流暢な日本語を話すクリスと彼の家族は、その教会の献金で支えられていた。派遣機関は、なんとピーボディがかつて設立した信仰ミッション（ＡＢＥＯ、現在のＡＢＷＥ）であった。偶然の出会いに内心驚いていると、礼拝が始まった。ほとんど白人の会衆一堂が静粛になったところで、礼拝堂中央の通路を後ろから教会の長老や執事といったリーダーたち――全員が男――が隊列を成して入場し、最前列の席につく。教会における男の権力を誇示する演出である。後で、当時教会には「鉄の男（Iron Men）」という男性信徒の会があって、ゴルフなどを楽しんでいることを知った。

オーディオ・ヴィジュアル機器を駆使した礼拝が終わると、活動報告である。高齢女性の住宅のペンキ塗りを若い信徒たちが行ったことなどが報告された。現在のホームページを見ると、庭の整備、雪かきのチームが組織されており、高齢者の手助けをしていることがわかる。この教会のコミュニティに入ると、互いに助け合う、親切のネットワークにつながるのだ。「鉄の男」の家父長制は、このネットワークを守る砦なのであろう。

後日、私は教会に電話して、教会の昔の伝道サークルの資料を見せてもらうことになった。平日に訪ねると若い副牧師がにこやかに応対してくれ、上階にある彼の執務室に案内された。そこは、私の研究室の三倍はある広さで、曇り硝子の天井から冬の陽光が穏やかに差し込んでいた。副牧師は、ビンガムトンのコミュニティ・カレッジを出て、この教会に勤めているという。エリートとは言えない。しかし、彼の幸福は教会によってしっかり支えられている。そんなことを感じさせる空間であった。地下のクローゼットに乱雑に押し込まれた、昔の女性の伝道サークルが残した断片的な記録をめくりながら、保守派クリスチャンのコミュニティが人々の生活と人生に意味を与え、具体的に手助けもしていることに思いをめぐらした。仲間に入れば、安心で居心地の良い、親切な集団である。グローバル化し、激化する競争社会にあって、彼らは身を固くして、ささやかな幸福を守ろうとしているのかもしれない。それが、外から見ると、保守派のどうしようもない頑なさ、排他性転じて攻撃性と見えるのではないか――。

その後、私はクリスとその家族に日本で会おうとしたが、結局、ABWE派遣の別の宣教師が活動する鹿児島を訪ねることになった。まず、姶良市平松の生望バプテスト教会を訪ね、そこで紹介された鹿児島市山田町の鹿児島聖書バプテスト教会と出水郡長島町平尾の長島恵み教会に行った。二〇〇六年に私が訪ねた当時、平松の教会はまだABWEの宣教師の手を離れていない様子だった。山田町の教会は日本人の桝田牧師が精力的に教会を牽引し、一大コミュニティを形成しているようだった。そして、長島の教会――ABWEに直接由来しないが、同じように保守派の、あるバプテスト「信仰ミッション」が始めた大阪千里ニュータウンのバプテスト教会から派生したことを後で知った――で出会ったのは、まだ日本に来て間もない、アイオワ出身の若いアメリカ人宣教師夫妻――夫はアイオワ州立大学大学院造園科の修士号を持ち、妻は「ホーム・スクール」育ちであった――と、神が必要なものをすべて与えてくれると信じて、また、実際に与えられていると確信して生きる、大阪出身の岸本牧師夫妻であった。浮き世から隔絶したような長島の教会には、ささやかな共同の墓があった。牧師夫妻はその中の信者たちの骨壺を示し、共に眠る幸福を語った。現代の日本にあって、そのように生きる人たちもいる――。ルーシィ・ピーボディを追いかけるうちに、私は図らずもそれを垣間見る機会を与えられたのだった。

ルーシィ・ピーボディに最初に関心を持ったのは一九九八年、ロックフェラー・フェローとしてアイオワ大学のアメリカ研究国際フォーラムに三ヶ月間参加する機会を得た際であった。当時はフェローシップを得るために苦し紛れに、勤め先と関係の深い「東洋の七校の女子大学」についてのプロジェクトを案出し、フォーラムの発表会で拙い報告を行ったのであった。そこで何人かの出席者がこのプロジェクトに関心を持ってくれた。そして、二〇〇〇年にインドのハイデラバードのオスマニア大学にあったアメリカン・センター（当時）でフォーラムの同僚が開いた国際学会に参加し、同じテーマで報告をし、それはインドで出版された書籍の一部になった。

二〇〇一年頃にフルブライトの研究員に応募したときも、このプロジェクトを提案し、二〇〇三年から翌年にかけてニューヨーク州立大学ビンガムトン校の歴史学部女性史・ジェンダー史研究センターに所属した。この一年間に車を駆って資料を渉猟して回り、日本に持ち帰った。その後、ルーシィ・ピーボディの生涯をたどるという形でプロジェクトをまとめられそうだと踏んだのは、二〇一〇年にルーシィと夫のノーマンがインドで記録していた『日記』の全コピーを入手したときであった。

結局、何とか書き上げるまで、実に長い時間がかかってしまった。その間、様々な別のプロジェクトに関わりながら、本書の一部になった論文も書いたが（参考文献を参照してほしい）、以前に発表した論文を本書でそのまま使った章はない。本書の大半は、二〇一六年四月から一二月まで、勤務先から頂いた研究休暇の約三分の二を使って書き上げた。

この間に多くの方のお世話になった。アイオワ大学でアメリカ研究国際フォーラムを主催したヴァジニア・ドミンゲとジェイン・デズモンド、また、当時アイオワ大学歴史学部教授であったリンダ・カーバは、本研究の初期、私にインスピレーションを与え、また、国際的な学術交流への本格的門戸を開いてくださった。ヴァジニアとジェインは、二〇一六年一〇月にも、私をイリノイ大学シャンペーン校に設けられたアメリカ研究国際フォーラムに招き、宿舎を提供し、素晴らしい図書館での研究機会を与えてくださった。一九九八年のフォーラムでの同僚の一人、当時オスマニア大学の政治学教授であったコウザ・アザムは、私の報告に関心を抱くという形で勇気をくれただけでなく、二〇一五年に私がチェンナイのキリスト教女子大学でフィールド・リサーチを企てた際、交渉の手助けをしてくださった。

二〇〇三年から翌年にかけ、フルブライト研究員として私を受け入れてくださったのは、キャサリン・キッシュ・スクラとトマス・ダブリンであった。キティの著書『キャサリン・ビーチャ』は、大学院生時代の私の憧憬の書であった。全く面識がなかったにもかかわらず、私の求めに応じ、一年間の研究生活につきあってくださった。二人から学んだことは多い。特に、一次資料の厳密な扱い方について大いに教えられた。また、キティが「明瞭であること(clarity)」が執筆の心がけだとつぶやいたことに感化され、私もそうありたいと願ってきた。その一年間に、キティ門下で宣教師研究をする友人たちと知り合った。二〇〇六年、キティがオックスフォード大学に招かれていたときに、ローゼミア・アメリカ研究所で主宰した女性宣教師に関する国際学会に参加する機会を得た。キティとトムとの出会いは、私がルーシィ・ピーボディのプロジェクトを継続する力になったと思っている。二〇一七年、研究休暇の後半の三ヶ月をバークレーで過ごしたときには、引退後のキティとトムの家のすぐ近くに住んだ。二人は、きめ細やかに気遣ってくださった。

先に触れたルーシィと夫のノーマンの『日記』は、カナダのエフェメラ(すぐに捨てられるような印刷物)収集家バーバラ・ラッシュが所有するものである。氏は、メールでの私の願いに応じ、全コピーを送ってくださった。ABWEは、私のメールでの問い合わせに応じ、同団体が所有するルーシィ・ピーボディの手紙をコピーしてくださり、また、二〇〇三年に私が本部を訪問した際、受け入れてくださった。ピーボディに関する資料は多くのアメリカの資料館に分散しており、その一つ一つを私は訪ね回ったのだが、どこもが快く協力してくださった。特にかつてコルゲイト・ロチェスタ・クロウザ神学校にあったアメリカ・バプテスト歴史協会の資料館館長（当時）だったダナ・マーティンは、車がないと不便だからと、私を出迎え、ご自宅に泊めてくださった。資料館での仕事の後、ダナと彼の牧師の妻といっしょに過ごした時間は忘れがたい思い出になっている。二〇〇四年三月、ボストンでの学会の合間に突然訪ねたビヴァリ歴史協会では、全くの偶然の出会いからルーシィ・ピーボディの自動車運転手だった九〇歳を越えたメルヴィン・デヴォ氏に引き会わせていただいた。デヴォ氏が運転する車でビヴァリの街を見て回ったのは、僥倖であった。アメリカの資料館の公開性は本当に素晴らしいもので、私は民主主義の本領をそこに見ている。

二〇一五年のチェンナイでの調査では、同地のキリスト教女子大学の広報課のサリータ・ディーパックが夜中にキャンパスに着いた私を出迎え、滞在中、面倒をみてくださった。学生のリタは、私の案内役兼通訳を務めてくれた。突然電話したにもかかわらず、ウォータベリ記念テルグ・バプテスト教会のマンドゥハ・ラメッシュは、ノーマン・ウォータベリの墓に私を案内してくださった。一人で「オートリキシャ」に乗って知らない街角まで行き、会ったこともないラメッシュ氏を待っていた時の心細さを昨日のことのように覚えている。

ルーシィ・ピーボディの物語に取り組んだ長い歳月に、私生活では何度も大きな変化があった。一九九七年に離婚、二〇〇七年一〇月に父が亡くなり、翌年恩師・斉藤眞先生が亡くなった。リーマン・ショック、東日本大震災と人災・天災が続いた二〇一〇年前後には家族の中で大きな試練があった。この間私を支えてくれた友人たち、そして、高野祐子氏に感謝している。二〇一五年一二月には、父が亡くなってから認知症が進んだ母が逝った。母の晩年の一時期、いっしょに暮らしたとき、半ば子どものようになった母が「とっても幸せ」と言ってくれたことが大切な思い出になっている。今年（二〇一八年）は、今一人の恩師・古屋安雄先生が昇天された。

いろいろな困難にもかかわらず、研究への情熱を失わずに、何とかここまでたどり着いたのは、安定した職場と研究環境があり、同僚に恵まれたからだと思っている。一九九六年に東京女子大学に転任して間もなく、一九九八年早春に私をロックフェラー・フェローとして三ヶ月間アメリカに送り出してくださったのは、当時の現代文化学部の先輩、同僚たちだった。それが、本書につながる研究の端緒となった。二〇〇九年、私も参加していた反対運動にもかかわらず、キャンパスの一角にあった旧体育館・社交館が壊されたことは、その建築資金を集めたルーシィ・ピーボディの苦難を知る私には返す返す残念なことではあったが。本書が少しでも東京女子大学の歴史についての関心を学内で呼び覚ますことができれば、望外の幸せである。

本書の出版にあたっては、最初の著書で助けていただいた竹中英俊氏に仲介をお願いし、後藤健介氏が編集の労を全面的にとってくださった。特に序論の込み入った議論が、多少なりとも読みやすくなったとすれば、それは同氏の助言によるところが大である。

最後に、本書は『東京女子大学学会研究叢書』の一冊として、東京女子大学に費用の一部を負担して頂いて刊行が可能になったことを感謝して記す。

二〇一八年一一月感謝祭直後の週末に、逗子にて

著　者

人名索引

あ 行

アダムス　Addams, Jane　189, 229, 232
アトキンソン　Atkinson, Henry A.　291
アーノルド　Arnold, Matthew　47
アボット　Abbot, Lyman　47, 186
アーリング　Alling, Joeph T.　48
アンソニィ　Anthony, Susan　48–49, 139
イズリン　Iselin, Louise　396–97
井深梶之助　201
ヴァレンタイン　Valentine, William O.　330, 336, 346
ウィーラ　Wheeler, Wayne　389–90
ウィルソン　Wilson, Woodrow　228, 234, 244, 300, 383
ウィルソン（妻）　Wilson, Mrs. Woodrow　290
ウィルブラント　Willebrandt, Mabel Walker　385, 407
ヴィントン　Vinton, S. R.　197
ウォータベリ　Waterbury, Norman　27, 52–53, 115, 134, 137, 139, 142, 169, 177, 221, 225, 375
ウォルド　Wald, Lillian　229
ウーリィ　Woolley, Mary E.　252
エディ　Eddy, Sherwood　293
エムリーチ　Emrich, Jeannette　286–87
オコナー　O'Conner, Joseph　48
オール　Orr, James　275
オルソン　Olson, Hilda L.　249, 252, 344, 387, 415–16
オルダム　Oldham, Joseph H.　216, 218

か 行

ガウチャ　Goucher, John F.　223
カータ，E. C.　Carter, E. C.　304
カータ，G.　Carter, Glass　309
ガネット　Gannett, Frank　385
ガネット　Gannett, William C.　48
カレイ　Culley, Paul　356, 369
カポネ　Capone, Al　377
カンヴァース　Converse, Clara A.　315
キャット　Catt, Carrie Chapman　229, 285, 311, 385–86
ギュリック　Gulick, Sydney　286, 289, 291
キング　King, W. L.　239, 293
クッシング　Cussing, Frank Hamilton　48, 274
クラーク　Clarke, William Newton　276
グラス　Glass, Carter　389
クラムトン　Cramton, Louis C.　386
クーリッジ　Coolidge, Calvin　250, 283, 390
グールド　Gould, Helen　195
クレイトン　Creighton, Louise　213, 216
クレイン　Crane, Charles R.　250
クロー　Clough, John E.　73, 76, 91, 98, 124
グロス　Gross, M. Louise　393, 409
クロフォード　Crawford, Frederick L.　344

ケアリ　Carey, William　69, 71, 107, 177
呉貽芳　6, 9, 31, 296, 301, 420

さ 行

サザランド　Sutherland, Alexander　358
サーストン　Thurston, Matilda　301-02
サンキィ　Sankey, Ira D.　55
サンダース　Sanders, Everett　391
シェル　Schell, William P.　251
シッペル　Sippel, Mrs. John F.　383, 403
渋沢栄一　289, 306
ジャドソン，A. H.　Judson, Ann Hasseltine　288
ジャドソン，A.　Judson, Adoniram　97, 107, 177, 289
ジャドソン，S.　Judson, Sarah　177
ジュエット　Jewett, Lyman　65, 73-74, 79-80, 86, 91-93, 98, 106, 124
ステュアート　Stuart, Harland　337
シュルツ　Schultze, Benjamin　68
シュワルツ　Schwarz, Christian Friedrich　68-69, 117
ショー　Shaw, Anna Howard　229
ジョンソン，A.　Johnson, Anna　329, 334
ジョンソン，G. A.　Johnson, Grace A.　378, 397, 400
シン　Singh, Lilavati　152, 222, 259, 296, 300
スカダ　Scudder, Ida S.　221, 242, 252, 295, 314, 323, 414
スタインメッツ　Steinmetz, H. H.　330
スタントン　Stanton, Elizabeth Cady　139
ストーリ　Storey, Moorfield　410
スピア　Speer, Robert　203, 227, 235, 238, 241, 276, 282-83, 308-09, 315, 349, 351-52, 356
スミス，A.　Smith, Adam　44
スミス，A.　Smith, Alfred Emanuel　381, 409
スミス，A. H.　Smith, Arther H.　154, 159
スミス，J.　Smith, Jessie Willcox　234-35, 238
スミス，J.　Smith, Joseph　40-41
スミス，S.　Smith, Samuel Francis　73
セイジ夫人　Sage, Mrs. Russell　195
セイビン　Sabin, Pauline　393-96, 398
セイラ　Sailer, Y. H. P.　308
ソバン　Thoburn, Isabella　169

た 行

タフト　Taft, William H.　24, 279, 184, 188, 206, 322
チャイルド　Child, Abbie B.　152-55, 204
ツルー　True, Maria　250, 268
テイ　Tay, Jerusha　176
デイ　Day, Samuel S.　72
ティルトン　Tilton, Elizabeth　377-78, 387-91, 404, 411
デュポン　du Pont, Pierre S.　377, 405
トマス，C.　Thomas, M. Carey　240
トマス，R. C.　Thomas, Raphael C.　233, 309, 322, 328-30, 323, 332-33, 335, 337-40, 346-47, 356-57, 359, 365-68, 371

トランプ　Trump, Donald　404
ドレイク　Drake, Alice　344, 368
トレイバ　Traber, Bessie M.　344, 356, 368, 369
ドーン，I.　Doane, Ida　331
ドーン，M.　Doane, Marguerite　330–33, 336, 344, 346, 359, 364, 416, 419
ドーン，W. H.　Doane, William H.　331

な　行

ニコル　Nichol, Courtland　396
新渡戸稲造　157, 268, 295–96, 298, 316
ニュートン　Newton, Walter　395–96, 391
ノース　North, Frank Mason　241, 261, 265
ノース（妻）　North, Mrs. Frank Mason　261
ノース　Nourse, Mary　302–03
ノーブル　Noble, Mary Riggs　194

は　行

ハーグレーヴ　Hargrave, I. M.　223
ハーシィ　Hersey, John　48
バック，J. L.　Buck, John Lossing　351
バック，P.　Buck, Pearl　351–55, 370
ハーディング　Harding, Warren G.　250
バトラ　Butler, Nicholas Murray　389
バートン　Barton, James L.　241, 265
ハリス　Harris, Mrs. Robert　146, 167
ハリマン　Harriman, E. Roland　396
ビーヴァ　Beaver, R. Pierce　3–4, 7, 13
ビゲロウ　Bigelow, Alton　336
ビーチ　Beech, Harlan P.　154
ピーボディ，H.　Peabody, Henry　27, 176–88, 206–07, 210, 322, 348, 370, 372, 375, 389, 418
ヒューズ　Hughes, Jennie V.　194, 250, 258
フィッチ　Fitch, Charles E.　48
フィールド　Field, Marshall　396
フィンレイ　Finley, John H.　250
フーヴァ　Hoover, Herbert C.　374, 376, 381, 385–86, 390, 396, 401, 412
フーヴァ（妻）　Hoover, Mrs. Herbert C.　290, 377
フェアバンク　Fairbank, John K.　7–8, 31, 420
フォスディック，H. E.　Fosdick, Harry Emerson　244, 250, 276, 278, 287
フォスディック，R.　Fosdick, Raymond　244–45
フォーンス　Faunce, W. H. P.　186, 233
ブース　Booth, Evangeline　386
ブッチャ　Bucher, Mary　302, 318
ブライアン　Bryan, William　179
プラット　Pratt, Mrs. James Madison　250–51, 269
フランクリン　Franklin, James H.　338–40, 342, 357, 364
フリードマン　Friedman, Ernestine　240
ブール　Boole, Ella A.　398, 404, 409, 412
プレスコット　Prescott, Nellie G.　240
ブレント　Brent, Charles Henry　324

ベスーン　Bethune, Mary　386
ペンドルトン　Pendleton, Ellen F.　239-41, 248, 252
ホッキング　Hocking, William Ernest　350, 353
ホッジ　Hodge, Margaret E.　246
ホームズ　Holmes, Oliver Wendell　47
ボラ　Borah, William　401
ポラス　Porras, Lorenzo　339, 366
ボールズ　Bolles, Lucius　177, 207
本田庸一　201, 216

ま　行

マギル，L.　McGirr, Lisa　374-75, 406
マギル，J.　McGill, John　36-43, 60
マギル，S. J.　McGill, Sarah Jane (Hart)　36, 322
マキントッシュ　Macintosh, Douglas Clyde　276
マクドガル　McDougall, Elenore　220, 243
マクラウ　Maclow, Catherine　386
マクラッケン，D.　MaCracen, Daniel　252
マクラッケン，H. N.　MacCracken, Henry Noble　305
マクレイシュ　Macleish, Martha H.　232, 256-58, 270
マクロウチ　McCulloch, Rhoda Elizabeth　304-05, 318
マシアン　Martien, Ellen　344, 366-67
マシューズ　Mathews, Shailer　276
マッキンリー　McKinley, William　152
松平恒雄　289
マーデン　Marden, Etta D.　194
マニカン　Manikan, Braulio　324, 362
マリンズ　Mullins, E. Y.　275
マン　Mann, Horace　50-51
マンリ　Manley, W. R.　76-77, 138
ミード　Mead, Sydney E.　291
ミラー　Miller, Frank Augustus　307
ムーディ　Moody, Dwight L.　155, 412
メイソン　Mason, Caroline Atwater　229-30, 233
メイチェン　Machen, John G.　351, 359
メルヴィル　Melville, Herman　193, 225
モウル　Moule, C. G.　275
モット　Mott, John R.　415, 419
モルガン　Morgan, Mrs. John P.　195
モンゴメリ　Montgomery, Helen Barrett　202-03, 206, 213, 220-23, 225-26, 231-32, 242, 257-58, 261, 270, 274, 276, 279, 280-82, 313, 334, 349, 356, 372, 411, 414

や　行

矢島楫子　250, 268
安井哲　262, 296-98, 300, 308, 316, 360-61
ヨスト　Yost, Lenna　389-90

ら　行

ライシャワー　Reischauer, August K.　31, 297-300, 308, 315
ラシェンブッシュ　Rauschenbusch, Walter　74, 186, 276
ラトゥーレット　Latourette, Kenneth Scott　16
ラドクリフ　198, 299
ラモント　Lamont, Thomas W.

250
ランギア　Rungiah, Tupili　85, 91–93, 97–101, 124, 163, 173
ランキン　Rankin, Jeannette　229
ランシング　Lansing, Robert　250
ランド　Lund, Eric　324, 335
リーヴィス　Leavis, May　148, 168, 207
リチャードソン　Richardson, W. S.　248, 256–57, 268, 385
リンチ　Lynch, Robert Newton　246
ローズ，C. L.　Laws, Curtis Lee　278, 344
ローズ，F.　Rose, Frances　336
ローズヴェルト，E.　Roosevelt, Eleanor　403
ローズヴェルト，F.　Roosevelt, Franklin　403, 412
ローズヴェルト，T.　Roosevelt, Theodore　152, 157, 393, 396
ロックフェラー　Rockefeller, John D.　24, 149, 208, 237, 248
ロックフェラー二世　Rockefeller, John D., Jr.　235, 237–39, 244–45, 250–51, 254, 257, 278, 280, 350, 270, 291–92, 399
ロッジ　Lodge, Henry Cabot　389, 401
ローバック　Laubach, F. C.　336

わ　行

ワイコフ　Wyckoff, John Henry　104, 128
ワーナ　Warner, Mrs. F. H.　304

事項索引

さ　行

な　行

は　行

ま　行

や　行

ら　行

わ　行

A～Z

参考文献

一次資料

The American Baptist Telugu Mission. *The "Lone Star" Jubilee: Papers and Discussions of the Conference held in Nellore, February 5–10, 1886.*

American Baptist Year Book. Philadelphia: American Baptist Publication Society, 1870. https://archive.org/details/americanbaptist02convgoog accessed May 18, 2014.

American Baptist Year Book. Philadelphia: American Baptist Publication Society, 1871. https://archive.org/details/americanbaptist01convgoog accessed on May 18, 2014

Annual Catalogue of the Rochester Free Academy. Rochester, N.Y. : R.M. Swinburne & Co., 1890. http://libraryweb.org/˜digitized/books/Rochester_Free_Academy_4th_Annual_Catalogue.pdf accessed on January 21, 2010.

Annual of the Northern Baptist Convention 1919. Philadelphia: American Baptist Publication Society, 1919.

Annual of the Northern Baptist Convention 1920. Philadelphia: American Baptist Publication Society, 1920.

Annual of the Northern Baptist Convention 1921. Philadelphia: American Baptist Publication Society, 1921.

Annual of the Northern Baptist Convention 1922. Philadelphia: American Baptist Publication Society, 1922.

Annual of the Northern Baptist Convention 1926. Philadelphia: American Baptist Publication Society, 1926.

Baptist Fundamentals. Philadelphia: Judson Press, 1920.

Barrows, John H., ed. *The World's Parliament of Religions: An Illustrated and Popular Story of the World's First Parliament of Religions, Held in Chicago in Connection with the Columbian Exposition of 1893*. Chicago: Parliament Publishing Company, 1893.

Batten, Samuel Zane. *The New World Order*. Philadelphia: American Baptist Publication Society, 1919.

Buck, Pearl S. *Is There a Case for Foreign Missions?* New York: John Day Company, 1932.

Clark, Francis E. and Harriet E. Clark. *Gospel in Latin Lands*. New York: Macmillan, 1909.

Clough, John E. *Social Christianity in the Orient*. New York: Macmillan Co., 1914.

The Commission of Appraisal. *Re-Thinking Missions*. New York: Harper & Brothers, 1932.

Commons, Harold T. *Heritage & Harvest: The History of the Association of Baptists for World Evangelism, Inc*. Cherry Hill, N.J.: Association of Baptists for World Evangelism, 1981.

The Continuation Committee Conferences in Asia, 1912–1913. New York: The Chairman of the Continuation Committee, 1913.

Dobyns, Fletcher. *The Amazing Story of Repeal*. Chicago and New York: Willett, Clark & Co., 1940.

Downie, David. *The Lone Star*. Philadelphia: American Baptist Publication Society, 1893.

Ecumenical Missionary Conference New York 1900 : Report of the Ecumenical Conference on Foreign Missions, held in Carnegie Hall and Neighboring Churches, April 21 to May 1. 2 Vols. New York: American Tract Society, 1900.

エー・ケー・ライシャワー博士伝刊行会編『準縄は楽しき地に落ちたり——エー・ケー・ライシャワー博士伝』教文館，1961 年.

Florida Chain of Missionary Assemblies. *25th Anniversary, Florida Chain of Missionary Assemblies*. Florida: s. n., c. 1955.

The Fundamentals: A Testimony of Truth. 7 Vols. Chicago: Testimony Publishing Co., 1910. https://archive.org/stream/fundamentalstest17chic#page/n5 accessed on September. 1, 2018.

Griffis, William E. *Dux Christus: An Outline Study of Japan*. New York: Macmillan Co., 1904.

Hervey, G. Winfred. *The Story of Baptist Missions in Foreign Lands from*

the Time of Carey to the Present Time. St. Louis: Chancy R. Barns, 1884.

The History and Records of the Conference. New York: Fleming H. Revell, 1910.

In Memoriam: Abbie B. Child, April 8, 1840 to November 9, 1902. Boston: Woman's Board of Missions, c.1902. https://archive.org/stream/inmemoriamabbie00unkngoog#page/n34/mode/2up accessed on June 19, 2016.

Interchurch World Movement. *Report on the Steel Strike 1919*. New York: Harcourt, Brace and Howe, 1920.

Isaacs, Harold R. *Scratches on Our Minds*. New York: John Day Co., 1958.

Johnson, James F.S.S. and Samuel Macauley Jackson. *Report of the Centenary Conference on the Protestant Missions of the World, held in Exter Hall*. London: J. Nisbet & Co., 1889.

久布白落実編『矢嶋楫子伝』不二屋書房，1935 年.

Lynd, Robert S. and Helen Merrell Lynd, *Middletown*. New York: Harcourt, Brace, 1929.

Mackenzie, Jean K., A. R. R. Fraser, et al. *Friends of Africa*. Cambridge, Mass.: Central Committee on the United Study of Foreign Missions, 1928.

Mason, Caroline Atwater. *Lux Christi: An Outline Study of India*. New York: Macmillan Co., 1903.

———. *World Missions and World Peace*. West Medford, Mass.: CCUSFM, 1916.

Mills, Robert C. *A Historical Discourse, Delivered on the Fiftieth Anniversary of the Formation of the First Baptist Church, Salem, Mass., December 24, 1854*. Boston: Gould and Lincoln, 1855.

Montgomery, Helen Barrett. *Christus Redemptor: An Outline Study of the Island World of the Pacific*. New York: Macmillan, 1906.

———. *How to Use Christus Redemptor: An Outline Study of the Island World of the Pacific*. n.p.: Central Committee on the United Study of Missions, c. 1906.

———. *How to Use Gospel in Latin Lands*. n.p.: Central Committee on the United Study of Missions, n.d.

———. *Western Women in Eastern Lands*. New York: Macmillan, 1910.
———. *The King's Highway*. West Medford, Mass.: Central Committee on the United Study of Foreign Missions, 1915.
———. *The Bible and Missions*. West Medford, Mass.: Central Committee on the United Study of Foreign Missions, 1920.
———. *Prayer and Missions*. West Medford, Mass.: Central Committee on the United Study of Foreign Missions, 1924.
———. trans. *Centenary Translation of the New Testament*. Philadelphia: American Baptist Publication Society, 1924.
———. *The Preaching Value of Missions*. Philadelphia: Judson Press, 1931.
Montgomery, Helen Barrett and Friends. *Helen Barrett Montgomery: From Campus to World Citizenship*. New York: Fleming H. Revell, 1940.
Mott, John R. *The Continuation Committee Conferences in Asia, 1912–1913*. New York: Chairman of the Continuation Committee, 1913.
長尾半平編『創立十五年回想録』東京女子大学，1933 年.
Nichols, Florence N. *Lilavati Singh: A Sketch*. Boston: Tudor Press, 1909.
Peabody, Lucy W. *Henry Wayland Peabody: Merchant*. West Medford, Mass.: M. H. Leavis, c. 1909.
———. *Kidnapping the Constitution*. Marblehead, Mass.: N. A. Lindsey& Co., Inc., 1934.
———. *A Wider World for Women*. New York: Fleming H. Revell, 1936.
———. "Widening Horizons." In Montgomery. *Helen Barret Montgomery*.
Plat, Mary S. *A Straight Way toward Tomorrow*. Cambridge, Mass.: Central Committee on the United Study of Foreign Missions, c. 1927.
Raymond, Maud Mary. *The King's Business: a Study of Increased Efficiency for Women's Missionary Societies*. West Medford, Mass.: Central Committee on the United Study of Foreign Missions, 1913.
Reischauer, August Karl. *The Task in Japan*. New York: Fleming H. Revell, c. 1926.
———. *Tokyo Woman's Christian College*. Tokyo: Academic Society, Tokyo Woman's Christian College, 1955.

Report of Commission III: Education in Relation to the Christianization of National Life. New York: Fleming H. Revell, 1910.

Report of Commission VI: The Home Base of Missions. New York: Fleming H. Revell, 1910.

Rockefeller, David. *Memoirs*. New York: Random House, 2003.

Safford, Mrs. Henry G. *The Golden Jubilee*. New York: Woman's American Baptist Foreign Mission Society, c. 1921.

関屋龍吉『壺中七十年』出版東京，1965 年.

関屋龍吉『社会教育事始め――随想録』顕彰会出版局，1975 年.

渋沢青淵記念財団竜門社編『渋沢栄一伝記資料』第三八巻，渋沢栄一伝記資料刊行会，1961 年.

Smith, Arthur H. *Chinese Characteristics*. New York: Fleming H. Revell, 1894.

———. *Rex Christus: An Outline Study of China*. New York: Macmillan., 1903.

St. John, Burton, ed. *North American Students and World Advance*. New York: Student Volunteer Movement, 1920.

The Story of the Jubilee. West Medford, Mass.: Central Committee on the United Study of Missions, 1911.

Taft, William Howard, ed. *Service with Fighting Men: An Account of the Work of the American Young Men's Christian Associations in the World War*. Vol. 1. New York: Association Press, 1922.

Thomas, Norma Waterbury. *Jack and Janet in the Philippines*. West Medford, Mass.: Central Committee on the United Study of Foreign Missions, 1918.

Tilton, Elizabeth, ed. *Save America*. West Medford, Mass.: M. H. Leavis, 1923.

Tulga, Chester Earl. *The Foreign Missions Controversy in the Northern Baptist Convention, 1919–1949*. Chicago: Conservative Baptist Convention, 1950.

Waterbury, Lucy. *The Universal Sisterhood*. Women's Foreign Missionary Society, Presbyterian Church in Canada (Western Division), c. 1899. http://Canadiana.org/cgi-bin/ECO/mtq?doc-38104 accessed on December.

11, 2009.
———. *The Beautiful Life*. March, 1905.
Waterbury, Mrs. Norman Mather. "Our Woman's Missionary Garden." In *The Baptist World Congress, London, July 11–10, 1905*. London: Baptist Union Publication Department, 1905.
Waterbury, Norma R. *Around the World with Jack and Janet*. West Medford, Mass.: Central Committee on the United Study of Foreign Missions, 1915.
Waterbury Memorial Telugu Baptist Church, *Souvenir to Commemorate 125 Years of the Guidinglight to the Neighbourhood*. Chennai: Waterbury Memorial Telugu Baptist Church, c. 2011.
Wister, Owen. *The Virginian*. Oxford: Oxford University Press, 2009.
Worrell, Ruth Mougey. *The Day Thou Gavest: The Story of World Day of Prayer*. New York: National Council of Churches of Christ in the U.S.A., 1956.
Zwemer, Samuel Marinus and Arthur Judson Brown. *The Nearer and Farther East: Outline Studies of Moslem lands and Siam, Burma, and Korea*. New York: Macmillan, 1908.

二次資料

Affron, Charles and Mirella Jona Affron. *Grand Opera: The Story of the Met*. Oakland, Calif.: University of California Press, 2014.〔アフロン，チールズ／ミレッラ・J・アフロン（佐藤宏子訳）『メトロポリタン歌劇場――歴史と政治がつくるグランド・オペラ』みすず書房，2018 年.〕
Ahlstrom, Sydney E. *A Religious History of the American People*. Vol. 2. Garden City, New York: Image Books, 1975.
Allender, Tim. *Learning Femininity in Colonial India, 1820–1932*. Manchester: Manchester University Press, 2016.
青木保憲『アメリカ福音派の歴史――聖書信仰にみるアメリカ人のアイデンティティ』明石書店，2012 年.
青山なお著・安井てつ伝刊行委員会編『安井てつ伝』東京女子大学同窓会，1949 年.
有賀夏紀・小檜山ルイ編著『アメリカ・ジェンダー史研究入門』青木書店，

2010年.

Ballhatchet, Kenneth. *Race, Sex and Class under the Raj*. New York: St. Martin's Press, 1980.

Beale, Paul, ed. *A Concise Dictionary of Slang and Unconventional English*. London: Routledge, 1989.

Beaver, R. Pierce. *All Loves Excelling: American Protestant Women in World Mission*. Grand Rapids, Michigan: William B. Eedmans, 1968.

———. *American Protestant Women in World Mission: History of the First Feminist Movement in North America*. Grand Rapids, Miss.: Eerdmans, 1980.

Bender, Thomas, ed. *Rethinking American History in Global Age*. Berkeley: University of California Press, 2002.

Bendroth, Margaret Lamberts. *Fundamentalism and Gender*. New Haven: Yale University Press., 1996.

Blee, Kathleen M. *Women of the Klan*. Berkeley: University of California Press, 1991.

Bordin, Ruth. *Woman and Temperance*. New Brunswick, New Jer.: Rutgers University Press, 1981.

Cattan, Louise Armstrong. *Lamps Are for Lighting: The Story of Helen Barrett Montgomery and Lucy Waterbury Peabody*. Grand Rapids, Michigan: William B. Eerdmans, 1972.

Chaudhuri, Nupur and Margaret Strobel. *Western Women and Imperialism*. Bloomington: Indiana University Press, 1992.

Clymer, Kenton J. *Protestant Missionaries in the Philippines, 1898–1916*. Urbana: University of Illinois Press, 1986.

Comaroff, John L. and Jean Comaroff. *Of Revelation and Revolution*. 2 Vols. Chicago: University of Chicago Press, 1991 and 1997.

Conn, Peter. *Pearl S. Buck*. Cambridge: Cambridge University Press, 1998.

Cooper, Frederick and Ann Laura Stoler, ed. *Tensions of Empire*. Berkeley: University of California Press, 1997.

Covert, James. *A Victorian Marriage: Mandell and Louise Creighton*. London: Hambledon and London, 2000.

Crossette, Barbara. *The Great Hill Stations of Asia*. Boulder, Colorado:

Westview Press, 1998.

Davidoff, Leonore and Catherine Hall. *Family Fortunes*. Chicago: University of Chicago Press, 1987.

Deberg, Betty A. *Ungodly Women*. Macon, Georgia: Mercer University Press, 2000.

Dierenfield, Bruce J. *The Battle Over School Prayer*. Lawrence, Kansas: University Press of Kansas, 2007.

Douglas, Ann. *The Feminization of American Culture*. New York: Avon Books, 1978.

D'souza, Austin A. *Anglo-Indian Education: A Study of its Origins and Growth in Bengal up to 1960*. Oxford: Oxford University Press, 1976.

DuBois, Ellan Carol and Lynn Dumenil. *Through Women's Eyes: An American History with Documents*. Boston: Bedford/St. Martin's 2005.〔デュボイス，エレン・キャロル／リン・デュメニル（石井紀子・安武留美他訳）『女性の目からみたアメリカ史』明石書店，2009 年.〕

Edwards, R.A.R. *Words Made Flesh*. New York: New York University Press, 2012.

Evans Sara M. *Born for Liberty: A History of Women in America*. New York: Free Press, 1997〔エヴァンズ , サラ・M.（小檜山ルイ，竹俣初美，矢口祐人，宇野千佐子訳）『アメリカの女性の歴史――自由のために生まれて』（第 2 版）明石書店，2005 年.〕

Fairbank, John K., ed. *The Missionary Enterprise in China and America*. Cambridge, Mass.: Harvard University Press, 1974.

Frost, Stanley Brice. *James McGill of Montreal*. Montreal: McGill- Queen's University Press, 1995.

Frykenberg, Robert Eric. *Christianity in India*. Oxford: Oxford University Press, 2008.

Green, Steven K. *The Bible, the School, and the Constitution*. New York: Oxford University Press, 2012.

Grimshaw, Patricia. *Paths of Duty: American Missionary Wives in Nineteenth-Century Hawaii*. Honolulu: University of Hawaii Press, 1989.

Hall, Catherine. *Civilising Subjects*. Chicago: University of Chicago Press, 2002.

Handy, Robert. *A Christian America*. New York: Oxford University Press, 1971.

蓮見博昭『宗教に揺れる国際関係——米国キリスト教の功と罪』日本評論社、2008 年.

Haws, C. J. *Poor Relations: The Making of a Eurasian Community in British India 1773–1833*. Richmond, Eng.: Cruzon Press, 1996.

Hewitt, Nancy A. *Women's Activism and Social Change: Rochester, New York, 1822–1872*. Ithaca, New York: Cornell University Press, 1984.

Hill, Patricia. *The World Their Household*. Ann Arbor, Michigan: University of Michigan Press, 1985.

Hofstater, Richard. *Anti-Intellectualism in American Life*. New York: Vintage Books, 1962.［ホーフスタッター，リチャード（田村哲夫訳）『アメリカの反知性主義』みすず書房，2003 年.］

Hollinger, David A. *Protestants Abroad: How Missionaries Tried to Change the World but Changed America*. Princeton: Princeton University Press, 2017.

堀内一史『アメリカと宗教——保守化と政治化のゆくえ』中央公論新社，2010 年.

Hunter, Jane. *Gospel of Gentility*. New Haven: Yale University Press, 1989.

Hutchison, William R. *Errand to the World*. Chicago: University of Chicago Press, 1987.

飯山雅史『アメリカの宗教右派』中央公論新社，2008 年.

———『アメリカ福音派の変容と政治——1960 年代からの政党再編成』名古屋大学出版会，2013 年.

市川誠『フィリピンの公教育と宗教——成立と展開過程』東信堂，1999 年.

Ishii, Noriko K. *American Women Missionaries at Kobe College, 1873–1909*. New York: Routledge, 2004.

James, Edward T., ed. *Notable American Women 1607–1950*. 3 Vols. Cambridge, Mass.: Belknap Press, 1971.

Jacobs, Sylvia M. "Three African American Women Missionaries in the Congo, 1887–1899: The Confluence of Race, Culture, Identity and Nationality." In Barbara Reeves-Ellington, Katherine Kish Sklar and Connie Shemo, eds. *Competing Kingdoms*.

Johnson, Paul E. *A Shopkeeper's Millennium: Society and Revivals in Rochester, New York, 1815–1837*. New York: Hill and Wang, 1978.

海後宗臣編『臨時教育会議の研究』東京大学出版会，1960 年.

Kaplan, Amy and Donald E. Pease, eds. *Cultures of United States Imperialism*. Durham, North Caro.: Duke University Press, 1993.

Kaplan, Amy. *The Anarchy of Empire in the Making of U.S. Culture*. Cambridge: Harvard University Press, 2002.

川島第二郎「N. ブラウン」『横浜開港と宣教師たち』有隣堂，2008 年.

Kennedy, Dane. *The Magic Mountains: Hill Stations and the British Raj*. Berkeley: University of California Press, 1996.

Kennedy, Elaine J. *Baptist Centennial History of the Philippines*. Makati City, Philippines: Church Strengthening Ministry of Foreign Mission Board, SBC, Inc., c. 2000.

キリスト教学校教育同盟百年史編纂委員会編『キリスト教学校教育同盟百年史』基督教学校教育同盟，2012 年.

———.『キリスト教学校教育同盟百年史　資料編』キリスト教学校教育同盟，2012 年.

金富子「植民地期朝鮮における普通学校「不就学」とジェンダー」歴史学研究会編『性と権力関係の歴史』青木書店，2004 年.

小檜山ルイ『アメリカ婦人宣教師——来日の背景とその影響』東京大学出版会，1992 年.

———.「日本でのキリスト教主義女子高等教育の成立過程——東京女子大学の設立にみる」倉松功・並木浩一・近藤勝彦編『知と信と大学』ヨルダン社，1996 年.

———.「海外伝道と世界のアメリカ化」森孝一編『アメリカと宗教』日本国際問題研究所，1997 年.

Kohiyama, Rui. "From Ecumenism to Internationalism: American Women's Cross-Pacific Endeavor to Promote Women's Colleges in the Orient." In Kousar J. Azam, ed. *Rediscovering America*. New Delhi: South Asian Publishers, 2001.

小檜山ルイ「女性と政教分離——逆説の政治文化」大西直樹・千葉眞編『歴史のなかの政教分離』彩流社，2006 年.

———.「『帝国』のリベラリズム」駒込武・橋本伸也編『帝国と学校』昭和

堂，2007 年.

Kohiyama, Rui. "'No Nation Can Rise Higher Than Its Women': The Women's Ecumenical Missionary Movement and Tokyo Woman's Christian College." In Barbara Reeves-Ellington, Katherine Kish Sklar and Connie Shemo, eds. *Competing Kingdoms.*

小檜山ルイ「アメリカにおけるキリスト教とフェミニズム――エンパワメントと抑圧の政治文化」竹村和子・義江明子編『思想と文化』（ジェンダー史叢書 3）明石書店，2010 年.

――――.「北米出自の女性宣教師による女子教育と「ホーム」の実現」キリスト教史学会編『近代日本のキリスト教と女子教育』教文館，2016 年.

河野博子『アメリカの原理主義』集英社，2006 年.

是沢博昭「日米文化交流――日米人形交流を中心として」渋沢栄一研究財団編『公益の追求者　渋沢栄一』山川出版社，1999 年.

――――.『青い目の人形と近代日本』世織書房，2010 年.

Kosambi, Meera. *Pandita Ramabai*. London: Routledge, 2016.

Kraft, Barbara K. *Peace Ship*. New York: Macmillan, 1979.

栗林輝夫『キリスト教帝国アメリカ』キリスト教新聞社，2005 年.

Ladd, Tony and James A. Mathisen. *Muscular Christianity: Evangelical Protestants and the Development of American Sport*. Grand Rapids, Mich.: Baker Books, 1999.

Loebl, Suzanne. *America's Medicis*. Pymble, Australia: HarperCollins e-books, 2010.

Longfield, Bradley J. *The Presbyterian Controversy*. New York: Oxford University. Press, 1991.

Manela, Erez. *The Wilsonian Moment: Self Determination and the International Origins of Anticolonial Nationalism*. New York: Oxford University Press, 2007.

増井志津代「福音派」アメリカ学会編『アメリカ文化事典』丸善出版，2018 年.

McGirr, Lisa. *Suburban Warriors: The Origins of the New American Right*. Princeton: Princeton University Press, 2001.

――――. *The War on Alcohol*. New York: W. W. Norton, 2016.

McKelvey, Blake. *Rochester: The Flower City, 1855–1890*. Cambridge,

Mass.: Harvard University Press, 1949.

———. *Rochester: The Quest for Quality, 1890–1925*. Cambridge, Mass.: Harvard University Press, 1956.

McLoughlin, William G. *New England Dissent 1630–1833: The Baptists and the Separation of Church and State*. 2 Vols. Cambridge, Mass.: Harvard University Press, 1971.

Mitchel, Nora. *The Indian Hill Station: Kodaikanal*. Chicago: University of Chicago Department of Geography, 1972.

Mobley, Kendal P. *Helen Barrett Montgomery*. Waco, Texas: Baylor University Press, 2009.

森孝一『宗教からよむ「アメリカ」』講談社，1996 年.

森本あんり『アメリカ・キリスト教史』新教出版社，2006 年.

———.『反知性主義』新潮社，2015 年.

Murdock, Catherine Gilbert. *Domesticating Drink*. Baltimore: Johns Hopkins University Press, 1998.

日本キリスト教婦人矯風会編『日本キリスト教婦人矯風会百年史』ドメス出版，1986 年.

Parsons, Elaine Frantz. *Manhood Lost: Fallen Drunkards and Redeeming Women in the Nineteenth-Century United States*. Baltimore: Johns Hopkins University Press, 2003.

Pascoe, Peggy. *Relations of Rescue: The Search for Female Moral Authority in the American West, 1874–1939*. Oxford: Oxford Univ. Press, 1993.

Pate, Alan Scott. *Art as Ambassador: The Japanese Friendship Dolls of 1927*. n.p.: Alan Scott Pate, 2016.

Penny, Frank. *The Church in Madras*. London: Elder Smith, 1904.

Piper, John F. Jr. *The American Churches in World War I*. Athens, Ohio: Ohio University Press, 1985.

Pinkham, Harold A. Jr. *A Reference Guide to the Residential Development of the Eastern Shore of Beverly, Massachusetts, 1844–1919*. Beverly, Mass.: Pinkham, 1997.

Porterfield, Amanda. *Female Piety in Puritan New England: The Emergence of Religious Humanism*. Oxford: Oxford University Press, 1991.

Putney, Cliford. *Muscular Christianity: Manhood and Sports in Protestant*

America, 1880–1920. Cambridge, Mass.: Harvard University Press, 2001.

Reeves-Ellington, Barbara, Kathryn Kish Sklar, and Connie A. Shemo, eds. *Competing Kingdoms*. Durham, North Caro.: Duke University Press, 2010.

Reeves-Ellington, Barbara. *Domestic Frontiers: Gender, Reform, and American Interventions in the Ottman Balkans and the Near East*. Amherst, Mass.: University of Massachusetts Press, 2013.

Robert, Dana L. *American Women in Mission*. Macon, Georgia: Mercer University Press, 1992.

———., ed. *Converting Colonialism*. Grand Rapids, Michigan: Eerdmans, 2008.

Rose, Kenneth D. *American Women and the Repeal of Prohibition*. New York: New York University Press, 1996.

Ryan, Mary P. *Cradle of the Middle Class*. Cambridge, Eng.: Cambridge University Press, 1981.

佐藤尚子『米中教育交流史研究序説』龍渓書舎，1990 年.

Schnessel, S. Michael. *Jessie Willcox Smith*. New York: Thomas Y. Crowell, 1977.

Schirmer, Daniel and Stephen Rosskamm Shalom, eds. *The Philippines Reader*. Boston: South End Press, 1987.

Sharma, Jayeeta. "Missionaries and Print Culture in Nineteenth-Century Assam," In Robert Eric Frykenberg, ed. *Christians and Missionaries in India*. Grand Rapids, Michigan: William B. Eerdmans, 2003.

Shemo, Connie A. *The Chinese Medical Ministries of Kang Cheng and Shi Meiyu, 1872–1937: On a Cross-Cultural Frontier of Gender, Race, and Nation*. Bethlehem, Penn: Lehigh University Press, 2011.

シュー・土戸，ポール「日本におけるキリスト教学校の創立と宣教師の役割――青山学院創立の考査とガウチャー博士の貢献」青山学院大学総合研究所キリスト教文化研究部編『キリスト教大学の指名と課題』教文館，2011 年.

重松伸司『マドラス物語』中央公論社，1993 年.

Sklar, Kathryn Kish. "The Women's Studies Movement: 1972." In Florence Howe, ed. *The Politics of Women's Studies*. New York: Feminist Press, 2000.

Spivak, Gayatri C. “Can the Subaltern Speak?” In Cary Nelson and Lawrence Grossberg, eds. *Marxism and the Interpretation of Culture*. Champaign, Ill.: University of Illinois Press, 1988.［スピヴァック，ガカトリ著（上村忠雄訳）『サバルタンは語ることができるか』みすず書房，1998 年.］

Srinivasachari, C.S. *History of the City of Madras*. Madras: P. Varadachary & Co., 1923.

Stanley, Brian. *The World Missionary Conference, Edinburgh 1910*. Grand Rapids, Michigan: Eerdmans, 2009.

Stoler, Ann Laura. *Race and the Education of Desire: Foucault's History of Sexuality and the Colonial Order of Things*. Durham, North Caro.: Duke University Press, 1995.

———. *Carnal Knowledge and Imperial Power: Race and the Intimate in Colonial Rule*. Berkeley: University of California Press, 2002.［ストーラー，アン・ローラ（永渕康之・水谷智・吉田信訳）『肉体の知識と帝国の権力』以文社，2010 年.］

Strobel, Margaret. *European Women and the Second British Empire*. Bloomington: Indiana University Press, 1991.［シュトローベル，マーガレット（井野瀬久美恵訳）『女たちは帝国を破壊したのか』知泉書館，2003 年.］

高岡美知子『人形大使』日経 BP 社，2004 年.

Thorne, Susan. *Congregational Missions and the Making of an Imperial Culture in 19th Century England*. Redwood City, CA: Stanford University Press, 1999.

Thy Daughters' Voices. Chennai: Alumnae Association of Women's Christian College, 2006.

東京女子大学女性学研究所『創設期における東京女子大学学生の思想的傾向』東京女子大学女性学研究所，1990 年.

東京女子大学 90 年誌編纂委員会『東京女子大学の 90 年』東京女子大学，2008 年.

常松洋『ヴィクトリアン・アメリカの社会と政治』昭和堂，2006 年.

Tucher, Susan, Katherine Ott and Patricia P. Buckler. *The Scrapbook in American Life*. Philadelphia: Temple University Press, 2006.

Tyrrell, Ian. *Woman's World/Woman's Empire: The Woman's Christian*

Temperance Union in International Perspective, 1880–1930. Chapel Hill, North Caro.: University of North Carolina Press, 1991.

———. *Reforming the World: The Creation of America's Moral Empire*. Princeton: Princeton University Press, 2010.

Yasutake, Rumi. *Transnational Women's Activism: The United States, Japan, and Japanese Immigrant Communities in California, 1859–1920*. New York: New York University Press, 2004.

吉馴明子『海老名弾正の政治思想』東京大学出版会，1982 年.

游珮芸「青い目の人形と台湾」本田和子編『ものと子供の文化史』勁草書房，1998 年.

Wacker, Grant. "The Waning of the Missionary Impulse: The Case of Pearl S. Buck." In Daniel H. Bays and Grant Wacker, eds. *The Foreign Missionary Enterprise at Home*. Tuscaloosa, Ala.: University of Alabama Press, 2003.

Warshawsky, Marilyn Southard. *John Franklin Goucher*. n.p.: Warshawsky, 2016.

Wright, Gillian. *Hill Stations of India*. Hong Kong: Local Color Ltd., 1998.

山下英一『グリフィスと福井』福井県郷土誌懇談会，1979 年.

Zunz, Olivier. *Why the American Century?* Chicago: University of Chicago Press, 1988.〔ザンズ，オリヴィエ（有賀貞・西崎文子訳）『アメリカの世紀』刀水書房，2005 年.〕

主な新聞・雑誌一覧

The Baptist

The Brooklyn Daily Eagle

Everyland

The Helping Hand

International Review of Mission

The Missionary Review of the World

New York Times

The Watchman Examiner

主な資料館一覧

American Baptist Historical Society, Atlanta, Georgia

Association of Baptists for World Evangelism, New Cumberland, Pennsylvania

Beverly Historical Society, Beverly, Massachusetts

Burke Library Archives, Columbia University Libraries, Union Theological Seminary, New York

Divinity Library, Yale University, New Haven, Connecticut

Herbert Hoover Presidential Library, West Branch, Iowa

McCabe Library, Swathmore College, Swathmore, Pennsylvania

Presbyterian Historical Society, Philadelphia, Pennsylvania

Rockefeller Archive Center, Sleepy Hollow, New York

Schlesinger Library, Harvard University, Cambridge, Massachusetts

東京女子大学

United Methodist Archives and History Center, Drew University, Madison, New Jersey

World Council of Churches Archives, Geneva, Switzerland

著者紹介
東京女子大学現代教養学部国際社会学科国際関係専攻教授。
国際基督教大学大学院比較文化研究科博士後期課程修了（学術博士）。専門はアメリカ女性史，ジェンダー史，社会史，日米関係史。
著書に、『アメリカ婦人宣教師——来日の背景とその影響』（東京大学出版会、1992年）、『アメリカ・ジェンダー史研究入門』（共編著，青木書店，2010年）、『近代日本のキリスト教と女子教育』（共著，教文館，2016年）など。

帝国の福音
ルーシィ・ピーボディとアメリカの海外伝道

2019年1月17日　初　版

[検印廃止]

著　者　小檜山《こひやま》ルイ

発行所　一般財団法人　東京大学出版会
代表者　吉見俊哉
153-0041 東京都目黒区駒場 4-5-29
http://www.utp.or.jp/
電話 03-6407-1069　Fax 03-6407-1991
振替 00160-6-59964

印刷所　株式会社理想社
製本所　誠製本印刷株式会社

ISBN 978-4-13-026162-3　Printed in Japan

佐久間亜紀	アメリカ教師教育史	A5	一〇〇〇〇円
遠藤泰生編	近代アメリカの公共圏と市民	A5	五五〇〇円
藤田文子	アメリカ文化外交と日本	A5	五九〇〇円
土肥歩	華南中国の近代とキリスト教	A5	六八〇〇円
倉田明子	中国近代開港場とキリスト教	A5	七二〇〇円
油井大三郎 遠藤泰生編	浸透するアメリカ、拒まれるアメリカ	A5	四〇〇〇円

ここに表示された価格は本体価格です．ご購入の際には消費税が加算されますので御了承ください．

著者紹介
東京女子大学現代教養学部国際社会学科国際関係専攻教授。
国際基督教大学大学院比較文化研究科博士後期課程修了（学術博士）。専門はアメリカ女性史，ジェンダー史，社会史，日米関係史。
著書に、『アメリカ婦人宣教師——来日の背景とその影響』（東京大学出版会、1992 年）、『アメリカ・ジェンダー史研究入門』（共編著，青木書店，2010 年）、『近代日本のキリスト教と女子教育』（共著，教文館，2016 年）など。

帝国の福音
ルーシィ・ピーボディとアメリカの海外伝道

2019 年 1 月 17 日　初　版

［検印廃止］

著　者　小檜山《こひやま》ルイ

発行所　一般財団法人　東京大学出版会
代表者　吉見俊哉
153-0041 東京都目黒区駒場 4-5-29
http://www.utp.or.jp/
電話　03-6407-1069　Fax 03-6407-1991
振替　00160-6-59964

印刷所　株式会社理想社
製本所　誠製本印刷株式会社

ISBN 978-4-13-026162-3　Printed in Japan